# 中国低碳经济发展报告

## 蓝皮书

（2019—2020）

主　编◎蒋庆哲　周晋峰　董秀成　薛进军
副主编◎李小萌　孔朝阳　杨晓红

石油工业出版社

图书在版编目（CIP）数据

中国低碳经济发展报告蓝皮书.2019—2020/蒋庆哲等主编.— 北京：石油工业出版社，2020.11

ISBN 978-7-5183-4199-3

Ⅰ.①中… Ⅱ.①蒋… Ⅲ.①气候变化－影响－经济发展－研究报告－中国－2019－2020 Ⅳ.① F124

中国版本图书馆 CIP 数据核字（2020）第 165637 号

# 中国低碳经济发展报告蓝皮书（2019—2020）

出版发行：石油工业出版社

（北京安定门外安华里2区1号 100011）

网址：www.petropub.com

编辑部：（010）64523616　64252031

图书营销中心：（010）64523731　64523633

经　　销：全国新华书店

印　　刷：北京中石油彩色印刷有限责任公司

2020 年 11 月第 1 版　　2020 年 11 月第 1 次印刷

710×1000 毫米　开本：1/16　印张：26.25

字数：400 千字

定价：198.00 元

（如出现印装质量问题，我社图书营销中心负责调换）

**版权所有，翻印必究**

# 中国低碳经济发展报告蓝皮书
## （2019—2020）

### 顾 问
（排名不分先后）

胡文瑞　王金南　潘家华　何建坤　赵忠秀

### 编委会

主　编：蒋庆哲　周晋峰　董秀成　薛进军
副主编：李小萌　孔朝阳　杨晓红
委　员：（以姓氏汉语拼音为序）
　　　　董　聪　董康银　方　红　冯雯雯
　　　　高　建　郭　琳　江　萍　刘梦迪
　　　　马郑玮　宋昭峥　孙　梅　孙仁金
　　　　王　豁　王　静　王　苒　曾叶丽
　　　　张海霞　张思远

# 前言

随着应对气候变化的国际行动不断深入，低碳发展道路在国际上越来越受青睐，向低碳经济转型已经成为世界经济发展的大趋势。当今世界，无论是发达国家还是发展中国家，都无一例外地高度重视本国低碳经济的发展，并根据世界气候和能源形势以及本国国情制定适合本国发展的低碳经济战略和政策，迎接国际政治和经济环境变化对低碳经济发展带来的机会和挑战。在这一大环境下，中国如果想提高在未来低碳经济时代的国际竞争力，以便在未来新的国际格局中占据有利地位，发展低碳经济势在必行。

低碳经济是指在可持续发展理念的指引下，通过技术创新、制度创新、产业转型和新能源开发等多种手段，降低煤炭、石油等高碳能源的消耗量，以尽可能地减少温室气体的排放量，进而形成经济社会快速发展与生态环境得到保护的全新、双赢经济发展格局。当前，全球人口不断增长，经济规模不断扩大，我们面临的大气灾害不只有酸雨、臭氧层空洞和光化学烟雾等，大气中二氧化碳浓度的升高会引发全球范围内的气候变化，当下表现出来的气候异常以及预测到可能发生的灾难已经引起了全世界人们的担忧，因而我们需要摒弃传统只注重经济增长的发展模式，开辟经济增长和生态文明相结合的新发展路径，这是世界经济的出路，同时也是中国经济关注的重点。

《中国低碳经济发展报告蓝皮书（2019—2020)》（以下简称《蓝皮书》）是由中国生物多样性保护与绿色发展基金会、对外经济贸易大学中国国际低碳经济研究所和对外经济贸易大学一带一路能源贸易与发展研究中心三家单位主持编写的以低碳经济为主题的系列年度研究报告。全书共分为六大部分：低碳政策篇、低碳产业篇、低碳金融篇、低碳技术篇、低碳能源篇和低碳专题篇。低碳政策篇，主要是在不同的政府政策下对中国低碳经济发展进行分析和展望，包括低碳经济政策发展分析与展望、低碳财税政策发展分析与展望、低碳产业政策发展分析与展望以及低碳金融政策发展分析与展望。低碳产业篇，主要是从不同产业视角出发，对中国低碳经济发展进行分析和展望，包括火电减排产业发展分析与展望、新能源汽车产业发展分析与展望、节能建筑产业发展分析与展望、工业节能减排产业发展分析与展望、资源回收产业发展分析与展望以及节能材料产业发展分析与展望。低碳金融篇，主要从碳税、碳交易市场以及低碳投融资等方面对中国低碳经济发展进行分析和展望。低碳技术篇，主要对不同节能环保技术的发展进行分析和展望，包括清洁煤技术（IGCC）发展分析与展望、二氧化碳捕获及封存技术（CCS）发展分析与展望、节能技术发展分析与展望以及绿色照明技术（LED）发展分析与展望。低碳能源篇，主要是从不同能源类型出发，对中国低碳经济发展进行分析与展望，具体包括风能、太阳能、天然气、核能、地热能、海洋能、氢能以及生物质能等能源类型。低碳专题篇，围绕2019年发生的热点事件、重点事件进行编写，研究方向包括农业和湿地、低碳研究热点问题统计分析、节能建筑、工业节能与减排、循环经济、资源回收、新能源汽车、低碳能源、环保设备以及节能材料等。

《蓝皮书》不是一般意义上的年鉴，也不以大块文字和数据图表堆积为主，而是以年度分析和来年展望为基本特征。低碳政策篇、产业篇、金融篇、技术篇、能源篇以及专题篇之间具有很强的相关性和互补性，但各部分在编写上独立成篇成文，因此读者可以根据需要和兴趣分别阅读。《蓝皮书》以文字分析为主，辅以必要的数据和图表，文字描述力求言简意赅，分析和展望力求逻辑性、高度性、概括性和权威性，分析结论力求对相关部门和低碳经济发展实际工作具有指导性。本书的作者主要来自中国生物多样性保护与绿色发展基金会、对外经济贸易大学以及中国石油大学（北京），作者团队长期从事低碳经济发展研究，具有国内一流专业水准和专业基础。作者团队本着促进中国低碳经济发展的良好愿望，除了从整体上对低碳经济发展进行分析外，还对有关低碳和能源热点问题坦率提出了看法和观点，希望引起社会关注和讨论。作者团队努力进行全面、系统和深入研究，试图得出有助于读者全面了解中国低碳经济发展的正确结论，这是作者团队追求的目标，也是其义务和责任。《蓝皮书》具有较强的可信度、较高的权威性和较好的时效性，对于理论研究者和实际工作者都具有一定的参考价值。

蒋庆哲、周晋峰统领了《蓝皮书》架构设计并负责组织全书编撰；董秀成、薛进军负责《蓝皮书》最终统撰与核定；李小萌、孔朝阳、杨晓红等参与书稿修改和审定工作。各章节分工如下。低碳政策篇：低碳经济政策发展分析与展望（薛进军、蒋庆哲），低碳财税政策发展分析与展望（张海霞、赵丛雨），低碳产业政策发展分析与展望（董聪、董嘉佳），低碳金融政策发展分析与展望（江萍、张启帆）。低碳产业篇：火电减排产业发展分析与展望（刘梦迪），新能源汽车产业发展分析与展望（方红、于楠、弓雷雷），节能建筑产业发展分析与展望（赵君），工业节能减排产业发展分析与展望（翁广朋、王苒），资源回收产业发展分析与展望（李佳蔓、窦悦、杨鑫磊），节能材料产业发展分析与展望（吴爱玲、刘宇）。低碳金融篇：碳税发展分析与展望（张丹、李晶、杨新强、马郑玮），碳交易市场发展分析与展望（郭琳），低碳投融资发展及展望（李丙琪、杨荔、刘子涵、马郑玮）。低碳技术篇：清洁煤技术（IGCC）发展分析与展望（宋昭峥、蒋庆哲、马倩），二氧化碳捕获与封存技术（CCS）发展分析与展望（宋昭峥、蒋庆哲、马倩），节能技术发展分析与展望（高建、王梦霜、金锦文），绿色照明技术（LED）发展分析与展望（李雨馨、赵浩辰、张昀姗、刘贵贤、孔朝阳）。低碳能源篇：风能发展分析与展望（张思琪、张可欣、谭泽龙、华兴鲁、刘贵贤、孔朝阳），太阳能发展分析与展望（董康银），中国天然气发展分析与展望（孙梅、许家天、杜秀丽、董秋雨、马林、李姝瑶、张丁方、安迪、李亚静、李敬、黄政），核能发展分析与展望（董康银），地热能发展分析与展望（冯泽、董康银），海洋能发展分析与展望（冯泽、董康银），氢能发展分析与展望（曾叶丽、时丹阳），生物质能发展分析与展望（曾叶丽、时丹阳）。低碳专题篇：能源低碳转型的文献计量分析（董康银、董秀成、蒋庆哲），生态文明时代的假日经济高质量发展，须警惕异化消费，改变集中调休（周晋峰、王豁），第25次联合国气候变化大会COP25评述（汪燕辉），浅析气候变化危机下的低碳经济与生态文明（王静），减塑捡塑促进低碳经济的发展（冯雯雯），旧衣回收：打破漏斗型产业链，还差最后一公里（杨晓红），食物的减排和健康的协同效应（翁维力），中国天然气分布式能源发展对策研究（姜洪殿、董康银、王金森、孙仁金）。

最后，衷心感谢胡文瑞院士、王金南院士、潘家华学部委员、何建坤教授、赵忠秀教授等专家学者在本书编撰过程中给予的指导与帮助！

编委会

2020年5月26日

 目录

# 低碳政策篇

## 低碳经济政策发展分析与展望 ········································ 2
一、2019年国际低碳经济政策发展概况 ·························· 2
二、2019年中国低碳经济政策发展分析 ·························· 8
三、2020年中国低碳经济政策发展展望 ·························· 9

## 低碳财税政策发展分析与展望 ········································ 12
一、2019年国际低碳财税政策发展概况 ·························· 12
二、2019年中国低碳财税政策发展分析 ·························· 18
三、2020年中国低碳财税政策发展展望 ·························· 21

## 低碳产业政策发展分析与展望 ········································ 24
一、2019年国际低碳产业政策发展概况 ·························· 24
二、2019年中国低碳产业政策发展分析 ·························· 29
三、2020年中国低碳产业政策发展展望 ·························· 33

## 低碳金融政策发展分析与展望 ········································ 35
一、2019年国际低碳金融政策发展概况 ·························· 35

二、2019年中国低碳金融政策发展分析 …………………………… 40

三、2020年中国低碳金融政策发展展望 …………………………… 43

# 低 碳 产 业 篇

## 火电减排产业发展分析与展望……………………………………47

一、2019年国际火电减排产业发展概况 …………………………… 47

二、2019年中国火电减排产业发展分析 …………………………… 49

三、2020年中国火电减排产业发展展望 …………………………… 54

## 新能源汽车产业发展分析与展望……………………………………57

一、2019年全球新能源汽车产业发展概况 ………………………… 58

二、2019年中国新能源汽车产业发展分析 ………………………… 64

三、2020年中国新能源汽车产业发展展望 ………………………… 74

## 节能建筑产业发展分析与展望………………………………………76

一、2019年国际节能建筑产业发展概况 …………………………… 76

二、2019年中国节能建筑产业发展分析 …………………………… 79

三、2020年中国节能建筑产业发展展望 …………………………… 82

## 工业节能减排产业发展分析与展望…………………………………85

一、2019年国际工业节能与减排产业发展概况 …………………… 85

二、2019年中国工业节能与减排产业发展分析 …………………… 87

三、2020年中国工业节能与减排产业发展展望 …………………… 90

## 资源回收产业发展分析与展望 ······ 97

一、2019年国际资源回收产业发展概况 ······ 97

二、2019年中国资源回收产业发展分析 ······ 100

三、2020年中国资源回收产业发展展望 ······ 104

## 节能材料产业发展分析与展望 ······ 107

一、2019年国际节能材料产业发展概况 ······ 107

二、2019年中国节能材料产业发展分析 ······ 109

三、2020年中国节能材料产业发展展望 ······ 116

# 低 碳 金 融 篇

## 碳税发展分析与展望 ······ 122

一、2019年国际碳税发展概况 ······ 122

二、2019年中国碳税发展分析 ······ 128

三、2020年中国碳税发展展望 ······ 132

## 碳交易市场发展分析与展望 ······ 134

一、2019年国际碳交易市场发展概况 ······ 134

二、2019年中国碳交易市场发展分析 ······ 140

三、2020年中国碳交易市场发展展望 ······ 142

## 低碳投融资发展及展望 ······ 144

一、2019年国际低碳投融资发展概况 ······ 144

二、2019年中国低碳投融资发展分析 …… 148

三、2020年中国低碳投融资发展展望 …… 154

# 低 碳 技 术 篇

## 清洁煤技术（IGCC）发展分析与展望 …… 158

一、2019年国际清洁煤技术（IGCC）发展概况 …… 158

二、2019年中国清洁煤技术（IGCC）发展分析 …… 161

三、2020年中国清洁煤技术（IGCC）发展展望 …… 163

## 二氧化碳捕获与封存技术（CCS）发展分析与展望 …… 167

一、2019年国际二氧化碳捕获与封存技术（CCS）发展概况 …… 167

二、2019年中国二氧化碳捕获与封存技术（CCS）发展分析 …… 169

三、2020年中国二氧化碳捕获与封存技术（CCS）发展展望 …… 175

## 节能技术发展分析与展望 …… 178

一、2019年国际低碳节能技术发展概况 …… 178

二、2019年中国低碳节能技术发展分析 …… 180

三、2020年中国低碳节能技术发展展望 …… 191

## 绿色照明技术（LED）发展分析与展望 …… 194

一、2019年国际绿色照明技术（LED）发展概况 …… 194

二、2019年中国绿色照明技术（LED）发展分析 …… 196

三、2020年中国绿色照明技术（LED）发展展望 …… 201

# 低碳能源篇

## 风能发展分析与展望 ... 204
- 一、2019年国际风能发展概况 ... 204
- 二、2019年中国风能发展分析 ... 207
- 三、2020年中国风能发展展望 ... 211

## 太阳能发展分析与展望 ... 216
- 一、2019年国际太阳能发展概况 ... 216
- 二、2019年中国太阳能发展分析 ... 219
- 三、2020年中国太阳能发展展望 ... 226

## 中国天然气发展分析与展望 ... 229
- 一、2019年国际天然气发展概况 ... 229
- 二、2019年中国天然气发展分析 ... 233
- 三、2020年中国天然气发展展望 ... 240

## 核能发展分析与展望 ... 245
- 一、2019年国际核能发展概况 ... 245
- 二、2019年中国核能发展分析 ... 249
- 三、2020年中国核能发展展望 ... 254

## 地热能发展分析与展望 ... 257
- 一、2019年国际地热能发展概况 ... 257
- 二、2019年中国地热能发展分析 ... 258

三、2020年中国地热能发展展望 ······ 261

## 海洋能发展分析与展望 ······ 263

　　一、2019年国际海洋能发展概况 ······ 263

　　二、2019年中国海洋能发展分析 ······ 265

　　三、2020年中国海洋能发展展望 ······ 269

## 氢能发展分析与展望 ······ 271

　　一、2019年国际氢能发展概况 ······ 271

　　二、2019年中国氢能发展分析 ······ 277

　　三、2020年中国氢能发展展望 ······ 284

## 生物质能发展分析与展望 ······ 289

　　一、2019年国际生物质能发展概况 ······ 289

　　二、2019年中国生物质能发展分析 ······ 296

　　三、2020年中国生物质能发展展望 ······ 300

# 低碳专题篇

## 能源低碳转型的文献计量分析 ······ 304

　　一、引言 ······ 305

　　二、研究方法与数据来源 ······ 305

　　三、结果分析与讨论 ······ 306

　　四、能源低碳转型研究热点 ······ 317

　　五、结论 ······ 319

## 生态文明时代的假日经济高质量发展，须警惕异化消费，改变集中调休 … 321

一、假日经济的缘起及效益 … 321

二、异化消费的典型特征 … 323

三、生态文明对休假模式提出了新的要求 … 326

四、新常态下的假日经济的高质量发展建议 … 327

五、结语 … 329

## 第25次联合国气候变化大会COP25评述 … 330

一、命运多舛，艰难开幕 … 330

二、危机当前，行动几何 … 331

三、中国领导力，备受瞩目 … 335

## 浅析气候变化危机下的低碳经济与生态文明 … 337

一、引言 … 337

二、气候变化已成为人类可持续发展的重大危机 … 338

三、低碳经济概念起源及其复杂性 … 340

四、低碳经济是生态文明建设的必然要求 … 342

五、应对气候变化与"基于人本的解决方案" … 344

## 减塑捡塑促进低碳经济的发展 … 348

一、低碳经济和减塑捡塑的概述 … 348

二、减塑捡塑是低碳经济驱动下的低碳经济模式发展 … 349

三、减塑捡塑存在的问题 … 350

## 旧衣回收：打破漏斗型产业链，还差最后一公里 ······ 352

    一、旧衣垃圾：不堪承受的环境之重 ······ 352

    二、回收循环：10年没走出的漏斗型产业怪圈 ······ 354

    三、产业突围：亟待打通五道关口 ······ 356

## 食物的减排和健康的协同效应 ······ 359

    一、食物系统与气候变化的相互影响 ······ 359

    二、转变饮食结构，实现健康和减排的协同效应 ······ 363

    三、中国的可持续饮食结构转变和政策建议 ······ 365

## 中国天然气分布式能源发展对策研究 ······ 368

    一、引言 ······ 368

    二、国内外天然气分布式能源发展现状 ······ 369

    三、中国天然气分布式能源发展问题分析 ······ 375

    四、中国天然气分布式能源发展对策建议 ······ 377

## 参考文献 ······ 380

# 低碳政策篇

本篇将从四个方面对不同的政府政策以及中国低碳经济发展进行分析和展望。一是低碳经济政策方面。尽管2019年第25届联合国气候变化大会未取得预期效果,但国外的低碳经济发展新举措还是异彩纷呈,特别是越来越多的国家制定了2050年实现"碳中和"的经济政策,一些国家推出了"零排放社会"的方案。中国把适应气候变化、生态环境保护、节能减排等三个方面融汇为一个"三位一体"的政策连环,综合规划制定治理政策。二是低碳财税政策方面。发达国家普遍重视从财政补贴、低碳税收、政府低碳采购、政府预算等多方面支持和资助本国低碳发展。相比于发达国家,尽管中国加大了节能减排的工作力度,但主要依靠的还是行政手段,财税政策在节能减排过程中发挥的作用不够大。三是低碳产业政策方面。欧美等发达国家通过再工业化政策、发展新兴产业政策和新能源政策,充分利用和巩固其清洁生产及低碳技术方面的优势,力求在未来国际竞争中处于更有利的地位。2019年中国中央政府以及多个地方政府也相继出台了低碳产业相关政策来引导低碳行业规范、快速发展,然而目前中国低碳产业政策仍存在法律体系尚不完善、政策执行体制有待创新、低碳产业财税政策机制创新不足以及低碳产业服务链缺失等问题。四是低碳金融政策方面。从国外政策实践来看,不论是发达国家还是发展中国家,都开始重视金融行业的可持续发展。其中,发达国家在绿色信贷、碳金融中间业务以及碳指标体系建设上都要比发展中国家更有经验。虽然中国低碳金融政策在近十年内才逐渐起步,但是发展十分迅速,基本实现了"从无到有""从不规范到规范"的重大转变。目前中国的低碳金融政策仍面临着低碳金融有效需求不足、碳交易中介缺失等问题。

# 低碳经济政策发展分析与展望

2019年是世界政治经济变幻莫测、动荡不安的一年：美国退出气候变化《巴黎协定》，中美贸易摩擦持久战开幕，美国的单边主义贸易政策打压世界各国甚至自己的盟国，并对全球经济和气候治理产生影响；全球碳排放自2017年出现反弹以来继续增长，2019年创下历史新高；南极洲的罕见高温、日本的暴雨洪水、澳洲的森林大火等极端气候事件激增。为此，联合国气候变化马德里会议第一次提出全球出现了"气候危机"，警告我们有可能失去实现1.5℃目标的机会，呼吁各国停止新的火力发电厂建设，大力发展可再生能源，发挥碳交易市场的功能，进一步采取积极行动减排。另外，中国积极引领全球节能减排，发展绿色金融，德国、英国等国家积极开发节能技术，日本提出"零排放的氢能社会"计划，即使是已经从《巴黎协定》退群的美国，一些州政府也在采取措施实施减排。2020年，将是气候变化和绿色低碳发展的关键一年，联合国气候变化大会格拉斯哥会议将确定未来方向。与此同时，2020年也是全球抗击新冠肺炎、克服其对世界经济影响的一年，预计各国将会根据疫情防治和经济状况重新调整自己的减排目标和低碳发展的政策。

## 一、2019年国际低碳经济政策发展概况

### （一）COP25联合国气候变化马德里会议决议与国际气候治理新动向

据联合国环境计划署《2019年排放差距报告》指出：在过去10年，温室气体排放量每年增长1.5%。如果将森林砍伐等因土地用途改变而增加的碳排放量包含在内，2018年总排放量达到了553亿吨，创下历史新高。因此，在未来的10年，全球碳排放量必须每年下降7.6%才能实现1.5℃的温控目

标。报告还批评指出，二十国集团（G20）碳排放量合计占全球碳排放总量的78%，但只有5个成员国承诺实现长期净零排放目标，减排力度远远不足！报告提议：出于公平和公正的考虑，发达国家须比发展中国家更快地实施减排。但与此同时，所有国家都需要做出更多贡献以实现组合效应。发展中国家可以借鉴发达国家的成功经验，甚至可以超越发达国家，以更快的速度拥抱更清洁的技术。报告特别强调，我们拥有实现《巴黎协定》目标的解决方案，但当前调度和部署的速度不够快、规模不够大，因此，所有国家都必须在2020年大幅提高各自在《巴黎协定》中承诺的国家自主贡献（INDC）减排目标，并配合制定和落实相关政策和战略。

在这种背景下，2019年12月2日至13日，第25届联合国气候变化大会于西班牙马德里举行，本届大会的主要目标是协商《巴黎协定》的实施细则，期望落实《巴黎协定》第六条相关规则，即缔约方可以通过国际合作、建立国际碳市场机制以达成减排目标。大会先就附属机构报告、各缔约方的报告进行讨论和审查，并详细讨论了气候变化造成相关损失和损害华沙国际机制、气候技术开发和转让机制、性别与气候变化等议题，以及对财务相关事项、《公约》框架下的能力建设问题、不发达国家相关事项、论坛执行力等方面进行讨论。

但遗憾的是，会议几经延长，通过讨论、妥协，各缔约方向大会提交了《智利－马德里行动时刻》提案，但是关于全面建立碳市场和进一步减排问题，未能达成一致意见，并被推迟到2020年的格拉斯哥气候会议继续讨论。会议最终未能取得预期的效果，其主要原因与COP25文件关于《巴黎协定》的第6条款和第8条款规定有关。第6条款中关于碳排放交易市场的描述，各国存在严重分歧：以美国、巴西和澳大利亚为代表的一些国家与赞同推进碳市场的大部分国家意见相左。比如巴西认为，本国拥有的包括亚马孙雨林在内的森林碳汇（Carbon Sink）应计入其减排目标，同时保护森林获得的碳信用（Carbon Credit）也可以通过出售给其他国家而计入自己的排放计划额度。反对意见则认为，这种做法会导致重复计算，影响碳统计和碳交易体系。以哥斯达黎加为首的31国明确表示，如果允许澳大利亚和巴西这样做，会给一些国家提供推迟减排的借口，进而无法实现控制温度上升不超过1.5℃的目标。

有关因气候变化造成的损失和损害赔偿问题第8条款的实施情况，会议指出：在2009年哥本哈根气候变化大会上发达国家承诺的为发展中国家提供资金、技术和能力建设等支持，并承诺在2020年之前每年提供1000亿美元的碳基金。但实际上，2017年兑现资金710亿美元，2018年则只有580亿美元，离承诺目标相去甚远。资金问题在延缓发展中国家的减排进程。

但与此同时，也有坚守气候变化底线的坚定行动。欧盟在大会期间发布了《欧洲绿色协议》（European Green Deal），设定在2050年实现"碳中和"，即二氧化碳净排放量降为零的战略目标；中国承诺将在2020年承办《生物多样性公约》第十五次缔约方大会。美国方面，虽然特朗普总统宣布退出了《巴黎协定》，但有一些政治家和州长市长们表示希望美国重回《巴黎协定》，一些地方政府、企业和民间也在积极采取行动继续履行《巴黎协定》（表现在2018年美国的碳排放总量比2017年有所降低）。

本次大会期间，中国代表团发挥了积极的建设性作用，并表示中国将坚定不移地实施应对气候变化的国家战略，百分之百兑现承诺，与各方一道应对全球气候变化，共谋全球生态文明建设，构建人类命运共同体。

### （二）国外低碳经济发展政策综述

尽管有美国搅局和一些国家的消极观望，但国外的低碳经济发展新举措还是异彩纷呈，特别是越来越多的国家制定了2050年实现"碳中和"的经济政策，一些国家推出了"零排放社会"方案，以鼓舞低迷中的气候治理士气。

#### 1. 英国

2019年，英国在发展低碳经济方面主要有十大举措：第一，修订了《气候变化法》（2008），设定了于2050年前实现温室气体净零排放的新目标，这一新法将使英国成为世界上第一个净零排放立法的主要经济体，为今后减排目标的实现提供坚实的法律基础，对其他国家将起到积极的示范作用；第二，落实"差异合同（Contracts for Difference）"计划框架内的相关政策。2019年，英国低碳能源（包括可再生能源）的发电量在全部能源中的比率达到了创纪录的53%，今后将持续降低各产业的煤炭发电使用率；第三，发起《海上风电交易》（Offshore WindSector Deal）以提高海上风电容量，预计到2030

年可安装风电 30 吉瓦（Gigawatt），并继续降低新能源使用成本；第四，发起工业集群任务，其目标是到 2040 年前在英国建立世界上第一个"净零碳工业集群"，2030 年前建立至少一个"低碳集群"；第五，设立了 3.15 亿英镑的工业能源转型基金，旨在帮助高耗能企业降低碳排放和减少能源使用费用；第六，发布了"碳捕获、利用和封存行动计划"[Carbon Capture, Utilization and Storage（CCUS）Action Plan]，并取得了一定的实践成果；第七，开始筹划"未来房屋标准"，该标准将在 2025 年之前实现具有低碳采暖和能源效率最高标准的新建房屋的未来发展；第八，公布了资源和废物战略以及清洁空气战略；第九，实施了一系列消费者激励措施支持电动汽车的使用，其中包括 4 亿英镑的充电基础设施投资基金；第十，发布了《绿色金融战略》，提出一种用金融部门绿色化的综合办法，以促进实现绿色基础设施、技术和服务方面的投资。

### 2. 德国

2019 年，德国政府制定了《气候行动法（草案）》和《2030 年气候行动计划》，展示了德国实现 2030 年气候目标并减少所有经济部门碳排放的政策构想：到 2020 年将温室气体排放量（GHG）减少到 1990 年水平的 40%，到 2030 年减少 55%，到 2050 年减少 95%；到 2050 年，将可再生能源在最终能源消费总量中的比例提升到 60%、在全国总能源消耗占比达到 80%。为实现这些目标，德国进行了一系列的改革。首先，改革国家二氧化碳定价机制和碳交易体系，在运输和建筑行业引入国家碳定价体系，创建交易平台以拍卖和交易配额。大力支持建筑物的节能改造和减税刺激，计划到 2030 年将电动汽车的公共充电站数量增加到 100 万个，将带电池或插电式混合动力汽车的配额延长至 2030 年，并降低纯电动汽车的税收。到 2021 年，机动车税将以新登记的每公里排放量为基础。此外，联邦各州和市政当局将有权为公共汽车、出租车和出租汽车设定自己的排放标准。到 2021 年，联邦政府将把每年的公共交通系统扩展费用增加到 10 亿欧元，并计划在 2020 年之前提高航空税。能源方面，由政府任命的委员会提议，到 2030 年将可再生能源在电力消耗中的比例从 2018 年的约 38% 提高到 65%，在 2038 年之前逐步淘汰煤炭。通过碳定价产生的收益将填补气候基金，并补偿政府预算中与气候措施有关的其他损失。其次，制定公民补偿机制。为了减轻公民和企业的经济负担，德国政府计划逐步降低商标的可再生能源附加费以及与政策相关部分的电力价格，例如电网费用，以降低家庭电价和企业支付的电力费用。

### 3. 印度

印度是仅次于中国和美国的世界第三大温室气体排放国，能源业、农业和畜牧业是主要的排放源，尽管人均排放量远低于全球平均水平，但排放总量仍在急剧上升。实际上，印度在2018年通过了国家电力计划（NEP）之后，可再生能源投资迅速增加，开始成为可再生能源的引领者之一。根据国际能源署（International Energy Agency）的数据，2017年印度对可再生能源的投资首次超过了化石燃料。政府已经表示有意将2022年可再生能源产能目标从175吉瓦增加到228吉瓦，并进一步承诺到2030年达到450吉瓦的目标。与此同时，印度通过提高煤炭税来压缩煤炭能源的生产和消费，自2010年以来，将煤炭税提高了三倍，2018年以后每吨生产和进口煤炭征税400卢比（约合每吨3.2美元）。政府还取消了对煤炭（和其他化石燃料）的补贴以确保所征收税费的有效性。此外，印度还制订了推广电动汽车计划，为购买电动汽车提供了激励措施。印度还推行碳定价机制，针对中小企业进行试点，鼓励工业提高能源效率。预计将有37家公司采用内部碳价，包括主要的水泥生产商。

### 4. 瑞典

瑞典的目标是2040年达到100%可再生电力生产。早在2012年，瑞典已经达到了政府设定的到2020年实现50%的目标，2016年，能源使用量中有54%来自可再生能源，位居欧洲联盟首位。政府的能源政策也促进了可再生能源的使用，绿色电力认证就是一个例子。要获得绿色电力认证资格，电力必须来自风能、太阳能、地热能、潮汐能、生物燃料或小型水力发电厂。电力零售商被要求购买一部分"绿色电力"作为其正常供应的一部分，而电力生产商则要获得其所产生的可再生电力的认证。另外，瑞典自1996年以来就建立了电力自由市场，居民可以从140家公司中自由选择电源供应商，从而促进了竞争。

瑞典低排放率的原因是，在电力结构中约80%的电力生产来自核能和水力发电。目前，瑞典拥有3个核电厂和8个核反应堆，大约11%的电力来自风能。此外，由生物燃料提供动力的热电联产电厂占到9%。

2020年瑞典的能源和气候目标是：温室气体排放量应比1990年降低40%（适用于欧盟排放交易体系未涵盖的活动）；能源使用效率应比2008年提高20%（通过降低能源强度）；可再生能源的份额至少占总能源使用量的50%；可再生能源在交通部门的份额至少达到10%。

### 5. 日本

日本是《京都议定书》的发源地，全球最早提出"低碳社会"计划的国家，曾经制订过雄心勃勃的减排目标，但在2011年东北大地震和福岛核电站泄漏事故以后，由于赈灾的需要和大部分核电站的停运（目前只有2个核电站在运行），日本政府大幅度降低了减排目标，对气候变化不如以前那样积极了。日本拒绝了与智利共同领导2019年9月联合国气候峰会的请求，目前的减排目标与《巴黎协定》的目标也不一致。其主要问题是核电站停运后煤炭进口增加，燃煤发电剧增，预计到2030年，煤炭将继续提供日本三分之一的电力。目前电力供应基本稳定和平衡，因而没有足够的动力进一步推动可再生能源。此外，日本还是中国和韩国等海外燃煤电厂的主要出资国和技术提供国，在推动国家经济增长的同时，也客观上助长了其碳排放的增加，因而受到了联合国秘书长的批评。

但是，日本的可持续发展理念和低碳技术还是很领先的。日本政府在2019年6月提交的长期战略显示了其雄心勃勃的目标："在21世纪下半叶尽早达到净零排放"。与此同时，日本还强调碳捕获与封存（CCS）和碳捕获与利用（CCU）等技术，特别是政府与汽车制造公司一起打造一项长期目标，即到2050年，将实现罐车的$CO_2$排放量比2010年的水平降低90%，新能源汽车的比例接近100%，还有提高低碳建筑物的能效标准、增加对海上风电发展的支持、发展氢作为主要脱碳燃料等新动向。丰田汽车公司还制订了发展氢能电池汽车、在2050年实现零排放汽车生产的计划，并在氢能电池汽车技术开发上领先于世界。

值得一提的是：日本政府制订了一个"零排放氢能社会"的计划。2017年，日本政府首次发布了《氢能源基本战略》，确定了2050年氢能社会建设的目标以及到2030年的具体行动计划。2019年，日本政府公布了《氢能利用进度表》，计划到2025年全面普及氢能交通，并进一步扩大氢能在发电、工业和家庭中的应用；到 2030 年，建成 900 座加氢站，实现氢能发电商业化，并持续降低氢气供应成本，使其不高于传统能源；到 2050 年，实现零排放的氢能社会。

## 二、2019年中国低碳经济政策发展分析

2019 年 7 月 11 日，中共中央政治局常委、国务院总理、国家应对气候变化及节能减排工作领导小组组长李克强主持召开领导小组会议，强调要积极应对气候变化，深化节能减排工作。李克强指出，新形势下，要坚持以习近平新时代中国特色社会主义思想为指导，按照推动高质量发展的要求，统筹谋划经济社会发展和应对气候变化、节能减排工作，促进经济结构优化升级，推动新旧动能转换，挖掘节能潜力，加快形成绿色低碳循环发展的产业体系。国务院印发的《"十三五"节能减排综合工作方案》对加强工业领域节能、促进交通运输节能和强化建筑节能提出了具体的目标和重点推进领域。这一方案提出，到 2020 年新增乘用车平均燃料消耗量降至 5.0 升 / 百公里，推进飞机辅助动力装置（APU）替代、机场地面车辆"油改电"、新能源应用等绿色民航项目实施；推动交通运输智能化，建立公众出行和物流平台信息服务系统，引导培育"共享型"交通运输模式；结合城镇老旧小区改造推进建筑节能改造；继续发展水电、风电、太阳能发电等清洁能源；持续推动燃煤电厂和钢铁产能超低排放改造等。国家能源局也表示，将推动建立清洁能源消纳长效机制，力争到 2020 年基本解决弃水、弃风、弃光的问题。

2017 年 12 月，《全国碳排放权交易市场建设方案（发电行业)》印发，明确以发电行业为突破口，启动全国碳排放交易体系。2018 年 7 月，国家发改委印发《关于创新和完善促进绿色发展价格机制的意见》，进一步明确要完善差别化电价政策，利用价格杠杆促进节能减排。2018 年 9 月，首批纳入全国碳市场的 1700 余家发电企业，年排放总量超过 30 亿吨二氧化碳当量，约占全国碳排放量的 1/3。但是，中国的碳市场建设过程中，法律保障还不够健全，碳统计与核查迟缓，政府干预比较多，市场化程度不高，加上 2019 年经济形势不容乐观，全国统一碳市场建设的进程有所滞后。

## 三、2020年中国低碳经济政策发展展望

### （一）中国应对气候变化政策的动态

根据《中国应对气候变化的政策与行动——2019年度报告》，为减缓气候变化，中国政府在调节产业结构、节能提高能效、优化能源结构、控制非能源活动温室气体排放、增加碳汇、加强温室气体与大气污染物协同控制、推动低碳试点和地方行动等方面采取了一系列措施，并取得积极成效。"十三五"规划特别是2017年以来，中国的节能减排力度加大，减排量在世界上居首位，据国际能源机构的统计和《BP世界能源展望(2019)》，中国的可再生能源投资和生产已经占到全球投资和生产的三分之一以上，成为世界上最大的可再生能源投资和生产国，对世界的绿色低碳发展做出了重要贡献。

为持续化解过剩产能，2019年，国家发展和改革委员会（以下简称"发改委"）印发《关于做好2019年重点领域化解过剩产能工作的通知》，提出了2019年钢铁、煤炭、煤电化解过剩产能工作要点。此外，为调整产业结构，中国政府将进一步支持服务业发展，扶持战略性新兴产业发展。在节能提高能效方面，北京、天津、江苏、浙江等地已在城镇新建建筑中全面执行绿色建筑标准。交通领域，大力发展电动汽车，在国务院办公厅《关于加快电动汽车充电基础设施建设的指导意见》要求下，电动汽车基础设施加快发展，现已形成全球最大规模的充电设施网络。2018年，交通运输部联合生态环境部等八个部门发布了《贯彻落实国务院办公厅推进运输结构调整三年行动计划（2018—2020年)》，增加铁路运量，减少运输生产环节污染物排放，大力发展铁水联运、推进公铁联运、提高铁路集装箱运输能力。此外，在推进公共机构领域节能、加强实施重点节能改造工程、加快循环经济发展、完善节能标准标识和推广节能技术与产品方面取得了有效的成果。

优化能源结构也是应对气候变化的重要举措。近年来中国坚持推动煤炭供给侧结构性改革，控制煤炭消费总量，推动化石能源清洁化利用，有效推进北方地区清洁取暖，大力发展非化石能源。国家发改委、能源局印发了《清洁能源消纳行动计划（2018—2020年)》，指导各部门有序开发、输电通道能

力建设、系统调节能力建设、完善扶持政策体系、市场化机制建设等方面。

为控制非能源活动温室气体排放，在工业领域，生态环境部印发了《关于开展 2018 年氢氟碳化物处置相关工作》。在农业领域，继续实施"化肥使用量零增长"行动。在废弃物处理领域，为控制温室气体排放，2019 年起，生活垃圾分类工作已全面推开。

增加森林碳汇也是应对气候变化的一个方面。根据《全国造林绿化规划纲要（2016—2020 年)》《长江经济带退耕还湿工作方案》等管理办法，国家继续推进森林、草原、湿地等其他碳汇。2018 年 6 月国务院印发了《打赢蓝天保卫战三年行动计划》，提出协同控制温室气体和大气污染物的工作要求，2019 年 6 月生态环境部印发《重点行业挥发性有机物综合治理方案》《工业炉窑大气污染综合治理方案》，在推进大气污染治理的同时，协同控制温室气体的排放。

2019 年，各地的低碳城市试点进展迅速，加强了地方的低碳经济发展。通过试点探索建立碳排放总量控制制度、重大项目排放评价制度、低碳产品标准标识与认证制度，并出台了一批配套政策。同时，为加大对碳捕获、利用与封存（CCUS）技术的支持力度，2019 年科技部发布《中国碳捕获、利用与封存技术发展路线图（2019 版)》，对中国 CCUS 技术发展进行系统有序部署。在地方上，已经有 9 个省自治区直辖市发布了省级"十三五"控制温室气体排放的相关实施方案或规划，针对重点地区、试点城市或重点行业提出了峰值目标，发布了低碳发展三年行动计划。2019 年，已有数个城市公布了在 2020 年至 2025 年之间实现碳排放达峰的行动计划。

### （二）"十四五"规划将以"高质量发展"和"绿色低碳"为主线

李克强总理在国民经济和社会发展第十四个五年规划编制专题会议上指出："十四五"时期，外部环境可能更加复杂，不确定性和挑战更多，中国正处在转变发展方式、优化经济结构、转换增长动力的关键时期，人民对美好生活有更多期盼。中国将继续坚持发展为第一要务的方针，将经济运行保持在合理区间，推动高质量发展，突出以人民为中心的发展思想，以改革创新破解发展难题，实事求是、遵循规律、着眼长远、统筹兼顾，提出"十四五"

时期发展目标、工作思路、重点任务,给社会良好预期,激励全国上下努力奋进。

根据国内外形势和中国政府的表态,我们建议:"十四五"时期,经济发展的主线应当是推动经济和社会的"高质量发展",发展的目标是促进"生态文明建设"和提升"人民生活的小康水平",发展的手段是"绿色低碳"。我们也建议,把适应气候变化、生态环境保护、节能减排这三个方面融汇为一个"三位一体"的政策连环,综合规划制定治理政策。

当前世界经济增长持续放缓,仍处在国际金融危机后的深度调整期,世界大变局加速演变的特征更趋明显,全球动荡源和风险点显著增多。中国正处在转变发展方式、优化经济结构、转换增长动力的攻关期,结构性、体制性、周期性问题相互交织,三期叠加影响持续深化,经济下行压力加大,今后还会面对许多艰难险阻。

2020年,碳市场建设、碳定价、各省市地区的碳排放达峰时间表、新形势下能源结构额再调整、新能源的发展方向等,将成为中国低碳经济和社会发展的关键词,是未来研究的重点问题,应予以关注。

# 低碳财税政策发展分析与展望

低碳经济的发展离不开国家政策的支持，尤其是政府财税政策的支持。本章节先对以英、德、美、加、日为代表的发达国家低碳财税政策和以印、巴为代表的发展中国家的低碳财税政策进行了比较分析，得出国际低碳财税政策发展可借鉴的经验与启示；然后对中国现行财税政策及其存在的问题进行了分析，并做出展望。

## 一、2019年国际低碳财税政策发展概况

### （一）发达国家低碳财税政策发展现状

#### 1. 政府财政补贴

英国政府在新能源开发与应用领域给予大量财政补贴。英国政府实施"可再生能源计划"，2000—2004年向可再生能源行业提供3.5亿英镑资金，2002—2008年间每年提供5亿英镑资金，2008年6月，英国首相提议未来12年内分批次投入2000亿美元开发可再生能源。2011年英国政府开始实行"可再生能源供暖补贴"政策，为用可再生能源供暖的居民提供补助，补助标准为1000英镑每户，以补贴电价的形式促进可再生能源的开发与应用（表1）。

德国给予可再生能源项目财政资金补贴，以鼓励私人投资新能源产业。2000年颁布《可再生能源法》，制定再生能源"固定价格收购制度"，规定电力运营商有义务以一定价格向用户提供可再生能源电力；政府对可再生能源项目提供优惠贷款，将贷款额30%用作补贴。近年来，在德国财政补贴等相关扶持政策的推动下，风力发电、光伏、生物质能、水电、太阳能等可再生能源占德国发电量的比重约20%。

美国政府加大对新能源和生物能源等的补贴力度。在2009年的"经济刺激计划"中，美国政府安排了63亿美元的能效与节能专项资金，以补贴和资

助包括民用与商用建筑能效改进、政府建筑物可再生能源设施安装、地区供热供冷系统建设等在内的项目投资。2010年6月，美国推出的预算中，用于新能源的补贴约300亿美元。消费者在购买混合动力汽车时，会得到几百美元到几千美元不等的优惠额度。美国政府同样对生物能源进行财政补贴，以促进其快速发展。能源部2010年宣布，拨款24亿美元，用于扩大和加快二氧化碳捕获和封存（CCS）商业性技术开发。

加拿大不列颠哥伦比亚省从2008年7月起开始征收碳税，即对汽油、柴油、天然气、煤、石油以及家庭暖气用燃料等所有燃料征收碳税，不同燃料所征收的碳税不同。不列颠哥伦比亚省政府不会以碳税来增加收入，而是以减税的方式，将碳税的收入还给民众，同时，希望通过征收碳税减少能源消耗，减少二氧化碳等温室气体的排放。

日本2009年恢复"太阳能发电设备补贴"政策，对光伏设备用户发放7万日元/千瓦的补贴。补助清洁柴油车购买者，普及环保车辆，增强日本清洁柴油车企业的国际竞争力。经济产业省每年拨款380亿日元，用于补贴家庭高效热水器和楼房新能源管理系统。

表1 发达国家政府财政补贴

| 国别 | 政策名称 | 颁布年份 | 主要内容及效果 |
| --- | --- | --- | --- |
| 英国 | 可再生能源计划可再生能源供暖补贴政策 | 2011 | 利用可再生能源采暖的家庭，平均每户可获得1000英镑的补贴 |
| 德国 | 《可再生能源法》"固定价格收购制度" | 2000 | 电力运营商有义务以一定价格向用户提供可再生能源电力 |
| 美国 | 经济刺激计划 | 2009 | 补贴能效与节能项目 |
| 加拿大 | 财政预算案 | 2008 | 对不同燃料征收不同程度的碳税 |
| 日本 | 太阳能发电设备补贴政策 | 2009 | 对光伏设备用户发放7万日元/千瓦的补贴 |

**2. 政府预算政策**

英国政府是首个在碳预算框架内设置碳排放规则的政府。碳预算建立了三个具有法律约束力的执行周期，分别是2008—2012年、2013—2017年、2018—2022年，每一阶段的碳排放总量都设有上限，其中2018—2022年排放量至少要比1990年减少34%。通过碳预算制定2020年和2050年的排放目标，2020年比1990年减排26%～32%、2050年比1990年减排60%（表2）。

德国政府专门设立被誉为"未来部"的联邦教育和科研部，将重点集中于环保和能源技术研究领域。德国联邦教研部于2008年3月推出了"能源基础研究2020"新计划，资助的重点是能源有效生产、转化、储存、利用和输送技术的研究以及工业生产产生的二氧化碳地下储存技术的研究。

美国能效和可再生能源局制订的节能计划和项目包括：提供信息服务项目、可再生能源技术研发推广项目和推动能效技术的使用项目。2009年、2011年、2012年的预算分别为12.55亿美元、22亿美元、32亿美元。

加拿大政府于2007年5月发表了题为"让科技成为加拿大优势"的新科技发展战略，加政府拨款6600万加元支持制定工业废气排放法规框架并对生物燃料排放进行科学分析和研究。政府承诺5年内拨款2.5亿加元支持汽车工业创新计划，主要开发环保型汽车的战略性大项目。

日本在2009财政预算案中对环境能源技术研发进行单独预算，预算金额高达100亿日元，其中太阳能发电技术研发这一项预算就达35亿日元。在2010财年预算案中用于尖端低碳化技术的研发预算金额达25亿日元。

表2　发达国家政府预算政策

| 国别 | 政策名称 | 颁布年份 | 主要内容及效果 |
| --- | --- | --- | --- |
| 英国 | 碳预算 | 2009 | 建立阶段性减排目标 |
| 德国 | 能源基础研究2020 | 2008 | 资助重点之一在于二氧化碳地下储存技术的研究 |
| 美国 | 节能计划和项目 | 2009—2012 | 2009年、2011年、2012年的预算分别为12.55亿美元、22亿美元、32亿美元 |
| 加拿大 | 让科技成为加拿大优势 | 2007 | 制定工业废气排放法规框架并对生物燃料排放进行科学分析和研究 |
| 日本 | 环境能源技术 | 2009 | 太阳能发电技术研发这一项预算达35亿日元 |

**3. 政府低碳税收**

英国政府主要征收气候变化税、燃油税、交通税、二氧化碳税、垃圾税等，并推出配套的气候税减征措施。2001 年英国政府通过《气候变化计划》，在全球范围内率先提出并征收气候变化税。燃油税征税对象是用于交通运输的汽油、柴油、天然气等燃油和其他燃料；交通税以交通工具为征收对象，主要有车辆消费税、公司汽车税、燃油效益费和航空客运税等；二氧化碳税是英国政府为保证碳排放配额最低价格而引入的追加税，2013—2014 年为每吨二氧化碳 4.94 英镑，2014—2015 年提高至每吨 9.55 英镑（表3）。

表3　发达国家政府低碳税收

| 国别 | 政策名称 | 颁布年份 | 主要内容及效果 |
| --- | --- | --- | --- |
| 英国 | 《气候变化计划》 | 2001 | 鼓励高效利用能源及推广可再生能源 |
| 德国 | 《实施生态税改革法》和《深化生态税改革法》 | 1999 和 2000 | 改革税种中包括交通燃料费、电力税、取暖费以及天然气费，实行差别税率 |
| 美国 | 《美国复苏与再投资法案》 | 2009 | 用于应对金融危机、刺激经济发展的资金规模为 7870 亿美元 |
| 加拿大 | 比率税收抵免 | — | 按照 30% 的比率税收抵免企业开发再生能源的设备或者购买提高能效的设备 |
| 日本 | 节能投资促进税制 | — | 节能设备在普通折旧基础上按购置费的 30% 提取特别折旧 |

德国不断推进生态税改革。德国于 1999 年和 2000 年分别颁布《实施生态税改革法》和《深化生态税改革法》，逐步开展生态税改革，改革税种主要包括交通燃料费、电力税、取暖费以及天然气费，并根据不同产品和行业实行差别税率，以调整能源结构，补贴低盈利行业。德国生态税先从 1994 年征收矿物油税开始；1999 年又推出电力税；2000 年至 2003 年陆续提高电力税、汽车燃油税、取暖燃料税；2006 年 8 月引入煤炭税。

美国政府鼓励美国民众使用节能型汽车，减少能源消耗和汽车废弃物排放，并且对收益超过 200 万美元的法人按超过部分以 0.12% 税率征收环境收入税。美国政府还对消费者购买节能环保型机动车实施税收减免，对符合节能指标的商用或居住用建筑及设备设立抵免税。2009年2月，《美国复苏与再投资法案》经奥巴马总统签署生效，用于应对金融危机、刺激经济发展的资金规模为7870亿美元。

加拿大规定企业投资一般设备按企业投资折旧率成本计算，4%~20%之间税收抵免，而企业开发再生能源的设备或者购买提高能效的设备，可按30%的比率税收抵免。

日本"节能投资促进税制"规定，购置政府指定的节能设备并在1年内使用的，可按购置费的7%从应缴所得税中扣除（以20%为限），同时可在普通折旧基础上按购置费的30%提取特别折旧。

### 4. 政府低碳采购

英国政府注重采购过程、所采购产品以及使用过程的低碳性。1990年英国政府要求各地方政府及部门完成绿色采购、能源效率、废弃物管理等各方面对环境的规划，主要由环境、运输及区域事务部负责实施。英国政府在采购时要求供应商加强供应链管理，测量和报告碳减排量，以此发现政府采购供应链中最能降低能耗与碳排放的环节（表4）。

德国1996年开始实施的《循环经济与废物管理法》专门提出"环境友好产品采购的要求"，建议各州及地方政府均采购环境友好产品。《评判公共货物及服务采购的章程》提出对投标的要求中包含环保因素，要求公共货物与服务采购把好绿色环保关，所购产品必须符合国家环保标准。要求政府机构使用再生纸、太阳能装置、低能耗等节能环保产品。

美国于1993年颁布《联邦采购、循环利用和废物预防》，规定中央和地方政府有义务购买国产绿色产品；此后美国陆续颁布了多个总统行政令和总统备忘录，对政府机构的节能目标、职责、管理、采购等内容做出全面而具体的规定。美国出台并不断更新政府采购绿色产品清单，实施采购循环产品计划、环境友好产品采购计划和"能源之星"计划，颁布并施行生态农产品法案。

表4 发达国家政府低碳采购

| 国别 | 政策名称 | 颁布年份 | 主要内容及效果 |
|---|---|---|---|
| 英国 | 环境、运输及区域事务部（DETR）负责实施的系列政策 | 1990 | 完成绿色采购、能源效率、废弃物管理等各方面对环境的规划 |
| 德国 | 《循环经济与废物管理法》 | 1996 | 建议各州及地方政府均采购环境友好产品 |
| 美国 | 《联邦采购、循环利用和废物预防》 | 1993 | 中央和地方政府有义务购买国产绿色产品 |

**（二）发展中国家低碳财税政策发展现状**

印度沿海人口密集，能源结构以煤为主，油气缺口巨大，且碳排放量位列全球第四，因此，印度政府为发展低碳经济采取了一系列措施。2006年8月，印度《能源综合政策报告》成为其制定能源发展政策的指南。该报告明确新能源技术路线，以提高能源生产和利用效率。而同样作为发展中国家的巴西，20世纪70年代就开始使用清洁能源，利用甘蔗为原料生产乙醇燃料，其乙醇燃料生产技术及应用水平现已位居世界首位。目前巴西国内已经不供应纯粹的石油燃料，所有的汽油、柴油中均混合了乙醇。

**1. 政府财政补贴**

印度利用自身太阳能资源丰富的地理优势，大规模开发利用风能、太阳能等可再生能源。目前,印度为那些把太阳能与电网相连的电厂提供优惠政策，降低设备成本和发电成本。印度各邦政府也在积极制定太阳能光伏政策。印度政府将印度54个城市打造成太阳能城。印度政府对汽车工业提供的财政优惠，不仅包括对汽车工业特殊的税收减免，还包括为混合动力汽车的研发和生产提供激励计划。印度政府公布的2011财年预算案中，印度混合动力汽车消费税从之前的10%调低到5%。除此之外，2012年8月印度政府批准了节能汽车推广法案，拟在2020年前投资2300亿卢比（约41.3亿美元）生产和推广600万辆纯电动和油电混合动力汽车。

巴西联邦政府于2008年出台了《巴西生产与使用生物柴油计划发展方

案》，明确了生物柴油的发展目标及具体发展规划。2011年巴西联邦议会颁布了《巴西生物质能源开发法》，该法将生物质能技术开发与产业发展作为巴西社会可持续发展的重要战略，并将生物质能开发利用与消除贫困、开发农村结合起来，在发展生物质能过程中，促进巴西亚马孙地区的发展，对甘蔗、椰子、棕榈、大豆等种植户给予相关的政策优惠及资金补贴。

**2. 政府低碳税收**

印度用煤炭税收入来支持清洁能源项目。印度于2010年7月1日开征煤炭税，由煤炭生产企业缴纳，其税率为50卢比/吨，进口化石燃料也适用相同税率。到2011年2月印度政府已征收250亿卢比的煤炭税，并将其投资于新能源传输线的建设，以配送清洁能源项目生产的电力。削减电力公司贷款利率。印度可再生能源项目的高利率和相对短期的贷款，使在印度开发可再生能源项目的成本增加了24%～32%，这导致在印度开发可再生能源比在美国或欧洲更昂贵。为此，2013年2月，印度电力财务公司将其2012年的可再生能源项目利率下调50个基准点，相当于削减0.5%。

巴西联邦政府每年投入4500万美元用于甘蔗基因的改良、提高甘蔗种植的机械化水平、改造乙醇转化工艺生产线。截至2013年，巴西甘蔗平均产量已经达到76吨/公顷，相比于20世纪70年代，提高了50%。

### （三）国际低碳财税政策发展经验借鉴

通过分析比较可以看出，发达国家普遍重视从政府财政补贴、预算政策、低碳税收、低碳采购支持和资助本国低碳发展。美、英等发达国家的各级政府积极组建发展基金并提供优惠贷款以期加快经济社会的低碳化转型过程；美、日等国构建了较为完备的政府绿色采购体系以促进低碳科技研发和绿色产品销售；政府还积极利用奖励形式鼓励企业科技创新和加强能源管理；同时政府都注重发挥碳税政策的作用。与发达国家相比，印度、巴西等发展中国家的低碳财税政策方式上显得较为单一，主要集中于对低碳领域的财政补贴和税收减免。

## 二、2019年中国低碳财税政策发展分析

在了解世界各国低碳财税政策共性与差异的基础上，对中国现行低碳财

低碳政策篇

税政策及其存在的问题进行分析，提出中国低碳财税政策的发展展望。

## （一）中国节能减排的现行财税政策

### 1. 税收法规

中国出台的与节能相关的税收法规如表5所示。

表5 中国节能相关的税收法规

| 法规／政策名称 | 颁布年份 | 颁布机构 |
| --- | --- | --- |
| 夏热冬冷地区居住建筑节能设计标准 | 2001 | 建设部 |
| 清洁生产促进法 | 2002 | 全国人大常委会 |
| 能源中长期规划纲要 | 2004 | 国务院 |
| 可再生能源法 | 2005 | 全国人大常委会 |
| 关于发展节能节地型住宅和公共建筑的指导意见 | 2005 | 建设部 |
| 关于做好建设节约型社会近期重点工作的通知 | 2005 | 国务院 |
| 民用建筑节能管理规定 | 2006 | 建设部 |
| 关于加强节能工作的决定 | 2006 | 国务院 |
| "十一五"资源综合利用指导意见 | 2007 | 发改委 |
| 能源发展"十一五"规划 | 2007 | 发改委 |
| 节能减排综合性工作方案 | 2007 | 国务院 |
| 中国应对气候变化国家方案 | 2007 | 国务院 |
| 关于加强国家机关办公建筑和大型公共建筑节能管理工作的实施意见 | 2007 | 建设部、财政部 |

续表

| 法规/政策名称 | 颁布年份 | 颁布机构 |
| --- | --- | --- |
| 节约能源法 | 2007 | 全国人大常委会 |
| 节能减排统计监测及考核实施方案和办法 | 2007 | 发改委、国家统计局、环保总局 |
| 中国的能源状况与政策白皮书 | 2007 | 国务院新闻办 |
| 关于调整节能产品政府采购清单的通知 | 2007 | 财政部、发改委 |
| 民用建筑供热计量管理办法/公共建筑室内温度控制管理办法 | 2008 | 国务院 |
| 循环经济促进法 | 2008 | 全国人大常委会 |
| 中国应对气候变化的政策与行动白皮书 | 2008 | 国务院新闻办 |
| 北方采暖地区既有居住建筑供热计量改造工程验收办法 | 2008 | 住房和城乡建设部 |

**2. 财政政策**

在工业节能上，国家提供节能资金，对节能技术改造项目实施财政奖励，并通过专项转移支付，鼓励企业淘汰落后产能；国家还通过财政补贴，推广高效节能产品的使用，中央财政设立专项资金，间接补贴使用高效节能产品的消费者。

在可再生能源财政支持政策上，通过中央财政预算，设立可再生能源发展专项资金，对石油替代项目进行财政补贴与支持，对可再生能源建筑重点领域实施专项资金支持；对可再生能源发电产业进行支持，促进光伏发电和风力发电；鼓励既有建筑的节能改造、可再生能源的建筑应用以及新型墙材和节能建材产业化；政府不仅在公共服务领域推广应用节能与新能源汽车，还制定私人购买新能源汽车的财政支持政策。

**（二）中国低碳财税政策存在的问题**

**1. 化石能源高额补贴存在制度性障碍**

由于中国是以煤炭为主的能源消费结构，致使能源补贴实质上都是对高碳能源或化石能源的补贴。高碳能源补贴在实现国家部分既定政策目标的同时，其负面效应也日益凸显，高额补贴不仅鼓励了对化石能源的消费，增加了二氧化碳的排放，也抑制了可再生能源的发展，形成了制约低碳经济发展的一大制度性障碍。

### 2. 急需建立低碳经济发展专项基金

中国现阶段的公共财政支出严重不足，虽然中国在逐渐深入落实可持续发展战略，在环境保护及污染治理的资金投入也呈现出逐年增长的趋势，但与其他财政支出占比相比，其整体占比还相对较小，且目前中国尚未建立起支持发展低碳经济的专项资金，中国现阶段更加注重研发和生产领域的财政支持，而缺乏对消费、服务和回收等的财政支持与投入。

### 3. 税收政策还有待完善

目前，中国不仅确立了低碳发展的理念，还向世界宣布了到2020年使单位国内生产总值碳排放强度比2005年降低40%～45%的目标，同时，在《中共中央关于制定国民经济和社会发展第十二个五年规划的建议》中，再次提出将"二氧化碳排放强度作为约束性指标"的建议。"十一五"以来，尽管中国加大了节能减排的工作力度，但主要依靠的还是行政手段，财税政策在节能减排过程中发挥的作用不大。另外，中国尚未对污染排放行为征税，能源税、碳税、气候变化税等与促进低碳经济发展直接相关的税种在中国还是空白，存在着明显的制度缺失。

### 4. 政府绿色采购制度仍需加强

虽然早在2003年中国就推出了政府绿色采购，并正式实施《政府采购法》，在中国经济不断发展的过程中，为适应世界低碳环保经济的发展，中国近年来也逐步建立了环境标志产品、政府优先及强制采购节能产品等管理制度，但相比发达国家来讲，中国现阶段建立的政府绿色采购制度尚处在发展的初期，且发展速度缓慢。

## 三、2020年中国低碳财税政策发展展望

基于对中国现行低碳财税政策的分析，借鉴国际经验，对中国低碳财税

政策发展提出展望。

### （一）强化促进环保节能产业发展的财政补贴力度

中国需要根据新预算法的预算政策，加大投资力度，促进低碳经济的发展。首先是设立专门的环保资金支出项目，按一定的比例将本年度的财政收入作为明年节能环保预算基金的资金来源；其次注重中国环保节能产业的建设及开发，运用贴现贷款及降低低碳事业贷款利率等方式刺激环保企业的发展和积极性，同时加大低碳环保经济发展模式的研究，调整能源结构，不断提升能源发展技术，不断强化财政补贴力度，为中国的低碳经济发展奠定坚实的财政基础。

### （二）设立"绿色发展预算"

政府绿色发展预算是为有效保护资源环境而编制的一种预算，凡涉及保护自然资源与生态环境、节能减排、可再生能源开发等的政府预算收入和政府预算支出，均属于政府绿色发展预算收支的内容。绿色发展预算收入主要包括资源税收入、环境税收入、碳税收入、以政府名义发行的绿色债券收入等；绿色发展预算支出主要包括用于节能减排、低碳技术创新、可再生能源开发和恢复生态环境等的投入、补贴、贴息、奖励、政府采购等。

### （三）继续完善资源税等低碳税种

中国要不断完善资源税，在现有从量计征的基础上调整计税依据，增加高耗能产业的资源成本，扩大征收范围，增加从价定率的办法；扩大资源税的征税范围，不仅要征收矿产资源、石化资源的资源税，还要加征水、海洋、滩涂等资源税，让资源税真正发挥调控作用，促进中国低碳经济的快速发展。在扩大资源税的税收范围基础上，中国还要改革消费税，将污染环境比较严重、资源消耗量大的消费品纳入征税范围，进一步拓展消费税，如将资源消耗量大的一次性塑料包装物产品、杀虫剂、氟利昂产品、电池以及污染环境比较严重的高档建筑装饰材料等列入征税范围。同时，为了保护环境，还可以根据煤炭污染品质增设煤炭资源消费税税目，对清洁煤和型煤免征消费税。给予企业开发低碳、节能环保类产品以优惠政策，促进企业技术设备创新。对于环保示范工程项目、清洁能源企业、购置生产节能环保产品的企业等，给予财税上的优惠政策。

### （四）建立健全政府低碳采购清单制度

在《政府采购法》的框架下，建立适合中国国情的低碳采购制度，支持低碳经济的发展。首先，建立低碳认证标准，不断扩大低碳标志产品的认证范围，完善低碳标志认证产品的认证方法。其次，建立健全政府低碳采购清单制度，不断扩大清单所涵盖的范围，为政府采购低碳产品提供更多的选择，对低碳采购清单应实施动态管理，定期调整，增强低碳采购的可操作性。再次，制定对低碳产品的强制性购买政策，不断提高低碳产品采购的比例。最后，建立低碳产品采购绩效评价制度，确保低碳采购政策得到切实的履行。

# 低碳产业政策发展分析与展望

为实现碳减排目标,各国政府对低碳产业政策给予了高度重视。欧美等发达国家通过再工业化政策、发展新兴产业政策和新能源政策,充分利用和巩固其清洁生产和低碳技术方面的优势,力求在未来国际竞争中处于更有利的地位。2019年中国相继出台低碳产业相关政策,但仍存在法律体系尚不完善、政策执行体制有待创新、低碳产业财税政策机制创新不足以及低碳产业服务链缺失等问题。2020年,中国预计将重点抓好工业、建筑、交通和公共机构等重点领域的节能,强化应对气候变化行动、着力推进提质升级发展、渐进改革实现经济社会低碳转型、分区域推动差异化峰值目标管理。

## 一、2019年国际低碳产业政策发展概况

### (一)发达国家

**1. 低碳产业法律制度方面**

英国是最早提出低碳经济概念的国家,2007年公布《气候变化法(草案)》,明确中长期减排目标,以彻底实现经济发展的低碳化。法案还提出成立气候变化委员会,专门负责就碳减排方面的投资、政策机制等具体问题向政府提供建议。

2005年,日本重组了"全球气候变暖对策推进本部"。2008年,试行国内碳排放交易制度,修改《石油替代能源促进法》。构建了以能源政策基本法立法为指导,以煤炭立法、石油立法、天然气立法、电力立法、能源利用合理化立法、新能源利用立法等为中心内容的能源法律制度体系。

2007年,美国提出《低碳经济法案》。2009年,提出《美国绿色能源与安全保障法案》,重点关注绿色能源发展和提高能源效率两方面问题。美国加

州于 2006 年率先通过《气候变化解决法案》，后有 30 多个州也建立了该制度。此外，以一系列法令作为推动政府绿色采购的法律基础。

1971 年，德国公布第一个较为全面的《环境规划方案》。2000 年出台《可再生能源法》，提出至 2020 年，新能源占能源消耗的比例要超过 50%。2002 年出台《节省能源法案》。德国于 2002 年开始碳排放权交易，目前已形成较为完善的法律体系和管理制度。

**2. 低碳产业发展规划方面**

2009 年，英国提出《低碳产业战略远景》：一是通过提高能源效率，减少商业、消费者以及公共服务成本；二是重视可再生能源、核能、碳捕获与封存技术、输电网等能源基础设施建设，将其作为未来英国发展低碳产业的重要方向；三是成为全球低碳汽车开发和生产领先者；四是通过提供技能、基础设施采购和研发，使英国成为低碳经济商业中心。2009 年公布《英国低碳转型》国家战略方案，配套出台《英国可再生能源战略》《英国低碳工业战略》和《低碳交通战略》等。2009 年，公布能源规划草案，提出核能、可再生能源和洁净煤是英国未来能源的三个重要组成部分。

2007 年，日本推出《21 世纪环境立国战略》，2008 年提出建设低碳社会的战略构想。2008 年公布"低碳技术计划"。日本还制定了"技术战略图"，可调动国家和民间资源全方位开展低碳技术创新攻关。2008 年通过"实现低碳社会行动计划"。

2006 年，美国公布新的气候变化技术计划（CCTP）战略规划，通过捕集、减少以及储存的方式来控制温室气体排放量。低碳经济发展规划主要包括节能增效、开发新能源、应对气候变化等多个方面，其核心是新能源。

德国自 1977 年陆续出台多期能源研究计划。2006 年，推出第一个涵盖所有政策范围的"高技术战略"。2007 年，制定"气候保护高技术战略"。2009 年，颁布"国家电动汽车发展计划"。在发展规划中都反映了"绿色复苏""绿色增长"的思维路径。

**3. 低碳产业相关规制方面**

对于低碳产业发展，英国政府建立了开放竞争的市场和符合实际的监管框架。2009 年，英国正式公布"清洁煤炭"计划草案。英国主要推出两种激励政策——气候变化税和可再生能源配额。推出气候变化协议制度，即如果与政府签订该协议并达到规定能效（排放）目标，政府可减少征收其应支付气候变化税的80%。

日本建立了比较完备的多级节能监督管理体系。低碳产业发展主要涉及新能源领域，注重产业结构的调整，对节能指标做出具体规定，对高能耗产品制定特别严格的能耗标准，同时投入巨资发展清洁汽车技术。日本的节能环保技术在世界范围内遥遥领先，注重新能源发电方式。大力推动公共机构绿色采购制度和民间自主绿色采购，推行碳足迹制度。

美国新能源计划，向石油公司收取利润税，作为对个人和家庭的直接能源补贴，同时大力推动科技研究和创新，开发太阳能、风能、地热能、核能和水电等清洁能源。积极发展混合动力汽车，降低对石油的过高依存度。积极发展下一代生物燃料和燃料基础设施建设，投资低排放煤场。

德国正积极实施"气候保护一揽子措施"。"适应战略"涵盖一系列未来可能受到气候变化影响的领域，开展中期气候变化模拟预测。致力于加快生物质资源的培育、研究和推广应用。把征收能源税作为生态税改革计划的一部分，规定企业享受税收优惠要与企业的节能管理挂钩。

**4. 低碳产业财政政策方面**

2009年，英国财政预算涵盖4.05亿英镑资金计划用于支持发展世界领先的低碳能源产业和绿色制造产业。还通过财政制度提供间接财政奖励，鼓励采用清洁技术、减少二氧化碳排放量的活动。对支持低碳经济的相关研发项目直接进行一定投资，促进研发成果的转化和推广。2001年，英国政府投资、按企业模式运作的碳基金成立。

2008年，日本利用财税政策加以引导，先后出台特别折旧制度、补助金制度、特别会计制度等多项财税优惠措施，鼓励企业开发节能技术、使用节能设备。日本政府还不断加大科研经费投入，全力支持低碳技术的研发。还实施了按企业环境等级进行融资的措施。

2009年，"美国复兴和再投资计划"计划投入1500亿美元，用3年时间使美国新能源产量增加一倍。税收减免方面，针对新技术、清洁燃料汽车、能效设备、住宅太阳能和燃料电池购买与安装等提供税收优惠及能效补助、节能补贴等。对可再生能源的投资、生产和利用给予税收优惠抵免。此外，在能源开发利用、促进低碳产业发展方面，政府每年都会提供一些贷款担保。

德国将在10年内额外投入10亿欧元用于研发气候保护技术，工业界也将相应投入一倍的资金。德国政府计划每年拨款7亿欧元用于现有民用建筑的节能改造。出台了三方面措施解决资本难题：一是通过公共财政向新能源提供补贴；二是通过为现有电力企业制定新能源指标，强制新能源发电入网；三是维持高电价、高油价、高取暖费，通过消费者实现对新能源的补贴。

## （二）发展中国家

### 1. 低碳产业法律制度方面

印度于2001年颁布《能源法》。为了吸引消费者使用可再生能源，印度整合原有的三部法律法规，颁布了《电力法案》。印度不断完善环境友好法律政策，但在相关措施保障方面还有完善空间。

巴西积极支持低碳产业发展，尤其是推动生物燃料业的发展。巴西政府专门成立了一个跨部门的委员会，由总统府牵头，14个政府部门参加，负责研究和制定有关生物柴油生产和推广的政策与措施。目前，巴西已通过完善环境立法、加快产业转型、发展新能源、实现交通低碳化等措施，走出了一条"巴西模式"的低碳之路。

### 2. 低碳产业发展规划方面

印度于2008年发布《气候变化国家行动计划》，重点强调太阳能计划、提高能源效率计划、可持续生活环境计划、水资源计划、绿色印度计划、气候变化战略研究计划等内容。

巴西政府制订乙醇燃料生产计划比较早，根据该计划巴西旨在不断提升巴西燃料乙醇产量，至2013年即成为世界最大的乙醇出口国。

### 3. 低碳产业相关规制方面

印度修订现有节能建筑规范，积极利用市场经济等多种手段，增强低碳节能的可交易性。印度还采用多种激励措施来鼓励多用可再生能源发展。印度建立了清洁发展机制（CDM），获取发展低碳经济所需的资金和技术支持，大力促进新能源技术的商品化和市场化，被誉为CDM做得最为完善的国家。

巴西监管机构积极参与了电力行业的规划，并且在很大程度上左右着电力行业的资源组合、运行成本和碳排放量。巴西设计并实施了一套创新机制——拍卖发电与输电建设的长期合同，能够相对有效地提高可再生能源发电能力。

### 4. 低碳产业财政政策方面

印度出台一系列能源激励措施，对节能产品进行税收调节。同时，合理化地对新能源企业电力税进行不同程度的减免，根据实际发电量，通过可贸易税收折扣政策给予一定优惠等。

从20世纪70年代开始，巴西政府十分重视对绿色能源的研究，通过补贴、设置配额、统购燃料乙醇以及运用价格和行政干预等手段鼓励民众使用燃料乙醇。巴西政府也推出了一系列金融支持政策，如国家经济社会开发银行推出各种信贷优惠政策，为生物柴油企业提供融资等。

## （三）国际低碳产业政策经验启示

纵观相关国家低碳产业政策制定和实施经验，主要包括以下几个方面的启示。第一，政府重视是低碳产业发展的重要基础。政府在成立相关管理部门、发挥气候和能源政策制定和监管职能以及处理跨部门协调问题等方面有着不可替代的作用。第二，法律制度是低碳产业发展的重要保障。为实现低碳经济战略，促进低碳产业发展，很多国家的政府都出台了一系列具有开创性的政策法规及配套措施，为低碳产业发展提供了保障。第三，发展规划是低碳产业发展的重要指引。英国、日本、美国、德国和印度等国家纷纷制订了促进低碳产业的中长期战略规划，不断提高其在新一轮世界经济增长中的竞争优势。第四，产业规制是低碳产业发展的引导机制。产业规制是发达国家引导低碳产业发展的重要手段，比较典型的包括"领跑者"制度、节能标识制度、"碳足迹"制度、新能源发电无条件入网制度等。第五，财政政策是低碳产业发展的激励机制。通过财政补贴、税收优惠等方式进行引导，加快了低碳产业的发展进程。

## 二、2019年中国低碳产业政策发展分析

### （一）中国低碳产业政策发展现状

中国在签署《巴黎协定》后做出了自主减排贡献承诺，将从多方面力促中国绿色低碳产业经济的发展，在优化产业结构和能源结构方面，坚持走新型工业化道路。2019年，相继出台低碳产业相关政策，如表6所示。

部分省（区、市）在其发布的省级"十三五"控制温室气体排放的相关实施方案或规划中提出了明确的整体碳排放达峰时间，部分省（区、市）针对重点地区、试点城市或重点行业提出了峰值目标，部分地区发布低碳发展三年行动计划。部分试点探索建立碳排放总量控制制度、重大项目碳排放评价制度、低碳产品标准标识与认证制度，出台了一批配套政策。

中国低碳产业政策的重点不断发生变化，主要体现在以下两方面。第一，推动传统制造业的低碳化。例如，推进实施钢铁行业超低排放、培育绿色化工产业、对工业炉窑大气污染进行综合治理等政策，帮助传统高碳产业挖掘能源节约和污染物减排潜力。第二，扶持低碳产业发展。中国正逐渐加大对清洁能源技术研究和开发的支持力度，积极支持风电、水电、核电和新能源汽车的技术研发以及推动先进制造业和现代服务业深度融合发展等。在中国促进低碳产业发展政策制定和实施的过程中，一方面，产业政策的目标从主要关注经济增长开始转向多元化，兼顾减排与经济的协同发展。另一方面，产业政策的激励和约束机制也逐渐从分离转向统一，如碳税在增加企业成本的同时，低碳企业相比高碳企业形成成本优势，激励企业降低碳排放。产业政策也从干预市场逐渐转向补充市场和增进市场，如碳排放交易机制的引入和实施，为碳排放的市场化提供了良好的制度和外部环境。

表6　2019年全国低碳产业政策汇总表

| 时间 | 政策措施 | 政策内容 |
| --- | --- | --- |
| 2019年2月14日 | 《绿色产业指导目录（2019年版）》 | 壮大节能环保、清洁生产、清洁能源等绿色产业 |

续表

| 时间 | 政策措施 | 政策内容 |
|---|---|---|
| 2019年2月19日 | 《关于支持服务民营企业绿色发展的意见》 | 提高绿色发展能力、营造公平竞争市场环境、提升服务保障水平等 |
| 2019年4月2日 | 《2019年农业农村绿色发展工作要点》 | 推进农业绿色生产；加强农业污染防治；强化统筹推进和试验示范 |
| 2019年4月3日 | 《碳排放权交易管理暂行条例（征求意见稿）》 | 用市场机制控制温室气体排放、推动绿色低碳发展，公开征求发展意见 |
| 2019年4月15日 | 《关于构建市场导向的绿色技术创新体系的指导意见》 | 强化产品全生命周期绿色管理，加快构建绿色技术创新体系 |
| 2019年4月16日 | 《绿色化工产业培育方案》 | 加快化工新材料、精细化工发展，四川建设成为绿色化工产业强省 |
| 2019年4月22日 | 《关于推进实施钢铁行业超低排放的意见》 | 推动实施钢铁行业超低排放，大幅削减主要大气污染物排放量 |
| 2019年4月23日 | 《陕西省2019年度主要污染物总量减排及碳排放强度降低实施方案》 | 全省计划实施重点减排项目87个 |
| 2019年5月10日 | 《关于建立健全可再生能源电力消纳保障机制的通知》 | 建立健全可再生能源电力消纳保障机制 |
| 2019年5月12日 | 《国家生态文明试验区（海南）实施方案》 | 生态文明体制改革样板区；清洁能源优先发展示范区 |
| 2019年5月21日 | 《关于完善风电上网电价政策的通知》 | 引导新能源投资，实现资源高效利用，推动风电产业健康可持续发展 |
| 2019年5月29日 | 《大型活动碳中和实施指南（试行）》 | 通过购买碳配额等方式抵消活动中的温室气体排放量 |

续表

| 时间 | 政策措施 | 政策内容 |
|---|---|---|
| 2019年6月17日 | 《中央生态环境保护督察工作规定》 | 实行生态环境保护督察制度,设立专职督察机构,开展生态环境保护督察 |
| 2019年6月20日 | 《绿色出行行动计划（2019—2022年）》 | 建成布局合理、生态友好、清洁低碳、集约高效的绿色出行服务体系 |
| 2019年7月1日 | 《工业炉窑大气污染综合治理方案》 | 促进钢铁、建材等重点行业碳排放总量得到有效控制 |
| 2019年8月16日 | 《张家口市低碳管理计划》 | 全力打造低碳奥运专区,大力推进各项低碳建设 |
| 2019年9月10日 | 《深圳市绿色低碳产业2019年第三批扶持计划》 | 包含新能源汽车、先进核能、高效储能、可再生能源、智慧能源、高效节能、先进环保、资源循环利用八个重点领域（此前两批分别在1月和5月组织实施） |
| 2019年11月3日 | 《广东省2019年度碳排放配额分配实施方案》 | 纳入碳排放管理的包括电力、水泥、钢铁、石化、造纸、民航等行业 |
| 2019年11月15日 | 《关于推动先进制造业和现代服务业深度融合发展的实施意见》 | 探索新业态、新模式、新路径,推动先进制造业和现代服务业深度融合 |
| 2019年11月20日 | 《财政部关于提前下达2020年可再生能源电价附加补助资金预算的通知》 | 下达地方电网公司补助资金56.75亿元（可再生能源补贴） |
| 2019年11月23日 | 《广西壮族自治区绿色金融改革创新实施方案》 | 逐步提高绿色信贷、绿色债券、绿色股权融资等在社会融资规模中的占比 |
| 2019年11月29日 | 《关于组织开展上海市碳排放配额有偿竞价发放的通知》 | 竞价发放总量－上海市碳排放配额200万吨 |

## （二）中国低碳产业政策主要问题

### 1. 低碳产业法律体系尚不完善

中国已颁布《循环经济促进法》《节约能源法》《可再生能源法》等法律，但尚未出台作为能源领域母法的《能源法》，缺乏应对气候变化的相关法律法规。由于缺乏此类法律，资源价格还未能真正体现资源的稀缺程度以及对环境损害所带来的社会成本，碳排放权设立与分配、碳税的开征、碳排放权交易制度的建立均缺乏足够的法律支撑，进而影响低碳发展的市场机制建设。

### 2. 低碳产业政策执行体制有待创新

低碳产业政策中核心的"节能减排"与"淘汰落后产能"政策，其"目标责任制"发展比较成熟。依赖行政手段与"目标责任制"的政策取得了较为明显的效果，然而这种政策仍存在缺陷：一是严格的责任追究会导致一些地区为一味追求目标采取不恰当手段；二是弱化了对企业节能减排的激励和引导，毕竟外部约束不意味着企业产生自觉行为，只有市场激励机制才更有利于带动低碳产业发展。

### 3. 低碳产业财税政策机制创新不足

在市场经济条件下，依赖行政手段推动低碳发展的作用有限，需要采取适当的财政和税收经济手段鼓励企业减少碳排放与低碳领域的技术创新。中国目前加大了相关财政资金支持力度，也出台了《节能产品政府采购实施意见》和《节能产品政府采购清单》，但对体制机制创新的重视程度和完善程度仍有待提高。例如如何科学有效地进行资源税、碳税以及促进低碳发展的流转税和所得税的政策组合设计，如何提高绿色采购制度的政策约束力，如何完善低碳产业财税政策绩效评估机制等，这些方面仍存在不足之处亟待解决。

### 4. 低碳产业服务链缺失

低碳发展是政府、工业企业与公民多方共同参与、相互作用、相互影响的模式。国内曾经有一些低碳发展领域的社会性组织名称出现，但2016年民政部民间组织管理局曝光了上千家"山寨社团"名单，其中就包括中国碳排放研究会、中国低碳产业联合会。社会组织也是政府和市场外一种重要的引导力量，充当政府、工业企业和公民三方合作的桥梁和纽带。例如，社会组织可以发挥人才和专业优势，为新兴产业面临的成本收益不对称问题提供信息和决策支持，辅助引导产业结构调整，为一些碳排放超标企业提供一定的技术帮助，拓宽绿色产业融资渠道等。

## 三、2020年中国低碳产业政策发展展望

2020年，中国将重点出台一揽子措施积极应对气候变化，促进绿色低碳产业发展。预计将重点抓好工业、建筑、交通和公共机构等重点领域的节能，进一步推进低碳试点工作。此外，还将继续研究扩大绿色产品消费的补贴政策，对污染物减排给予财政补贴。面临即将到来的"十四五"规划，生态环境部表示要进一步把气候变化相关工作内容纳入生态环境保护的工作规划，成为其重要组成部分，进一步强化工作的协调、协同。预计2020年低碳产业政策将呈现以下主要特点：

### （一）强化应对行动倒逼提质升级发展

坚持节约资源和保护环境的基本国策，实施积极应对气候变化国家战略，研究制定长期低碳发展路线图。低碳发展是中国经济社会发展面临的一项长期任务，中国已经提出了自主贡献目标，如何减少散煤和其他领域用煤、利用替代能源，这些是制定"十四五"和"十五五"规划时要重点考虑的。低碳发展还要发挥适应和引领新常态的关键作用，在"十三五"向"十四五"过渡阶段从碳强度目标转向更为积极的强度与总量双控目标，充分利用经济转向中高速发展的契机，倒逼发展方式和经济结构改革，树立新的经济发展政绩观和绿色增长理念，基本建立起全国统一的碳排放总量和交易机制。合理增加低碳产业发展预算，增加政策效果评估，巩固低碳发展转型取得的初步成果。

### （二）渐进改革实现经济社会低碳转型

2020年是中国低碳发展的重要转型培育期，也是中国实现第一个百年奋斗目标的关键期，中国社会实现全面小康，基本实现工业化，城镇化建设持续推进，在此阶段低碳发展应配合环境治理和经济转型的相关工作，遏制化

石能源消费，特别是继续关注新能源市场和技术创新，提高新能源产业的竞争力。2020年到2030年是中国低碳发展的转型攻坚期。在此阶段，以排放峰值目标为主的低碳发展战略要充分发挥对节能、非化石能源发展、新兴产业发展、生态建设、环境保护等工作的引领作用，完善和健全以低碳市场为主的生态产权交易和补偿体系，有效降低工业化后期的生产性、建设性排放，有效控制建筑、交通领域消费性排放增速，抑制高碳能源消费，为低碳能源大幅度提升留出空间。此外，培育低碳产业发展领域社会组织、完善服务链，提升政策服务能力，也将有助于更好地实现低碳产业发展和低碳社会转型。

### （三）分区域推动差异化峰值目标管理

到2020年左右少数发达地区基本实现排放峰值，包括京津冀、长三角、珠三角三大区域经济圈，其中的低碳试点省区和城市要率先在2020年前尽早实现排放峰值。这些较发达地区目前的人均排放水平已经较高，应先行探索和实践低碳工业化、低碳城镇化的可持续增长模式。"十三五"向"十四五"过渡期间实现煤炭消费总量负增长和煤电装机零增长，逐步通过接受外输电比例、增加天然气供应、加大非化石能源利用等措施替代燃煤。2020年左右达到峰值后应尽快实现碳排放总量的下降，为后发展地区腾出排放空间；到2050年形成较强的低碳能源和经济竞争力。中国在当下生产型排放增长控制趋稳、生活型排放仍大幅增长的阶段，需要分区域统筹布局、主动引导消费模式，如借鉴日本的碳足迹制度，引导企业和消费者生产和购买碳排放低的商品和服务，研究扩大绿色产品消费的补贴政策等，同时利用后发优势大规模应用创新技术，催生新产品和新模式，形成节能低碳的产业体系，培育出新的增长点。

# 低碳金融政策发展分析与展望

低碳金融指的是与减少温室气体排放相关的金融活动的总称，主要包括以下三个领域：投融资领域、碳金融中间业务领域以及碳指标交易领域。本文将分别从国际和国内两个角度，就以上三个领域对低碳金融政策的发展状况进行分析，并做出展望。

## 一、2019年国际低碳金融政策发展概况

《京都议定书》中规定，发达国家（即《联合国气候变化框架公约》附录一中所列国家）自2005年起便开始承担协定中所规定的减排目标，而发展中国家则从2012年开始承担相应的减排任务，所以不论是在政策制定还是在实施优化方面，发达国家相较于发展中国家具有更加丰富的经验。

### （一）发达国家

#### 1. 投融资方面

赤道原则（Equator Principles，简称 EPs）的起源可追溯至2002年10月。荷兰银行和国际金融公司在伦敦举办的金融会议上，提出创建一套采用世界银行环境保护标准与国际金融公司社会责任方针，旨在评估、管理企业投融资项目中对社会以及环境所带来风险的指南，这个指南即为赤道原则。在赤道原则被提出后，花旗集团、荷兰银行、巴莱克银行、西德意志银行、汇丰银行与渣打银行等数十家国际性银行率先宣布采用该原则。截至2017年，共有来自32个国家的92家金融机构采纳了赤道原则，并将其作为发放绿色信贷的基准原则。

然而，在亚洲和太平洋地区，接受赤道原则的金融机构仅有6家。日本瑞穗实业银行作为亚洲首批采纳赤道原则的金融机构，2003年10月便着手制

定关于内部38个行业实施细则的操作手册,建立全面的内部操作体系。2004年编制完成《瑞穗实业银行赤道原则实施手册》,它是日本第一份关于绿色信贷业务实际操作的实施手册,主要应用于全球的项目融资和财务顾问活动。采纳和实施赤道原则的瑞穗实业银行在国际声誉和经营绩效上得到了明显的提升。另外,日本十分重视环保教育体制的建设,它对企业和金融机构相关人员进行专门的教育,从而更好地推进绿色信贷的发展。

美国作为绿色金融的先驱,除了各大金融机构积极采取赤道原则,美国政府也在积极完善环保法律体系。从20世纪70年代至今,美国政府颁布了近30部的环境法和多部促进绿色金融发展的法律法规,这些法律规定,不仅要求银行将环境责任考核机制纳入日常事务中,还需要银行对信贷资金的投放承担相应责任。此外,美国还不断完善信息技术系统,以便于商业银行利用数据库与环保部门进行数据共享。另外,美国注重环境与社会风险管理。以花旗银行的环境与社会风险管理(ESRM)体系为例,这一体系在赤道原则的基础上从信贷风险和声誉风险两个角度对环境与社会风险进行控制,适用于全球交易。在初期市场营销阶段,花旗银行就将ESRM部门评估过的交易与提供的相关咨询信息输入到一个系统之中。ESRM体系与赤道原则的贷款项目分类基本一致,都是分为A、B、C三类,由于A类项目预计会对环境产生严重的不良影响,因此要求指定的高级信贷员和ESRM部门的总监去共同评估其相关信息。

英国不但有严格的法律法规约束企业和商业银行的行为,而且对于环境保护采取了一系列的经济激励手段。政府可以为环境保护型企业做担保,让这类企业更容易从商业银行处获得贷款。在一项政府颁布的《贷款担保计划》中明确指出,若企业通过政府的环境影响评估,则可向商业银行申请最高可达7.5万英镑的贷款,其中政府担保80%。另外,英国的许多商业银行重视引进绿色信贷方面的人才。例如巴克莱银行将咨询公司和行业环保专家引进内部,建立了环境风险评估人才储备库。

投融资的另一个领域是风险投资方面,新的动向显示出低碳产业这一领域已经逐渐成为风险投资(VC)的新领域。美国全美清洁能源公司所获得的风险投资从2002年来以65%的复合年增长率极速增长。此外,瑞典碳资产管理公司、英国益可环境集团等在节能减排项目融资业务方面都有较好的表现。发达国家可以利用其自身完善的创业板市场推动低碳经济产业的发展，如在伦敦证券交易所创业板上市的公司里，已经有60多家企业致力于研究低碳新技术。但美中不足的是，针对VC的低碳金融政策尚缺。

### 2. 碳金融中间业务方面

国外银行业碳金融中间业务发展较早，碳金融中间业务已经形成了一定的规模，其中为了帮助企业更好地参与碳金融市场，各国的商业银行及其他金融机构为碳金融产品项目投资企业提供各种咨询服务，主要包括碳资产管理业务、低碳领域研发业务、制定低碳相关领域行业指数、低碳融资咨询业务。但目前相关政策缺失，有待充实。

### 3. 碳指标交易方面

为了降低人类工业活动给全球气候环境造成的不利影响，1992年5月9日，联合国通过了《联合国气候变化框架公约》（UNFCCC），公约的终极目标是将大气温室气体浓度维持在一个稳定的水平，在该水平上人类活动对气候系统的危险干扰不会发生。随后，1997年12月在日本东京通过了《京都议定书》。作为《联合国气候变化框架公约》的补充条款，《京都议定书》规定了三种补充性的市场交易机制以协助成员国降低减排成本，实现低排放发展目标，即联合实施机制（Joint Implementation，JI）、国际排放权交易（International Emission Trading，IET）以及发达国家和发展中国家间交易的清洁发展机制（Clean Development Mechanism，CDM）。《京都议定书》所提出的这三种市场交易机制，使得温室气体减排单位、配额排放单位及相关衍生品成为可交易的商品，这为国际碳金融交易市场奠定了基础。

《京都议定书》颁布之后，各个国际组织和国家为其最终的实施开始了一系列的准备工作。为了帮助其成员国实现减排任务，欧盟于2005年1月率先正式启动了欧盟排放交易体系（EUETS）。该体系属于限量与交易计划（Cap and Trade），在该体系内，各成员国由欧盟来设置排放限额，其排放总额不得超过在《京都议定书》中所承诺的数额；且各国之间可以根据需要进行排放配额（EUA）的买卖。在体系建立之初，可供交易的温室气体仅限于二氧化碳，自2008年起，交易的温室气体除了二氧化碳外，还选择性地加入了其他种类的温室气体。目前,欧盟排放交易体系正在实现 2020 年温室气体排放量较 1990 年减少 20% 的目标。

尽管美国并未核准通过《京都议定书》,但一些州和政府已经开始采取行动,并联合建立了同欧盟相似的限额交易机制。2008 年,由美国东北部和中大西洋各州组成的地区间温室气体动议(Regional Greenhouse Gas Initiative,RGGI)开始投入运行,并制定了相应的减排目标。2010 年 4 月 1 日,美国交通部和环保部联合制定了第一部国家温室气体排放标准;2015 年,当时的美国总统奥巴马公布了一份史上最严厉的清洁电力计划(CPP),该计划指出,美国将在未来 15 年内发电站减少近 1/3 的温室气体排放量,到 2030 年,美国发电厂的碳排放目标被期望在 2005 年的基础上减少 32%。在政策的驱动之下,美国对于碳排放权的需求大幅增加。所有这些,都推动了国际碳金融交易体系的迅速发展。

## (二)发展中国家

### 1. 投融资方面

新兴市场国家绿色金融体系起步较晚,但近年来发展迅速。目前,巴西约有 10% 的银行贷款被列为绿色贷款。2005 年起,巴西圣保罗证券交易所开始对外公布企业可持续发展指数。巴西正准备筹建国家绿色债券市场发展委员会。印度在绿色金融领域实施了优先行业贷款政策,要求银行将 40% 的贷款投入农业、中小型企业等关键行业中。印度证券交易委员会已公布了绿色债券的官方标准。目前,印度绿色债券发行规模占全球总发行规模的 2%,排在全球第八位。印度尼西亚针对其快速发展的股票市场制定了绿色评级标准。2014 年年底,印尼金融服务监管局制定了 2014—2019 年的绿色金融路线图。

风险投资方面,发展中国家的低碳金融风险投资业务发展较慢,低碳行业对目前的经济周期并不敏感,但属于产业扶植的范畴,因此近年来风险投资也慢慢倾向于新能源等低碳行业。限制其发展的主要原因在于投资主体单一且融资渠道狭窄、缺乏专业的风险投资人才、风险投资中介机构有待发展。跟发达国家类似,此方面的政策尚缺。

### 2. 碳金融中间业务方面

发展中国家的低碳中间业务主要围绕以下三大类别：其一，碳金融理财、咨询、财务顾问业务；其二，登记、托管、结算和清算等账户管理业务；其三，信用评估与保函、信用证、担保等信用增级服务业务。与发达国家相比，发展中国家在中间业务领域发展规模较小，且普遍存在着碳交易中介缺失等问题。同样，此方面的政策缺位明显。

### 3. 碳指标交易方面

《京都议定书》中规定了三种市场交易机制：联合实施机制、国际排放权交易机制以及清洁发展机制。其中，作为发达国家与发展中国家之间配额交易的渠道之一，清洁发展机制成为各个国家关注的重点。

发展中国家以印度为例，印度十分重视CDM项目的开展，因此印度政府由上而下建立了一套比较完善的管理机构和体制框架。在国家清洁发展机制管理委员会的领导下，出台了一系列鼓励企业和各类金融机构发展CDM项目的政策。另外，新型能源部、工业政策与发展部、财政部、外交部、规划委员会与电力部等共同负责项目的审批和管理工作。整个过程被要求控制在60天内完成。由于简洁的审批程序、完善的审批体系以及较高的审批效率，CDM项目在印度得以快速发展。同时，在政府机构和相关部门的大力支持下，关于CDM项目的咨询机构和中介服务机构也在全国范围内发展迅速。

## （三）国际低碳金融政策经验启示

从上述中可以看出，不论是发达国家还是发展中国家，都开始重视金融行业的可持续发展。在政策实践中，发达国家在绿色信贷、项目咨询以及碳指标体系建设上都要比发展中国家更具经验。观其共性，我们可以发现：在政府层面上，这些国家往往具有较为完善的环保法律体系，建立了自上而下高效审批和管理制度，并积极发展建设国际性的碳交易市场体系；在参与主体层面上，发达国家采用"赏罚并济"的政策，一方面对造成环境污染的企业以及对此类企业发放贷款的金融机构实施相应的处罚，另一方面通过财政补贴鼓励低污染企业的发展，同时十分重视环保教育体制的发展，促使人们具备环保理念，从而更好推进绿色金融的发展。

## 二、2019年中国低碳金融政策发展分析

虽然中国低碳金融政策在近十年内才逐渐起步，但是发展十分迅速，基本实现了"从无到有""从不规范到规范"的过程。目前中国的低碳金融政策发展仍面临着低碳金融有效需求不足、碳交易中介缺失等实际问题。

### （一）中国低碳金融政策发展现状

#### 1. 投融资方面

自引入绿色信贷的全新融资理念后，中国结合具体的国情颁布并且实施了一系列的法律法规，实现了绿色信贷的"从无到有"，极大地促进了绿色金融的发展，同时也促进了生态文明制度框架的基本建立。自2007年至2019年，中国颁布并实施的关于绿色信贷、绿色金融的相关文件不断完善。2007年中国颁布了《关于落实环保政策法规防范信贷风险的意见》，标志着绿色信贷业务在中国正式启动；2012年银监会发布《绿色信贷指引》，以帮助银行业等金融机构积极有效地开展绿色信贷，并对大力促进节能减排和环境保护提出了明确的要求；2014年银监会颁布《绿色信贷实施情况关键评价指标》，其中超过100个指标分别对组织管理、能力建设、内控管理、流程管理、信息披露等方面进行了规范，同年，由中国银行业协会携手国家开发银行等29家银行共同发起的中国银行业协会绿色信贷业务专业委员会在京成立；2016年绿色金融发展被写入《十三五规划纲要》，作为一项国家发展战略，绿色金融、绿色信贷的作用越来越凸显，其发展越来越受到国家和社会的关注。

风险投资方面，风险投资基金对中国低碳产业的发展起到了很大的推动作用。自2006年以来，风险投资基金对于新能源行业的投资一直呈上升趋势，极大地推动了国内新能源市场的发展。2009年风险投资和私募股权市场募资、投资规模稳步上升，汇丰银行的节能减排项目融资业务尤为突出。同时，深圳交易所推出的创业板的上市资源也将向节能减排和新能源等低碳产业倾斜。但在低碳经济下，中国风险投资仍存在很多问题，主要表现在：相关法律法规不健全，投资活动缺乏明确的指导规范，合法权益难以得到有效保护；缺

乏完善的退出机制，很大程度上阻碍了风险投资业的可持续发展等。

**2. 碳金融中间业务方面**

自 2013 年首批碳交易试点在中国启动后，国内的碳交易体系逐渐形成，碳金融市场不断扩大。国内部分银行已经推出了成套的金融服务产品，包括购碳售碳代理、碳资产评估和开发咨询服务、碳保理等服务，渗入碳交易的每个细节。但中国这方面的政策尚缺。

**3. 碳指标交易方面**

在碳指标交易方面，中国也正走在规范化和创新化的道路上。2013 年 6 月起，中国在北京、上海、天津、重庆、湖北、广东、深圳以及福建八个省市启动碳排放权交易市场试点，为全国碳定价机制的完善积累了宝贵的经验。每个试点省市都设立了自己的碳强度目标，各试点碳市场也采用的是基于碳强度的上限，而不是国际上其他碳市场所使用的绝对排放上限。中国认为该方式最能适应经济增长和减排的双重需求。

2015 年，习近平主席在巴黎气候大会召开之际宣布中国将着力建设全国碳排放权交易体系，此后，中国陆续开展了大量准备工作，全国碳排放权交易体系将成为中国控制其碳排放增长的关键举措。2017 年，随着国家发改委印发《全国碳排放交易权市场建设方案（发电行业）》，全国性的碳排放交易体系正式启动。全国碳市场将分为基础建设期、模拟运行期和深化完善期三个阶段进行推进，并以电力为突破口，率先开展交易，按照"成熟一个行业纳入一个行业"的原则逐步扩大覆盖范围。根据该方案，模拟运行期启动约一年后将进入深化完善期。

2018 年，气候变化相关职能从发改委划转至生态环境部，碳市场建设工作也相应转隶。2019 年 5 月，生态环境部发布通知，要求各地环境主管部门报送各地区发电行业重点排放单位名单，为配额分配、系统开户和市场测试运行做准备。

**（二）中国低碳金融政策主要问题**

**1. 低碳金融相关宏观经济政策方面**

从中国绿色金融的发展历程来看，政府出台了大量的政策推动绿色金融的发展，由于这些政策多是"一行三会"、环保部等部门颁发，立法层次有限，强制性不够，加之金融机构、企业等参与主体执行力欠缺导致政策不能有效落实。而在现有政策中，各部门之间权责归属不明确，使得相关政策在具体实施过程中不断被弱化，降低了政策的实际效果。此外，当前的政策激励机制仍以直接补贴为主，支持力度低，未能调动机构投资者投资绿色产业的积极性。

环境风险评价能力不足。中国绿色行业有巨大的资金需求，每年至少需要2万亿元的投资，市场发展空间大，但这却不足以吸引大量的社会资本投向绿色项目，主要原因就是中国银行业和第三方机构没有系统的绿色评级体系，在企业申请贷款时，对项目潜在的环境风险评估不全面，绿色企业整体风险未知，很难得到充足的资金贷款。此外，银行业的风险管理部门将一般贷款和绿色贷款一并评估，没有专门的环境与社会风险部门为其把关，专业性不够，助长企业"漂绿"风气。

环境信息披露不充分。只有充分掌握企业环境信息才能较好地判断贷款项目是否为绿色及其绿色程度，进而能有效控制资金去向。为了更全面系统地掌握环境信息，国际监管机构多采用环境、社会、公司治理的信息披露体系，即ESG信息披露体系。由于中国的ESG信息披露体系建立处于初始阶段，在制度、披露方式、披露标准等层面缺乏强制性。多数上市公司仍以自愿披露为主，只有20%的上市公司披露环境信息，且其披露的内容定性描述居多，以数据为支撑的信息较少。此外，由于考虑到其在社会上的影响力，上市公司在披露环境信息时未能客观地披露，而是以正面信息为主，回避污染排放等负面信息。

**2. 低碳金融参与主体方面**

商业银行等金融机构近年来积极开展有关绿色金融的相关业务，力求实现金融行业的可持续发展，但与发达国家相比，中国金融机构对绿色金融的发展认识程度不够。2003年，美国、德国等主要发达国家的十家知名银行联合宣布施行"赤道原则"，旨在呼吁银行业金融机构在项目融资的过程中考虑环境因素。截至2017年9月，全球实施"赤道原则"的金融机构已达91家，而中国目前仅有两家银行——兴业银行和江苏银行加入"赤道原则"，其他商业银行则在自愿的基础上开展绿色金融业务。另外,其他金融机构,如私募股权投资基金、资产管理机构等,参与绿色金融服务的数量同样较少。此外,由于绿色金融项目涉及环境因素,专业性强、评估难度大,中国现有的中介服务机构如资产评估机构、评级机构尚未涉足绿色领域,使得项目运行的风险难以全面评估,在一定程度上阻碍了绿色金融的发展。

### 3. 碳交易市场方面

由于碳金融进入中国的时间较晚,国内的诸多企业尚未意识到其所蕴含的商机和价值,因此表现出对碳交易兴趣缺失;政府和相关机构组织对于绿色金融的重视程度不够,目前仍缺乏统一的规划,全国只有零星几家碳排放权交易所,并未形成全国性的碳金融交易体系;同时,中介机构数量极少且发育不完善,这些都对碳交易的运行和发展提出了挑战。另外,碳减排额是一种虚拟产品,不论是项目最初的开发、交易规则的制定,还是随后的执行方面都具有很高的难度,需要精通国内外碳交易市场、熟悉交易准则、具有丰富经验的专业性人才来操作,但是目前中国在这方面的人才培养机制上严重缺失。

### 4. 低碳金融业务领域方面

一是作为绿色金融的主体,绿色信贷领域的创新不足。绿色信贷业务是以节约能源、降低排放以及其相关项目作为依托的银行贷款业务,根据不同的绿色信贷项目,兴业银行把绿色信贷业务分为:节能减排技改项目融资模式、CDM项下融资模式、EMC(节能服务商)融资模式、节能减排设备供应商买方信贷融资模式、公用事业服务融资模式、融资租赁模式等。但目前中国绿色信贷业务主要体现在对贷款企业的环境准入审核方面,并未广泛采用一些新型的融资模式。

二是低碳金融资本市场有待开发。目前中国沪深两市低碳概念公司总市值约3000亿元,占全部上市公司总市值的3%左右,比例明显偏低;低碳金融衍生品的设计不足,交易方面更是缺乏统一的市场管理体系。

## 三、2020年中国低碳金融政策发展展望

作为发展中国家,低碳金融是我们在世界金融体系重构过程中的一个良

机。未来中国的低碳金融政策如何发展，我们可以从以下三个角度进行分析。

### （一）投融资方面

第一，将进一步完善绿色信贷的约束机制，建立环境违法放贷责任追究制度。通过完善相关立法和政策，建立重大项目放贷的环境影响全过程跟踪及污染事故赔偿可追索机制，建议从法律上明确银行对贷款企业环境保护和污染治理方面建立约束，若贷款企业造成重大环境污染而无力支付污染清理及赔偿资金，银行要承担连带责任。

第二，建立绿色和新兴产业信贷风险防范政策及风险担保机制。要建立对推行"绿色信贷"成效显著机构的正向激励机制。充分利用财税杠杆，建立和完善与"绿色信贷"政策相配套的呆账核销、风险准备金计提制度，以及与之相关的财政税收风险补偿政策。尤其是对商业银行实行"绿色信贷"政策、支持节能环保和高新技术开发过程中出现的信贷风险等，要给予财政税收减免的优惠政策，适当提高节能环保行业不良贷款比率容忍度。

第三，实施绿色和新兴产业信贷优惠激励政策。在贷款利率上，商业银行要实施差别化的利率政策，对促进节能、减少污染、改善生态环境的企业和项目提供优惠利率，在"有进有退"中培育环保产业市场。

第四，推进"绿色信贷"产品创新，注意发挥政策性银行"主力军"作用，通过低息贷款、无息贷款、延长信贷周期、优先贷款等方式，弥补"绿色信贷"推行中商业信贷缺位问题。

第五，积极发展风险投资业务，为风险性较高但是具备成长潜力的低碳企业提供多元化的融资渠道。可以通过放宽准入条件、减免税收政策、加大补贴力度等方式鼓励民间资本进入城市污水处理、空气污染治理、城市园林绿化行业等领域，提高社会资本参与环保和减排项目的积极性。

### （二）碳金融中间业务方面

发展碳金融中间业务，应当从以下几个方面进行构建：

第一，政府部门通过采取一定的政策引导和优惠措施，提高金融机构的积极性，加快对交易平台、交易规则、项目管理与经营等方面的探索和引导；

第二，鼓励碳交易中介机构的建立和发展，中介机构熟知碳交易的流程及规则，能够节约交易成本，有利于国内企业碳项目的开发、洽谈和执行；

第三，加大对相关专业领域的人才培养力度，鼓励相关高校开设环境金融等方面的专业和课程，建立碳金融人才储备库。

### （三）碳交易市场方面

第一，尽快建立全国性的碳交易体系。一方面，大力拓展交易范围，鼓励现有的环境交易所加大对交易制度规则的设计，以促成更多的碳排放项目的交易。另一方面，加强对环境交易所和碳金融市场的规范化管理，为碳交易提供更加顺畅科学的交易平台。

第二，加大碳金融衍生产品的创新力度。目前国外碳金融市场已有一定规模数量的金融衍生品，相比之下，中国的碳金融衍生品种类还较为单一。完备的碳交易体系可以为碳金融交易提供渠道，而丰富多样的碳金融衍生品则能够大大增加碳交易的流动性和市场参与度。因此，政府应当鼓励商业银行以及各大金融机构积极开发碳金融衍生品业务，同时完善风控体系，以降低系统风险。

# 低碳产业篇

英国政府于2003年最早提出了"低碳经济"一词，伴随着煤炭、石油等能源的消耗以及温室气体的排放，能源安全与气候变化已经成为世界各国关注的问题。而以低能耗、低污染为基础的低碳产业是国家实现低碳经济发展的重要路径，在这样的背景下，低碳产业日益受到关注。

低碳产业是指在生产、消费的过程中，碳排放量最小化或无碳化的产业，最主要的特征是低能耗、低污染、低排碳。实质上就是对高碳产业进行低碳化的改造，其中低碳化是低碳产业最基本的特征，而且低碳化也是低碳经济得以发展的前提条件。

本篇章将从不同产业对中国低碳经济发展进行分析和展望，包括火电减排产业发展分析与展望、新能源汽车产业发展分析与展望、节能建筑产业发展分析与展望、工业节能与减排产业发展分析与展望、资源回收产业发展分析与展望以及节能材料产业发展分析与展望。其中，每一篇都以2019年国际产业状况分析、2019年国内产业状况分析以及2020年国内产业状况的展望这三大部分作为基本框架。通过分析火电减排、新能源汽车、节能建筑、工业和资源回收等几个代表性产业的国内外政策、现状以及潜力来获取高碳化到低碳化革命中的成功经验，从而一步步完善低碳经济的发展链条，最终实现经济效益、社会效益和生态效益的统一，真正地实现低碳发展。

除此之外，低碳产业覆盖了国民经济的许多部门，因此低碳产业的理念不能仅仅依赖于国家政策、法律法规来进行推广，还要以书籍宣传的形式深入人心，因此本章节代表性产业的选择也是为了在深化低碳理念上发挥更大的作用，从而通过我们这一代人不懈的努力早日实现低碳化发展，既为后人留下金山银山，同时也留下绿水青山。

# 火电减排产业发展分析与展望

在全球能源转型的时代背景下，电力行业尤其是火电行业的发展与走向是影响全球气候变化的关键因素之一。2019年，全球在建的燃煤电厂数量连续第四年大幅下降。2019年全球开工建设的煤电产能与2018年相比下降5%，与2015年相比下降66%。此外，2019年全球煤炭发电量与2018年相比下降约300太瓦·时，但仍要高于《巴黎协定》中所规定的限制全球气温上升并实现缓解气候变化最严重影响的煤炭消耗水平。

## 一、2019年国际火电减排产业发展概况

在全球范围内，由于非化石能源发电的快速发展、经济增长放缓、部分燃煤电厂关闭等综合趋势，2019年的火电发电量及与之伴随的碳排放量均呈现出一定的放缓趋势。整体来看，美国、韩国、德国以及欧盟其他国家，煤炭发电量在2019年实现了创纪录跌幅。

### （一）全球煤炭发电发展

从发达国家来看，尽管美国近年来整体上支持燃煤发电，但部分大型燃煤电厂的关闭仍促进了美国的碳减排；欧盟国家2019年以来大力开发风能、太阳能和天然气发电，对燃煤发电形成了替代和补充，上半年燃煤发电同比下降19%。从发展中国家来看，印度由于电力需求的放缓和其他发电方式的发展，燃煤发电也实现了近几十年来的首次下降；作为全球最大的煤炭生产国，中国2019年的电力需求增长也呈现放缓的趋势，与此同时，风能、水力发电和核能也满足了很大部分的电力需求。东南亚一些国家的煤炭发电仍然逆势增长，但由于这些国家需求量小，因此在全球总量中占比较小。

### （二）美国煤炭发电发展

自2011年之后，美国煤电装机一路下降。截至2019年年底，美国燃煤

发电装机降至22.9万兆瓦。美国奥巴马政府曾在2014年推出一项旨在应对人类活动引起的气候变化的政策——《清洁电力计划》，提出到2030年发电厂碳排放在2005年基础上减少32%。2017年，为了缓解美国煤炭行业的经济下行，在"振兴煤炭工业"的口号下，美国特朗普政府正式废除《清洁电力计划》并退出《巴黎协定》，这也预示着美国煤炭发电复苏的可能。尽管2019年以来，美国特朗普政府持续放宽对燃煤发电的排放限制、降低对可再生能源的激励，并于6月正式发布了《廉价清洁能源规则》，但美国煤电厂仍在继续关闭且几乎没有新的燃煤发电项目上线。根据美国能源信息署（EIA）公布的数据显示，4月美国可再生能源和煤炭发电量分别贡献了23%和20%，表明美国可再生能源发电量首次超越了煤炭发电量。此外，美国自2009年启动的针对电力行业，覆盖东北部和大西洋中部九个州的区域温室气体减排行动（RGGI），如今已运行十年之久，减排效果明显，经济效益显著，积累了大量关于碳交易运行机制的理论和实践经验。

### （三）欧洲电力行业转型

2019年，欧盟各国继续推进电力行业的能源转型，告别传统的以化石燃料和核能发电为基础的电力系统，大力推行以风能和太阳能为支柱的新电力系统。随着可再生能源和天然气平价化，欧洲2019年大部分煤炭发电企业呈现出竞争劣势并均面临亏损。随着欧盟碳排放交易体系中的碳价升至每吨二氧化碳超20欧元，进一步推动了2019年的煤-气转型。虽然2019年联合国气候变化大会未达成一致意见，但欧盟冬季峰会就2050年"气候中立"除波兰外基本达成了一致目标。欧盟多个国家将关闭燃煤电厂的计划列入日程，以履行在《巴黎协定》中做出的承诺。例如，英国政府计划到2025年完全淘汰燃煤发电，替代为天然气和其他生活燃料。就丹麦而言，燃煤电厂的发电量可低至装机容量的10%，它们可以迅速地改变发电量的多少并快速启动，其在能源转型过程中充分发挥动力系统"灵活性"，从而保证了在不危及供电安全的前提下实现能源转型。

### （四）国际火电减排对中国的启示

中国正处于电力能源系统转型的关键时期，可再生能源装机容量已占全球的30%，在全球增量中占比44%。国际电力市场能源转型的经验为中国提供了参考，对其他国家能源转型过程中暴露的问题也应引以为戒。第一，中国发电厂技术的先进性与发达国家已不存在明显差距甚至在一些领域更加先进，因此，中国燃煤电厂实现与丹麦相同的灵活性不存在技术上的难题；第二，欧洲市场的成功转型和灵活性也得益于经济上的激励，而这长期是中国电力市场能源转型的最大障碍，随着中国进一步推进电力市场改革，希望进一步为电力系统灵活性的实现提供必要激励；第三，随着中国进一步推进电力市场改革和建立全国电力行业碳排放交易市场，美国和欧洲国家长期以来运用市场机制耦合电力市场和碳市场的理论和实践经验也将是中国当前耦合机制设计过程中的重要参考。

## 二、2019年中国火电减排产业发展分析

长期以来，火力发电在中国发电形式中占据主导地位，占总发电量的七成左右。2019年，随着中国经济增长的不确定性增大，用电量增速下行的压力凸显，全社会用电量72255亿千瓦·时，同比增长4.5%。火力发电依旧是中国的主要发电形式，从区域分布看，中部、西部以及北部地区呈现火电利用增加的趋势，而东南沿海省份的火电利用基本持平或呈现下行趋势。

### （一）中国火电行业现状与发展

根据国家统计局的数据显示，2019年全年发电量为75034.3亿千瓦·时，其中火力发电量为51654.3亿千瓦·时（图1），占总发电量比例为68.8%（图2），较2018年下降约7个百分点；其次是水力发电，占比约为17.4%。此外，风力发电、核能发电和其他发电量分别占比4.8%、4.6%和4.4%。在火力发电方面，2019年全国发电量排在前五的省份依次是山东（5169亿千瓦·时）、内蒙古（4556亿千瓦·时）、江苏（4439亿千瓦·时）、广东（3346亿千瓦·时）、山西（2931亿千瓦·时）。

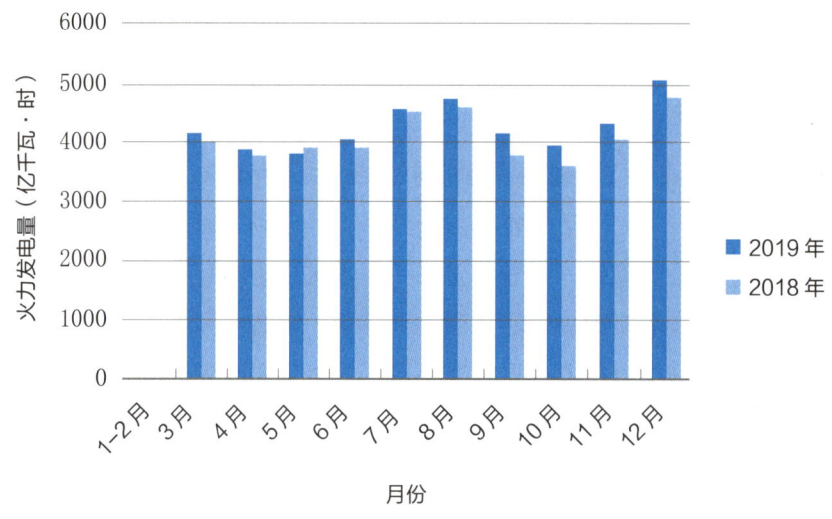

图1　2018—2019年中国火力发电量

数据来源：国家统计局。

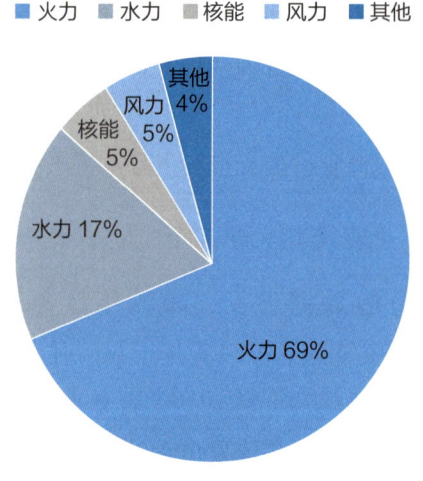

图2　2019年中国各类型发电量占比

数据来源：国家统计局。

为了解决长期以来的火电产能过剩以及连续亏损等难题，2019年11月，国资委发布《中央企业煤电资源区域整合试点方案》（以下简称《方案》），力争到2021年年末，首批5个试点区域甘肃、陕西、新疆、青海、宁夏在中国华能、中国大唐、中国华电、国家电投和国家能源集团 5 家央企的牵头下实现煤电资源整合，煤电产能下降四分之一到三分之一、整体减亏超过百分之五十、资产负债率明显下降。《方案》的发布意味着中国煤电供给侧去产能正在加速，原则上将停止新建煤电投资项目。

### （二）煤电供给侧改革相关政策

2019 年，随着环保形势愈发严峻、能源转型大潮已至、风光平价上网等因素的共同驱动，煤电去产能进程已进入快车道。国家发改委和能源局联合发布了《关于深入推进供给侧结构性改革进一步淘汰煤电落后产能促进煤电行业优化升级的意见》（以下简称《意见》）。《意见》要求有力有序淘汰煤电产业落后产能，包括不具备供热改造条件、设计寿命期满且不具备延寿条件、不实施改造或改造后供电煤耗仍达不到《常规燃煤发电机组单位产品能源消耗限额》、不实施改造或改造后污染物排放不符合国家环保要求、不实施改造或改造后水耗不符合国家标准要求、《打赢蓝天保卫战三年行动计划》明确的重点区域范围内 30 万千瓦及以上热电联产机组供热半径 15 千米范围内以及有关法律法规要求关停或国务院要求关停的七类机组。此外，《意见》也指出在去产能的过程中要保持适度和有序，要科学开展煤电产能的替换工作。2019 年，通过组织实施去产 30 万吨以下煤矿分类处置，共关闭落后煤矿 450 余处，淘汰约两千万千瓦煤电机组，超额完成了去产能任务。

### （三）清洁电力技术的研发与推广

根据中国当前的能源分布情况，虽然在能源结构改革和环保等政策的影响下非化石能源装机容量在逐年快速增长，火力发电的装机容量的比重呈现出小幅下降的趋势，但受历史电力装机布局等因素的影响，火力发电的供应仍将长期作为主要的电力供应源。因此，清洁火电技术发展仍是现阶段电力行业走向纵深的重要手段，也是实现能源转型的重要抓手。对于提高中国电力系统安全、高效、清洁的电力供应起着至关重要的作用。目前常见的新型火电技术主要包括燃料电池、烟气净化、煤炭加工和煤炭转换。中国在火电清洁化技术方面已达到发达国家的水平甚至超过发达国家。国家能源集团作为中国最大的火电企业，在其清洁高效燃煤发电与污染物控制国家重点实验室中开展了大量工程实践，建成了世界上首台百万超超临界二次再热发电机组以及首台60万超临界循环流化床燃煤发电机组。此外，其超低排放燃煤机组能够实现远低于燃气机组国家强制排放限值的二氧化硫、氮氧化物、颗粒物等污染物的排放，引领了煤电超低排放技术的进步。随后，中国能建南方建投公司承建的广东华夏阳西电厂二期2台124千瓦超超临界燃煤机组成功并网，这也是目前亚洲最大常规燃煤发电机组。

### （四）火电行业碳排放控制与节能

为了打好污染攻坚战，实现低碳发展，各级环保部门纷纷制定污染物总量减排及碳排放强度降低相关政策，组织开展碳排放核算，筹备碳排放权交易市场，并将火电行业燃煤机组超低排放改造工程作为实现减排目标的重点任务。中国火电厂自2014年以来进入了超低排放和节能改造阶段，出台了世界领先的超低排放（ULE）标准，主要污染物二氧化硫、氮氧化物和颗粒物的排放限值分别为35毫克/立方米、50毫克/立方米和10毫克/立方米，排放量下降60%。要求全部新建燃煤发电机组大气污染物排放接近燃气机组排放水平，并计划于2020年前完成改造5.8亿千瓦煤电机组，改造装机容量约占2014年总装机容量的71%。目前，中国已建成全球规模最大的清洁高效煤电系统，煤电超低排放机组超过8亿千瓦。发表在《自然·能源》上的一篇文章显示中国燃煤发电机组超低排放改造的实施有了许多实际改善，如虽然中国发电量稳步增长，但主要污染物二氧化硫、氮氧化物、颗粒物排放量到2017年较2014年分别下降了65%、60%和72%，煤电机组超低排放改造达到5.9亿千瓦，即超额完成了改造目标。

### （五）电力市场化改革的现状

2015年国务院发布了《关于进一步深化电力体制改革的若干意见》，要求在发电侧、售电侧以及增量配电等领域引入市场竞争机制。2019年，中国电力市场化改革持续推进，发改委和能源局先后出台了《关于进一步推进增量配电业务改革的通知》《关于征求进一步推进电力现货市场建设试点工作的意见的函》《输配电定价成本监审办法》《关于深化电力现货市场建设试点工作的意见》《关于做好 2020 年电力中长期合同签订工作的通知》等 9 项相关政策。各省、自治区、直辖市也针对国家对电力市场化的发展趋势，结合当地环境，设计了地方的政策。如，北京出台了 7 项政策，且在年初明确确定了 2019 年，北京市场化直接交易总电量规模拟安排 140 亿千瓦·时。随着各种新能源的快速发展，新能源消纳问题取得成效，电力市场化程度不断加大。2020 年全国能源工作会议上预计 2019 年电力市场的交易电量达 2.3 万亿千瓦·时，同比提高约 6%，调峰交易电量达到 400 亿千瓦·时。

### （六）碳排放交易市场的现状

2005 年，中国首先以开发核证减排量和自愿减排量的方式参与了欧洲的碳市场。自 2011 年开始，中国启动了本国的碳交易试点，并由国家发改委办公厅颁布了《国家发展改革委办公厅关于开展碳排放权交易试点工作的通知》，在北京市、天津市、上海市、重庆市、广东省、湖北省以及深圳市七个省市地区开展了碳排放权交易试点工作。随后，福建省于 2016 年年底成为第八个碳排放权交易试点地区。八个试点地区的碳排放权交易市场规则也不尽相同。例如，从分配模式上看，上海市、天津市、湖北省、重庆市、福建省采用无偿方式进行配额分配，而其他三地则采用混合模式；从覆盖范围上看，各地所覆盖的行业有所差异，覆盖的排放量也从 30%～60% 不等；从成交量上看，北京市、广东省和湖北省位列前三位，而天津市和重庆市成交量则相对较低；从碳价来看，北京市碳市场的成交价相对较高，而重庆市则持续低迷。随着试点工作的推进和经验积累，2014 年年底国家发改委发布了《碳排放权交易管理暂行办法》（以下简称《办法》），首次提出了构建全国统一碳排放权交易市场的框架。随后，国家发改委于 2017 年 12 月印发的《全国碳排放权交易市场建设方案（发电行业）》（以下简称《方案》）标志着中国电力行业碳排放权交易市场正式启动。《方案》计划用一年左右的时间完成基础建设、一年左右的时间完成模拟运行，并以发电行业为突破口率先启动全国碳排放权交易体系，实现激发企业减排潜力、推动企业转型升级并实现控制温室气体排放的目标。2018 年，应对气候变化职能转到生态环境部，相应地，碳市场的监管也做出了调整。生态环境部于 2019 年 4 月发布了《碳排放权交易管理暂行条例（征求意见稿)》（以下简称《条例》），进一步完善了全国碳市场的制度建设。《条例》作为中国碳排放权交易市场运行的法律基础，相较于 2014 年的《办法》具有更强的法律效力，其出台预示着全国碳排放权交易市场建设将快速推进。根据生态环境部副部长赵英民 12 月在联合国气候大会上的发言，截至 2019 年 10 月底，试点地区的碳排放配额成交量达 3.47 亿吨二氧化碳当量，成交金额达到 76.8 亿元人民币，试点范围内碳排放总量和强度实现了双下降，为全国碳排放权交易市场的建设积累了宝贵的经验。

## 三、2020年中国火电减排产业发展展望

根据国际可再生能源署的报告，如果要使全球升温控制在 2℃ 以内，到 2050 年全球电力供应的 85% 应来自风电、光伏等可再生能源。在此全球背景下，中国承诺 2030 年碳排放达到峰值。目前中国正在从开发清洁火电技术、推进供给侧改革、淘汰落后产能、深化市场机制等方面全面发力为实现缓解气候变化目标降低电力行业碳排放。在全社会电力需求持续增加、环保要求日趋严格的未来预期下，为了进一步深化中国火电行业转型升级及节能减排，中国 2020 年将继续从结构、技术、管理和市场四个方面完善火电行业的碳减排路径。具体而言，第一，进一步提升可再生能源在电源结构中的比重，优化电力结构；第二，积极采用先进的在线监测（CEMS）等现代化管理手段，全面落实现行和已颁布的电力行业政策，实现电厂监督管理的科学高效；第三，进一步深化、细化电力市场改革及电力行业全国碳交易市场两个市场的机制建设，并将积极探索和有效利用二者耦合机制实现电力行业的节能减排。

### （一）可再生能源比重进一步提升

在全球可再生能源迅速发展的大趋势下，中国能源结构将进一步向清洁能源转型。根据电力发展"十三五"规划，到 2020 年，中国非化石能源发电量占比提高到 31%。为加快构建清洁低碳、安全高效的能源体系，促进可再生能源开发利用，2019 年 5 月，国家发改委和能源局发布《关于建立健全可再生能源电力消纳保障机制的通知》（以下简称《通知》）。《通知》指出自

2020年1月1日起对各省可再生能源电力消纳责任权重全面进行监测评价和正式考核。这意味着在可再生能源消纳政策的推动下，火电利用小时数后续仍将呈现下降趋势且发电量将持续低速增长。

（二）环境监督管理科学性和力度进一步提高

作为环保重点监管范围之一，随着生态环境保护监管执法的进一步加强和科学化监管手段的进一步推进，电力行业相关环境政策的执行力度和执行效果也将获得提升。随着主要大气、水污染物在线监测平台日趋成熟，目前全国各地开始试水碳排放的在线监测。例如，福建省预计2020年1月建成省碳排放在线监测与应用公共平台。虽然距离建立全国统一的碳排放在线监测平台还任重而道远，但随着各地进一步推进平台的研发和试运行，大型火电行业的应用示范也将进一步推广，对火电行业碳排放的监管也将日趋严格。随着中央环境保护督察"回头看"及大气污染问题专项督察的持续推进，火电企业超低排放改造以及"主城区煤电机组清零"等一系列要求将是大势所趋。

（三）碳市场与电力市场耦合

2020年，中国的电力市场化改革将持续推进，各地区的交易规模和范围均有扩大趋势。与此同时，煤电企业的亏损问题也将是电力市场化持续推进过程中需要面对的典型问题。此外，交叉补贴、不同电压等价之间差价较小、基本电价和销售电价制度不完善、无法满足不同用户电力需求等问题均是未来电力市场化改革需要持续改善的地方。各省电力调峰辅助服务市场的进一步建设也将有利于改变过去行政干预方式，通过市场的手段调动电厂调峰积极性。例如，广西电力调峰辅助服务市场建设已完成封闭模拟，将于2020年正式投入运行。

目前国际通行的两种基于市场手段的碳减排措施分别为碳排放权交易和碳税，前者规定碳排放许可限额，而后者规定碳排放许可价格。与发达国家不同，中国在建立全国统一的碳排放权交易市场之前首先在部分省市进行了试点工作。随着试点工作的推进和经验积累以及全国统一碳排放权交易市场的建立，一系列细化的法律法规相继出台。为全面完成《打赢蓝天保卫战三年行动计划》目标任务，作为重点行业的电力行业，碳排放市场的发展也将在2020年加快推进进程。

中国已建成世界上最大规模的电力系统，而电力市场化改革的推进和全国统一电力行业碳市场的建立都是旨在提升中国电力行业资源优化配置、提升行业整体竞争力并最终实现电力行业节能减排。两个市场看似相互独立，由不同政府机构负责，在不同市场平台交易，在企业内部由不同部门实施，但事实上，根据美国和欧盟的经验，电力市场与碳市场的耦合能够有效地对电力行业二氧化碳排放实施管控。碳排放约束引起的电厂的生产成本的增加可以通过市场进行传导，进而实现优化电源结构，改善居民的用电习惯，最终完成全社会的碳减排目标。因此，在中国碳市场和电力市场共同作用的起步时期，两个市场的有效耦合是实现电力行业结构成功转型的必要因素，也是电力市场改革需要重点关注的问题之一。

# 新能源汽车产业发展分析与展望

传统汽车作为重要的交通工具，为人们生活带来便捷和舒适的同时，也带来了环境污染、气候变暖、能源消耗等许多负面影响。新能源汽车在能源来源、尾气排放方面具有很大的优势，因此大力发展新能源汽车是实现传统汽车工业节能减排的有效途径，对低碳经济起到很大的促进作用。

对于新能源汽车的定义，每个国家都有不同的提法。日本通常称其为"低公害汽车"；美国将其称作"代用燃料汽车"；而在中国，新能源汽车被定义为动力来源是非常规的车用燃料的汽车，或是车用燃料为常规燃料，但采用了车辆的先进技术，包括动力控制和驱动方面的技术，配备了新型车载动力装置，综合以上构成的具有最前沿技术和最先进结构的汽车。

放眼2019年，新能源汽车受到全球各地的追捧，形成了以纯电动汽车和插电式混合动力汽车为主的销售热门市场。从国家和地区看，中国、美国和欧洲三足鼎立，是全球销量最多的国家和地区。从各国渗透率看，北欧国家渗透率占据全球首位，其中挪威和荷兰远超全球平均水平。与此同时，中国的新能源汽车发展态势尤为强劲，2019年新能源汽车销量已稳居全球第一，成为销量最大的市场。在政策引导下，中国新能源汽车产品结构车型变得更加丰富，新能源汽车续航能力持续提升。2019年中国新能源汽车竞争变得更加激烈，多数外资企业进华建厂，稀释传统品牌市场份额，同时中国新能源汽车进出口量双双增加，非插电式混合动力汽车成为主要进出口类型。展望2020年，中国新能源汽车产销量将继续维持增长趋势，但是受补贴退坡的波及效应以及2020年年初新冠肺炎疫情的影响，新能源汽车产销量增速或将放缓，渗透率或将降低。2020年可能是新能源汽车转型的重要转折点，新能源汽车技术将与大数据、人工智能、5G等新兴技术加速融合，实现新能源汽车产业转型升级。

# 一、2019年全球新能源汽车产业发展概况

新能源汽车在全球的销量呈连年增长态势，2019年销量逾215万辆，渗透率约为2.5%。从销量类型看，销量最多的纯电动汽车增速放缓，而另一热门市场——插电式混合动力汽车转为负向增长；从主要国家和地区看，中国、美国与欧洲是全球新能源汽车的主要市场，销量都保持只增不减且渗透率不断扩大的趋势，日韩新能源汽车销量继续保持增长且增速有所回升，渗透率呈上升趋势。

## （一）新能源汽车类型及特点

新能源汽车包括混合动力汽车、纯电动汽车、燃料电池电动汽车、氢动力汽车、燃气汽车、生物乙醇汽车等各类别产品。

### 1. 混合动力汽车

混合动力汽车是一种将内燃机的动力与一个或多个电动马达结合起来进行牵引的汽车。虽然利用传统燃料，但通过配备电动机或发动机以此改善和降低动力输出和燃油消耗。具体可以分为两种，一是插电式混合动力汽车，二是非插电式混合动力汽车。

### 2. 纯电动汽车

纯电动汽车，即全电动汽车，带有可充电电池而不是汽油发动机，以此运行电机和其他机载电子设备。电动汽车不会排放任何由传统汽油驱动的汽车所产生的有害气体。斜面是由外部电源供电的，其难点即为电力储存技术。

### 3. 燃料电池电动汽车

燃料电池电动汽车以氢气、甲醇等燃料作为动力源，通过化学反应将燃料的化学能转为电能，依赖电机驱动。

### 4. 氢动力汽车

氢动力汽车以氢能源作为动力来源，通过将氢的化学能转换为机械能，或通过燃料电池中的氧与氢进行反应来运行电动机。

### 5. 燃气汽车

燃气汽车是指燃料为压缩天然气、液化石油气和液化天然气等的汽车。

### 6. 生物乙醇汽车

生物乙醇汽车是指使用乙醇为燃料的汽车。乙醇俗称酒精，因此生物乙醇汽车也称为酒精汽车。

### （二）全球新能源汽车产业发展概述

随着各国新能源汽车政策的推动，2019年全球新能源汽车销量继续增加，渗透率继续扩大但仍处于较低的水平。新能源汽车市场日益蓬勃发展，其中纯电动汽车和插电式混合动力汽车是新能源市场炙手可热的两款。

#### 1. 全球新能源汽车销量继续扩大，渗透率继续保持增长趋势

如图3所示，2015—2016年全球新能源汽车销量为51万和75万，销量均小于百万辆，而且增速于2016年跌至37.7%，其原因主要是中国——新能源汽车销量市场的主力——于2016年将新能源汽车销量增速放缓至62.3%导致的。2017年全球新能源汽车销量首次破百万。在各国政策催化刺激下，2019年全球新能源汽车销量继续增长至215万辆，同比增加8.9%。

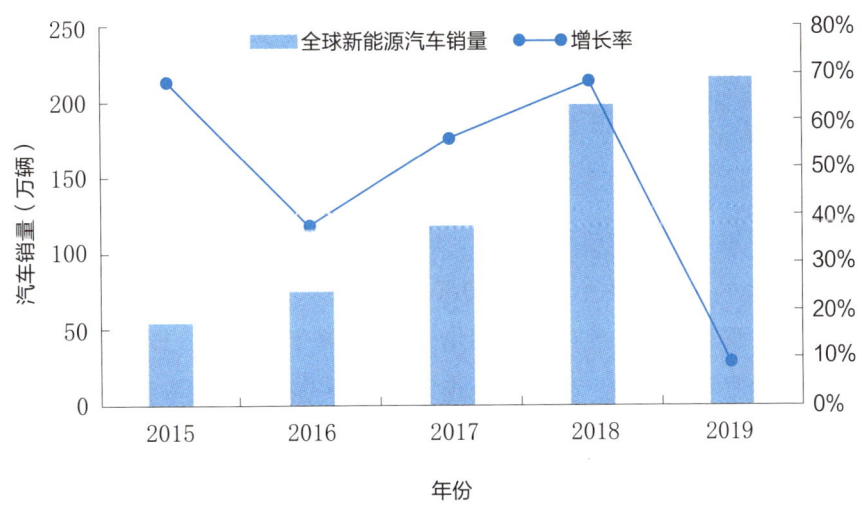

图3 全球新能源汽车销量及增长率

数据来源：IEA。

如图4所示，新能源汽车保有量占汽车比例（新能源汽车渗透率）于2015—2019年呈逐渐增长趋势，从2015年的0.6%到2019年的2.5%，其增

速较快且呈现高速渗透态势，但不容置疑的是全球新能源汽车渗透率仍处于较低水平，未来仍然具有一定的上升空间。

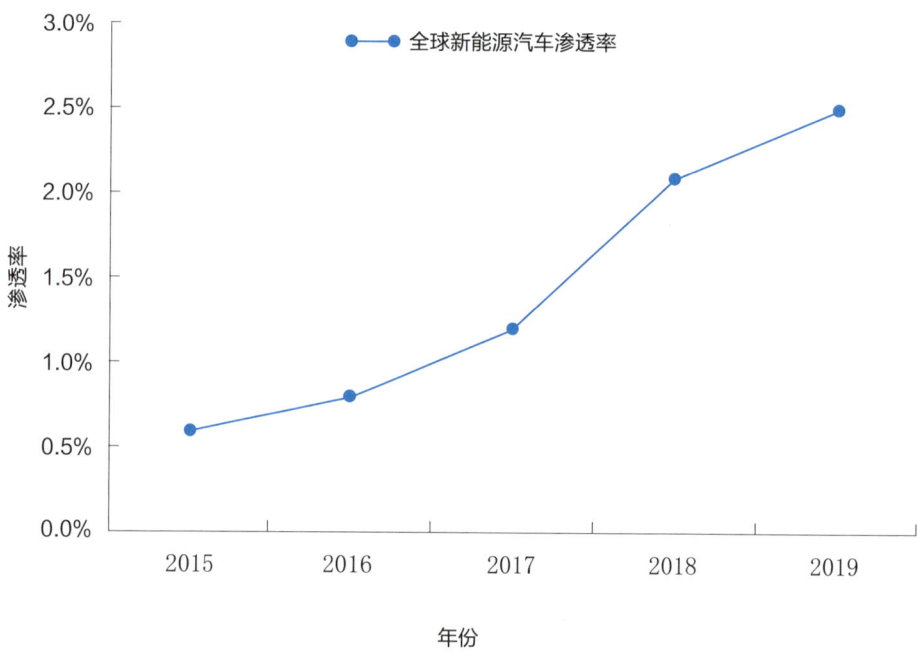

图 4　全球新能源汽车渗透率

数据来源：IEA。

**2. 全球纯电动汽车增速大幅下降，插电式混合动力汽车增速由正转负**

如图 5 所示，2019 年全球纯电动汽车和插电式混合动力汽车销量分别为 163.5 万辆和 57.5 万辆。纯电动汽车增速由 2018 年的 78.3% 放缓至 2019 年的 21.9%，增速大幅下降。2019 年插电式混合动力汽车增长率为 -8.8%，增速由正转负。

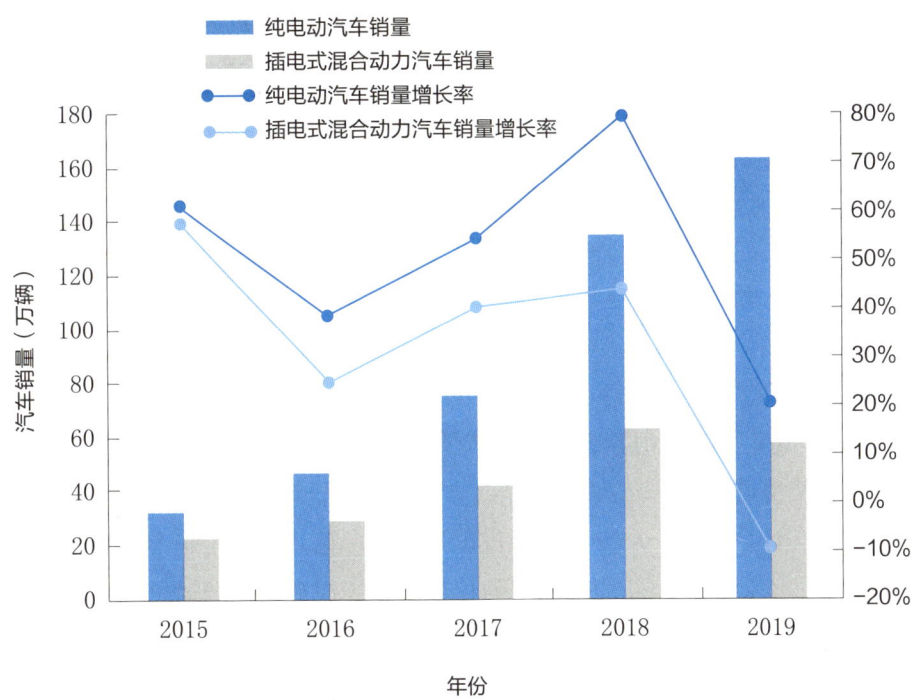

图 5 全球纯电动汽车和插电式混合动力汽车销量及增长率

数据来源：IEA。

### （三）主要国家地区的新能源汽车产业发展概述

2019 年，美国政府加快普及电动汽车，新能源汽车销量进入稳定增长轨道，渗透率小幅增长；日本新能源汽车销量继续扩大，渗透率有所回升；韩国新能源汽车销量增长趋势依旧明显，渗透率继续走高；欧洲新能源汽车销量继续保持增长，其中挪威、荷兰、法国、德国和英国成为欧盟五大新能源汽车销量国家，北欧新能源汽车渗透率全球最高，欧洲其他主要国家渗透率与全球几乎保持一致。

**1. 美国新能源汽车销量进入稳定增长轨道，渗透率继续小幅增长**

如表 7 所示，2019 年美国新能源汽车销量 36.9 万辆，同比增长 3.1%，可以看出新能源汽车销量开始进入稳定的增长轨道。2019 年新能源汽车渗透率 2.2%，同比增加 0.1 个百分点。

表7  2018—2019年美国新能源汽车销量、增长率及渗透率

| 年份 | 2018 | 2019 |
|---|---|---|
| 新能源汽车销量（万辆） | 35.8 | 36.9 |
| 增长率 | 79.0% | 3.1% |
| 渗透率 | 2.1% | 2.2% |

数据来源：IEA。

根据2012年的规则，美国环保署估计2025年约有5%的国内新增轻型汽车需要使用插电技术，以符合标准。加利福尼亚州坚持采用更严格的标准，零排放汽车计划就是一项支持电动汽车的政策。该计划指定每个制造商的零排放积分，类似于中国新能源汽车的积分政策，制造商需要通过直接销售或购买电动车来满足一定比例的零排放积分。美国众议院筹款委员会于2019年12月提出《可再生能源和能源效率法》的讨论征求稿，此举旨在较大程度地调整对新能源汽车的税务补贴。

**2. 日本新能源汽车销量继续增进，渗透率有所回升**

如表8所示，2018年日本新能源汽车销量同比下降8.0%，新能源汽车需求放缓，2019年销量5.6万辆，同比增长12.0%，增速由负转正。2019年日本新能源汽车渗透率回升0.1个百分点。

表8  2018—2019年日本新能源汽车销量、增长率及渗透率

| 年份 | 2018 | 2019 |
|---|---|---|
| 新能源汽车销量（万辆） | 5.0 | 5.6 |
| 增长率 | -8.0% | 12.0% |
| 渗透率 | 1.1% | 1.2% |

数据来源：IEA。

2010年4月，日本经济产业省对外公示了日本国内机动车产业指导规划，

又称"新一代（次世代）机动车战略2010"，旨在提高纯电动汽车和混合动力汽车的销售量，最终达到十年后占整体乘用车销售量50%左右的目标。2016年3月，日本《电动汽车发展路线图》正式出台，其中提到日本要在2020年实现国内电动汽车保有量突破100万辆的目标。

**3. 韩国新能源汽车销量继续增加，渗透率继续上升**

如表9所示，2019年韩国新能源汽车销量18.1万辆，同比增长44.8%，增速有所回升。2018年韩国新能源汽车渗透率2.2%，超过全球平均水平2%，2019年新能源汽车渗透率继续上升至2.4%。

表9　2018—2019年韩国新能源汽车销量、增长率及渗透率

| 年份 | 2018 | 2019 |
| --- | --- | --- |
| 新能源汽车销量（万辆） | 12.5 | 18.1 |
| 增长率 | 28.9% | 44.8% |
| 渗透率 | 2.2% | 2.4% |

数据来源：IEA。

韩国于2019年开启了氢燃料公交车的示范运营，大力投资氢能源生产基地的建立，对2000辆氢燃料电池汽车进行普及并新建20座加氢站。在此基础上，韩国将自动驾驶汽车和人工智能列入九大国家战略项目之中。

**4. 欧洲新能源汽车销量增速继续扩大，北欧国家渗透率领先全球**

如表10所示，2019年欧洲新能源汽车实现销量55.9万辆，同比增长44.8%，增速继续扩大。从渗透率来看，北欧国家环保意识强，新能源汽车渗透率领先全球，其中挪威56.0%，荷兰6.8%。欧洲大部分国家的新能源汽车渗透率增速与全球增速近乎保持一致（北欧国家除外）。2019年法国、英国和德国新能源汽车渗透率分别为3.4%、3.3%、3.0%。

表10　2018—2019年欧洲新能源汽车销量、增长率及主要国家渗透率

| 年份 | 2018 | 2019 |
| --- | --- | --- |
| 新能源汽车销量（万辆） | 38.6 | 55.9 |
| 增长率 | 26.2% | 44.8% |
| 挪威渗透率 | 46.4% | 56.0% |
| 荷兰渗透率 | 6.6% | 6.8% |
| 法国渗透率 | 2.1% | 3.4% |
| 德国渗透率 | 2.0% | 3.0% |
| 英国渗透率 | 2.1% | 3.3% |

数据来源：IEA。

欧洲作为新能源的萌芽之地，一直以来都发挥着全球低碳经济的排头兵作用。2017年11月，欧盟委员会提议更新二氧化碳排放标准，目标是到2025年乘用车和轻型商用车每公里二氧化碳排放量减少15%，到2030年减少30%。为了便于过渡，提议还包括在2020年和2021年乘用车二氧化碳排放达到95克每百公里、轻型商用车二氧化碳排放达到147克每百公里的目标。在其低碳经济路线图中，欧盟委员会表示，其目标是在2050年将温室气体排放量比1990年减少80%。为达到这一目标，到2050年，交通运输排放量应比1990年的水平减少60%以上。

## 二、2019年中国新能源汽车产业发展分析

中国新能源汽车总体供给略大于需求，供应情况相对稳定，国产品牌出口量和国内外销量都有所增加，同时新能源汽车行业涌现出一些新技术，实现了降本增量。随着股比限制的放开，合资品牌和国产品牌竞争更加激烈。

## （一）中国新能源汽车产业发展现状

2019年中国新能源汽车产销量均呈下降趋势，但成长空间仍然很广阔。纯电动乘用车成为中国新能源汽车的主力，纯电动商用车其次，新能源汽车在一二线城市和限牌城市的销量明显高于其他城市。在技术上，新能源汽车实现了续航里程增加，电耗大幅降低，电机基本实现国产替代。2019年中国新能源汽车进出口量均有增长，与此同时，下游充电桩保有量骤增。

### 1. 供给端：乘用车市场分为三大阵营，外资车企开始兴起

如图6所示，2019年新能源汽车产量124.2万辆，同比下降2.2%。由于补贴退坡、经济下滑等因素的影响，新能源汽车生产数量下跌且幅度较大。

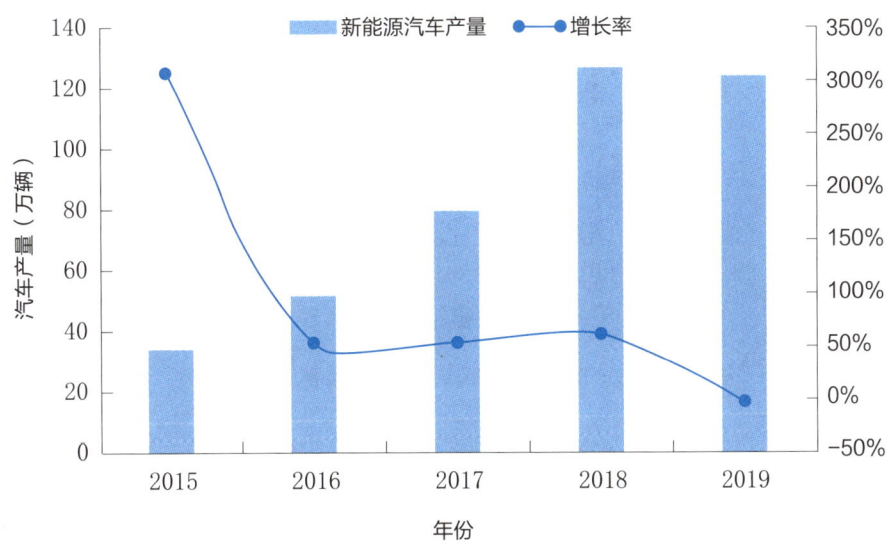

图6 2015—2019年中国新能源汽车产量及增长率

数据来源：联成会。

2019年新能源乘用车市场三足鼎立，分别由传统车企、新兴车企以及外资车企组成。目前新兴车企只有小鹏、威马、理想等少数几家车企完成了产量交付，但是产量都不足两万辆，在市场中占据份额较小。之前由于受中国持股比例以及补贴政策的影响，外资企业最近几年才开始兴起，目前主要以合资的形式进军国内市场，比如奔驰与比亚迪等。鉴于新兴车企和外资车企

所占的市场份额较小，因此目前中国新能源汽车产量交付最多的仍是传统车企，其占据较大的市场份额。

**2. 需求端：纯电动乘用车成为主流，大型化高端化趋势显现**

如图7所示，2019年新能源汽车销量120.6万辆，同比下降4.0%。由于补贴退坡、经济下滑等因素的影响，新能源汽车销量大幅下跌。

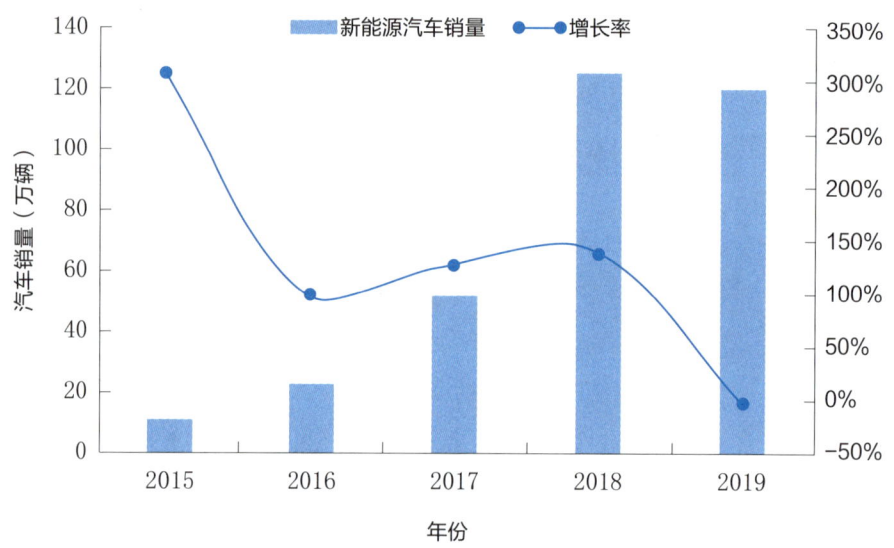

图7 2015—2019年中国新能源汽车销量及增长率

数据来源：联成会。

在中国新能源汽车市场中，销量最多的汽车类型是纯电动汽车和插电式混合动力汽车。2019年中国新能源汽车生产124.2万辆，销售120.6万辆，其中纯电动汽车产量和销量分别占据82.1%和80.6%；插电式混合动力汽车产量和销量分别占据17.7%和19.2%；燃料电池汽车产量和销量都占据0.2%。2019年新能源乘用车实现销量106.6万辆，与2018年相比增加1.2%，增速有所放缓。在新能源汽车市场中，新能源乘用车为主力，销售份额占据88.4%，且其销量主要来自一二线城市和限牌城市，如图8所示，2019年新能源乘用车销量最多的前五个城市分别是深圳、北京、广州、上海以及杭州。随着新能源汽车的逐渐普及以及人们观念的转变，新能源汽车市场开始向其他城市渗透。

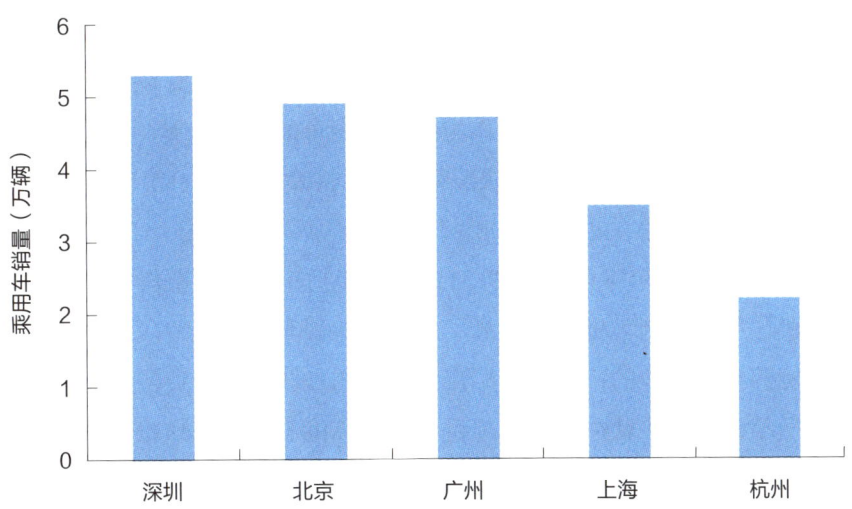

图8 2019年中国新能源乘用车销量前五名地区

数据来源：搜狐网。

**3. 新能源汽车产品结构车型更加丰富，纯电动汽车增长放缓**

2019年国家扶优扶强的政策相继出台，新能源汽车补贴退坡，技术成为新能源汽车发展的核心，对续航能力在300千米以下的纯电动乘用车、新能源客车、货车和专用车，降低其补贴标准等。在各种政策的指引下，各个车企纷纷推出续航能力高的高端化产品，新能源乘用车更趋高端化发展且比例逐渐增加。2019年纯电动汽车产量102万辆，同比增长3.4%，销量97.2万辆，同比下降1.2%，纯电动汽车继续呈现增长的态势但幅度缩小。

**4. 新能源汽车最新技术实现降本增量，续航能力再提升**

2019年中国新能源汽车动力电池技术不断升级。国内本土的动力电池厂商已经在国际市场上占据有利的位置，整车续航能力不断提升，百公里电耗明显下降。根据相关部门数据显示，2017年中国纯电动乘用车平均续航里程只有202千米，2019年续航里程大幅增加，骤增至361.9千米，两年的时间增加了71%，很好地优化了新能源汽车续航能力低的问题。除此之外，中国纯电动乘用车的电耗水平也得到了明显的提升，单位载质量百公里电耗不断下降，平均值从12.7瓦时/百千米·千克下降至8.6瓦时/百千米·千克，下降幅度高达32.3%，起到了很好的节能效果。同时，2019年中国新能源汽车电机实现新一轮的转变,电机基本使用国产代替进口,行业的发展趋势也逐渐转变为由驱动电机、电机控制器、减速器三合一的动力总成产品。氢能在新能源汽车领域发展势头迅猛,作为新能源汽车的重要分支,与纯电动汽车相比,氢能源汽车拥有燃料添加快、续航时间长等优势。

**5. 新能源汽车竞争更加激烈,外资在华建厂积极性增强**

政策规定,从 2018 年 7 月 28 日起取消专用车、新能源汽车等外国企业投资持股比例的限制,极大地刺激了外资新能源车企在华建厂的积极性,对国产新能源汽车品牌的市场占有率产生一定的威胁。在外资持股比例限制取消后的当年,特斯拉就纯电动车项目与上海临港签署了合作投资协议,2019 年 10 月 23 日,年产量 50 万辆的该工厂拿到国内的生产资质。如图 9 所示,2019 年国产新能源厂商领袖比亚迪和进口品牌特斯拉市场占有率并列第一,均为 13%,北汽新能源以 1% 的优势超越宝马,位列第三。受国家补贴金加速退坡,补购置转向补运营与基础设施建设这一政策的影响,中国新能源汽车生产厂商迅猛发展,所占市场份额逐年增加。

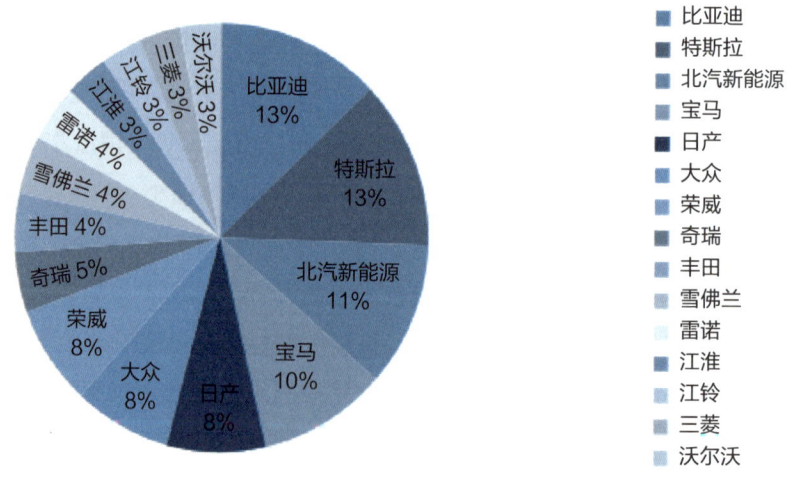

图 9　2019 年新能源汽车生产商产量占市场份额前十五名

数据来源:电车之家网。

## 6. 新能源汽车出口量继续增加，非插电式混合动力车为主要出口类型

如表 11 所示，2018 年中国新能源汽车出口量 14.7 万辆，2019 年新能源汽车出口量增加至 25.4 万辆，同比增长 73.1%。

表 11 2018—2019 年中国新能源汽车出口量及增长率

| 年份 | 2018 | 2019 |
| --- | --- | --- |
| 新能源汽车出口量（万辆） | 14.7 | 25.4 |
| 增长率 | 39.1% | 73.1% |

数据来源：中华人民共和国海关总署。

如表 12 所示，从出口类型看，中国出口的车型主要是纯电动轿车及越野车，其次是插电式混合动力轿车及越野车。2019 年中国纯电动轿车及越野车出口量 220985 辆，同比增长 55.9%，占新能源汽车出口量的 87.0%。

表 12 2018—2019 年中国新能源汽车出口结构（单位：辆）

| 年份 | 纯电动轿车及越野车 | 插电式混合动力轿车及越野车 | 非插电式混合动力轿车及越野车 | 纯电动客车 | 混合动力客车 |
| --- | --- | --- | --- | --- | --- |
| 2018 | 141744 | 4458 | 73 | 706 | 80 |
| 2019 | 220985 | 9998 | 138 | 1300 | 147 |

数据来源：中华人民共和国海关总署。

如图 10 所示，从出口国家看，孟加拉国和印度为中国新能源汽车的主要出口国家，2019 年出口量分别为 19506 辆和 10816 辆，占总出口量的 27.3%，其次为韩国、菲律宾、比利时。

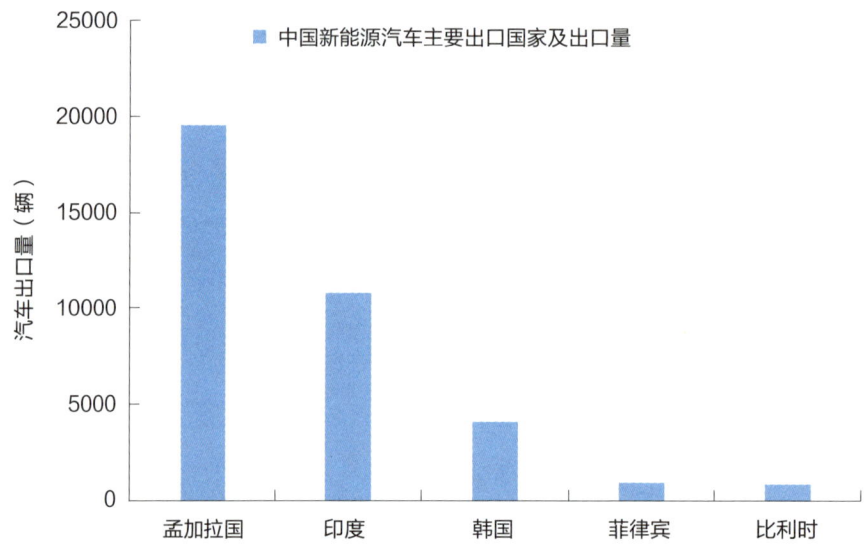

图 10　2019 年中国新能源汽车主要出口国家及出口量

数据来源：搜狐网。

**7. 新能源汽车进口量快速增长，以非插电式混合动力车为主**

如表 13 所示，2019 年中国新能源汽车进口量大幅增加，从 2018 年的 78499 辆激增至 2019 年的 141420 辆，同比增长 80.2%，增幅扩大 66.5 个百分点。

表 13　2018—2019 年中国新能源汽车进口量及增长率

| 年份 | 2018 | 2019 |
| --- | --- | --- |
| 新能源汽车进口量（万辆） | 78499 | 141420 |
| 增长率 | 13.7% | 80.2% |

数据来源：中华人民共和国海关总署。

如表 14 所示，从进口结构看，2019 年中国新能源汽车进口主要以非插电式混合动力轿车及越野车为主，进口量 82111 辆，同比增长 49.1%，占新能源汽车进口量的 58.1%；其次是纯电动轿车及越野车，进口量 47439 辆，同比增长174.2%，占新能源汽车进口量的33.5%。

表14  2018—2019年中国新能源汽车进口结构（单位：辆）

| 年份 | 纯电动轿车及越野车 | 插电式混合动力轿车及越野车 | 非插电式混合动力轿车及越野车 | 纯电动客车 |
| --- | --- | --- | --- | --- |
| 2018 | 17300 | 6123 | 55075 | 1 |
| 2019 | 47439 | 11869 | 82111 | 1 |

数据来源：中华人民共和国海关总署。

如图11所示，从进口国家看，中国新能源汽车主要进口国家为德国、美国和日本。2019年从德国进口数量98336辆，品牌主要是宝马和大众；从美国进口数量95166辆，品牌主要是特斯拉和雪佛兰；从日本进口数量92526辆，品牌主要是日产和丰田。

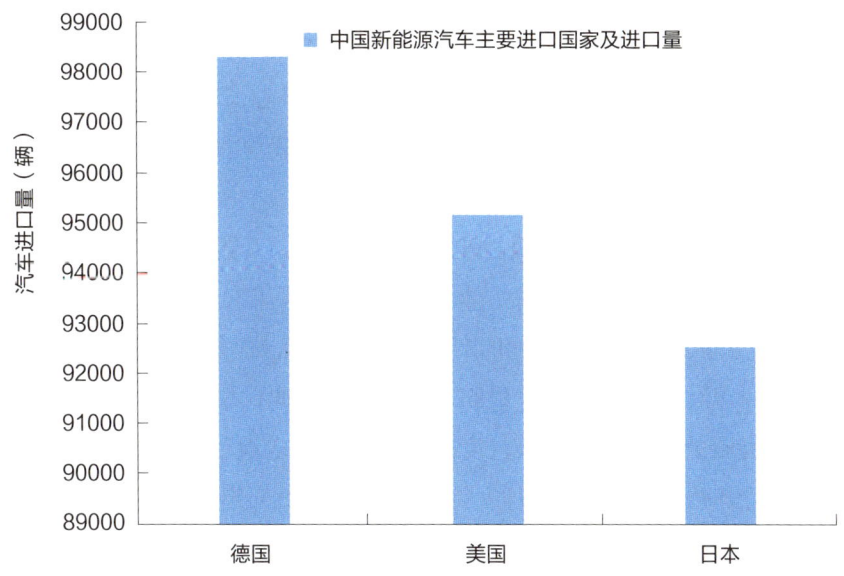

图11  2019年中国新能源汽车主要进口国家及进口量

数据来源：搜狐网。

## （二）中国新能源汽车产业链发展现状

新能源汽车产业链主要分为上游产业、中游产业和下游产业。其中上游产业主要是锂、钴、电解液等原材料；中游产业包括三元材料、电解液、干法隔膜、充电池和充电桩等；下游产业则是整车和充电桩。

### 1. 上游市场盈利能力最强，板块间盈利能力分化严重

新能源汽车产业链上游主要是提供新能源汽车的原始材料，包括钴锂资源、锂电设备、锂电材料等，其中锂电材料包括正极材料、负极材料、电解液、隔膜等。上游在产业链中受新能源整车补贴退坡的影响最小，因此盈利能力也是最强的，毛利率和净利率明显优于产业链整体水平。其中各子板块的盈利能力也分化比较严重。盈利能力最稳定的是负极材料、隔膜产业且其盈利能力最强，主要因为其技术壁垒较高并且行业集中度高；正极材料产业由于其处于激励竞争阶段且技术更新快，盈利能力低于隔膜产业。

### 2. 中游市场动力电池为核心，产销量持续大幅增长

动力电池、电机以及电控系统处于产业链的中游。电池是新能源汽车的驱动力来源，电机则将电能转化为行驶的动力，电控系统则如同大脑控制着整个汽车的运行和动力输出。作为新能源汽车的核心，电池不仅成本最高，占据42%，而且它的性能高低直接决定了汽车的安全性、续航时间。2019年中国动力电池呈增长趋势且产销量差距较小，动力电池累计产量85.4吉瓦·时，同比增长21.0%，动力电池累计销量75.6吉瓦·时，同比增长21.4%，其中，三元电池仍为销售主体，未来高端乘用车依然倾向于三元电池。

如图12所示，虽然动力电池的产销量比较平衡，但是装车量仍然存在一定的差异，2019年动力电池装车量62.2吉瓦·时，同比增长9.2%。尽管全年维持了比较亮眼的正增长，但从月度数据看，动力电池下半年遭受了明显的压力。从8月开始，动力电池的月度装机量都较2018年有了不同程度的降低，12月降幅高达27.4%。

图12  2017—2019年中国动力电池月度装车量

资料来源：中汽协。

### 3. 下游市场充电桩保有量高速增长，公共充电基础设施建设速度加快

下游产业主要是整车和充电桩。受到政策激励和下游需求不断提升的影响，中国快速建设公共充电桩基础设施，国内公共充电桩保有量已超过100万个，且主要分布在一线城市。如图13所示，2019年充电桩保有量已达100.2万个，同比2018年增长了69.3%，有效地改善了充电难的问题。

图13  2015—2019年中国公共充电桩保有量

数据来源：公开资料整理。

## 三、2020年中国新能源汽车产业发展展望

2019年国家相继出台了新能源汽车发展相关的政策，在政策的影响下，展望2020年，中国新能源汽车产销量将继续保持增长，渗透率将继续扩大，但是2020年春节突发的疫情对新能源汽车产业产生沉重的打击，因此新能源汽车产销量将会出现前低后高的趋势，销量增速或将降低，渗透率或将缩小。同时，2020年新能源汽车技术与互联网、人工智能、5G等新兴技术的融合将进一步加快。

### （一）中国新能源汽车产业政策发展趋势

**1. 取消外资股比限制，扩大整车与动力电池行业对外开放，鼓励高质量竞争**

2019年6月工信部发布公告，自2019年6月起废止《汽车动力蓄电池行业规范条件》，废止符合规范条件企业目录，实现动力电池领域的竞争，中国市场将有LG、三星等海外动力电池公司加入进来。2020年年底中国将全部取消新能源政策补贴，电池企业间的竞争将加剧，加大产能布局力度成为各个企业的首选。

**2. 放开限购、限行政策有效扩大了新能源汽车需求**

2019年6月发改委、商务部、生态环境部联合印发《推动重点消费品更新升级畅通资源循环利用实施方案（2019—2020）》，提出取消限购、限行，并针对首次购买新能源汽车的家庭予以支持，严格执行老旧产品淘汰规定，着力完善废旧产品回收拆解体系以及加强回收拆解企业管理，这将有助于促进汽车消费升级，对2020年新能源汽车的产品和市场都有很好的导向性说明。

**3. 延长两年新能源汽车财政补贴政策以缓解疫情影响**

2020年4月发改委、科技部、财政部、工信部联合发布《关于完善新能源汽车推广应用财政补贴政策的通知》（以下简称《通知》）。《通知》显示，新能源汽车推广应用财政补贴政策实施期限将延长至2022年年底，原则上2020—2022年补贴标准分别在上一年基础上退坡10%、20%、30%。两年的补贴政策延长期，不仅有利于对冲疫情影响、促进汽车市场消费，还为国内

新能源车企提供了更多的时间去提升自己的竞争实力。

### （二）中国新能源汽车产业总体发展趋势

2020年春节突发疫情，全国各行业由于停工停产均受到冲击。其中，对新能源汽车的冲击影响较大，行业呈现低迷态势，不仅体现在消费需求大幅降低，而且也阻碍了汽车供应厂商的研发和营销计划。受疫情影响，2020年第一季度新能源汽车产量10.5万辆，同比下降60.2%，销量11万辆，同比下降56%，产销量均大幅下跌。但依据行业政策环境来看，2020年新能源汽车行业仍值得期待，预计销量呈现前低后高的趋势，预计增速将保持在2019年的水平。

根据《关于2017—2022年新能源汽车应用推广财政支持政策的通知（征求意见稿）》以及"十三五"规划，2020年中国电动汽车保有量将达到500万辆，市场规模将超4000亿元，新能源汽车的动力电池市场规模有望达到2000亿元，充电基础设施规模将达到1300亿元。

### （三）中国新能源汽车产业技术发展趋势

当前，新能源汽车进入科技革命和创新发展的新时代，汽车产业与能源环保、互联网、大数据、云计算、人工智能、5G等新兴技术正在加速融合，智能化、网联化、人性化将成为产品核心竞争力，这是实现传统汽车产业转型升级、由大变强的战略机遇期。随着5G通信、北斗导航、传感技术、智慧交通、能源基础设施等相关技术和产业优势的日益增强，未来几年，智能网联和自动驾驶技术有望迎来快速发展。与此同时，在未来车用能源中，氢燃料与电力将并存互补，共同支撑新能源汽车产业发展，在发展氢燃料电池汽车方面，中国具备一定的先天优势和基础，同时已经积累了丰富的新能源汽车研发和推广经验，随着制氢、储氢、输氢工业的快速发展，中国燃料电池汽车行业有望以最快的速度前进。

# 节能建筑产业发展分析与展望

新时期绿色环保低碳成为经济社会发展的整体要求，也是建筑业的必然要求。推进建筑节能与低碳，是满足建筑市场快速发展的基本对策，更是人民群众的普遍要求。中国建筑能耗在显而易见地增长，对于加强建筑节能，降低能耗是未来节能的关键。

## 一、2019年国际节能建筑产业发展概况

面对全国能源的日益紧张，发达国家从1973年能源危机起就开始关注建筑节能，40多年来，各国在新建建筑设计和施工、既有建筑的节能改造、建筑节能标准、法规及相关政策的制定和实施以及与建筑节能相关的认证和管理等方面都做了大量工作，不但节省了大量能源，取得了可观的经济效益，同时对环境的改善也起到了积极的作用。

### （一）世界主要国家节能建筑的发展现状

节能法律、法规和强制性标准是开展建筑节能的依据，通过国家立法和颁布相关法规的方法确定新建建筑节能相关标准，这是保证此项制度成功实施的重要前提。发达国家结合本国的发展特点制定、实施一系列的节能法律法规，把强制执行节能标准作为促进、发展新建建筑节能的有效途径。

#### 1. 美国节能建筑发展现状

美国政府对于建筑节能环保十分重视，将节能环保型建筑称为"绿建筑"。2019年1月，美国能源部建筑办公室宣布，为建筑节能技术方面的研究提供1950万美元资助，初步确定的19个项目共涵盖了6个大的研究方向。在美国，建筑节能关系到普通家庭的支出，是一个市场化的指标，建筑节能市场化依赖能源价格、家庭收入和生活水平等因素。政府在其中扮演的角色并不显著，主要手段就是制定行业和产品标准、开发和推荐能源新技术等。

低碳产业篇

在美国加州、纽约等经济比较发达的地区，建筑节能标准比联邦政府标准还要严格。另外，除了立法以及制定相关的节能标准以外，更重要的是采用市场手段，对新建建筑、既有建筑的节能改造、节能型建筑材料及产品、建筑节能服务公司给予一定的财税优惠政策，这种做法值得借鉴。

美国政府还提倡自愿的节能标识。较为典型的是美国环保署（EPA）和美国能源部（DOE）联合推动的"能源之星"项目，获得"能源之星"标识的产品一般都超过该类产品相应的较低能源效率标准。这个标识从1998年开始实施，其主要对象是商用建筑。以建造一幢住宅楼为例，美国能源部从墙体的隔热层、门窗玻璃、屋顶和地下室的隔热性、通风空调管道的气密性和隔热性以及热水器和热水管道的保温效率等每个细节出发，详细解释了如何做才能节能，并推荐符合"能源之星"节能标准的建筑材料，在细节上做得非常完善。

**2. 德国节能建筑发展现状**

德国能源匮乏，石油几乎100%依赖进口，天然气80%依赖进口。节约能源是德国政府能源开发利用的一贯政策，长期以来，联邦政府通过信息咨询、政策法规和资金扶持等多种手段，调动个人和企业节能的积极性。

在德国，消费者在购买或租赁房屋时，建筑开发商必须出示一份"能源证明"，告诉消费者这个住宅每年的能耗，主要包括供暖、通风和热水供应等。另外，德国联邦消费者中心联合会及其下属的各州分支机构专门提供有关节能的信息和咨询服务，积极向公众宣传建筑节能知识和政府的方针政策。同时，为方便公众，德国能源局还开设了免费电话服务中心，用来解答人们在节能方面碰到的问题。

此外，同美国一样，德国政府采用政策法规和资金扶持等多种手段来调动个人和企业节能的积极性，对清洁能源和可再生能源生产者给予较高标准的固定补贴来促进建筑节能技术的发展，德国政府还拿出30亿欧元，用于补贴老式建筑的节能改造。同时为建筑节能改造项目提供低息贷款，而且能耗降得越低，贷款利息也越低。

**3. 日本节能建筑发展现状**

日本是能源匮乏的国家，建筑节能被予以高度重视，早在1979年便颁布实施了《合理用能法》，对能源消耗标准做了严格的规定，并对建设方的节能义务做了规定；1998年制定了《2010年能源供应和需求的长期展望》，强调通过采用稳定的节能措施来控制能源需求。

日本的建筑节能经历了一个从自发到成熟的演变过程。一是国家立法机关和政府通过法律法规等形式积极介入，推进住宅的节能环保设计和应用。二是通过相关机构，如建筑环境节省能源机构、环境共生住宅推进协会、产业环境管理协会等，认定、评价、普及和表彰住宅节能环保企业。

日本政府着重借力各种民间非政府团体（NGO）、非营利团体（NPO），制定各种认定、认证制度，逐步排除污染和高能耗产品，提高和促进企业产品的节能和环保性能。此外，日本政府对节能宣传和相关节能培训工作也非常重视，其国民节能意识较强，想方设法节约能源在日本已经成为一种风气。

**4. 其他国家节能建筑发展现状**

除以上国家外，英国、法国、芬兰、丹麦、韩国等也为减少建筑能耗，节约能源，改善环境质量，投入了大量的人力、物力、财力来发展建筑节能的相关技术和产品，推动清洁能源、可再生能源以及新能源的综合开发利用；同时制定了适合本地区发展的能源战略和政策法规来促进节能。比如，芬兰为控制能耗的增长，引导能源生产和能源消耗朝着减少$CO_2$排放量的方向发展，根据能源中碳的含量制定了能源税收政策来支持能源技术的开发；英国从2001年起，每年拿出5000万英镑的"能源效率基金"来鼓励企业节约能源，努力构建节约型社会。

**（二）国际节能经验对中国的启示**

国际上一些国家在推动节能工作方面有很多值得中国借鉴的经验，但是各个国家的社会发展阶段和经济发展程度不同，所以学习各个国家的节能管理经验，必须结合中国的国情，制定切实可行的建筑节能政策。

**1. 政府职能与市场手段相结合，完善建筑节能相关法律法规**

在中国建筑节能的市场机制还未建立、建筑节能市场发育缓慢的特定情形下，建筑节能工作必须首先由政府来推动，加强法律法规的制约，中国目前出台的法律和规章制度难以推进建筑节能工作。同时，建立和完善建筑节能的市场机制，国家与地方政府需要制定一系列的经济调控政策和法令，综合运用财政补贴、减免税等形式，建立专门的融资渠道以及完善投资收益的分配模式，进而形成一套有效的市场激励机制，让政府职能与市场手段结合起来，共同推进中国的建筑节能工作。

### 2. 完善建筑节能技术体系，加大节能宣传力度

完善建筑节能技术体系是中国建筑节能发展的重要一环。中国发展建筑节能应积极寻求国际合作渠道，借鉴国际先进经验和技术，但是要根据中国国情发展本土化的节能关键技术，组织一支建筑节能领域高素质的科研攻关队伍，加大科研投入，形成建筑节能关键技术体系，作为中国推进建筑节能坚实的技术保障。另外，政府应该加大节能宣传力度，中国大多数公民节能意识不够，对建筑能耗无清晰概念，建筑开发商没有建筑节能的意识，建筑建设、设计、监理、施工等单位对已有建筑节能法规政策和强制性标准认识不足，直接导致了中国在建筑节能方面的长期停滞。

### 3. 加强国际合作，因地制宜地开展建筑节能工作

充分结合现有国际合作项目，扩大与美国、德国、欧盟、世界银行等国家和组织机构的交流与合作，开展双边、多边的建筑节能合作项目，积极引进和推广发达国家开展建筑节能的政策、技术与管理经验，推进中国建筑节能工作的快速发展。此外，各个国家的气候条件、物质基础、居住习惯、文化理念等存在较大的差异，每个国家节能标准的制定和修订，实施节能政策的具体方式方法，都体现出因地制宜、循序渐进的特点。

## 二、2019年中国节能建筑产业发展分析

建筑业作为耗能大户，对生态文明建设的进程与成效，有着至关重要的影响。统计数据表明：在全社会能耗中，建筑能耗占到将近一半，占比46.7%，远超其他行业。中国现有建筑总面积500多亿立方米，建筑能耗巨大。因此，强化生态文明意识，建造、使用、维护的全寿命周期都致力于绿色环保、节能减排，是实现全社会节能减排目标，建设绿色中国、美丽中国的关键环节。

### （一）中国节能建筑发展背景分析

中国作为世界第二大经济体，各行业能源需求极大，长此以往，在全球能源市场上，必然要消耗大量的能源。然而，由于中国对石油输入的依赖，其经济的发展极易受到石油主要输出国政治局势的影响。对能源的聚焦凸显了中国目前在能源安全方面所面临的威胁。由于大量地使用化石燃料，导致二氧化碳等温室气体排放逐年加大，而中国经济的快速增长，在短期内很难降低对化石燃料的依赖。

在大力发展风能、太阳能、核能等清洁能源的同时，中国政府已确立了以节能优先和提高能源利用效率为核心的能源发展战略，这说明中国政府对包括建筑耗能在内的各项能耗的重视以及对人类可持续发展的关注。推进建筑节能、发展生态化建筑是实施中国能源战略的关键环节。

### （二）中国建筑节能行业发展特点

#### 1. 起步晚，与发达国家差距大

建筑节能业务在发达国家开展得比较成熟，至今已有超过40多年的行业经验，已经形成比较完善的政府鼓励、建筑业主动、企业运作为主的市场化格局。政府通过颁布节能标准和法令、推行节能标识、提供节能补贴或税收优惠等方式，形成建筑节能的法制和经济环境。目前，欧美国家先后提出要在2020—2030年实现新建住宅建筑全部"零耗能"或"接近零耗能"的目标。中国的建筑节能起步相对较晚，20世纪80年代初，国家提出建筑节能战略，并在科研机构和高等院校内开展了众多建筑节能新技术、新材料和新产品的研究开发。

#### 2. 地区发展不平衡，能耗分布不均匀

中国土地辽阔，横跨温带、亚热带、热带等多个气候带。北方地区每年冬季有5个月之久，全季采暖，采暖能耗占建筑能耗较大比重。在南方，夏季天气较为炎热，夏季空调能耗为主要建筑能耗。同时，中国地区经济发展不平衡，居民生活方式差异大，造成民用建筑中的能耗差异也较大。

#### 3. 建筑节能技术落后

已有建筑节能技术在设计、改造等过程中使用情况较差。中国是发展中

国家，人们缺乏对建筑节能技术的认识，甚至存在误解，给建筑节能技术的推广使用造成巨大的阻力。同时，现有技术还比较低级，节能率不高，缺乏成熟、完善、经济适用、数量足够的节能产品。

### 4. 建筑节能技术人才缺乏

建筑节能设计学科广泛，从规划、建筑、结构、暖通、给排水等方面都对设计师有一定要求，大多数应届毕业生由于薪资等问题对建筑节能等方面的工作较为排斥。全社会的建筑节能意识较低，对中国目前能源的供应现状缺乏了解。

### 5. 管理机构不健全，缺乏引导监督

在市场经济的引导下，企业短期盈利最大化倾向严重，对建筑节能的发展十分不利，政府应当给予一定的引导，消除市场本身的盲目性。虽然中国出台了建筑节能相关的规范，但是监管力度还是不够。政府部门对于建筑节能标准的监管往往重视的是设计阶段，对于工程建设、建筑调试运行等环节没有引起足够的重视。

## （三）中国节能建筑的发展现状

### 1. 中国建筑能耗现状

长期以来，中国社会发展和国民经济所面临的主要问题就是由于人口过多，人均能源占有量偏低，国民生产总值能耗过高。近年来，随着中国建筑业的蓬勃发展，建筑能耗增长速度急剧变快，其具体原因主要表现在房屋建筑的数量不断增多、城市化进程不断加快、对房屋建筑的舒适性要求逐步提高以及采暖区逐渐向南扩展等。

高耗能建筑比例大，加剧能源危机。当下，经济社会逐步向低碳经济、绿色环保方向发展。根据国家统计局数据显示，建筑能源消耗量占中国能源总消耗量的比例逐年攀升，建筑能耗由2014年的7.5亿吨标准煤增长至2018年的13.0亿吨标准煤，其能耗占比由2014年的17.7%增加到2018年的27.9%。因此，建筑节能将对中国能源总消耗量的减少具有重要影响，建筑保温已成为减少能耗的重要领域之一。

**2. 中国建筑节能技术现状**

中国建筑节能状况落后，亟待改善。在20世纪70年代能源危机后，发达国家开始致力于研究与推行建筑节能技术，而中国却忽视了这一方面的问题。时至今日，中国建筑节能水平远远落后于发达国家。比如，国内绝大多数采暖地区围护结构的热功能都比气候相近的发达国家差许多。外墙的传热系数是他们的3.5至4.5倍，外窗为2至3倍，屋面为3至6倍，门窗的空气渗透为3至6倍。欧洲国家住宅的实际年采暖能耗已普遍达到每平方米6升油，大约相当于每平方米8.57公斤标准煤，而在中国，达到节能50%的建筑，它的采暖耗能每平方米也要达到12.5公斤标准煤，约为欧洲国家的1.5倍。

**3. 中国建筑节能标准现状**

根据建设部制定的《民用建筑节能设计标准（采暖居住建设部分）》，中国建筑节能工作分为三个阶段：

第一阶段是指在1980—1981年的建筑能耗基础上节能30%。

第二阶段是在第一阶段的基础上再节能30%，达到节能50%的标准。现已进入节能50%的第二阶段，这一阶段的主要任务是：在保证使用功能、建筑质量和室内热环境符合小康目标的前提下，努力实现全国城镇建筑夏季室温低于30℃，采暖区冬季室温达到18℃左右的基本要求，非采暖区室内热环境明显改善。

第三阶段是指在第二阶段的基础上再节能30%，达到节能65%的标准。北京、天津等地方在居住建筑方面已经开始执行节能65%的标准。

部分地区已经开始研究第四阶段节能标准，即在65%的基础上再节能30%，达到75%节能效果。

## 三、2020年中国节能建筑产业发展展望

2020年建筑节能远景规划目标是：建立健全建筑节能标准体系，编织出覆盖全国范围的配套的建筑节能设计、施工、运行和检测标准以及与之相适应的建筑材料、设备及系统标准，用于新建和改造居住和公共建筑，包括采暖、空调、照明、热水及家用电器等能耗在内，所有建筑节能标准得到全面实施。

## （一）节能减排理念深入建筑行业，成为建筑市场的共识

近年来，中国大气污染问题日益严重，给企事业单位的生产及人民群众的日常生活造成了极大的困扰，已经到了必须彻底改变和解决的地步了。建筑业作为国民经济建设的重要产业的一环，必须走在节能减排及低碳绿色发展的前列，必须开展更为广泛的变革与创新，切实提升绿色建筑的应用价值，拓展节能建筑、低碳建筑的应用范畴，切实保障经济社会发展的"绿色含量"。只有这样，建筑业的发展才有更为光明的未来，人民群众的生产生活才能享受实实在在的好处。目前，节能减排已经成为建筑业发展的基本趋势，也是建筑市场的重要共识。相关低碳环保和绿色节能的理念、原则和方法已经被广大建筑业同人所接受，同时成为既定的建设目标，指引着建筑行业的可持续发展。

近年来兴起的新型建筑工程项目大都以绿化率作为重要的衡量标准，同时切实保障楼层之间、楼宇之间的空间和距离，同时采用大量的绿色建筑、清洁能源与可再生能源作为建筑施工、设计与建设的核心材料，给节能建筑的实现铺设了坚实的基础。此外，真正的节能建筑必须做到从建筑设计、施工准备及建设施工、验收的全过程开展节能督查、监督与管理，确保整个工程项目建设都符合节能低碳、绿色环保的要求，符合国家、地方颁布的相关节能政策及规定要求，切实满足人民群众的基本需要。这样一来，节能环保的建筑不再是一纸空文，而是成为切实的行动，这也是现今及未来一段时期内建筑业发展的重要方向。

## （二）更多的绿色建筑材料成为首选，建设施工更加节能

建筑材料是建筑工程建设开展的重要依托，也是衡量建筑行为是否符合节能环保要求的核心依据。所以，绿色建筑材料的广泛使用是现今及未来一段时间内节能建筑发展的重要方向，也是建筑行业的一致选择。选择使用绿色建筑材料，不仅可以确保建筑施工的过程符合节能减排、低碳绿色的基本要求，同时可以有效提升建筑物、房屋的绿色节能系数，满足不同类型人群的需求，同时与国家推进生态文明建设的大趋势不谋而合。

很多现代化技术手段应用于绿色建筑材料的研制、施工和运用过程中，

取得了喜人的效果。如用纳米技术研制抗菌灭菌的墙材、可净化室内空气的墙材、除臭和表面可自洁的墙材等，而纳米技术也是公认的21世纪最具有市场潜力的新技术之一。此外，利用现代生物工程技术，将农作物废弃物经发酵工艺等制成新型装饰板材，可以使得建筑墙体材料实现全面的节能绿色化。总之，多种技术手段的创新及应用为绿色建筑材料的可持续应用打开了全新的路径，同时开拓了市场转化通道，为推动节能建筑的发展贡献力量。

### （三）提升建筑节能的科学管理水平，实现绿色节能建筑的价值

节能建筑或者绿色建筑的最大价值在于节约资源能源，保护生态环境，配合经济社会的可持续发展，同时符合人民群众的期待。因此，建筑节能是在绿色环保的大背景下提出的建筑要求，也是建筑行业谋求可持续发展的必然选择。坚持节能建筑就必须加强建筑项目管理，确立明确而完整的管理机制，开展制度化建设与监督，从各个层面确保建筑绿色与节能标准的落实。

加强对相关的建筑节能的监管，应该尤其重视建立建筑能耗的后期跟踪和披露制度，将建筑寿命周期内的能耗统计和披露制度化、规范化、透明化，应该尽快制定一套公正规范的建筑节能检测手段，实现对建筑的节能现场检测，将建筑能耗变成国家和老百姓都能看得见、算得清的明白账。只有这样，建筑节能才能得到科学有效的管理、监督和控制，绿色节能建筑的市场价值、使用价值与社会价值才能统一。

低碳产业篇

# 工业节能减排产业发展分析与展望

工业文明的飞速发展不仅为人类社会创造了物质财富，推动了经济发展，同时也带来能源危机以及环境问题。因此工业节能减排是缓解工业发展与资源环境矛盾的关键举措。工业节能减排是指在工业发展过程中，减少能源消耗，提高能源使用效率，减少废弃物的排放。

## 一、2019年国际工业节能与减排产业发展概况

国际上，美国、德国、俄罗斯、日本、韩国等几个主要能源消耗国及温室气体排放国针对工业节能减排出台了多项政策，开展了一些重点项目。第一部分将通过列举国际上发达国家的工业发展情况和工业节能措施，为中国实现工业节能和减排发展提供政策参考。

### （一）国际工业发展及节能减排情况分析

#### 1. 国际工业发展概况

2018年年底至今，工业化经济体的制造业产出增长一直在持续下降。根据联合国工发组织的最新经季节性调整的估计，制造业产出在2019年第三季度萎缩。与2018年同期相比，制造业产量在2019年第三季度下降了0.7%，第二季度下降了0.5%。此外，与2018年同期相比，北美的制造业产值在2019年第三季度下降了0.5%。东亚国家继续受到制造业产出普遍下降的影响。欧洲工业化经济体的制造业生产在2019年第三季度再次下降了1.0%。相比之下，上一季度下降了0.9%。现如今的工业发展中，数字化制造技术的出现和扩散正在为制造业生产带来根本性变革。

#### 2. 国际工业用能和排放概况

能源使用方面，2019年BP发布《BP世界能源统计年鉴》，据年鉴显

示，工业部门目前消耗了（包括非燃烧使用）全球一半左右的能源和原料燃料。经合组织国家对能源的需求使得天然气需求增长。此外随着中国、欧盟和北美转向更清洁、更低碳的燃料，煤炭消耗量出现下滑。联合国环境规划署（UNEP）发布了《2019年碳排放差距报告》，报告指出，在过去10年间，全球温室气体排放每年增长1.5%，为实现2015年《巴黎协定》设定的目标，全球碳排放每年需减少2.7%。此外，全球约有三分之一的二氧化碳（$CO_2$）排放归因于制造业。因此，工业发展必须通过采用更高效的技术和升级基础设施以限制温室气体排放，来实现整体环境友好的目标。

**3. 国际工业节能减排新现象和新趋势**

当前复杂的经济形势使得国际工业节能减排面临着更多的变数。美国于2017年6月首次宣布将退出《巴黎协定》，并重启化石燃料开采计划。同时，联合国工发组织在环境工作方面的专业知识和比较优势已进一步完善，集中体现为：支持产品的清洁制造；提高工业能效，开发易于回收的产品；实现在产品寿终时的资源回收或安全处置。

### （二）重点国家/地区工业节能与减排发展分析

#### 1. 美国工业节能与减排发展分析（北美工业区）

美国是当今世界最大的能源消耗国之一，也是温室气体排放量最多的国家。对于美国能源消耗，美国能源情报署（EIA）预计2019年美国煤炭总产量为6.97亿吨，较2018年水平下降8%。到2020年，美国煤炭总产量将进一步下降14%。工业排放上，EIA预测，在2018年上升2.9%之后，美国与能源有关的二氧化碳（$CO_2$）排放量将在2019年下降1.4%，在2020年下降2.2%。

#### 2. 德国工业节能与减排发展分析（西欧工业区）

2018—2019年德国工业产能利用率趋于平稳。在节能方面，德国是世界可再生能源发展的领跑者，其能源转型战略主要围绕两个核心目标，一是可再生能源不断增加，二是能源利用效率不断提高。除此之外，减排方面，德国提出了2020年碳排放量较1990年减少40%的减排承诺，同时，2025年可再生能源发电量占总用电量的40%~45%。德国计划到2020年，建立700个能效网络小组，以期减排二氧化碳1000万吨。

### 3. 俄罗斯工业节能与减排发展分析（东欧工业区）

俄罗斯PMI自2019年5月以来就已经跌破荣枯线，制造业并不景气。尽管俄国国内化石能源储量丰富，但在全球应对气候变化、推动能源结构转型、加快节能减排的大背景下，俄政府仍提出了一系列可再生能源发展计划，主要目标是：通过发展清洁能源拉动经济增长和促进就业；丰富俄能源供给种类，为西伯利亚、远东、北极等偏远地区提供更多的能源选择；减少能源生产和消费的相关碳排放等。

### 4. 日本工业节能与减排发展分析（日本太平洋沿岸工业区）

日本是世界节能先进国家之一，非常重视节能和能效提升。早前日本就出台了《关于能源使用合理化的法律》（简称《节能法》）。除此之外，日本非常重视工业领域能源管理和节能技术推广，并对工业领域重点关注进行分类公告，配合采用了指导建议、收取报告、进入检查、公示和处罚等能源管理的监督手段。减排方面，根据《巴黎协定》，与2013年相比，2030年日本将减排26%的温室气体；到2050年，日本将实现减排80%的长期目标。

### 5. 韩国工业节能与减排发展分析（亚洲东部沿海工业区）

韩国能源消耗结构中，石油消耗量居首，其次是煤炭、天然气以及水电。韩国的温室气体排放量连续4年呈增加趋势。2015年排放量为6.923亿吨，2016年为6.926亿吨，2017年为7.091亿吨，2018年预计为7.2亿吨。为了实现温室气体减排目标，韩国钢铁业正在积极开发氢还原冶炼的创新型环保技术。

## 二、2019年中国工业节能与减排产业发展分析

下面将从中国2019年工业发展概况以及工业用能和排放状况入手，分重点工业行业以及主要工业地区对中国工业节能减排进行分析总结。

### （一）中国工业发展概况

2019年国内生产总值990865亿元，按可比价格计算，比上年增长6.1%，全国规模以上工业增加值比上年增长5.7%。分三大门类看，采矿业增加值增长5.0%，制造业增长6.0%，电力、热力、燃气及水生产和供应业增长7.0%。

高技术制造业和战略性新兴产业增加值分别比上年增长8.8%和8.4%,增速分别比规模以上工业快3.1和2.7个百分点。分经济类型看,国有控股企业增加值增长4.8%,股份制企业增长6.8%,外商及港澳台商投资企业增长2.0%,私营企业增长7.7%。

### (二)中国工业用能和排放状况

工业用能方面,2019年工业能源消费平稳增长,单位工业增加值能耗持续下降。1—4月,全国工业用电量14519亿千瓦·时,同比增长3.0%,增速比上年同期降低3.7个百分点;工业用电量增速小于工业增加值增速,单位工业增加值能耗保持下降。工业排放方面,2018年,中国基本扭转了二氧化碳排放快速增长的局面。大规模国土绿化和生态保护修复工程持续推进,适应气候变化能力不断增强,应对气候变化体制机制不断完善,全社会应对气候变化意识不断提高,为应对全球气候变化做出了重要贡献。

2019年上半年的具体状况,337个地级及以上城市$PM_{2.5}$、$PM_{10}$、$SO_2$、$NO_2$等主要污染物浓度持续下降(表15),工业领域减排成效明显。受季节、气候等因素影响,2019年空气质量逐月改善。1—4月,337个地级及以上城市平均空气质量优良天数比例为88.5%。虽然据BP的报告显示,中国经济正在从能源密集型工业领域向低密度服务和面向消费者领域持续转变,且2019年上半年工业排放趋缓,但是中国工业总体上尚未摆脱高投入、高能耗、高排放的发展方式,资源能源消耗量大,生态环境问题突出。

表15　2019年1—4月全国337个地级及以上城市主要污染物排放情况

| 时间 | $PM_{2.5}$浓度 | $PM_{10}$浓度 | $SO_2$浓度 | $NO_2$浓度 |
|---|---|---|---|---|
| 2019年1月 | 66 | 97 | 17 | 38 |
| 2019年2月 | 55 | 80 | 13 | 25 |
| 2019年3月 | 41 | 74 | 12 | 30 |
| 2019年4月 | 32 | 64 | 10 | 25 |

数据来源:赛迪智库。

### （三）中国重点工业行业节能减排发展情况

**1. 钢铁行业**

据国家统计局和工信部，2019年上半年，钢铁行业运行总体平稳，但存在产量大幅增长、进口铁矿石价格急剧上升、行业利润明显下滑等情况，需要引起高度关注。以煤为主的能源结构决定了中国钢铁工业二氧化碳的大量排放，在气候污染日趋严重的今天，中国钢铁工业在碳排放约束下将面临巨大的挑战。钢铁生产过程产生的 $CO_2$ 排放95%以上来自能源消耗。中国钢铁工业二氧化碳排放量占全球钢铁工业二氧化碳总排放量的51%，而美国为5%。针对目前的钢铁节能减排状况，当前及未来将推广"一罐到底"铁水供应、烧结烟气循环、高温高压干熄焦等技术。

**2. 有色金属**

2019年1—9月，有色金属行业生产运行总体平稳，效益小幅增长，行业信心有所提振。在节能减排技术方面，目前虽然中国有色金属资源利用率低、产业结构分散、污染物排放严重，不过在以下四个方面中国有色金属节能减排技术有所创新：废水方面的节能减排技术；废气方面的节能减排技术；废渣方面的节能减排技术；加强节能减排关键技术推广。

**3. 建材工业**

建筑材料工业是国民经济的重要基础原材料工业之一，它既是能源消耗和污染物排放大户，也是资源综合利用、发展循环经济的重要行业。2019年上半年，建材工业按照中央经济工作会议"巩固、增强、提升、畅通"八字方针，牢固树立和践行新发展理念，目前中国从建材生产工艺、开发新型环保建材等方面都取得了很大的进步，但是由于还有一些建材生产企业对建材工业节能减排工作的认识不足，导致节能减排工作不能深入地开展下去，同时，对节能减排工作的重点把握不足，造成建材工业节能减排工作的可持续性受到限制。

**4. 煤炭行业**

2018年1月至2019年7月，中央企业化解煤炭过剩产能1265万吨。当前正大力发展焦炉煤气、煤焦油、电石尾气等副产品的高质高效利用技术。

### （四）中国主要地区工业节能减排发展情况

节能方面，京津冀、长三角、珠三角、东北地区重点实施钢铁、建材等行业节能。中西部地区能源消费增长较快，节能减排形势严峻。同时，中西部地区重工业占比较高，高耗能行业的持续增长导致其能源消费反弹，节能减排压力较大。2019年1—10月，青海、河南、甘肃和上海呈现负增长，在用电量增速超过全国平均值的14个省份中，中部地区占了6个，西部地区占了4个，东部地区占了4个。

减排方面，河北省印发了《河北省碳普惠制试点工作实施方案》，推进碳普惠制工作开展。深圳市和济南市启动了城市碳排放和污染物排放达峰的"双达"研究，探索协同治理和发展共赢的路径。

## 三、2020年中国工业节能与减排产业发展展望

下面就当前形势对2020年中国工业节能减排总体状况进行展望，同时对中国工业重点行业以及中国主要工业地区的节能减排规划进行分析与展望。2020年也将是"十三五"规划中的最后一年，工业节能减排的发展也是中国经济社会发展的宏伟蓝图之一。

### （一）中国工业节能减排规划

#### 1. 中国工业节能减排总体目标

为尽快实现工业绿色发展，据工信部《工业绿色发展规划（2016—2020年）》，到2020年，实现能源利用效率显著提升、资源利用水平明显提高、清洁生产水平大幅提升、绿色制造产业快速发展、绿色制造体系初步建立。"十三五"时期2020年较2015年工业绿色发展主要指标如表16所示。

表16 "十三五"时期2020年较2015年工业绿色发展主要指标

| 指标 | 2015年 | 2020年 | 累计降速 |
| --- | --- | --- | --- |
| a. 规模以上企业单位工业增加值能耗下降（%） | — | — | 18 |

续表

| 指标 | 2015 年 | 2020 年 | 累计降速 |
|---|---|---|---|
| 钢综合能耗（千克标准煤/吨） | 572 | 560 | |
| 水泥熟料综合能耗（千克标准煤/吨） | 112 | 105 | |
| 电解铝液交流电耗（千瓦·时/吨） | 13350 | 13200 | |
| 炼油综合能耗（千克标准油/吨） | 65 | 63 | |
| 乙烯综合能耗（千克标准煤/吨） | 816 | 790 | |
| 合成氨综合能耗（千克标准煤/吨） | 1331 | 1300 | |
| 纸及纸板综合能耗（千克标准煤/吨） | 530 | 480 | |
| b. 单位工业增加值二氧化碳排放下降（%） | — | — | 22 |
| c. 单位工业增加值用水量下降（%） | — | — | 23 |
| d. 重点行业主要污染物排放强度下降（%） | — | — | 20 |
| e. 工业固体废物综合利用率（%） | 65 | 73 | |
| 尾矿（%） | 22 | 25 | |
| 煤矸石（%） | 68 | 71 | |
| 工业副产石膏（%） | 47 | 60 | |
| 钢铁冶炼渣（%） | 79 | 95 | |
| 赤泥（%） | 4 | 10 | |
| f. 主要再生资源回收利用量（亿吨） | 2.2 | 3.5 | |
| 再生有色金属（万吨） | 1235 | 1800 | |
| 废钢铁（万吨） | 8330 | 15000 | |

续表

| 指标 | 2015年 | 2020年 | 累计降速 |
|---|---|---|---|
| 废弃电器电子产品（亿台） | 4 | 6.9 | |
| 废塑料（国内）（万吨） | 1800 | 2300 | |
| 废旧轮胎（万吨） | 550 | 850 | |
| g. 绿色低碳能源占工业能源消费量比重（%） | 12 | 15 | |
| h. 六大高耗能行业占工业增加值比重（%） | 27.8 | 25 | |
| i. 绿色制造产业产值（万亿元） | 5.3 | 10 | |

数据来源：《工业绿色发展规划（2016—2020年）》。

**2. 中国工业节能目标实施规划**

针对工业节能方面的问题，国务院印发了《"十三五"节能减排综合性工作方案》，提出到2020年全国万元国内生产总值能耗比2015年下降15%，能源消费总量控制在50亿吨标准煤以内。规模以上单位工业增加值能耗下降18%。节能环保产业大幅增长，电力、钢铁、有色、建材、石油石化、化工等重点能耗行业能源利用效率达到或接近世界先进水平（以美国为例，当前美国全部工业部门产能利用率在78%左右）。

**3. 中国工业减排目标实施规划**

减排方面，国务院《"十三五"节能减排综合性工作方案》中要求，实施工业污染源全面达标排放计划，加强工业企业无组织排放管理，严格执行环境影响评价制度，实行建设项目主要污染物排放总量指标等量或减量替代，建立以排污许可制为核心的工业企业环境管理体系，继续推行重点行业主要污染物总量减排制度，逐步扩大总量减排行业范围。具体规划为2020年较2015年，传统制造业物耗、能耗、水耗、污染物和碳排放强度显著下降，重点行业主要污染物排放强度下降20%，工业固体废物综合利用率达到73%，部分重化工业资源消耗和排放达到峰值。单位工业增加值二氧化碳排放量、用水量分别下降22%、23%。

## （二）中国重点行业节能减排潜力分析

### 1. 钢铁行业节能减排潜力分析

钢铁行业是当前中国的重点用能行业。钢铁企业能源消耗大，环境排放总量大，为了缓解这个问题，"十三五"规划中，中央提出供给侧结构改革和"去产能、去库存、去杠杆、降成本、补短板"的总体要求，钢铁行业将在未来化解1亿~1.5亿吨产能。减排方面，国家规定全国新建（含搬迁）钢铁项目原则上要达到超低排放水平。推动现有钢铁企业超低排放改造，到2020年年底之前，重点区域钢铁企业超低排放改造取得明显进展，力争60%左右产能完成改造，有序推进其他地区钢铁企业超低排放改造工作。

### 2. 石化行业节能减排潜力分析

为进一步优化石化行业节能状况，工信部印发的《产业技术创新能力发展规划（2016—2020年）》中提到，对于石化行业，开发高性能合成树脂、高效绿色阻燃材料、高性能合成橡胶、高性能膜材料等高端石化产品的制备加工技术。与之相关的煤电节能减排方面，据《煤电节能减排升级与改造行动计划（2014—2020年）》，未来将严控排放，新建燃煤发电机组（含在建和项目已纳入国家火电建设规划的机组）应同步建设先进高效脱硫、脱硝和除尘设施，不得设置烟气旁路通道。

### 3. 有色行业节能减排潜力分析

为推动有色金属行业节能减排，有色金属工业在矿产资源和节能环保与循环利用环节上确定了未来的重点发展方向。到2020年，最终实现减排总铅15吨/年、总铬15吨/年、总砷10吨/年，削减汞使用量280吨/年。

### 4. 化工行业节能减排潜力分析

目前，化工领域对于能耗较高等问题采用燃烧效率较高、工艺较为清洁、排放量较小的操作工艺，以此从源头上控制能源的消耗和污染物的排放，从而实现节能减排、降低污染的目的。针对化工行业减排问题，国内外许多学者开始对煤化工企业自备电厂锅炉的节能减排技术展开研究，尤其是针对污染物如 $SO_2$、$NO_x$、粉尘等排放控制措施，更多地通过技术改造创新、燃煤煤种选取低硫含量煤、安装脱硫脱硝除尘工艺设施、低氮燃烧以及调整锅炉运行等方式实现节能减排目的。

**5. 建材行业节能减排潜力分析**

对于建材行业节能减排发展,工信部《产业技术创新能力发展规划(2016—2020年)》提出,未来将提升中国水泥工业在功能化和智能化制造技术方面的研发和应用水平,满足海工、能源、交通等国家重大工程要求,提升中国浮法玻璃产业科技创新能力和整体竞争力,在浮法玻璃制备技术方面达到国际先进水平,突破建筑卫生陶瓷设计技术,积极打造世界知名品牌。

## (三)中国分区域节能减排潜力分析

**1. 东部地区节能减排潜力分析**

中国各工业地区的发展状况并不平衡,相较于西部地区,东部地区节能减排指标更高。在节能方面,北京市政府提出,到2020年以前,本市万元GDP能耗将比2015年再降17%。2020年,北京市能源消费总量控制在7651万吨标准煤以内,北京要全面确立全市能源消费、二氧化碳排放总量和强度的"双控双降"发展格局。此外,减排方面,京津冀等"三区十群"重点区域到2020年实现削减烟粉尘100万吨/年、二氧化硫50万吨/年、氮氧化物180万吨/年。除此之外,其他东部地区(辽宁、山东、上海、江苏、浙江、福建、广东、海南等8省市)要求新建燃煤发电机组大气污染物排放浓度基本达到燃气轮机组排放限值(即在基准氧含量6%的条件下,烟尘、二氧化硫、氮氧化物排放浓度分别不高于10毫克/立方米、35毫克/立方米、50毫克/立方米)。

**2. 中部地区节能减排潜力分析**

据河南省"十三五"节能减排综合性工作方案,到2020年,万元生产总值能源消耗较2015年降低16%,能源消费总量控制在2.67亿吨标准煤以内。全省化学需氧量、氨氮、二氧化硫、氮氧化物排放总量分别控制在105.02万吨、11.18万吨、82.37万吨、90.86万吨以内。全省规模以上工业企业单位增加值能耗比2015年降低23%,钢铁、有色、建材、石油石化、化工、电力等重点能耗行业单位产品能耗大幅下降,能效水平达到国内先进水平。此外,其他中部地区(黑龙江、吉林、山西、安徽、湖北、湖南、江西等7省)新建机组原则上接近或达到燃气轮机组排放限值。支持同步开展大气污染物联合协同脱除，减少三氧化硫、汞、砷等污染物排放。

**3. 西部地区节能减排潜力分析**

西部地区为进一步推动工业节能减排目标的实施，甘肃确定"十三五"期间单位GDP能耗和碳排放分别下降14%和17%，能源消费总量不超过8951万吨标准煤目标。陕西此前也提出"十三五"期间单位GDP能耗要下降13%。云南省则提出，到2020年，全省万元地区生产总值能耗比2015年下降14%，能源消费总量控制在12297万吨标准煤以内，非化石能源消费占能源消费总量比重达到42%。全省化学需氧量、氨氮、二氧化硫、氮氧化物排放总量分别控制在43.8万吨、4.79万吨、57.8万吨、44.45万吨以内。

**4. 东北地区节能减排潜力分析**

东三省是中国的老牌工业区，针对未来的节能减排发展，政府也出台了相应的规划与政策。黑龙江省"十三五"节能减排综合工作实施方案中提到，到2020年，全省万元地区生产总值能耗比2015年下降15%，能源消费增量控制在1880万吨标准煤以内。全省化学需氧量、氨氮、二氧化硫、氮氧化物排放总量分别控制在130.91万吨、7.56万吨、40.6万吨、57.36万吨以内。辽宁省出台了《辽宁省"十三五"节能减排综合工作实施方案》，到2020年，全省单位地区生产总值能耗比2015年下降15%，能源消费增量控制在3550万吨标准煤以内。全省化学需氧量、氨氮、二氧化硫、氮氧化物排放总量比2015年分别下降13.4%、8.8%、20%、20%。吉林省"十三五"节能减排综合实施方案中提到，到2020年，全省单位GDP能耗比2015年下降15%，能源消费总量控制在9502万吨标准煤以内；全省化学需氧量、氨氮、二氧化硫、氮氧化物排放总量分别控制在68.92万吨、4.78万吨、29.8万吨、41.2万吨以内。

**5. 长江流域节能减排潜力分析**

长江经济带覆盖11个省市，是中国重要的内河经济带和生态文明建设区域。据中共中央国务院《长江三角洲区域一体化发展规划纲要》，到2025年，长三角地区细颗粒物（PM2.5）平均浓度总体达标，地级及以上城市空气质量优良天数比率达80%以上，跨界河流断面水质达标率达到80%，单位GDP能耗较2017年下降10%。除此之外，据国务院"十三五"综合性工作方案，长三角地区未来将落实"煤改气"和"煤改电"工程。

### (四)中国工业节能减排的政策建议

第一,狠抓重点行业节能。严把钢铁、化工、有色和建材等高耗能工业的节能减排工作是工业节能减排目标顺利实现的重中之重。2019年,重点耗能工业的排放因国内外经济形势下滑而有所下降,但未来可能有复苏趋势,尤其是国内新一轮需求拉动政策刺激,基础设施建设振兴将拉动重点工业部门的产能增长,为未来工业节能带来新的挑战。因此一定要立足于重点高耗能行业,以总排放降低为目标,死守单位能耗红线,确保重点行业节能减排政策和措施的落实。

第二,强化工业节能的监督和管理。要加强对工业领域用能的监察管理力度,建立明确、细致、分阶段、分区域的工业节能减排目标,从顶层设计到企业层面落实一以贯之,不留监督管理死角。中国幅员辽阔,区域差异较大,工业基础和工业发展特色、工业结构存在着很大的地区差异。因此,一方面,要以国家节能减排目标为总依托,另一方面,要针对不同区域和行业节能减排的特点制订具体的减排计划,做到工业排放可监督、可追溯、可核查,建立系统全面的管控体系。

第三,积极推进清洁生产和绿色工业建设。当前中国工业化水平虽然已处在世界先进行列,但在清洁生产技术应用和推广、绿色工业标准和体系建设方面,还远远落后于国际先进水平。工业绿色、低碳、循环发展的顶层设计也存在着"政出多门""九龙治水"的情况。因此要从上到下积极推进清洁生产技术的推广和应用,普及绿色生产的理念,加强绿色技术的引进,并通过绿色金融等多样化的金融工具,对清洁生产和绿色工业建设给予支持和引导。逐步建立绿色企业、绿色工厂、绿色园区、绿色供应链的全方位绿色工业体系,真正实现工业绿色、低碳发展目标。

# 资源回收产业发展分析与展望

随着环保要求的日益严格,国际资源回收产业也在不断更新发展。中国再生资源回收行业目前仍处于起步阶段,同时中国作为全球消费能力最大的国家之一,其庞大的再生资源生产量和需求量为再生资源行业提供了足够的市场空间。中国高度重视废旧物资行业的发展,不断推出重要利好政策,中国资源回收行业进入黄金发展期。受环保督察常态化、进口政策调整等多重因素影响,2020年中国规范经营的资源回收利用企业将会加速发展,行业竞争逐步向中高端领域渗透,行业发展潜力进一步显现。

## 一、2019年国际资源回收产业发展概况

2019年国际资源回收模式主要分为美国"再生银行"回收模式和巴西"塞普利"等为代表的非营利性社会组织的企业化运作模式。随着环保要求的日益严格,国际资源回收技术也在不断更新发展。资源回收是以物资不断循环利用的经济发展模式,目前这种模式成为全球潮流。

### (一)国际资源回收行业发展简介

资源的可持续发展就是,既符合当代人类的需求,又不对后代人满足其自身需求的能力产生威胁的发展,是注意经济增长的数量,同时又追求经济增长的质量。主要的标志是资源能够永远利用,保持良好的生态环境。资源回收行业是满足资源可持续发展的重要体现。资源回收的十大类资源包括:废钢铁、废有色金属、废塑料、废轮胎、废纸、废弃电器电子产品、报废汽车、废旧纺织品、废玻璃、废电池。根据节能减排的要求,为解决再生资源回收利用问题,促进经济社会可持续发展,整合有限的资源,构造集再生资源回收、

分拣、转运、加工利用、集中处理为一体的产业化格局。

国际资源回收模式主要包括两类，一类是以美国"再生银行"回收模式为代表的营利性企业运作模式，一类是以巴西"塞普利"为代表的非营利性社会组织的企业化运作模式。这两类模式只在利益关系与分配方面存在一定差别，在分类目的、主体分工、运作方式等方面并无实质性差别，两者殊途同归，通过整合业务链、交易链与利益链，借助利益驱动，发挥政府、排放者、回收公司、资源利用厂家、商品产销企业和社会组织的作用，强化资源回收，促进垃圾分流分类和实现企业化运作的目的。

### （二）国际资源回收技术最新进展及趋势

近年来，互联网介入再生资源回收领域，装备技术升级改造加快，国际各类新环保法颁布实施，对资源回收行业的要求不断提高，国际中小型企业原有的渠道优势逐渐削弱，经营成本压力越来越大，为行业提供了大量并购机会。在兼并重组浪潮中，国际各类行业龙头企业主营业务范围逐渐丰富，经营范围拓展到废弃电器电子产品、废塑料、废钢铁、报废汽车、废电池等品种的回收利用，处理方式由分拣、初加工向深加工方向延伸。在开拓各国国内市场的同时，上市公司将目光投向海外，越来越关注国际知识产权的保护，重视专利技术的研发和标准的制定，进一步增强企业的核心竞争力。

#### 1. 美国再生银行回收利用模式

为了提高大众的环保意识，美国将每年的 11 月 15 日定为"回收利用日"。各州也成立了各式各样的再生物质利用协会和非政府组织，开设网站，列出使用再生物质进行生产的厂商，鼓励人们购买使用再生物质的产品。

美国再生银行是通过技术与商业模式创新获得成功的典型案例，再生银行回收利用模式始于 2002 年美国费城，创始人为帕特里克和罗恩。基本思路是利用物联网技术，重整排放者、商家、再生资源回收利用企业和政府之间的再生资源交易链与利益链，通过市场化经营和政府适度补贴，在排放者得到实惠、商家绑定更多的消费者、再生资源回收利用企业获得稳定的原材料来源和政府减少财政补贴的前提下，提高资源回收率，促进废弃物分流分类，实现再生银行的预期收益与商业运作。再生银行给每个家庭免费提供一个专用的装有无线射频识别标签的再生资源回收桶，定期计量、收购排放者排放的再生资源。再生银行的回收车尾部装有自动获取排放者号码的无线射频识别检测装置，吊杆上配备的称重用的"再生银行标尺"，排放者在什么时间，投放了多少再生资源，都会被记录与储存下来，最后由"再生银行"的系统转化成排放者的积分。排放者每投放10磅可再生垃圾，再生银行就向他支付5美元，这笔钱划到专门为排放者开立的银行卡上。排放者拿着这张银行卡，可以到参加了该计划的任何一家商家消费，并可以享受折扣优惠。美国固体废弃物收集、回收、处理、加工及销售已经成为一个产业，以市场化为经营原则，通过刺激竞争、签订长期合同和鼓励技术创新等手段，吸引私营部门投资，降低成本，提高效益。通过商业运作解决全民关注的环保问题，美国再生银行在这方面做出了积极而有效的尝试。

**2. 巴西"赛普利"模式**

2019年，巴西有1227个以上的城市加入资源回收行动。巴西"赛普利"模式，又称为"拾荒者合作社"模式，是制度创新的成功案例。在进行资源回收的城市中，87%集中在东南部（416个）和南部地区（337个）。在东北部地区，有97个城市进行垃圾分类回收，在中西部地区有62个，在北部地区只有15个。"赛普利"通过建立拾荒者合作社，分拣市政环卫部门无偿送来的干垃圾，从中回收再生资源，并将再生资源卖给登记合作的回收利用企业，达到强化资源回收和促进垃圾干湿分类的目的。巴西"赛普利"模式强调政府、企业和社会三方的积极参与合作。在巴西"赛普利"模式体系中，这三方的分工非常明确。该组织致力于促进巴西城市固体垃圾的综合治理，提高垃圾回收利用水平，加强固体垃圾治理方面的环保教育。在巴西，一些材料的回收利用率非常高，比例铝的回收利用率高达97.7%，其次是纸（66.2%）和塑料（56.8%）。巴西有先进的立法，一些材料的回收利用率全球领先，比如饮料罐和PET（聚对苯二甲酸乙二醇酯）塑料。在欧洲，PET塑料的回收利用率为20%，巴西为60%。巴西大城市失业问题严重，很多从农村到城里打工的人没有工作，靠拾荒为生，"赛普利"模式最有特色的就是将城市拾荒者组织起来。当地政府免费提供场地，非政府组织赞助设备，企业提供垃圾分类培训，帮助拾荒者组织合作社。市政环卫部门无偿地把收集来的垃圾运送到合作社分拣。过去在街头和垃圾场谋生的拾荒者如今在厂房内的流水线上把各种干垃圾分门别类，压缩打包，然后卖给在合作社登记的提供不同回收的厂家。建立"赛普利"模式投资很少，但经济效益和社会效益很高。垃圾分拣是劳动密集型工作，"赛普利"模式可以创造大量的就业机会。

## 二、2019年中国资源回收产业发展分析

近年来，随着中国经济社会高速发展，钢制材料、有色金属材料、塑料制品、纸制品等重要产业用料以及生活用品的产量在不断增加，同时中国作为全球消费能力最大的国家之一，这些产品的消费速度越来越快，废钢、废金属、废纸、废塑料等废弃资源产量不断增多，为再生资源行业提供了足够的市场空间。此外，随着中国再生资源产业政策不断完善以及绿色发展理念深入贯彻，中国再生资源行业实现了快速发展。

### （一）中国资源回收行业发展概况

近年来，中国政府不断加强对再生资源回收利用的重视程度，为了鼓励居民和企业对再生资源进行回收，中国各部门相继出台并实施了一系列政策，不断推动建设和完善再生资源回收体系。

2018年4月，为了推动再生资源企业提质增效，引导再生资源行业转型升级，实现再生资源产业绿色化、循环化、专业化发展，中华全国供销合作总社发布的《关于加快推进再生资源行业转型升级的指导意见》指出，到2020年发展规划的城乡回收站点10万个、建设设施先进的再生资源综合分拣中心1500个、回收利用基地（园区）120个、培育10年收入超过50亿元的大型环境服务型龙头企业。加快形成"村级回收+乡镇转运+县域分拣加工+再生资源基地综合利用"的再生资源回收模式，打造功能完善、技术先进、高效利用、生态环保、覆盖城乡的供销合作社再生资源回收利用体系。2019年3月，工信部和国开行联合发布了《关于加快推进工业节能与绿色发展的通知》，指出在有条件的城镇推动水泥窑协同处置生活垃圾，推动废铜铁、废塑料等再生资源综合利用，其中重点支持开展退役新能源汽车动力蓄电池梯级利用和再利用。

上述政策措施为中国再生资源回收行业的绿色健康发展提供了一个良好的政策环境，在这些政策的推动下，中国再生资源企业回收、分拣、加工处

理工艺不断提升。

2019年国家对环保的重视程度不断加深，随着污染防治工作的持续推进和环保督察力度进一步加大，钢铁、有色金属等行业减少原生矿产资源的使用量，不断提高废钢铁、废有色金属等环保原料的使用比例，中国再生资源回收行业发展较快。以废机动车回收为例，2019年全国机动车回收量达229.5万辆，较2018年机动车回收量增长了15.3%，其中汽车195.1万辆，同比增长16.8%，摩托车34.4万辆，同比增长7.1%。

与此同时，受禁止进口固废政策的影响，近几年中国废钢铁、废铜、废铝、废塑料、废纸进口量均持续下滑，国内再生资源替代空间巨大。2019年生态环境部会同海关总署等有关部门继续落实禁止"洋垃圾"进口举措，平稳推进各项改革工作。2019年上半年中国进口固体废物量为728.6万吨，同比减少26.99%。废塑料、废纸、废旧纺织品的进口量同时呈下降趋势（图14）。随着这一政策的逐步实施，将有力促进国内的再生资源产业稳步增长。

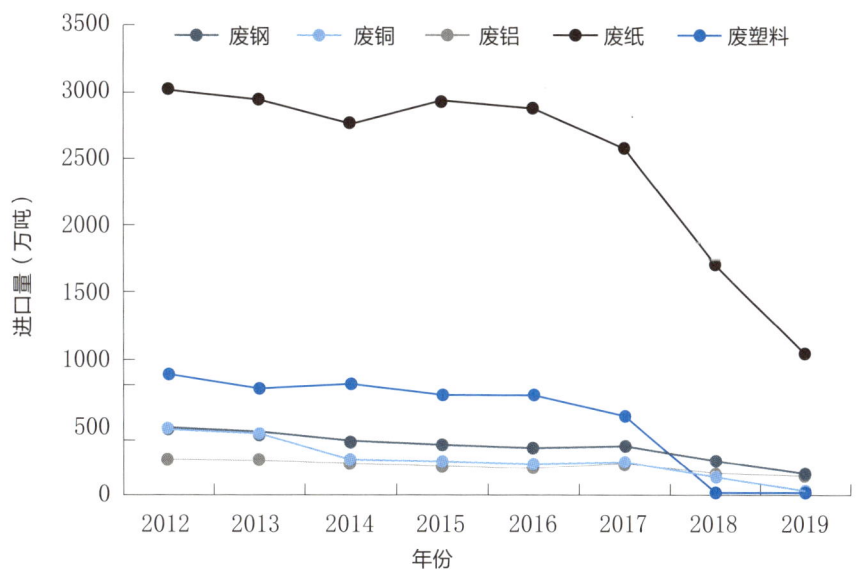

图14 2012—2019年中国废钢、废铜、废铝、废纸和废塑料进口量统计
数据来源：中国海关。

总体来看，2019年中国再生资源行业发展较为稳定，其发展速度受到社会的广泛认可，同时中国再生资源产业政策不断完善，尤其强制垃圾分类政

策的推行使再生资源回收利用行业进入发展高峰期,未来再生资源回收产业有望收获更大的增量市场。此外,由于钢铁、有色金属等大宗商品价格的上涨,废轮胎、废塑料、废旧纺织品、废弃电器电子产品等再生利用行业清理整顿,取缔关停"地条钢"企业,"2+26"城市工业企业错峰生产,禁止进口"洋垃圾"等诸多因素叠加,国内再生资源回收价格呈现上涨趋势。作为鼓励发展的新兴战略产业,再生资源产业将进入一个全新的发展高峰时期。

## (二)中国资源回收技术最新进展及趋势

随着互联网、物联网、大数据、云计算等现代化信息技术与回收行业的结合,再生资源回收企业创新发展的脚步也将进一步加快。环境保护政策法规不断出台,特别是循环经济发展引领计划的实施,再生资源的回收价格还将有所上升,再生资源利用行业在政府与社会资本合作模式带动下将稳步向前发展。

### 1. 互联网等现代信息技术进步推动再生资源回收行业转型升级

近年来,再生资源回收与利用的市场交易活动频繁,再生资源回收量增长加快,同时互联网等现代信息技术的发展加快了企业创新的步伐,一批具有竞争力的新型回收企业脱颖而出。大批再生资源回收企业利用互联网、物联网等现代信息技术,建立了运行高效、渗透广泛的回收体系,并通过建立高效的再生资源回收交易服务平台,开展信息采集、数据分析、流向监控等,逐步整合物流资源,优化回收网点布局,使供需双方能够快速获得信息匹配,完善再生资源回收体系,推动了再生资源交易由线下向线上线下结合的转型升级。类似的企业有线上线下结合回收废旧电子产品的爱回收、利用交易服务平台回收废旧手机的深圳淘绿、"互联网+便捷回收设备"实现智能分类回收的杭州村口、"互联网+废纸回收"的北京笨哥哥、"物联网+智能回收"的东莞小黄狗、专注"B2B"企业级回收的北京闲豆回收等。这些创新模式充分利用高新技术,通过平台搭建、信息整合、需求匹配实现回收体系的建立,对中小企业来说是比较好的创新选择。

### 2. 绿色金融服务中心解决回收企业融资难、融资贵问题

近年来,再生资源产业的发展速度与市场热度受到市场的广泛认可。尤

其随着强制垃圾分类政策的推行，再生资源处理行业进入投资高峰期，各路资本竞相涌入，市场竞争日益激烈，而资本的高需求与差异性也加剧了再生资源行业内的并购重组。此外，由于再生资源产业属于资金和劳动力密集型产业，随着这一产业的转型升级，近年来其发展所需的技术要求越来越高，除了维持正常的生产运营所需资金之外，在新产品、新技术与新装备上，资金方面的需求也比较大，由此催生了该行业的融资需求。

2017年12月，中国再生资源回收利用协会联合中再融、中民国信、招商证券等金融机构创立了绿色金融服务中心，打造一站式绿色金融服务平台，为再生行业中小微企业提供贷款、股权投资等金融服务和大数据信息服务。中心以互联网金融为先导，通过再生资源回收利用协会引入外部资源，整合区域内现有资源，引入机构资金、基金、投行以及第三方担保等征信服务，推动行业内金融机构集群发展，降低再生行业中小微企业的融资成本，扩大融资规模，提升再生资源回收企业综合融资能力，解决实体企业融资难、融资慢、融资贵等问题。2018年绿色金融服务中心在地方逐步落地，同时牵手各循环经济示范园区，为园区内企业提供金融扶持，实践整合"行业协会＋互金平台＋大数据分析＋再生产业园"，实现了社会资源高效配置。随着再生资源产业的逐步发展，中国再生资源市场需求旺盛，有完善回收网络和渠道的再生资源回收企业拥有议价权。特别是在"互联网＋"的发展背景下，资本市场对"互联网＋再生资源"行业看好，爱回收、闲豆回收、小黄狗、回收宝等企业都获得亿元以上的融资规模。在政策大力扶持下，再生资源产业发展前景继续被看好，再生资源市场将持续加温。

**3. 生活垃圾强制分类促进"两网"融合发展**

再生资源回收利用是一个系统的工程，上游资源回收，中游资源分拣、运输，下游资源处理与利用。其中，再生资源回收工作的一个重点和难点就是生活垃圾的回收利用，而最大限度提高废弃物再利用效率的前提便是垃圾分类。在北京、杭州等地，垃圾分类试点已经推行了几年，却未见明显成效，"垃圾围城"问题亟待解决。分类投放、分类收集和分类运输的前提就是实现垃圾分类处理网和再生资源利用网的深度融合。

2017年《生活垃圾分类制度实施方案》提出，到2020年年底，基本建立垃圾分类相关法律法规和标准体系,形成可复制、可推广的生活垃圾分类模式,在实施生活垃圾强制分类的城市,生活垃圾回收利用率达 35% 以上。

采取强制手段从源头保证垃圾分类,有利于保证垃圾分类与末端处理和资源利用相衔接,实现废弃物的有效处理和资源回收利用。生活垃圾强制分类制度是一个完整的系统,回收管理制度改革必须前后衔接、相互配套,达到更好的分类效果和更高的回收效率。当前,社会资本参与较多的是产业链末端处理处置环节,预计未来社会资本参与范围将进一步延伸至再生资源回收领域。

## 三、2020年中国资源回收产业发展展望

近年来,国家高度重视废旧物资行业的发展,不断推出重要利好政策,中国资源回收行业进入黄金发展期。受环保督察常态化、进口政策调整、国内需求旺盛、国际原油价格等多重因素影响,2020 年,规范经营的大型废塑料回收利用企业将会加速发展,行业竞争逐步向中高端领域渗透,行业发展潜力进一步显现。同时,中国企业也将通过引进国外先进的回收分选技术设备,提高分选加工效率;有条件的企业选择在国外建厂,来应对中国资源回收政策的变化。

### (一)政策推动中国资源回收行业进入黄金时期

随着中国环境保护政策法规不断出台,特别是循环发展引领计划的实施,资源回收的价格还将有所上升,资源回收行业在政府与社会资本合作模式带动下将稳步向前发展。

**1. 相关政策密集出台**

2019 年仍处于中国资源回收利用政策调整期,新目录产品配套政策仍在制定中,2020 年有待出台。生产企业、回收企业、处理企业将进一步探索"互联网+"、逆向物流回收、公益回收等创新模式,废钢铁、废有色金属、废塑料、废纸、废弃电器电子产品、报废机动车等资源回收配套政策将会加快出台步伐。

**2. 环保需求推动资源回收行业**

随着污染防治攻坚战持续推进,环保督查力度进一步加大,钢铁、有色

金属等行业减少原生矿产资源的使用,不断提高废钢铁、废有色金属等环保原料的使用比例,中国资源回收总量增长较快。

### (二)资源回收市场份额向优势企业集中

2020年,中国资源回收企业将迎来诸多发展机遇。国内再生资源市场需求旺盛,拥有完善回收网络和渠道的再生资源回收企业握有议价权。

**1. 资源回收行业向集中、创新发展**

2020年,再生资源回收行业并购将继续增加,行业集中度有望提升。随着互联网、物联网、大数据、云计算等现代化信息技术与回收行业的结合,再生资源回收企业创新发展的脚步也将进一步加快。环境保护政策法规不断出台,特别是循环发展引领计划的实施,再生资源的回收价格还将有所上升,再生资源利用行业在政府与社会资本合作模式带动下将稳步向前发展。

**2. 优势企业市场份额将继续扩大**

由于中国国内再生资源货源紧张,随着中国资源回收管理新政策的实施,一些有实力的优势企业一方面在国内完善自有的回收网络,另一方面到国外建厂直接获得原料控制权,提高价格控制力。国内再生资源逐步替代国外固体废物,专业化、自动化加工利用企业和设备制造企业发展迎来新契机。龙头企业和有实力的跨界企业通过兼并重组等方式,整合资源,进一步提高市场占有率,优势企业市场份额将继续扩大。

### (三)资源回收行业"互联网+"进一步融合

**1. 政策推动资源回收行业"互联网+"模式**

政府进一步推广"互联网+回收"的新模式,即鼓励企业利用互联网、大数据和云计算等现代信息技术和手段,建立或整合再生资源信息服务平台,为上游回收企业和下游拆解与利用企业搭建信息发布、竞价采购和物流服务平台,提高回收企业组织化水平,降低交易成本,优化再生资源回收、拆解利用产业链。通过激励机制,鼓励居民与企事业单位主动交投,实现线上信息流和线下物流的统一。鼓励互联网企业参与再生资源移动手机APP、微信和网站回收服务,实现线上交废与线下回收的有机结合。

**2. 互联网平台推动资源回收行业快速发展**

随着互联网平台推动资源回收行业发展迅速，行业规模明显扩大，技术水平不断提升，但是受经济下行影响，再生资源回收行业面临价格持续下跌、经营成本不断上升等挑战，其转型升级的紧迫性也在不断提升。"互联网＋回收"的经营模式无疑是促进传统回收行业转型升级的重要手段之一，通过互联网线上服务平台和线下回收服务体系两线建设，将逐步改变传统回收"小、散、差"的状况，还可减少行业中间环节，使信息更加透明化。

## （四）中国资源回收行业竞争激烈

**1. 来自国外资源回收企业的竞争**

中国资源回收行业没有市场准入门槛，大部分企业多采取粗放式经营和管理方式，产业链条短，产品单一，生产工艺门槛低，增值水平低，同质化现象明显。小企业仍有相当数量，行业小、散、差的特点明显，组织化程度低，市场竞争力较差。此外，再生资源回收企业政策依赖度高，抗风险能力差，有政策支持的领域如废弃电器电子产品回收拆解企业发展较好，其他缺乏政策支持的领域，一旦政策、市场或价格发生变化，企业就面临倒闭风险，不能适应市场快速发展的要求。然而国外资源回收产业已经形成，整个资源回收流程专业竞争力强。中国的资源回收市场潜力巨大，国外资源回收企业势必会加入其中，中国资源回收企业将会面临国外企业的竞争。

**2. 资源回收技术发展加剧行业竞争**

中国资源回收企业自设或建立长期稳定合作关系的研发机构数量很少，研发能力不足。在"产学研"结合中，企业基本处于从属地位。普遍重生产轻研究开发，重引进轻消化吸收，重模仿轻创新，很多企业处在有"制造"无"创造"的状态。同时，资源回收行业技术设备的应用领域在不断扩大，国内的技术、设备质量水平远远不能满足市场需求。下一步，需要加快推进自动化或人机混合的半自动化回收分选模式，实现行业从劳动密集型向技术资本密集型的转变，迅速缩小与发达国家在资源回收领域的差距。

低碳产业篇

# 节能材料产业发展分析与展望

节能材料广义上是指应用于节能环保产业的相关材料。节能环保产业是指为节约能源资源、发展循环经济、保护环境提供技术基础和装备保障的产业，主要包括节能产业、资源循环利用产业和环保装备产业，涉及节能环保技术与装备、节能产品和服务等。其六大领域包括：节能技术和装备、高效节能产品、节能服务产业、先进环保技术和装备、环保产品与环保服务。"十三五"规划纲要提出，发展绿色环保产业，培育服务主体，推广节能环保产品，支持技术装备和服务模式创新，完善政策机制，促进节能环保产业发展壮大。节能产业的不断提升和新材料的不断应用，对于国家经济的可持续发展和效益的提高具有重要意义。

## 一、2019年国际节能材料产业发展概况

### （一）全球节能环保产业现状分析

2016年，全球节能环保产业年均增长率达到10%，介于制药业和信息业之间，高于计算机业。2015年全球新增能效投资额为2210亿美元，其中超过一半的新增投资集中在建筑领域（表17）。在节能服务产业领域，2015年全球专业节能服务公司的收入为242亿美元。

表17  2015年各领域全球新增节能投资

| 产业 | 细分领域 | 比重 (%) | 产业占比 (%) |
|---|---|---|---|
| 建筑 | 建筑物围护结构 | 25 | 53 |
|  | 暖通空调和控制 | 12 |  |
|  | 电气用具 | 6 |  |
|  | 照明设备 | 10 |  |

续表

| 产业 | 细分领域 | 比重(%) | 产业占比(%) |
|---|---|---|---|
| 工业 | 能源密集型工业 | 9 | 18 |
| | 其他工业领域 | 9 | |
| 交通 | 轻型汽车 | 15 | 29 |
| | 货运汽车 | 1 | |
| | 铁路、船舶、航空 | 13 | |

数据来源：赛迪智库。

在环保产业领域，美国是全球最大的环保产业市场，在全球市场中占有三分之一的份额。从欧盟统计局对欧盟28国环保产业的统计数据来看，环保产业总产值占国内生产总值的比重一直保持在3%以上水平，且呈现持续增长态势，到2020年，全球环保产业预计达到约1.9万亿美元。

总体来看，发达国家仍然占据全球节能环保产业的主导地位，美国、日本、德国、法国、加拿大等国家占据超过60%的市场份额，目前，发达国家节能环保产业已经呈现出成熟工业的特征，如增长速度减缓、同行竞争激烈、利润减少、企业兼并频繁等。

### (二) 国外节能环保产业发展展望

#### 1. 技术趋势

节能环保技术由单一化向智能化、高端化、综合化发展。在节能产业中，建筑领域的新技术发展趋势是建设"零能源建筑"。工业领域的新技术发展重点将集中在工业余热的循环利用。新材料技术、新能源技术、生物工程技术正在源源不断地被引进节能环保产业，以实现节能环保产业的多学科交叉融合发展，实现技术的高端化；大数据、云计算、无线通信技术、物联网等手段也不断应用于节能环保技术，以建立实时监控的环境监控信息系统，实现产品和装备的节能和环保智能控制；更加强调"三高一低"的技术装备，即高附加值、高提取率、高利用率和低成本，以实现技术产品的纵深化。

#### 2. 市场由制造业向综合服务业发展

发达国家的节能环保产业已进入平稳发展期，特点有：一是节能环保产业倾向于源流控制和全过程管理，逐步由污染治理向资源管理转变；二是未来发展的焦点将继续集中在综合环境服务业。美国的节能环保产业发展较早，也较为成熟，各类环保服务业企业在提高能效、污染修复、技术服务、项目咨询等各个领域均有分布。

**3. 节能环保产业推动企业突破贸易壁垒**

节能、绿色、环保产品逐渐成为国际市场新的消费趋势，发达国家陆续以节能降耗、环保生态、自然健康为由，颁发众多环保法规、条例，建立严格的环境技术标准和产品包装要求，建立复杂烦琐的检验认证和审批制度，通过加征环境进口税等方式，对进口产品设置贸易障碍。日益严格的"绿色壁垒"等非传统国际贸易壁垒，将促进绿色产品和环保产业的发展，节能环保产品将在国际市场上逐步占据主导地位。

## 二、2019年中国节能材料产业发展分析

2019年，全球节能服务市场规模达到了2308亿元，中国节能环保产业总产值超过8万亿元，是全球最大的市场，随着各项节能优惠政策的出台，中国节能环保产业发展迅速。

中国节能环保产业进入高速发展期，产业规模、产业结构、技术水平和市场化程度得到大幅提升，已发展成为产业门类基本齐全，并具有一定经济规模的产业体系。节能环保产业的良好发展得益于顶层设计、政策引导、规划推动以及工程带动，在产业发展模式创新、机制体制创新、技术研发培育等方面取得一定成绩。

### （一）节能环保政策陆续出台

国家出台一系列相关政策，为节能产业的发展提供良好的宏观政策环境。在一系列政策推动下，节能产业发展态势良好，盈利能力突出，中国作为全球节能环保新兴市场发展速度较快，节能环保产业朝着成为中国国民经济支柱产业的方向又迈进一步。2015—2019年节能产业相关政策如表18所示。

表18 2015—2019年节能环保产业相关政策

| 政策名称 | 发布单位 |
| --- | --- |
| 中国制造2025 | 国务院 |
| 高效节能锅炉推广目录（第一批） | 国家发改委、国家质检总局 |
| 国家重点节能低碳技术推广目录 | 国家发改委 |
| 2015年循环经济推进计划 | 国家发改委 |
| 资源综合利用产品和劳务增值税优惠目录 | 财政部、国家税务总局 |
| 生态文明建设考核目标体系 | 国家发改委、国家统计局、环境保护部等 |
| "十三五"节能环保产业发展规划 | 国家发改委、科学技术部、工业和信息化部 |
| "十三五"国家信息化规划 | 国务院 |
| 关于推进绿色"一带一路"建设的指导意见 | 环境保护部、外交部、国家发改委等 |
| "十三五"节能减排综合工作方案 | 国务院 |
| "十三五"全民节能行动计划 | 国家发改委、科学技术部、工业和信息化部等 |
| 节能标准体系建设方案 | 国家发改委、国家标准化管理委员会 |
| 建筑节能和绿色建筑发展"十三五"规划 | 住房和城乡建设部 |
| 国家重点节能低碳技术推广目录 | 国家发改委 |
| 工业节能与绿色标准化行动计划（2017—2019年） | 工业和信息化部 |
| 绿色产业指导目录（2019年版） | 国家发改委、中国人民银行等七部委联合 |

## （二）节能材料和关键共性技术现状

近年来，中国不断加强节能技术创新，高性能建筑保温材料、光伏一体化建筑用玻璃幕墙、紧凑型用户空气源热泵技术、先进高效燃气轮机发电装置、煤炭清洁高效利用技术装备、浅层地热能利用装置、蓄热式高温空气燃烧装置等技术研发工作总体上发展参差不齐，只有部分关键技术发展成熟，达到国际领先水平。

**1. 绝热节能材料**

2019年，绝热节能材料产量达到693万吨，同比降低6.73%。相比整个建材行业，绝热行业的效益水平小幅下降，规模以上企业数量略有增加。

（1）岩棉

2019年全国新建岩棉生产线约10条，岩矿棉产能合计超过750万吨，岩矿棉生产线超过320条，产量约280万吨，全年产量超过320万吨，低于2018年产量水平，价格水平处于低位，多数企业效益不是很理想。2019年岩棉产能仍保持增长态势，但增速明显放缓。产能超过30万吨的省份达到9个，主要集中在华北及华东地区，山东、安徽、河南三省的产能增长较快；河北省占全国产能的28%，其产能下降幅度加大。

（2）矿棉

近几年，冶炼铁合金企业为消除冶炼的废渣并实现对其综合利用的目的，通过技术创新和研发实现了利用液态热熔渣（1400℃～1450℃）采用电炉生产工艺，应用岩棉后续生产线组织生产铁合金热熔渣矿棉和制品，铁合金热熔渣矿棉相比冷矿渣生产可节省能源40%～60%。

目前的行业发展现状，在短短5到6年的时间，产能达到65万～70万吨的能力，其中，矿渣棉产能达到40万吨左右；粒状棉产能25万～30万吨左右。利用铁合金热熔渣生产矿棉的企业主要分布在山西、山东、云南、河北、宁夏、内蒙古、上海等地区。

粒状棉质量达标且可满足市场需求，有一定成本优势。板材类制品多用于彩钢夹芯板。按照GB/T 23932—2009建筑用金属面绝热夹芯板的规定，岩棉、矿渣棉除热荷重收缩温度外，应符合GB/T 11835的规定，密度应大于100千克/立方米；玻璃棉除热荷重收缩温度外，应符合GB/T 13350的规定，并且密度不可小于64千克/立方米。

(3) 玻璃棉

2019年，全国共有玻璃棉生产线近106条，产量近115万吨，其中无甲醛玻璃棉1万吨，企业数量约40家。受限于玻璃棉市场产能过剩、市场不景气、环保压力、原材料和人工成本上升，玻璃棉企业的利润率进一步下滑，开工率进一步降低。目前全国玻璃棉产能主要分布在河北、江西、湖北、山东、四川等地区。2019年全国玻璃棉产量及价格比2018年同期略低。

(4) 硅酸铝纤维

2019年，国内陶瓷纤维生产线230多条，产能在100万吨左右，2019年前三季度产量40万吨。总的来看，产能有所增长，产量有所下滑。标准型产品价格3000元左右，企业标准型品种价格低位运行，高端产品销售较好。产能主要集中在山东、河北、内蒙古、河南等地区。

(5) 泡沫玻璃

2019年泡沫玻璃产能近70万立方米，产量60万立方米，目前泡沫玻璃价格范围在2000元～3000元/立方米（美国标准），国标价格750元～1300元/立方米，产能主要分布在河北、浙江、江苏等地区。行业发展情况较好。

(6) 酚醛

2019年全年改性酚醛板销售65万立方米左右。2019年上半年酚醛销量近30万立方米，销售价格与2018年持平。无机板市场逐步扩大规模，但是随着各地质检部门加大监察力度，大量的劣质无机板被查处，无机板的质量管控还是比较棘手的问题。随着政府的行业去产能及供给侧改革政策的影响，高品质的酚醛保温板发展态势良好，低质量的产品产量受到抑制。

中国酚醛树脂产量约300万吨，共有生产企业近200家，主要集中在华东地区，尤其是产量较大的厂家集中在江苏、浙江、福建、上海四省市，主要有济南圣泉、南京太尔、上海欧亚合成材料公司、上海双树塑料厂、山东宇世巨、圣莱克特等。

(7) 橡塑

橡塑保温制品全国产能960万立方米，近188条生产线，生产基地有57个。产能主要集中在河北、广东、江苏等地区，河北省大城县的橡塑产能占全国总产量的近80%，主要企业有华美集团、神舟保温公司、华能中天、金威等公司。

(8) 保温装饰一体板

保温装饰一体板经过十几年的发展，现已步入快速发展轨道。2019年行业发展势头好于2018年，受制于环保压力，一些小企业的产能受到抑制，大企业产量增长较快。

企业数量变化不大，行业产能发挥率由40%提高至50%。受绿色建筑（节能）政策及产品技术优势（相对薄抹灰体系）驱动，2019年行业增速较快，产量及应用量约7000万平方米以上。

(9) 气凝胶材料

气凝胶是一种具有纳米多孔结构的新型材料，由美国S·Kistler发明。近十年来，全球气凝胶产品主要作为隔热材料投入市场。相比国外市场，国内市场起步较晚。由于国内节能减排政策的推行和经济需求的扩张，气凝胶行业进入了快速发展时期，气凝胶毡是当前产量最大、应用最广的气凝胶产品，而气凝胶板主要应用于大型设备保温以及节能建筑内外墙的保温。2016年中国气凝胶产量约为1.83万吨，近年来平均增速在25%左右。2018年中国气凝胶行业规模约18.57亿元，其中气凝胶材料规模约5.42亿元，气凝胶制品市场规模约13.15亿元。2018年中国气凝胶产业细分结构占比中，气凝胶制品占比超过70%，占有市场份额最大。2018年中国气凝胶材料国内市场需求总量为3.82万立方米，气凝胶制品消费量从2014年的3.10万吨增至2018年的6.85万吨。目前，中国气凝胶行业下游主要集中在建筑材料、军工航天领域，2018年中国建筑材料行业气凝胶需求量占比高达43.7%，军工航天领域占比37.5%。2019年11月6日，国家发改委修订发布了《产业结构调整指导目录（2019年本）》，气凝胶节能材料被列为绝热节能材料行业鼓励类项目，对行业发展将起到巨大推动作用。

(10) 真空绝热板（VIP）

2019年中国VIP企业数量20余家，年产能5000万平方米，实际销量约4000万平方米，产值约40亿元，受益于绿色节能建筑相关政策，与2018年相比快速增长，增长率达到60%。其中冷链销售相对稳定，增长幅度较小，约15亿元，80%用于出口，年增长率50%。2018年以来VIP利润率有了大幅度提升，2019年新增VIP企业5家，产能预计1000万平方米。初步形成了原材料、芯材、膜材、复合产业链稳定的生产和销售企业，专业化细分格局逐步形成。

真空绝热板国家标准在南京玻璃纤维研究设计院有限公司、南京航空航天大学及相关企业的共同努力下，于2019年9月开始发布实施，有利促进了真空绝热板产业发展，提高了市场认可度，形成新的投资领域。2018年和2019年，南京航空航天大学连续两年举行以中国VIP企业为主的超级绝热材料论坛，着眼VIP国际领先技术，聚焦VIP产业发展，以冷链和建筑为引导，大力培养中国VIP技术人才。

**2. 高性能建筑保温材料**

中国经过近二十年的研究及近十年的外墙大规模应用，使高性能建筑保温材料的生产能力不断扩大，形成了全系列各种类型保温技术的应用技术规范、规程，国外一批知名的保温企业均在中国设立研发生产基地或分公司（如圣戈班），国内涌现出一批致力于推广外墙保温技术的较大规模的公司（如北京振利）。当前，虽然钛纳硅超绝热材料保温节能技术和墙体用超薄绝热保温板技术等已研发出相应的产品，但技术产品推广比例低于10%。

**3. 光伏一体化建筑用玻璃幕墙**

光伏建筑一体化（Building Integrated Photo Voltaic，BIPV）是光伏组件与玻璃幕墙的紧密结合。近三十年来，中国各种幕墙形式均具有较为成熟的设计和安装技术。同时中国开展了一系列BIPV重大工程项目。

**4. 紧凑型用户空气源热泵技术**

国内空气源热泵技术较为成熟，使用率达到40%以上，广泛用于冷暖气、集中生活热水供应。但紧凑型用户空气源热泵技术有待进一步研发。

**5. 大功率半导体照明芯片与器件**

除传统的户外照明市场、强光手电筒市场外，大功率陶瓷封装光源已逐步向汽车前灯、手机闪光灯、紫外LED灯领域渗透。当前，国产功率型照明级LED芯片产品在光效、寿命及可靠性等方面都取得较大进展。

**6. 煤炭清洁高效利用技术装备**

当前，中国燃煤发电超低排放技术已经达到国际领先水平，拥有世界上最先进和装机最多的燃煤发电工程应用,世界上新增的超临界和超超临界机组超半数以上均产自中国。煤制烯烃、煤间接液化、煤制甲烷等一批现代煤化工新技术取得突破,并获得工业示范成功。

**7. 浅层地热能利用装置**

地热能技术发展得较为成熟,推广应用已达到10%,但浅层地热能同井回灌技术和单井循环换热低能采集技术等浅层地热能关键技术虽已研发和示范,但目前推广比例低于5%。

**8. 蓄热式高温空气燃烧装置**

当前,中国在蓄热式高温空气燃烧技术方面已经形成了一套比较完善的设计思想和方法,取得了一系列具有独立知识产权的研究成果,已经广泛用于冶金、能源、机械加工、化工等行业。

**9. 发光二极管照明器件**

发光二极管、有机发光二极管等先进高效照明产品,其核心材料、装备和关键技术包括大尺寸硅衬底、大尺寸有机发光二极管照明面板等,示范推广应用节能效果明显的发光二极管、有机发光二极管等照明产品,鼓励应用节能环保新型光源。

**10. 铝合金材料**

铝质轻,密度仅为铁、铜的三分之一左右,用于海陆空的运载工具,既可大幅减轻重量,又可节能降耗、增加装载量。同时铝材可回收再利用,且回收再生的铝与原铝相比,在生产环节即可节省95%的能耗。同时具有良好的抗氧化、抗腐蚀性能,可在日晒、雨淋、水浸的恶劣环境中使用。综合而言,铝合金材料性价比高、环保性能高。

**11. 墙体保温材料的发展热点是节能、利废和建筑工业化**

保温材料一般是指热导率≤0.12瓦/(米·开尔文)的材料,包括无机保温材料和有机保温材料等,广泛用于建筑保温领域。保温材料在国外种类繁多,传统的保温材料使用量最大、技术最成熟。欧美等发达国家建筑墙体使用的保温材料中,聚氨酯、聚苯乙烯、岩棉玻璃棉的比例分别为75%、5%、20%。目前,全球保温材料正朝着高效、节能、薄层、隔热、防水功能一体化方向发展,从研究领域来说,国外保温材料的研究热点主要集中于气凝胶、相变材料等新型保温材料。国内使用较多的材料与国外一致，由于中国岩棉等无机保温材料的力学性能和耐久性还不能满足外墙保温需要，有机保温材料的阻燃改性等仍是本行业亟待解决的问题。国内对新型保温材料如气凝胶、相变材料等方面的研究水平已接近于国外先进水平，但存在技术原创性差、应用领域狭窄等问题。

**12. 新型节能建材主要包括节能墙体、门窗、玻璃和贴膜等材料**

新型节能建材主要包括玻璃棉和泡沫塑料等墙体隔热保温材料，聚氯乙烯、铝木复合、铝塑复合、玻璃钢门窗等节能门窗材料，热反射镀膜、低辐射镀膜、中空玻璃和真空玻璃等节能玻璃。在新型墙体材料方面，节能和结构一体化技术在山东省和河北省已经开始研究与推广。在保温隔热方面，产品结构发展有明显变化，矿物纤维类保温隔热材料的产量增长较快，硬质类保温隔热材料制品所占比例逐年下降。在防水密封材料方面，沥青油毡、合成高分子防水卷材、建筑防水涂料、密封材料和刚性防水材料等均实现国产化与商业化。在节能门窗和节能玻璃方面，聚氯乙烯门窗，铝木复合门窗、铝塑复合门窗、玻璃门窗等已得到广泛应用。

**13. 暖通空调的集中供暖系统由热源、热力管网和供热自动控制装置组成**

目前主要采用玻璃棉或聚氨酯作为保温材料包裹供热管网，以提高管网的保温效率，减少管网补水；设置自力式流量限制器等水力平衡设备，以消除系统失调，避免大流量小温差运行；广泛在新建建筑中应用室温调控装置和热计量装置，以实现节能。

## 三、2020年中国节能材料产业发展展望

### （一）节能产业发展展望

**1. 行业整体蓬勃发展，工业节能领域看好**

预计2020年，中国环保产业营业收入将保持两位数正增长态势，达到2万亿。其中，主板、中小板和创业板上市公司收入总额增长最快。从各行业细分情况来看，建筑节能领域的上市公司营业收入呈现温和扩张趋势，工业节能领域的中小企业发展看好，进展显著。

## 2. 节能服务产业企业规模明显提升

节能服务产业跨过示范推广阶段，进入市场形成阶段。预计2020年，中国节能服务产业总产值将达到6000亿元。从平均注册资金来看，企业规模有明显提升。

## 3. 部分关键技术迈向国际化水平，技术应用快速上升

中国节能关键性技术和装备研发总体发展不平衡，但部分关键技术已经成熟，达到了国际领先水平。高性能建筑保温材料已形成全系列、各类型保温技术规范，且有大量工程案例，新型技术如钛纳硅超级绝热材料保温节能技术和墙体用超薄绝热保温板技术已研发出相应产品，但推广比例较小。紧凑型用户空气源热泵技术有待进一步研发。国产功率型照明级发光二极管芯片突破了100流明/瓦的技术关卡，推广比例达到30%。燃煤发电超低排放技术已经达到国际领先水平，新型煤化工技术获得示范成功。浅层地热能同井回灌技术和单井循环换热低能采集技术等推广比例较小，低于5%。燃机电站的应用程度虽然远低于国外，但上升快速。中国火电行业超低排放改造工程亦在稳步推进。

## 4. 产业结构趋于软化，行业集中度提升较快

在《中国制造2025》和《重大环保技术装备与产品产业化工程实施方案》等国家战略和政策支持下，节能环保产业结构逐步由传统制造向节能服务转型升级。以投入新技术、新工艺、新材料、新设备和新器件来获得节能效益的技术节能遭遇了发展的"天花板"，而采取强化管理维护、提高人员素质、能效考核等措施的管理节能愈加受到重视。配套节能服务公司的发展，提高了节能服务产值，推动了节能产业结构软化。节能产品向标准化、成套化、智能化方向发展。节能环保服务产业将逐步发展为一体化的综合节能环保服务业，行业集中度将得到提高。

## 5. 节能技术朝向智能化、信息化方向发展

未来环境监测、智能节能系统将成为节能环保互联网的最佳入口。节能环保产业与互联网的结合，将给节能环保产业发展带来新的模式和动力。节能环保的各环节、运行机制、竞争格局将会发生重大改变。

### 6. 产业集聚特征明显，并逐步向中西部地区转移

中国节能环保产业发展不平衡，东部地区在节能环保技术研发、项目设计咨询、投融资服务等高端领域处于全国领先地位，但中西部地区基本停留在环保装备制造业领域。广州、深圳两市作为珠三角节能环保服务业核心区，未来将重点发展技术、资金、人才密集型节能环保服务；长三角地区将在园区规划、公共平台、技术、投融资等多领域开展合作；中西部武汉、西安、重庆等将承接东部节能环保制造业的转移。

### 7. 绿色低碳融合发展解决方案成为主流

绿色低碳理念将涵盖技术装备、材料工程、投资运营等全方位服务。在推行节能减排过程中，减少碳排放的同时，还可通过能源的清洁化实现低碳发展。因此，绿色循环型新型材料的研发应用符合节能环保低碳化需求的发展趋势。

## （二）重点节能材料发展展望

### 1. 重点绝热节能材料展望

（1）岩棉

单线大产能已成趋势，新增生产线中电炉比例明显增加；虽然产能扩张的趋势有所放缓，但市场需求并没有明显扩大，供需关系仍处于供大于求的失衡状态，导致产业产能无法满负荷释放，在未来相当长的一段时间内，供大于求的格局仍将持续。这是建材各个产业发展必经的过程，绝热节能材料也未能幸免。在国内经济下行压力加大、环保形势不断加码的大背景下，岩棉产业只有坚持技术创新、产品创新，不断丰富产品应用，注重产业链的协调，才能驱动产业发展，促进转型升级。

（2）矿棉

铁合金热熔渣矿棉的生产企业应在提高生产技术工艺水平和完善配套设备的基础上，一是对其进行进一步的研发，可通过对原料的调制提升矿棉质量，力争达到有关岩棉的国家标准，满足其物化指标；二是在现有产品物化指标的前提下，研发并推广其他应用市场和领域。如：开发用于种植、水土保持的岩棉产品；矿渣微晶玻璃；砂石骨料、广场砖等。

(3) 玻璃棉

鉴于2019年的玻璃棉产能严重过剩、京津冀地区环保压力持续增大和宏观经济发展放缓，全国现有生产线开工严重不足，预计2020年全国玻璃棉价格和产量将会出现不同程度的下滑。为此，一些企业正在积极转型升级或产能转移，河北的部分企业一方面在本地区持续加大环保投入，同时在江西、四川和广东布局玻璃棉生产基地；另外一些企业聚焦于特殊应用，谋求向高端多元化发展。

(4) 泡沫玻璃

泡沫玻璃产品质量虽然符合ASTM标准，但非关键指标较国外产品还有差距，泡沫玻璃生产加工过程中有高能耗、多粉尘的环保压力，生产线长，产能低，价格高于同类保温产品，不能满足建筑市场大面积需求，需要企业联合科研机构在资金、环保技术上投入力量进行优化改进，好产品才能更亲民，才能使行业走得更健康、更远，成为一个真正的绿色、环保行业。

(5) 保温装饰一体板

预计2020年房屋建筑的外墙外保温市场对一体板的需求量约1亿平方米，2025年有望提高至3亿平方米左右，一体板行业未来将有较好的发展前景和市场空间。

(6) 气凝胶材料

随着气凝胶制造成本的显著降低和产能迅速扩张，预计到2020年，气凝胶企业将迅速增多，气凝胶行业整体进入爆发式的增长阶段，预计年复合增长率高达55%以上，在应用上，未来十年，气凝胶将迅速替代传统绝热材料，特别是在工业和设备领域，替换速度迅速。预计到2020年，中国建筑将开始全面替换传统工业保温材料，气凝胶材料在建筑领域将开始大规模应用。

(7) 真空绝热板

预计到2020年，真空绝热板投资规模达20亿元以上。真空绝热板下游应用领域广泛，随着中国向高质量发展经济模式转变，真空绝热板的市场发展前景广阔。

**2. 在节能绿色结构 – 功能一体化建筑材料方面**

重点突破固体废弃物在产品中利用率高、产品抗压强度高、面密度小并集保温、隔热、防水、防火、装饰于一体的结构-功能一体化建筑材料。

### 3. 铝加工

由于铝加工吨材能耗只相当于铝电解的1/10，有害物排放总量也低于电解铝，因此，过去的铝加工企业对节能减排工作的重视程度不及电解铝企业，铝加工节能减排的空间和潜力都很大。未来铝加工节能减排方面，需要着力推广的技术包括"蓄热式熔炼炉和蓄热式加热炉技术""铝合金长铸锭加热剪切技术""铝型材固定垫挤压技术"等。预计在未来节能材料发展中，铝加工产品向更加节能、清洁方向发展。到2020年中国铝加工材料消费约为3500万～3900万吨，生产供应能力将超4500万吨。铝合金节能门窗、铝塑复合门窗等节能建筑门窗未来应用前景广阔。

### 4. 墙体材料

在行业转型方面，针对现有墙体材料工业生产过程中高能耗的特点，开展原料处理、干燥和焙烧等节能工艺技术改造，形成原料处理关键节能设备、节能型干燥室、节能型隧道窑，实现墙体材料工业清洁化生产；在环保方面，提高墙体材料对工业废渣的利用率，全面开发绿色墙体材料窑炉排放控制新技术与新工艺，建立适合中国烧结墙体材料行业发展的大气污染物控制标准体系，实现控制技术的应用；在自动化、智能化水平方面，对自动化物料准备、压制、切码运或蒸养阶段进行优化，提高整线综合自动化水平，以墙体材料工业化4.0为目标，在墙体材料智能码坯、远程监测和远程控制、智能化工厂等方面展开研究和应用；在加快装配式建筑配套技术方面，完善装配式技术标准体系，发展适用于中国本土特色的装配式建筑用墙体部品，研发出系列化、标准化的墙体部品及其配套体系。

# 低碳金融篇

　　哥本哈根会议之后，低碳经济成为全球瞩目的热点，被各国赋予众望，誉为引领全球新一轮经济增长的"第四次产业革命"，各国纷纷把低碳作为后金融危机时代的国家经济发展战略。随着低碳经济的不断发展，相应地衍生出诸多与碳排放相关的金融需求，低碳金融进入了黄金发展时期，近年来碳金融的迅速发展也印证了这一点。国际社会在低碳金融发展方面已取得了令人瞩目的成绩，目前已经形成了碳信托、碳基金、绿色信贷、碳排放权交易、碳税等多元化的碳金融模式。碳金融因碳排放而产生，因碳排放而形成价值链，这对于全球金融业来说，既是一个巨大的挑战，更是历史性的机遇。中国金融业在这次金融创新中，需要进一步借鉴国际经验，抓住机遇，积极探索中国低碳金融模式，针对本国现状，建立和完善中国低碳金融支撑体系，从而建立和形成自己的碳金融市场。

# 碳税发展分析与展望

随着全球经济的不断发展,伴随而来的生态问题愈演愈烈,全球气候持续变暖,臭氧层不断被破坏,极端天气接二连三地发生,人类的生存条件每况愈下。发展低碳经济、实现可持续发展,成为一种共识。碳税作为一种环境税,是控制温室气体排放的手段,实践也证明了碳税在控制温室气体排放、保护环境中起着重要作用。然而,如何权衡经济发展和环境保护对于不同发展程度的国家有不同的要求,目前,全球许多国家例如芬兰、丹麦、瑞典、德国等已经在本国施行了碳税征收政策。上述国家征收碳税对其减少碳排放起到了非常积极的作用,也为其他国家推动碳减排提供了新方案。

## 一、2019年国际碳税发展概况

### (一)发达国家碳税发展现状

自从英国经济学家庇古提出碳税之后,越来越多的国家为了实现节能减排纷纷建立碳税制度。截至2017年年底,全球已经有39个国家和23个地区建立了碳税制度。其中以芬兰、丹麦、瑞典为代表的一批发达国家最早建立了碳税制度,并且随着碳税制度的不断完善,其节能减排目标得到了不同程度的实现。芬兰作为最早建立碳税制度的国家,经过二三十年的发展和完善,实现了核能、水能等清洁能源所占国家能源比例从1990年的62.3%,提升到2018年的73.4%。同时,其$CO_2$排放量由1990年的0.52亿吨,减少到2018年的0.36亿吨。同样实行碳税征收政策的丹麦也取得了良好的效果,全国碳排放量由1992年的0.55亿吨降到2018年的0.32亿吨,而全国的供能却增加了7.79%。由此可见,发达国家的碳税制度取得了显著的效果。

#### 1. 发达国家碳税的征收目的

缓解全球气候变暖。众所周知,碳税作为一种环境保护税,其最大的作用就是限制碳的排放，降低环境中的碳氧化合物含量，从而减缓全球的气候变暖速度，降低环境污染，实现全球可持续、绿色的发展。

创造政府财政收入。税收是一个国家政府收入的主要来源。碳税作为环境保护税的重要组成部分，可以为政府带来可观的财政收入。此外，碳税是实现绿色税收体系的重要一环。通过对污染收费改成收税,碳税可以与消费税、资源税等相关税种通过不断改革来建立与完善绿色税收体系，对于环境产生破坏影响的企业行为进行征税，鼓励与支持企业进行环保研发，促进经济的可持续发展。

推动低碳经济发展。碳税的开征，一定程度上会增加能源行业相关企业的生产成本，抑制了能源密集型产业的不断扩张，企业为提高能源使用效率，降低生产开发成本，在生产过程中会更加倾向使用清洁高效的新能源，促进企业节能减排，从而鼓励绿色低碳产业的发展。在政府诸如税收返还等政策的导向下，企业加大对新能源科技的研发力度将成为降低成本和创造利润的一个重要方向，从而逐渐实现国家能源结构的调整，推动绿色经济的发展。

### 2. 发达国家碳税的征收效应

环境效应。碳税的征收，会通过市场的价格调节机制，使得能源的使用成本随着碳含量或者碳排放量的增加而增加，进而使得生产者和消费者减少对化石燃料的使用，增加对新能源、清洁能源的使用，最终实现减排。同时，碳税的征收会抑制高耗能产业的发展，而促进低耗能产业发展。因此，碳税能否达到减排效果取决于能源需求的价格弹性和能源产品之间的替代性。

经济效应。碳税的征收对于经济增长是一把"双刃剑"。一方面，征收碳税会提高能源企业的成本，进而导致与能源相关产品价格上涨，降低消费，抑制投资，最终抑制经济增长。另一方面，碳税征收增加了政府财政收入，促进了政府投资和消费，也加快了政府出台相关优惠政策来拉动企业发展，推动新能源科技的研发和相关行业发展，最终加快经济增长。同时，碳税对于经济增长的影响也有一个时间长短的区别。短期内，碳税会增加成本，降低需求，进而抑制经济增长。但长期来看，政府加大投资，企业研发新能源技术，实现成本下降，这就减弱了碳税的抑制作用。

能源消费效应。化石燃料作为全球使用最为广泛、比重最大的能源，碳税征收必定会提高化石燃料的价格，通过市场的调节机制，影响转移到消费者身上，最终带来的结果就是对化石燃料的供给和需求下降。但是为了保证企业还能继续生存和发展，企业会加大对新能源技术的研发投入，在节能技术上更新换代，降低成本，提高竞争力。再加上政府的引导，国家就可以实现能源结构的转变和优化，由污染严重型向绿色健康型转变，保障国家能源安全。

### 3. 发达国家碳税实践

自1990年芬兰开始征收碳税以来，许多发达国家陆续效仿，其中芬兰、瑞典、丹麦、德国和日本这几个国家，在征收碳税的政策实施中，取得了不错的效果（表19）。

芬兰在1990年开始施行碳税征收政策，起初的税率较低，范围较广。至2008年，几乎所有的能源行业都被纳入征收范围中。在征收碳税的同时，也对企业施行了税收返还优惠政策，如工业企业享有更低的电力税。

瑞典在1991年开始征收碳税。征税对象从家庭到企业，范围广泛。但对用于电力和大型交通工具的化石燃料，不纳入征税范围。瑞典推出一系列的税收优惠政策，这些政策主要是针对工业企业，使他们的成本不会因为碳税的征收而提高太多。

丹麦于1992年开征碳税。不同于其他国家，丹麦将碳税的负担更多地放在居民个体上，而且施行较高的税率。为了让国民接受这个政策，丹麦施行了配套的税收优惠政策，还根据能源的用途和是否自愿参加减排协议等实施不同的碳税退税政策。经过对碳税政策的多次修改，丹麦有了一套成熟的碳税体制，创造了减排与经济繁荣共存的"丹麦模式"。

德国于1999年开征能源税，主要是对各种燃料进行征收，随后也将煤炭纳入能源税的征收范围之内。所得的税收被德国放入养老基金中，而不是以税收优惠政策形式返还，是对员工收入的一种增加，也降低他们的养老保险缴纳金。

日本，作为亚洲地区唯一一个强制减排国家，于2007年开始正式征收环境税。2011年，日本进行了改革，将碳税作为附加税，在石油和煤炭税的基础上根据二氧化碳的排放量进行征收，目的是避免重复征税和降低实施阻力。为了减小对经济的负影响，日本出台了减免税政策，例如对家庭用煤油减征50%碳税，对高耗能企业使用的煤炭和焦炭实行免税等。

## 低碳金融篇

### 表19 发达国家的碳税实践汇总表

| 国家 | 开征时间 | 税目 | 课税对象 | 税率 | 施行效果 |
|---|---|---|---|---|---|
| 芬兰 | 1990 | 碳税 | 煤、柴油、电力、无铅汽油、天然气等其他能源产品 | 1990年每吨$CO_2$为1.2欧元；2003年每吨$CO_2$为18欧元；2008年每吨$CO_2$为20欧元 | 经芬兰政府评估，在1990年到1998年间，芬兰有效地抑制了约7%的二氧化碳排放量 |
| 瑞典 | 1991 | 碳税 | 汽油、燃料油、天然气、煤炭 | 1990年每吨$CO_2$为250瑞典克朗；1993年，工业适用每吨$CO_2$为80瑞典克朗，私人家庭320瑞典克朗；而后多次调整，到2008年每吨$CO_2$为106欧元 | 在1991到1994年间，减排$CO_2$6万到8万吨，1995年减排15%。至2006年，瑞典GHG总排放量下降9%，而同期GDP却增长44% |
| 丹麦 | 1992 | 碳税 | 煤、柴油、电力、重燃油、轻燃油、天然气等能源 | 1992年每吨$CO_2$为13.4欧元；2005年每吨$CO_2$为12.1欧元 | 在征收碳税期间，丹麦$CO_2$排放量减少了3.8%，实现设想的节能减排目标，优化了资源配置，并促进了产业调整升级 |
| 德国 | 1999 | 能源税 | 摩托车燃料、轻质燃料油、天然气和电力 | 1999年每吨$CO_2$为15欧元 | 到2009年年底，碳减排量已经超过了949万吨，而就在这种情形下，有新兴的7万个就业岗位产生 |
| 日本 | 2007 | 环境税 | 家庭和办公室的燃料；工厂、企业等生产过程中使用的化石能源 | 2007年每吨$CO_2$为655日元 | 促进了企业对节能减排设备的购买，提高了人们生活水平，转变消费观念，减排量比1990年增加4%，基本减少0.5亿吨的碳排放量 |

## （二）发展中国家碳税发展现状

随着发达国家陆续开始施行碳税征收政策，发展中国家也面临着是否征收碳税的选择。对于发展中国家来说，发展自身的经济是第一任务，其发展过程是逐渐地走发达国家之前走过的路子，伴随而来的就是高污染和高排放。印度2017年碳排放量达21.6亿吨，较1990年的5.29亿吨增幅达308.7%。而南非同样如此，从1990年2.44亿吨增长到2017年的4.22亿吨，增幅为73%。碳税的征收必然会对本国的经济发展有着一定抑制作用，因此碳税在发展中国家的特点为少数几个发展中国家施行碳税征收，征收范围不广，课税对象过少，不成熟，不完善，总体处于起步阶段。但是在面临发达国家利用碳关税作为保护本国贸易手段和环境不断恶化的情形下，实行碳税征收政策是势在必行的。

### 1. 发展中国家碳税的征收目的

推动经济可持续发展。发展中国家首要的任务就是发展本国的经济，但由于国家经济实力不高，尚处于粗犷型，给环境带来巨大的破坏，这对于国家的长期发展是极其不利的。因此，为了国家的可持续发展，保证经济发展的质量性，碳税的征收是十分必要的。

维护出口贸易公平。随着《京都议定书》《巴黎协定》等一系列协议达成以来，发达国家纷纷出台了本国的碳税政策，对发展中国家也规定了同等的义务。在没有技术和资金支持的情况下，这对发展中国家来说，无疑是不合理地承担了不对等负担。同时发达国家利用碳关税来保护本国贸易，减弱他国商品的竞争力，可以说是对发展中国家的贸易威胁。因此，为了减弱这种贸易威胁，施行碳税征收是必要的。

缓解国家能源危机。碳的排放主要来源于化石燃料的使用，而发展中国家的主要能源是化石燃料，甚至有些国家的化石燃料得依靠国外进口。这就会对国家能源安全产生威胁。所以对碳排放进行税的征收，可以增加化石燃料使用成本，降低其需求，促进水能、风能等清洁能源的使用和开发，既节约了资源，也保证了能源的使用，更重要的是维护了国家能源安全。

### 2. 发展中国家碳税的征收效应

贸易效应。碳税的征收从发达国家开始，经历20多年的发展和完善，已经建立起一套较为合理、先进的碳税制度。在这样的情况下，发达国家开始施行碳关税是必然的。然而，发达国家施行碳关税，很大程度上会演变成贸易保护，通过对进口商品施行碳税征收，会增加商品的成本，降低其竞争力，从而降低进口商品的需求，损害出口国利益。发展中国家要想有长足的发展，出口是一个重要途径，在发达国家施行碳关税的情形下，其出口会受到很大抑制。因此，发展中国家施行碳税征收政策，可以打破发达国家的碳关税压迫，提高商品竞争力，维护自己在贸易中利益。

分配效应。碳税的分配效应，是指碳税会对人们的收入和福利产生不均衡的影响，有的人会承担更多的损失，有的群体就可能会在碳税中进行投机而获利。Hamilton 和 Cameron(1994)、Cornwell 和 Creedy(1996) 分别对碳税在加拿大和澳大利亚的收入分配效应进行了研究，发现碳税具有累退的效果。碳税会使得能源价格上涨，导致低收入者的能源消费比例上涨幅度大于高收入者的上涨幅度。碳税的征收会促进企业向节能低碳方向转变，从而淘汰高耗能、不合理的产能，导致一些工作人员失业，其中大部分是低收入者。与传统观点相反，Tiezzi(2005)、Callan 和 Lyons(2009) 认为碳税在收入分配中具有明显的累进性。即低收入家庭负担的碳税要低于高收入家庭。出现这种差异的原因是：在分析碳税的分配效应时，没有把碳税的税收反哺、环境质量改善所带来的利益分布进行很深入的分析，这些因素对于家庭的能源消费有重要的影响。

### 3. 发展中国家碳税实践

对于发展中国家而言，征收碳税提高能源工业企业的生产成本，一定程度上会阻碍国民经济的发展，因此发展中国家实践碳税面临着经济发展和环境保护的权衡问题。出于对经济发展的考虑，发展中国家对于碳税的开征多处于设想阶段，仅有少部分国家付诸实践（表20）。

印度在 2010 年 7 月针对煤炭征收碳税，税率是 50 卢比 / 吨煤炭。随后经过多次调整，在 2018 年提高为 400 卢比 / 吨煤炭。而碳税的征收使得印度每提升 1% 的 GDP，比之前二氧化碳的排放量减少了 25%。

虽然南非财政部部长在 2015 年 9 月宣布对新机动车辆征收碳排放税，但由于国内大批排放大户的反对，实际上在 2019 年 6 月才开始正式实行。为了缓解碳税对经济增长的影响,碳税征收主要分为两个阶段,第一阶段从 2019 年 6 月 1 日至 2022 年 12 月 31 日,第二阶段从 2023 年至 2030 年。第一阶段将配套出台系列免税津贴政策,并制定较低的税率,即每吨二氧化碳排放当量仅征收 6 兰特至 48 兰特的碳税。

表20 发展中国家的碳税实践汇总表

| 国家 | 开征时间 | 税目 | 课税对象 | 税率 | 施行效果 |
| --- | --- | --- | --- | --- | --- |
| 印度 | 2010 | 碳税 | 煤炭 | 2010年煤炭每吨50卢比;2014年煤炭每吨100卢比;2018年煤炭每吨400卢比 | 碳税的增收使得每提升1%的GDP,比之前二氧化碳的排放量减少了25% |
| 南非 | 2019 | 碳税 | 化石燃料排放、工业排放等 | 2019年每吨二氧化碳排放量6兰特至48兰特 | |

## 二、2019年中国碳税发展分析

作为碳税制度实施的先驱者,发达国家有着合理成熟的碳税制度,这是 20 多年发展的成果。而中国作为世界上最大的发展中国家,存在区域经济发展不平衡、产业结构千差万别、居民收入相差巨大的现象,这就要求中国在设立碳税制度时,处理好这复杂的关系,把握好效率与公平的关系,因地制宜。

### (一)中国征收碳税发展分析

#### 1.中国碳税发展考虑的因素

中国经济所处发展阶段。根据财政部财政科学研究所发布的研究报告,如果对二氧化碳开征 90 元/吨的碳税,GDP 会下降 0.08%,这表明碳税对于中国经济的影响在可以接受的范围内。根据张皓月等构建的 CGE 模型,若以 10% 的比例税率征收碳税,实际 GDP 会下降 0.28%。但是在 2010 年以后,中国经济增长速度放缓，GDP 增长率开始逐年下滑，从 2010 年的 10.64% 降为 2018 年的 6.60%（图 15）。因此在实施减排过程中，保持经济继续平稳增长是当前中国在碳税发展中需要重点考虑的因素。

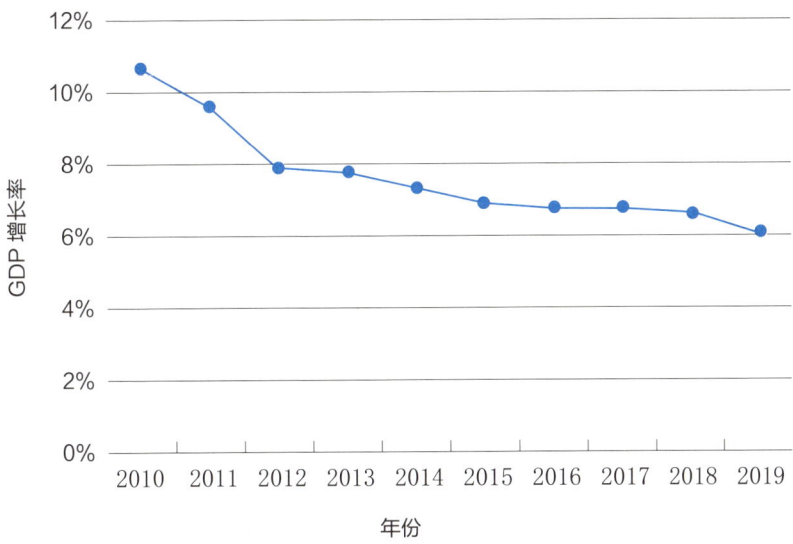

图 15　中国 2010—2019 年 GDP 增长率

多税种间交叉重合。中国现行的税收体制下，对于化石燃料征税的税种有资源税、消费税等。资源税主要向煤炭、原油、天然气等自然资源征收，征收消费税的产品包括汽油、柴油、鞭炮等，2009 年 1 月 1 日起，修订后的消费税提高了部分资源类产品的税率。而碳税跟上述税种存在征收范围重叠的现象，与资源税一样都针对煤炭、原油、天然气等矿产资源征收，与消费税重叠征收的部分是汽油、柴油等成品油。因此若增收碳税，重复征税现象会更加严重，征税成本和企业生产成本增加，消费品价格上升，减少消费者和社会的福利。

国际环境的压力。中国是世界上碳排放量最大的国家（图 16），受到了要求减少碳排放的诸多舆论。虽然《京都议定书》并没有规定发展中国家强制节能减排，但是对发展中国家排放峰值的时间做出了明确的要求。国际气候的谈判是一场经济、贸易等多方面的博弈。随着经济的发展，中国在减排方面面临越来越大的国际舆论压力。2012 年起，欧盟对所有在境内飞行的航空公司征收碳税，使得发展中国家航空业比发达国家的航空业面临更大的压力。

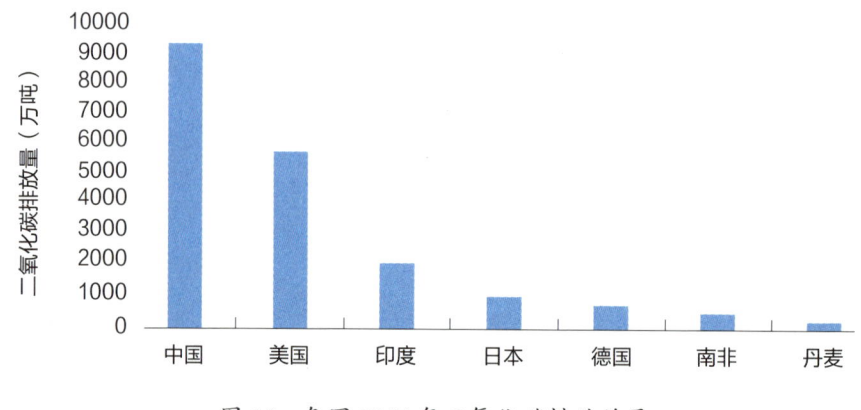

图 16　各国 2017 年二氧化碳排放总量

**2. 中国碳税发展的必要性**

征收碳税可以有效缓解国内生态环境压力。中国是世界少有的以煤炭为主的能源消费国之一。中国国民经济与煤炭发展之间始终保持着一种唇齿相依的依赖关系。2018 年全国煤炭消费总量 27.4 亿吨标准煤,占全国能源消费总量的 59%。根据国际能源署发布的《全球二氧化碳排放报告(2018)》,中国 2018 年的二氧化碳排放量增长了 2.5%,总量达到 95 亿吨,燃煤电厂发电量增长超过 5%,排放量增加了 2.5 亿吨。气候变化已经给中国的环境和经济发展造成了恶劣影响,同时中国经济的发展面临着能源枯竭的限制,因此可持续发展应当作为重点工作展开和坚持执行。碳税是实现节能减排的重要途径,因此应当作为一项重要政策实施。

征收碳税有利于中国树立负责任的国际形象。根据 2007 年出台的"巴厘岛路线图"协议,2012 年以后发展中国家也要在可持续发展的前提下采取对国家合适的减排行动,首次明确提出了发展中国家的责任。中国作为世界上最大的发展中国家,于 2009 年 11 月 25 日召开会议,提出了到 2020 年单位国内生产总值二氧化碳排放比 2005 年下降 40%～45% 的目标,并作为约束性指标纳入国民经济和社会发展中长期规划。碳税的出台有利于中国实现更高的减排目标,在国际对于发展中国家做出强制减排规定前实现低碳,有利于中国树立负责任的大国形象和掌握未来谈判的主动权。

征收碳税有利于中国改变经济发展方式,实现经济可持续发展。中国是世界上人口最多的发展中国家，科学技术不发达，劳动者整体素质不高这些现实情况决定了中国改革开放后要实行粗放的经济发展方式，但是随着中国经济的发展，这种方式的弊端逐渐显露：对内经济发展依靠大规模的劳动、资本和自然资源的投入而实现产值的增长，这样不仅经济增长的质量不高而且自然资源耗费严重，这些问题都限制了中国经济的进一步发展。节能减排是调整经济结构、转变经济发展方式的有效手段。通过开征碳税，可以提高化石燃料的价格，增加企业的生产成本，从而淘汰一批高能耗高污染企业，存活下来的企业由于利润的降低，为了谋求长远发展，势必会改变工艺，提高原料的利用率，减少化石燃料的使用，或者通过寻找其他绿色的原料来替代此类原料的使用以降低生产成本、提高利润。由此可见，碳税对于中国产业结构的调整、绿色经济的实现以及经济的更进一步发展都发挥着极大作用。

### （二）中国碳税发展现存主要问题

#### 1. 经济结构限制碳税的实施

中国正处于工业化与城镇化改革的关键时期，这一结构短期内无法改变。碳税主要是针对煤炭、钢铁等生产出来的产品征税，对能源生产和高耗能行业会带来较大的冲击，这对于中国经济结构的转变会产生不利影响。

#### 2. 政府配套政策的滞后

通过设定价格杠杆来间接完成征收目标是碳税的重要特征，这个特征导致了碳税对于排放和经济平衡的极高要求。这需要政府在开征碳税的同时出台系列配套政策，协调碳税实施与经济发展。此外财政部碳税课题组在推行碳税时，只是粗略地表示要协同国内外相关机构设立灵活变动的税率调整机制，对于碳税的计税依据、税率以及征收环节尚无明确规定。

#### 3. 打击企业生产的积极性

中国企业以工业企业为主，与发达国家相比生产力相对不发达，这就决定了中国的碳排放需求在未来较长一段时间内仍然会维持较高水平，故碳排放呈现出"刚性需求"，而碳税的征税对象将覆盖中国大部分高耗能企业，影响重大。在政策实行初期势必会造成企业的生产成本增加，利润下降，打击企业的积极性，进而导致社会的总供给减少无法满足总需求，不利于控制中国的通货膨胀水平。

## 三、2020年中国碳税发展展望

发达国家的碳税征收制度经历20多年的发展,已经趋于完善和成熟。在其发展历程中,有着许多值得中国借鉴的经验和启示。基于发达国家已有的发展经验,未来中国在碳税发展过程中应结合自身国情,不断调整,不断完善。

### (一)建设有中国特色的碳税制度

作为碳税制度实施的先驱者,发达国家有着合理成熟的碳税制度,这是20多年发展的成果。西方发达国家已经度过了高污染高能耗的工业化社会时期,而中国目前仍然处于以煤炭为主导的工业制造社会,开征碳税可能对社会和经济产生重大的影响。中国作为世界上最大的发展中国家,存在区域经济发展不平衡、产业结构千差万别、居民收入相差巨大的现象,这就要求中国在设立碳税制度时,处理好这些复杂的关系,把握好效率与公平的关系,尽可能地做到制度合理化。因此,中国应借鉴日本的经验,低起点、有步骤地推进碳税开征,逐步提高碳税税率,最大程度让公众接受,最小化碳税开征的不利影响。

### (二)建立完备的税收反哺制度

从国际各国的碳税征收经历来看,碳税的征收对于能源企业是一个成本增加的负担,对于消费者来说,也是一个生活成本增加的负担。而碳税作为环境税的一种,其最主要的目的就是保护环境,而非增加政府收入。因此,在施行碳税征收时,需要有一个税收反哺的政策。税收反哺不仅体现在现金的反哺,更多的应该是对企业研发新能源技术的扶持,也是对消费者能源消费转变的鼓励。这就可以实实在在地促进企业和消费者减少碳排放,也促进新能源的研发,从而调整国家的能源结构,保证国家的能源安全。

### (三)加强碳税实施宣传与监督

将碳税定位为一个全民参与的机制,向社会广泛地征求意见,不断修改和调整,以减轻来自社会的反对压力。政府还可以通过报纸、广播、电视以及网络等方法向公众传播环保理念,让公众明白实行碳税政策对中国长远发展的积极影响。同时应该保证碳税实施的透明性,将碳税的征收信息向社会公开,鼓励全体公民参与到碳税实施的监督过程中来,从而改变大众消费观念和生活方式,实现全社会的低碳环保。

# 碳交易市场发展分析与展望

碳交易机制作为一种运用市场手段解决环境问题的政策工具，受到越来越多的国家和地区的采纳。截至2019年年底，全球共有20个碳交易体系（覆盖27个国家和地区）已投入运行。已经实施碳排放权交易机制的国家和地区共覆盖了全球温室气体排放总量的8%左右。中国碳市场交易于2017年12月19日正式启动，与2005年相比，碳强度下降了40%～45%。2013年以来中国七个试点碳市场先后启动，截至2019年12月，七个试点碳市场已经累计完成了1.8亿吨线上配额交易量，达成线上交易额41.3亿元。

## 一、2019年国际碳交易市场发展概况

### （一）国际碳交易市场机制

**1. 国际碳交易市场减排机制**

目前，国际碳交易市场仍是在《京都议定书》建立的三种机制为指导的准则下运行，分别是国际排放贸易机制（International Emission Trading，以下简称为IET）、联合履约机制（Joint Implementation，以下简称为JI）和清洁发展机制（Clean Development Mechanism，以下简称为CDM）。可以看出，这三种减排机制是按照参与主体在《京都议定书》中的所承担减排目标的大小来确定的。IET是指附件一国家之间可以互相进行减排单位的交易机制。JI是指附件一中的国家可以通过节能减排项目的合作来获得碳排放权。CDM是指非附件一国家基于项目的活动所产生的减排量可以作为附件一国家获取排放权的依据。附件一国家主要是发达国家，非附件一国家主要是发展中国家。因此，可以认为IET和JI是发达国家间的市场减排机制，CDM是发达国家和发展中国家之间的市场减排机制。在这三种机制的配合下，国际碳交易市场得以运行。

## 2. 国际碳交易市场监管机制

自1997年以来，国际碳交易市场采取联合国统一登记、各国或各区域分别集中登记的监管机制。联合国针对碳交易市场的三种运行机制分别设置了不同的监管机构。针对IET下的各种数据登记，联合国交易日志（International Trade Log，以下简称ITL）肩负这一任务，以国家或区域为单位在ITL处详细记录配额排放单位、减排单位等碳排放权的发放、交易、转让和注销等事件。由于欧盟排放交易系统是全球规模最大的交易系统，因此，在设计之初，ITL系统的设置就将各国的注册系统与欧盟注册系统相衔接。联合履行监督委员会（Joint Implementation Supervision Committee，以下简称JISC）记录全球各种JI中ERUs的买卖与转让等。清洁发展机制执行委员会（Clean Development Mechanism Executive Board，以下简称为CDMEB）用于记录全球CDM运行过程中各种CERs的交易。在有排放约束的国家内部设立国家注册系统，各个国家的碳排放权登记系统分别与联合国对应的登记机构相联合。

## 3. 国际碳交易市场价格形成机制

通常认为碳交易市场是一个不完全竞争市场，从碳配额的配给到碳排放权价格的决定既受到政治方面的影响，也受到好多大型公司的影响，即存在市场势力。根据碳交易市场不同参与主体划分，可以分为一级市场和二级市场。在一级市场上，目前，国际主要碳交易市场普遍采用免费分配和竞价拍卖相结合的方式。在二级市场上，按照交易场所的不同，碳排放权价格的决定又分为两种，一种是场内交易价格，即交易所交易价格；另一种是场外交易价格，即交易所外交易价格。对于交易所交易价格来说，碳排放权价格的形成采用连续、集合竞价的方式，与证券市场的股票价格形成及交易形式类似。对于场外交易市场来说，其价格的决定主要依据交易双方达成的约定。

## （二）国际碳交易市场体系

### 1. 全球主要国际碳交易市场

按照减排的强制程度来划分，国际碳交易市场分为强制性碳交易市场和自愿性碳交易市场。强制性碳交易市场是指在《京都议定书》约束范围内的对缔约国强制性的碳交易要求，以国家制度和行政命令为指导在市场机制下进行的交易；自愿性碳交易市场是指不在《京都议定书》规制范围下的基于自律性管理的碳交易市场。其中，按照碳交易市场交易对象的不同，强制性碳交易市场和自愿性碳交易市场又分为基于配额的市场和基于项目的市场。基于配额的市场是指基于"总量控制－交易"的市场。基于项目的市场是指以同一国家或者不同国家的不同企业之间的合作项目产生的碳减排量为交易对象，特定的能带来减排实效的项目经过核证后确定的碳减排额度使项目的投资方获得减排额度，项目的被投资方提供场所，主要以联合履约机制市场和清洁发展机制市场为主。根据市场的层次分类，配额市场和项目市场又分别进一步细分为区域性碳交易市场、国家级碳交易市场和地市级碳交易市场。其中，区域性碳交易市场以欧盟排放交易体系为主，国家级碳交易市场以澳大利亚新南威尔士温室气体减排交易体系和美国芝加哥气候交易所为主。

芝加哥气候交易所成立于2003年，这是全球首个具有法律效力的、以国际准则进行管理的自愿性碳交易场所。

欧盟排放贸易体系（EUETS）是目前全球范围内规模最大、且较全面复制了《京都议定书》中关于全球碳交易市场构建的初设的碳交易市场，这一体系分三个阶段进行，第一阶段是2005年1月1日至2007年12月31日，这一阶段是试行期。第二阶段是2008年1月1日到2012年12月31日，这一阶段的减排目标正是为了实现其在《京都议定书》中做出的具体减排目标的承诺。第三阶段是2013年1月1日至2020年12月31日，在这一阶段，欧盟委员会扩大了碳排放的贸易项目的覆盖范围，增加了石油化工、航空等领域内的碳排放。

2007年，澳大利亚新南威尔士温室气体减排交易体系成立。澳大利亚政府对电力零售商和其他碳排放部门规定碳排放的上限，在总排放量受到限制的情况下，各个交易主体在交易所内进行碳排放权的买卖。另外，澳大利亚设立了场外交易市场方便碳交易的市场参与者进行基于项目的合作等活动。

**2. 国际碳交易市场交易主体**

按照碳排放权的供求分析，国际碳交易市场的参与者可以分为碳排放权的供给者和需求者。首先，按照是否受到减排约束，供给者分为两类，一类主要是各个市场有额外减排数量的受排放约束的企业；另一类是没有受到减排约束但通过发展节能减排项目从而产生了经核证的减排数量，进而在二级市场中将其出售给碳排放数量的需求方的国家和企业。其次，按照获取碳排放权的目的的不同，需求者分为最终使用者和中介，最终使用者是指有排放约束的国家或企业在既定的排放数量下难以满足自身发展的需要进而产生了超额的碳排放，从而需要买入碳排放权以达到承诺的减排目标避免受到惩罚。中介是指为碳排放权的供需双方搭建平台、传递信息的机构或组织。

### 3. 国际碳交易市场交易对象

国际碳交易市场上交易的产品可以分为碳排放权基础产品和各种衍生产品。碳排放权的基础产品包括各个碳交易市场的交易产品。《京都议定书》确立的三种减排机制分别形成了对应的碳交易市场。配额排放单位（Assigned Amount Units，AAUs）是在 IET 市场中进行交易的产品。减排单位（Emission Reduction Units，ERUs）是 JI 市场中的交易对象。核证减排单位（Certificated Emission Reductions，CERs）是 CDM 市场中形成的交易对象。欧盟碳排放交易市场中的交易对象是欧盟配额排放单位（European Union Assigned Amount Units，EUAs）。这些都是碳排放权买卖、转让的对象，统一使用吨二氧化碳（$tCO_2$）为交易单位。与证券市场类似，在上述原生性交易产品的基础上衍生出一些用于规避风险或套利的交易工具，以碳排放权期货、期权与远期产品为主。

### （三）国际碳交易市场新进展

#### 1. 全球碳排放交易

碳市场正在不断兴起和发展，并将在向低碳经济的转型中发挥关键作用。碳市场已成为世界各国应对气候变化的政策响应的重要组成部分，目前四大洲有 20 个碳交易体系正在运行。

影响碳市场减排效应的关键因素是总量控制水平的高低以及如何随着时间推移逐步降低总量，几个主要的碳排放权交易体系目前都在实施总量控制行动。这不仅能为企业提供可预测性和足够的时间来规划其行动，并且使得碳市场的目标和整个经济体的气候目标一致。同时，加强总量控制与保护碳泄漏风险较高的行业之间必须保持平衡。这方面，相关政策的制定正取得实质性进展，这些政策既能推动低碳投资，同时又保护了所覆盖行业的竞争力。不同类型的市场稳定政策工具也正在发挥作用，以更好地防范市场中不可预见的事态发展。

(1) 欧洲和中亚

欧盟：2019年年初启动的市场稳定储备机制旨在减少碳市场过剩配额，并提升欧盟碳市场抵御未来冲击的能力。2020年2月，欧盟碳市场第四阶段改革方案获得批准，包括了加速减排进程等一系列措施。瑞士：采取措施推进其碳市场与欧盟碳市场的连接，最早可于2020年正式启动两个碳市场的连接。哈萨克斯坦：在暂停两年后，于2018年重新启动其全国碳市场。

(2) 北美

美国加州-加拿大魁北克省：加州批准了其碳市场2020年的改革措施，这些措施将于2019年4月生效。安大略省的总量控制与交易体系自2018年1月起分别建立与加州和魁北克省的连接，六个月后终止。就魁北克而言，与加州连接的碳市场还负责履行该省在《泛加拿大清洁增长和气候变化框架》下的义务。《区域温室气体倡议》：大部分区域温室气体倡议成员州采用《2017年示范准则》对其碳市场进行了调整，包括收紧总量控制和建立新的排放控制储备等措施。美国弗吉尼亚州和新泽西州则有望在2020年年底前加入《区域温室气体倡议》。美国马萨诸塞州：2018年开始运行新的碳市场，涵盖电力行业。这一碳市场与《区域温室气体倡议》互相补充，确保该州实现2020年及2050年的强制性减排目标。2019年启动配额拍卖（比例为配额的25%）。加拿大新斯科舍省：根据《泛加拿大清洁增长和气候变化框架》的要求，2019年年初启动了其碳市场。美国俄勒冈州：于2019年提出的法案提议建立碳市场总量控制与交易体系，并于2021年开始运行。该体系的蓝本为加州现行的体系。《交通运输气候倡议》：美国东海岸13个司法管辖区目前正进行区域合作，制定一个通过碳定价和投资来促进低碳交通运输发展的新机制。

(3) 拉丁美洲和加勒比地区

墨西哥：预计2019年上半年公布其全国碳市场试点阶段的最终草案。草案预计将涵盖能源和工业部门的直接二氧化碳排放（占全国排放总量的

45%)。哥伦比亚：2018年通过一项《气候变化管理法》，其中包含了可能通过交易体系建立全国碳市场的相关规定。

（4）亚太地区

韩国：在第二阶段对韩国碳市场实施了一系列调整，包括扩大基准的使用范围、引入拍卖机制、允许有限制地使用国际抵消信用额度以及设定新的配额储存规则。新西兰：政府决定采取一系列新措施来推动该国碳市场不断发展，包括引入拍卖机制、用成本控制储备代替价格上限、有限制地引入国际配额（若新西兰碳市场重新向国际市场开放）以及确定配额供应的五年计划（该计划每年滚动更新）。日本东京和琦玉县：2011年开始连接的开创性城市级碳市场，仍在继续推进大型建筑和工厂的减排。

从地方到国家有27个不同级别的司法管辖区正在运行20个大大小小的碳市场。这些拥有碳市场的司法管辖区占全球GDP的37%。这些正在运行的碳市场所覆盖的排放占到全球碳排放总量的8%。另有6个司法管辖区正计划未来几年启动碳交易体系，其中包括中国和墨西哥。除此之外，还有12个不同级别的政府开始考虑建立碳市场，作为其气候政策的重要组成部分，其中包括智利、泰国和越南。

**2. 碳市场的全球扩展**

碳排放覆盖范围不断扩大，全球碳市场在过去十几年中，多个体系正在全球遍地开花。自2005年欧盟碳市场启动以来，新的体系纷纷建立，碳排放交易体系所覆盖的全球排放份额翻了一番。随着未来几年更多碳市场投入运行，我们估计2020年碳市场所覆盖的排放总量将增加近70%。这一动态过程还受到现有碳市场扩大覆盖范围以及总量趋于逐步收紧等因素的交互影响。

**3. 行业覆盖范围**

当行业至少有一部分排放面临明确的履约义务时，该行业将被标记为体系覆盖行业。并非该行业所有的设施或温室气体排放都必须受到碳市场的监管；实际上，由于纳入门槛等限制，这种情况很少发生。此外，并不是某一行业的所有子行业、气体类型或工艺都会被纳入碳市场。

**4. 多样化的总量控制与交易体系**

根据碳市场的四项关键指标（总量下降轨迹、覆盖范围、碳价、体系中非免费提供配额的占比）描绘了现有的相对成熟的碳交易体系的多样化特征。总量下降轨迹表明 2020 年的配额总数相比 2016 年的年均下降比例。覆盖范围显示碳市场覆盖排放占全经济体排放的比例。碳价显示的是每个体系中 2018 年平均的配额价格。最后，体系中非免费提供配额的占比代表的是那些需要通过拍卖等非免费方式获得的配额在总配额中的占比。

### 5. 不断强化市场稳定机制

截至 2019 年年底，全球碳市场稳定工具使用在不断扩大和设计在不断多元化。全球碳市场使用不同类型的市场稳定工具的作用是当配额价格或流通中的配额数量低于或高于某一水平时，这些工具便会发挥作用。具体的一些市场稳定工具按照出台时间排列简介如下：区域温室气体倡议的拍卖底价机制（ARP）为拍卖设定底价；新西兰的价格上限机制让碳市场管辖的单位或者企业以固定价格购买配额；加州和魁北克省的成本控制储备机制（CCR）在市场价格过高时以固定价格出售配额，碳市场管辖单位或企业可以购买此配额；韩国设立了配额委员会，可根据一定的标准，采取基于价格或数量的市场稳定措施；欧盟的市场稳定储备机制（MSR）在配额流通数量超过某个阈值时从市场中移除配额，而在配额流通数量低于设定的下限时释放配额；区域温室气体倡议的排放控制储备机制会在减排成本（并因此导致配额价格）低于预期时，永久性地减少配额供应；欧盟市场稳定储备中的超过上一年拍卖量的任何配额均将作废。

## 二、2019 年中国碳交易市场发展分析

2019 年中国试点碳市场建设不断深化。各试点不断探索优化配额分配方法，扩大覆盖范围，改进碳排放监测、核算、报告和核查技术规范及数据质量管理，加强履约管理，确保试点碳市场减排成效。

### （一）碳市场总体成交规模

2019 年试点碳市场稳步推进中，累计成交量约 6960 万吨二氧化碳当量，累计成交额约 15.62 亿元人民币，分别比 2018 年同比增加 11%、24%，年度增长主要来源于广东碳市场成交量的突破，占到总成交量的 64% 左右。各试

点碳市场之间的成交量和成交额差距进一步拉大。广东碳市场成交量和成交额均居于试点碳市场首位，重庆、天津试点的交易量和交易额较小。与2018年相比，广东碳市场在成交总量和总额上均有了大幅提升，增长速度明显快于其他试点。深圳碳市场交易额显著下滑，配额的成交均价减少了一半多。其余碳市场两年度成交情况差异不大。

### （二）碳市场交易价格

配额成交价均比上一年度有所提升，其中北京碳市场2019年度的成交价格同比增长40%，且远高于其他试点碳市场，日均成交最低价仍高于其余市场的日均成交最高价。重庆市场的碳价为试点市场中最低，前三季度在10元/吨以下波动，最低达到3.38元/吨，但从第四季度开始经历了一波短期上涨，在年末达到峰值39.7元/吨。深圳碳市场价格波动剧烈且较频繁，最低达到3.3元/吨，最高达到35.64元/吨。其余试点碳市场除个别极值影响外，价格均较为平稳。

### （三）拓展碳市场的积极努力

2019年部分试点在平稳运行的同时也在探索通过国际合作扩大市场影响力。2019年1月24日，上海环境能源交易所与上海证券交易所举办绿色投资研讨会暨合作备忘录签约仪式，双方将利用各自优势资源，推动碳金融创新，探索基于碳排放权、排污权等的衍生金融产品，推动上市公司的碳排放信息披露标准、方法以及相关能力建设工作。2019年2月18日，中共中央、国务院印发《粤港澳大湾区发展规划纲要》，提出支持广州建设绿色金融改革创新试验区，研究设立以碳排放为首个品种的创新型期货交易所，加速碳期货发展。2019年3月18日，广州碳排放权交易所与欧洲能源交易所（EEX）同步上线业务推介。此举促进了跨境碳市场合作，支持境外机构参与中国(广东)碳市场，加强了中国和欧洲碳市场的有效连接。2019年11月12日，广碳所发布《广东省碳排放配额与欧盟碳排放配额互换交易业务指引》，规范配额互换交易，维护碳市场秩序。

## （四）主要政策

2019 年碳市场主要政策梳理如表 21 所示。

表 21　2019 年碳市场主要政策

| 时间 | 政策具体内容 |
| --- | --- |
| 2019 年 1 月 17 日 | 生态环境部发布《关于做好 2018 年度碳排放报告与核查及排放监测计划制定工作的通知》（环办气候函〔2019〕71 号） |
| 2019 年 3 月 22 日 | 国家碳市场帮助平台发布"单位热值含碳上限值、碳氧化率确定"的专家解答 |
| 2019 年 3 月 29 日 | 生态环境部发布《碳排放权交易管理暂行条例（征求意见稿）》对外公开征求意见 |
| 2019 年 5 月 28 日 | 生态环境部发布《关于做好全国碳排放权交易市场发电行业重点排放单位名单和相关材料报送工作的通知》（环办气候函〔2019〕528 号） |
| 2019 年 9 月 25 日 | 生态环境部发布《2019 年发电行业重点排放单位（含自备电厂、热电联产）二氧化碳排放配额分配实施方案（试算版）说明》 |
| 2019 年 10 月 23 日 | 生态环境部举办"碳市场配额分配和管理系列培训班"，历时一个半月，在全国 15 个地市连续举办 8 期 17 场 |
| 2019 年 12 月 2 日 | 在西班牙马德里举办了联合国气候变化框架公约第 25 次缔约方大会（COP25） |
| 2019 年 12 月 16 日 | 财政部发布《关于印发〈碳排放权交易有关会计处理暂行规定〉的通知》（财会〔2019〕22 号） |

## 三、2020 年中国碳交易市场发展展望

2019 年 12 月马德里气候变化大会前，全国碳市场建设有过一次急加速，在一个半月内完成了 8 期 17 场次的全国发电行业相关人员能力培训。且在气候变化大会结束后发布了《碳排放权交易有关会计处理暂行规定》，明确会计处理原则。在 2020 年 12 月的格拉斯哥气候变化大会前，中国有着极大的可能再次加速全国碳市场建设进展，即以更快的速度正式启动全国碳市场，开

展配额实质性交易，向世界展示中国速度与大国担当。

### （一）未来或将建立全国性碳交易市场与国际碳交易市场对接的长远计划

2019年3月广州碳排放权交易所与欧洲能源交易所（EEX）同步上线业务推介，加强了中国和欧洲碳市场的有效连接。预测未来全球性碳交易市场的建立是大势所趋。碳交易市场的国际化发展要求各国在制定本国的碳交易政策时考虑到未来与国际碳交易市场的对接问题。碳交易市场的发展需要建立各国碳交易市场间相似的大框架，集中监督各国所承诺减排目标的完成情况，有利于实现减排效益的最大化。自下而上的管理方式就要求中国碳交易市场在发展中不断调整与磨合来完善，逐步适应国际性碳交易市场的整体安排与细节设计，这应该是中国碳市场未来的趋势。

### （二）未来会更加兼顾不同气候政策工具间的平衡

碳交易市场建立的有效性，直接取决于政策制定者对不同气候治理政策的协调与平衡。目前，全球各国普遍采用的气候治理政策有碳交易、碳税和其他传统的政府管制措施，政策的多样性要求政策制定者在制定碳交易政策时对不同气候政策进行比较，从长远考虑出发，制定碳交易政策时考虑到与现存的碳管制政策及未来可能会出现的碳税等政策的兼容性和平衡性，取得正和博弈的利好结果。目前，全球各国普遍采取的及讨论的碳政策主要是碳排放政策与碳税政策，相关研究及其他国家施行的经验都表明，碳排放政策的市场属性使其相对于强制性的碳税政策来说更具可行性与有效性。因此，兼顾不同气候政策工具间的平衡应该会是未来中国碳市场发展的方向。

### （三）石化行业有望纳入碳交易

未来一段时间，生态环境部会协同相关部门继续推动出台《碳排放权交易管理暂行条例》和其他相关配额分配政策、履约管理政策、监管机制政策等。预期全国碳市场的总体部署不变，从电力生产和供应业起步，分阶段逐步扩大覆盖的行业和降低纳入企业的门槛。预计未来全国碳市场将扩大到石油加工及炼焦业、化学原料和化学制品制造业、非金属矿物制品业、黑色金属冶炼和压延加工业、有色金属冶炼和压延加工业、造纸和纸制品业、民航业等年综合能耗达到1万吨标准煤的企业。

# 低碳投融资发展及展望

随着中国经济发展开始由高速增长向中高速稳定增长转变,环境保护和生态文明建设得到了人们越来越多的关注,低碳经济逐渐成为未来发展的重要方向。所谓低碳投融资,是指由《京都议定书》而兴起的低碳经济投融资活动,或称碳融资和碳物质的买卖,即服务于限制温室气体排放等技术和项目的直接投融资、碳权交易和银行贷款等金融活动。对中国而言,发展低碳经济不仅是降低环境成本、解决能源制约、实现产业升级、开展国际合作、参与国际"游戏规则"制定的有效途径,也是承担人类及大国责任的必然选择。

## 一、2019年国际低碳投融资发展概况

### (一)发达国家低碳投融资发展现状

随着全球温室效应的加剧,节能减排对全球各国来说迫在眉睫,自《联合国气候变化框架公约》发布及2005年《京都议定书》生效以来,世界各国都积极参与到低碳经济的探索中,尤其是英国、美国、日本等发达国家在低碳经济发展方面积攒了丰富的经验,对发展中国家发展低碳经济来说,具有很高的借鉴价值。

**1. 低碳投融资主体多元,政府占主导地位**

发达国家的低碳经济起步较早,低碳投融资机制更完善,目前已经初步形成了政府财政主导、信贷机构参与、资本市场传统金融工具补充的多元化的低碳投融资模式。

低碳投融资以政府财政为主导。从目前的低碳经济资金供给来看,低碳行业企业发展有很大程度上都依赖于政府财政资金,政府主要通过立法保障、财政支出、税收优惠激励的方式主导低碳企业和低碳项目的融资。得到资金

支持主要有直接和间接两种方式，直接方式指政府直接用财政资金购买低碳企业的股票、债券等金融资产为其提供资金，间接方式则是政府给予低碳企业财政补贴、税收优惠等来降低低碳企业的经营成本。美国是世界上低碳经济研发投入最多的国家，2009年2月联邦政府向国会提交了2010年(2009年10月1日实施)年度预算，根据该预算，仅对清洁燃煤技术的研究就提供了150亿美元的拨款。作为低碳经济立法先行者的英国，其主要的低碳资金来源是政府普遍开征的气候变化税（CCL），除了气候变化税，英国还增设其他如垃圾填埋税等有利于低碳经济发展的税种，在2004—2010年间，英国GDP从22208亿美元上涨3.36%至22955亿美元，而人均二氧化碳的排放却在7年间下降幅度高达12.22%，征收气候变化税在没有影响经济发展的同时，确实降低了碳排放量。

政府颁布相关法律政策，支持引导投资资金流向。各国政府为了促进低碳经济、低碳生产的投资，颁布了相关法律政策。例如日本颁布的《低碳投资促进法》，有利于增加对于低碳事业相关从业者的资金支持，规定了特定事业的认定方法并且对于特定事业的资金支持给予政策导向。美国颁布的《低碳经济法案》，强调低碳经济将会成为美国未来的重要战略选择。政府使用资金对于低碳行业直接投资。主要实现方法有：将资金投入相关信托、基金，从而有利于低碳企业进行低息贷款，减轻低碳行业贷款负担；直接使用资金购入低碳企业的股票或债券等金融资产，为低碳企业的经营投入直接动力。

**2. 低碳融资渠道通畅、完善**

除政府财政资金外，发达国家低碳融资渠道多样，包括信贷机构融资和传统资本市场融资，经过近年来的发展，融资模式逐渐成熟完善。

信贷机构融资渠道主要包括国家银行、商业银行及部分其他金融机构，发达国家通过财政贴息等激励政策，鼓励银行等信贷机构积极给予低碳经济资金支持，引导银行等金融机构对开发新能源、降低碳排放量、发展低碳技术的企业和项目提供信贷资金，鼓励对有利于节约资源和减轻环境污染的重点项目提供低息贷款、无担保贷款等。银行不仅仅包括直接提供贷款，还提供各类抵押贷款，这种融资模式降低了低碳企业获得资金支持的门槛，同时也给借贷机构一定的资金回收保障，这是一种能够促进低碳经济发展的融资方式。

在传统资本市场上获取资金支持,是低碳企业一项重要的资金来源,主要的融资方式包括碳基金、碳股票及环保债券等。碳基金具有和其他基金一样的可以通过运作提升投资能力、增加资金储备的特点,其特别之处在于碳基金不仅仅只是为了实现资本收益,而是通过汇集资金,支持低碳经济,达到节能减排的目的。碳股票是一种创新低碳融资方式,股票市场是现代经济中有效的融资途径,一般来说,规模大、效益好的低碳行业企业是被支持发股票的,能够使企业规模扩大,经济效益提升,同时可以提高其环保投资能力,在发达国家股票市场,与新能源相关的低碳经济板块发展非常迅速。环保债券,即"绿色债券",也是一种创新的低碳融资方式,低碳行业发展不可以一味依赖政府,企业自身需要从外部取得大量资金,债券与贷款和股权融资相比,债券融资更加主动,而且融资成本相对来说比较低,企业更倾向于这种方式。

**3. 低碳投资产业方向稳定**

目前发达国家低碳投资主要投资给四个产业方向:环保产业、减排产业、节能产业和清洁能源产业。其中,目前主要投向的具体行业有以下三个。第一,低碳电力生产部门。电力是低碳的核心。欧盟指出,目前在节能减排的目标下有序推进安排部署,因减少化石能源消耗,最近将会有电力的大量使用,但电力的使用总量仍将维持在一定水平。在使用电力需求激增的情况下,电力系统的低碳方向开发成了一个继续快速解决的问题,因此低碳电力生产部门成了低碳投资的核心。第二,新能源技术品制造业。由于国际社会普遍提倡减少化石能源使用量以及石油能源价格仍旧较高,开发使用新能源成了大势所趋。核能、太阳能等可再生能源的开发已经到了较为成熟阶段,风能、潮汐能等能源仍在进一步发展。各国政府对于新能源的开发也给予政策支持,积极引导资金流向低碳能源产业。第三,循环利用相关产业。循环利用有利于节能减排,循环是将废品变为可再利用材料的过程。资金大量投资于循环利用相关产业,使本已经归为废品垃圾的材料重塑为可利用的资源,极大地促进了低碳经济的发展。

## （二）发展中国家低碳投融资发展现状

在国际低碳经济快速发展的大背景之下，发展中国家也开始发展低碳经济，作为亚洲的另一发展中大国，印度在低碳投融资的发展中探索出一定的模式，了解印度等发展中国家的低碳投融资发展现状对同样是发展中国家的中国具有重要的意义，能够为中国完善低碳融资体系提供建议。

### 1. 低碳投融资政府占主导地位，市场融资体系不健全

发展中国家同发达国家一样，低碳融资的主要渠道有政府资金支持、资本市场融资、碳交易市场衍生品融资等模式。首先，政府颁布的相关法律法规具有一定的引导资金流向的作用，像印度、俄罗斯等发展中国家就进行了相应的实践。俄罗斯为了实现节能，于1996年颁布了《俄罗斯联邦节能法》，2003年4月进行了修订，为提高能源资源利用率不断完善总体战略性安排，于2009年8月通过《2030年前俄罗斯能源战略》。其次，政府制定的利率税收优惠和财政补贴都会促进低碳经济发展。与发达国家相比，发展中国家的融资体系不健全，包括银行、股市、各种金融市场的参与者在内的金融系统，大多是支持高碳发展的；信贷市场上获取的资金是不充足的；在碳交易市场上，发展中国家并没有如同发达国家那样的健全市场，金融衍生产品相对缺乏。

### 2. 低碳投融资发展注重国际合作

发展中国家自身低碳投融资的发展较为落后，但是国际合作力度极大。例如印度政府就可持续资源的利用与众多国家有着密切的合作关系。印度政府分别与中国、南亚区域合作联盟、美国、日本等都开展了相应的合作，积极参与低碳经济投资，大力支持低碳经济的发展。2012年5月17日，中印低碳发展合作研究项目正式启动。该项目由中国国家发改委和印度能源与资源研究所（TERI）共同牵头，旨在研究低碳发展道路上的障碍，并对实现低碳未来的政策工具效果进行评估。2009年11月，印度政府与美国政府签署了《美印能源和气候变化合作备忘录》，建立了"美印促进清洁能源发展伙伴计划"，旨在通过合作研发和技术援助促进清洁能源技术的推广和低碳增长。

## 二、2019年中国低碳投融资发展分析

自2005年《京都议定书》生效以来，世界各国都积极投身到低碳经济的发展中，尤其是作为全球二氧化碳排放第一大经济体的中国更是得到了世界各国的关注，中国发展低碳经济与所倡导的可持续发展观高度契合。近年来，中国在低碳投融资方面取得了一定的成果，但基于发展中国家的社会经济状况，中国低碳投融资仍存在进步空间。

### （一）中国低碳融资发展现状

#### 1. 以政府财政融资为指导

近年来，中国政府一直在低碳经济发展中起引导作用，政府财政资金一直都是发展低碳经济的重要资金来源，政府也积极通过税收的形式为中国低碳经济发展征得更多资金。早在1984年，中国便开征了资源税，随后对所征税目逐步拓宽，从最初的原油、天然气、煤炭三种到现在已经拓展为包括黑色金属矿、原矿等七项；汲取国内外低碳融资发展经验，中国从2018年起开始征收环境保护税，自2018年1月1日开始实施，所征得资金全部用于低碳经济发展，近几年中国与低碳融资相关的财政收支数据如表22和表23所示。

表22 2016—2019年有关低碳融资财政税收情况（单位：亿元）

| 项目年份 | 财政总收入 | 资源税 | | | 环境保护税 | | |
|---|---|---|---|---|---|---|---|
| | | 总量 | 同比增长率 | 占比 | 总量 | 同比增长率 | 占比 |
| 2016 | 159552 | 951 | -8.1% | 0.596% | — | — | — |
| 2017 | 172567 | 1353 | 42.3% | 0.784% | — | — | — |
| 2018 | 183352 | 1630 | 20.4% | 0.889% | 151 | — | 0.082% |
| 2019前三季度 | 150678 | 1407 | 11.9% | 0.934% | 168 | 69.2% | 0.111% |

数据来源：中华人民共和国财政部数据整理。

表23 2015—2019年财政对低碳融资投入情况（单位：亿元）

| 项目年份 | 财政总支出 | 环保节能支出 | | |
|---|---|---|---|---|
| | | 总量 | 同比增长率（%） | 占比（%） |
| 2015 | 175768 | 4814 | 26.2 | 2.739 |
| 2016 | 187841 | 4735 | -1.6 | 2.521 |
| 2017 | 203330 | 5672 | 19.8 | 2.790 |
| 2018 | 220906 | 6353 | 13 | 2.876 |
| 2019前三季度 | 178612 | 4750 | 14.5 | 2.659 |

数据来源：中华人民共和国财政部数据整理。

分析中国近几年的财政收支数据可知，中国政府近几年从资源税和环境保护税两个税目所征得的税收总额呈不断增长趋势，两个税目所征资金在总财政收入中所占的比例逐年上升；就财政支出来谈政府财政对低碳融资的贡献，近几年政府财政资金对发展低碳提供的融资总量持续上升，到2018年全年投入了6353亿元到环保节能行业，并且环保节能支出在财政总支出中所占的比例总体上在不断上升，可以看出，中国政府财政近几年在不断加大对低碳融资的支持力度。

**2. 银行绿色信贷融资积极参与**

自2007年7月国家环保总局、中国人民银行和中国银监会联合出台全新信贷政策《关于落实环境保护政策法规防范信贷风险的意见》以来，中国商业银行以及政策性银行积极响应，为低碳行业企业提供绿色信贷服务，目前已经取得了比较显著的成果。绿色信贷指的是商业银行和政策性银行等金融机构以国家发布的环保政策为依据，对有利于环境保护的产业或机构提供贷款扶持并实施优惠性的低利率，而对高耗能、高污染企业的新建项目投资贷款和流动资金进行贷款限制并实施惩罚性高利率的政策手段。根据中国银行保险监督管理委员会统计数据显示，2013年年末至2017年6月末，国内21家主要银行绿色信贷余额从5.20万亿元增至8.22万亿元。其中，节能环保项目和服务贷款余额从3.69万亿元增至6.53万亿元。节能环保、新能源、新能源汽车等战略性新兴产业制造端贷款余额从1.51万亿元增至1.69万亿元。由此可见，银行绿色信贷是中国低碳融资的主力军。

### 3. 碳金融市场融资协调跟进

中国作为全球第一大碳排放经济体，拥有巨额碳排放基础，要发展低碳经济，仅仅从政府和银行获取资金是远远不够的，从资本市场上获取资金支持具有更多的可能性，借鉴发达国家经验，中国积极投入碳金融市场的建立中。2008年8月5日，中国首家环境权益交易机构——北京环境交易所在北京金融大街正式挂牌，根据北京环境交易所的统计数据显示，自2013年11月至2017年1月，北京市碳配额共成交1285万吨，成交额达4.8亿元。另外，2016—2019年碳排放权交易数据如表24所示。

表24 北京环境交易所近几年碳排放权交易情况

| 年份<br>项目 | 2016 | 2017 | 2018 | 2019 |
| --- | --- | --- | --- | --- |
| 全年交易总量（万吨） | 250 | 253 | 332 | 303 |
| 全年交易均价（元/吨） | 46.44 | 44.49 | 46.76 | 69.70 |
| 全年交易金额（亿元） | 1.2 | 1.2 | 1.9 | 2.5 |

数据来源：北京环境交易所。

从北京环境交易所的交易数据可以看出，中国碳金融市场近年来已经小具规模，成交量不断增加、交易金额逐年增长、成交均价总体呈上涨趋势，但根据环境交易所的数据来看，交易价格波动幅度比较大。另外，碳金融交易产品也在积极创新，北京环境交易所在近几年推出了碳排放权回购式融资、场外掉期交易、场外期权交易三款碳金融创新产品。除了发展上述碳金融产品，诸如碳基金、绿色债券等金融工具也为中国低碳经济发展提供了必要的资金支持。但是，总体来说，碳金融市场对中国低碳经济的发展还没有起到其应该有的效果，中国还须不断发展完善碳金融市场。

## 4. 积极利用国际融资

除财政融资、银行信贷、碳金融市场等融资方式之外，中国也积极从国际上寻求资金支持和技术帮助。中国从国际上获取资金的主要方式是 CDM 项目融资，CDM 即清洁发展机制，是联合国为减少全球的温室气体排放而设计的一种基于市场的减排机制，发达国家通过为发展中国家设立的低碳项目提供资金，达到一定的减排量标准后便可获得额外的碳排放权。中国积极利用融资机会，自 2002 年中国政府核准了《京都议定书》，成为 CDM 项目开发活动的东道国以来，截至 2009 年 2 月，中国共完成了 417 个 CDM 项目成功注册，中国 CDM 项目设计的领域比较宽泛，包括新能源和可再生能源发电、供热、热电联供、煤层气回收利用、工业生产节能节材等，近几年中国也在积极利用国际融资，外源资金为中国的低碳经济发展提供了很大助力。

## （二）中国低碳投资发展现状

总体来说，中国低碳投资呈现投资领域宽泛、投资重点明确、投资总量不断增加的特点，但是仍然存在投资结构不合理的问题。在科学发展观的背景下，中国政府针对节能减排、提效降耗一直都有明确的政策目标，无论是工业生产、人民生活还是生态文明建设都存在低碳发展理念的身影，低碳投资也涉及社会发展的方方面面。目前中国为减少碳排放投资的重点是新能源和可再生能源领域，随着中国特色社会主义现代化进程的不断推进，社会经济不断发展，经济总量不断增长，低碳行业发展迅速，中国对低碳行业的投资规模也在不断增加。

### 1. 政府财政直接支出的投资方式

基于低碳行业企业普遍存在投资周期长、资金需求量大、未来发展前景不确定的特点，政府财政资金的支持至关重要，政府财政资金以身作则，能引导社会其他资金投入低碳行业。目前中国政府资金投资可大致通过对环保行业企业直接提供资金支持、给予税收优惠、提供价格补贴等方式进行，如政府对光伏、风电等行业发电电价给予的价格补贴。同时，政府也可以通过兴办国有企业的方式，创建具有代表性的环保企业来发展低碳经济，如国新能源。

**2. 环保行业企业自有资金及筹资进行投资**

在低碳经济发展的大环境下，社会企业家基于社会责任并且看到了低碳行业发展前景，通过自有资金及其他筹资方式筹得的资金创办各类低碳环保企业，这些企业不断发展壮大，通过多轮再筹资后致力于低碳技术研发、节能降耗、能源创新等方面的发展，社会民营低碳企业是整个低碳行业中非常重要的部分。

**3. 工业生产低碳化投资**

中国作为发展中国家，以工业生产作为主要生产力的经济发展特性没有变化，能源作为生产动力为经济发展提供了有力的保障，现如今用到的主要能源像石油、煤炭等是碳排放的源头，为发展低碳经济，目前中国针对工业生产低碳化所投资的领域主要是能源行业及节能减排技术研发，如新能源发电、可再生能源、新材料、能源效率提升等，比较有影响力的诸如风电行业、光伏行业、核电、碳中和技术研发等。近年来，中国在此类行业中投资量比较充分，如光伏企业大量涌现，甚至出现了产能过剩的情况。

**4. 居民生活低碳化投资**

发展低碳经济不应该仅仅从工业生产着手，中国是世界人口第一大国，有14亿居民，人均每天的碳排放量为18.42千克，如果不加以控制，居民日常生活的衣、食、住、行、用产生的碳排放就足以成为中国低碳经济道路上一道难以克服的关卡。目前，中国针对降低日常居民碳排放的投资领域包括新能源汽车行业、"煤改气"、节能家电行业、建筑新材料、低碳生活方式等。近年中国大量投入城市电力公交车，帮助实现低碳出行，大力生产推广节能灯，帮助实现低碳照明。

**（三）中国低碳投融资问题分析**

中国发展低碳经济已有十几年的历程，取得了一些成果，积攒了较丰富的经验，但是，低碳投融资体系距达到相对成熟的水平还有很大的差距，中国低碳投融资体系仍存在诸多问题。

**1. 政府主导政策的引导力度和激励机制仍存在提升空间**

中国近年来一直积极发展低碳经济，虽然出台了一些政策，但是政策效果并不显著。就融资来说，政府财政支持融资虽然是资金的重要来源但并不充足，中国近年来不断完善税收体系，并且从2018年起开征环境保护税，虽然这方面的税收所征得的资金量每年以超过10%的高水平增长，但是所征得资金基本每年都超不过财政总收入的1%，中国碳排放为经济发展所做出的贡献远不止如此，足以说明中国针对碳排放所征收的税种的欠缺。就投资来说，政府的低碳投资具有引导作用，制定的相应政策具有激励资金投入低碳产业的作用，但是资金导向性政策和税收等激励性政策仍需完善。低碳行业的项目普遍投资巨大，同时低碳项目收益时效长，投资者投入资金巨大但收获成效缓慢，因此从投资者个人角度可能更偏好于其他的投资项目。此时，政府政策作为关键引导因素，需要进一步完善。

**2. 低碳投融资法律法规目前仍是空白**

当前促进低碳投融资的法律法规还是很欠缺，政府只是大力鼓励倡导低碳经济发展，给予低碳信贷一定的政策支持，但针对低碳融资的倡导并没有制度化，没有出台相应的奖惩法律法规，社会资金便没有主动投入低碳行业的动力和压力，另外，低碳项目一般都具有投资周期长、收益不确定、风险高等特点，投资者收益得不到相应保障，而政府也没有相应的保障性的法律法规，并且中国大部分投资者缺乏科学的投资知识和丰富的投资经验，他们无法识别低碳融资项目的风险便不敢涉足，这对中国低碳融资发展是很大的阻碍，政府法律法规还有待完善。

**3. 资本市场及相关金融机构支持力度不足**

国内的投资环境长期处于一个封闭的环境，投资者普遍期望投资于稳定且收益高的行业，因此低碳投融资的推进有一定的困难。而且资本市场是调整产业结构、拓宽融资渠道、优化资源配置的重要平台。发展低碳经济，资本市场和金融中介发挥其相应的作用至关重要。目前中国低碳投融资的主力军是银行信贷，但是银行体系针对低碳经济发展所提供的信贷量只占其贷款业务的很小一部分，银行信贷还有很大的资金支持潜能，目前商业银行的参与度还不足。另外，低碳经济周期长、技术新、投入大的特点使得碳基金、碳保险、碳证券等融资工具应运而生，2015年以来市场上也出现了如碳权回购和掉期等创新型金融产品。目前，中国主要有北京环境能源交易所、上海环境能源交易所和天津排放权交易所等3家碳排放交易机构，但中国碳金融交易还处于初始阶段，还不够完善。数据显示，北京环境交易所几年的碳相关交易金额总量都达不到年度财政资金对环保节能行业的支出水平，碳金融市场为低碳融资的贡献非常有限。

## 三、2020年中国低碳投融资发展展望

### （一）低碳投融资的政策力度加大，引导低碳产业健康发展

中国已经颁布实施了一些有利于低碳投融资发展的政策措施，随着其与中国低碳投融资发展的进一步适应，在此基础上，低碳投融资的政策力度会进一步加大，积极引导资金流向低碳产业，促进低碳产业持续健康发展。就政府促进低碳投资而言，目前，中国政府财政资金预算中已有专门的环保资金预算，并且环保资金投入呈逐年上涨的趋势，投入资金量的同比增长率都在10%以上，但是每年环保支出占总财政支出的比重都不超过3%。未来将会进一步完善碳税征收体系，一方面抑制高碳企业的碳排放，另一方面为政府财政资金提供支持，将其资金补充到低碳投资预算储备中，增加政府低碳投资力度。随着经济不断发展，需要中央财政与地方财政共同努力，由上至下，加大对低碳经济发展的投入，使政府财政资金起到引导社会资本的作用。同时鼓励投资者及相关金融投资机构对低碳产业进行多元化投资，对其采取税收优惠等政策，降低税收负担。对于促进低碳企业获取融资来说，给予低碳企业以优惠利率获取信贷的资格，同时增加绿色信贷的数量，增加进入低碳领域的信贷比例，制定相应政策促进绿色基金等绿色融资金融工具的发行，引导社会资金流向低碳领域，使低碳企业获取融资的机会增加，从而快速获取资金投入低碳发展中。随着政府进一步加大低碳投融资政策力度，低碳产业的发展会更加迅速，低碳投融资体系将会进一步完善。

### （二）低碳投融资领域的法律制度体系进一步完善

明确的制度规定往往比倡导支持作用效果要来得明显，很多发达国家都很好地利用了这一点。中国也应该建立一整套完整的法律法规体系，通过比

较完善的法律法规体系，促使低碳投融资行业进行规范，制定统一的低碳产业标准，区分细化低碳行业，避免其他行业假借低碳产业获取资金而将资金运用到非低碳发展的产业中，明确识别非低碳企业假借低碳之名获取绿色低碳资金的行为，制定相应惩罚措施，保障低碳资金进入低碳产业；同时规范低碳融资工具，明确统一绿色基金等低碳融资及其融资工具标准，明确资金通过低碳融资工具进入低碳领域以及明确其方向用途，倡导资金流入低碳领域，同时通过法律制度保障低碳投资运用的透明化，给予低碳投资人一定的知情权，同时保障低碳企业获取融资后资金运用的自由及较小束缚，使资金流向最需要的方面，并保障其能获取利益从而继续投入资金发展低碳产业。

### （三）碳交易市场建设步伐加快，资本市场参与度逐步加大，低碳融资工具进一步创新

目前中国拥有世界上最大的碳排放资源，但是中国碳交易市场的发展却缓慢和滞后，难以在国际市场碳排放机制中拿到定价权。目前中国的京津沪交易所局限于交易 CMD 标准化合约，但非标准化合约中国还没有较为成熟的发展体系，且可交易地点仍然较为局限，只是在北京、天津、上海等地建立了减排市场，还未有大规模的全国性发展。随着碳交易得到国内外越来越多的关注，预计未来中国的碳交易市场将会有较大的进展，并逐步完善。中国的碳交易市场发展需要相应政策引导。首先，试点选择某一个或某几个碳交易所，给予非限制配额的交易时限，判断成交可交易量的相关数字，统计并分析出适合中国目前状况的碳排放交易量配额。其次，应该由政策引导建立完善的行业标准，积极出台支持碳金融发展的配套财政政策，降低减排成本。再次，引导建立标准有序开放的碳交易平台，参与世界碳交易市场，逐步探索中国定价机制，影响国际碳交易价格。最后，逐步提高中国在碳交易市场的影响力，凭借碳排放资源以及定价机制，提高人民币在碳交易市场的地位，由参与市场到影响市场再到主导市场。

资本市场将会积极参与低碳经济发展成果显著的低碳项目，充分发挥对经济的引导作用。鼓励商业银行等信贷机构对低碳企业收取较低的贷款利率，降低该类企业的融资成本，对环保技术研究等可持续发展企业严格实行扶优

限劣政策，商业银行应积极进行贷款管理机制及业务创新，给效益好的大的低碳企业提供贷款的同时，加大对中小低碳企业的贷款支持。金融监管机构指导碳金融市场发展，完善现有试点交易市场的同时，设立新的交易市场，协助碳金融市场对低碳融资项目进行项目评估，有效的融资项目可以上市融资，适当降低碳金融市场的投资风险，为低碳企业提供资金支持。

碳金融市场金融产品将进一步创新，除了传统的低碳股票、低碳债券等之外，结合投资者对投资收益、风险高低、流动性的不同要求而设计的碳基金、碳金融衍生产品等创新性金融产品将进一步发展，完善低碳融资金融支持体系。资本市场一直以来都是社会经济发展的重要渠道，资本市场的积极参与将会进一步推动中国低碳经济的发展，推动低碳投融资体系的建成。

# 低碳技术篇

随着世界工业经济繁荣发展，世界气候面临越来越严重的问题，积极应对气候变化已成为全球普遍共识。面对全球气候变化，急需世界各国共同努力降低并控制二氧化碳的排放。在应对气候变化的大环境下，研发和推广绿色低碳技术被视为减少碳排放的重要方法。在各类绿色低碳技术中，清洁煤技术（IGCC）将煤气化和燃气－蒸汽联合循环发电技术集成，与传统煤电技术相比，具有发电效率高、污染物排放低、二氧化碳捕获成本低等优势；二氧化碳捕获与封存（CCS）在促进留存煤炭和其他必要的矿物燃料等重要能源供体方面，被寄予厚望，将会是一个非常有前景的选择。国际社会普遍观点认为，没有哪种单项技术能解决气候变化问题，应对气候变化需要的是一整套综合的解决方案，其中既包括新技术的开发和应用，也包括原有工艺的节能优化。因为在各行各业，节能意味着减少了能源的开采与消耗，从而间接减少了碳排放。在本篇中，我们详尽地分析了国外包括钢铁行业在内的八大行业的节能技术，并展望了中国节能技术的发展趋势，旨在为中国减排提供一定的借鉴思路。在本篇的最后，还从技术发展与行业标准两个方面介绍了近期国内外绿色照明技术的发展情况，并展望了中国绿色照明技术的未来。所有的努力都只有一个目标，即为应对全球气候变化、保护人类赖以生存的环境，惠及民生，实现低碳、节能、绿色、节约的可持续发展。

# 清洁煤技术（IGCC）发展分析与展望

随着国家对能源需求的不断扩大，主要为我们提供能量的化石燃料资源正在迅速地减少，化石能源的过度开发、利用使环境污染和全球气候异常的问题更加突出。鉴于中国"富煤、贫油、少气"的能源特征，目前煤炭是中国动力生产的首选燃料，随着经济与社会的发展，煤炭是中国当前和今后相当一段时间内的主要能源和资源。煤的高效、清洁利用是中国经济和社会可持续发展的战略选择，是保证中国能源稳定可靠供应以及可持续发展的重要基础。2019年的《政府工作报告》中指出，要推进煤炭清洁化利用，促进资源节约和循环利用，提升绿色发展空间和能力。发展高效、洁净煤发电技术已成为当今世界能源界关注的一个热点。如何清洁高效地利用煤炭资源，对推进国家中长期能源发展战略具有非常重要的意义，而现代煤化工技术是煤炭清洁高效利用的重要途径。整体煤气化联合循环发电系统（Integrated Gasification Combined Cycle，IGCC），是将洁净的燃煤技术和高效的联合循环相结合的先进动力系统。IGCC 是当前洁净煤发电技术中一直被人们认为有相当发展前途的先进技术之一，具有供电效率高、环保特性好、燃料适应性好等优点，备受电力工程界的关注。至今，这项技术已发展近40年了，取得了相当大的成就和进步，并已进入了大型化商业运行示范阶段，但在前进的道路上它也经历了许多困难和挫折，致使技术尚未达到完全成熟的程度，其今后的发展走向究竟如何，国内外都有不少争议。本文粗略地总结了近20年来 IGCC 技术发展的现状、所取得的成就以及尚存在的问题，并综合介绍国外 IGCC 的发展动态，希望能对该技术在中国的发展有所借鉴。

## 一、2019年国际清洁煤技术（IGCC）发展概况

IGCC 的研发始于20世纪70年代初，从原理性概念的开拓验证阶段到稳

健有效的研发阶段，世界各国纷纷建起了 IGCC 商用化示范电站。目前，由于技术的发展、环保标准的提高，IGCC 正逐步走向商业应用阶段。从国外的发展来看，IGCC 将是未来能源系统的核心技术和重要基础之一。近年来，国际 IGCC 的发展情况如下。

### （一）国外热电联产技术的发展

早在 19 世纪 70 年代末，欧洲一些人口密集的城区开始出现由往复式蒸汽机带动的发电机，并对蒸汽机的乏汽加以利用，这便是早期的热电联产系统。1905 年英国制造了世界上第一台热电联产汽轮发电机组，开始了汽轮机既发电又供热的历史。20 世纪 70 年代，石油危机带给世界巨大冲击，促使人们考虑如何更有效地利用现有能源，热电联产开始引起各个国家和地区的重视，特别是欧洲、俄罗斯、美国及日本。日本主要以天然气热电联产为主。截至 2004 年年末，天然气热电联产累计已近 2000 项，装机总量达 3.07 吉瓦。欧盟在 20 世纪 90 年代支持了 45 项热电联产项目工程，2000 年欧洲热电联产电厂所发电量只占总发电量的 9%。美国在 1980—1995 年间，热电联产装机总量由 12 吉瓦增加至 45 吉瓦，截至 2008 年上半年，美国国内在建和获批的 IGCC 电站有 6 座，对外发布的 IGCC 电站有 22 座，并计划在 2020 年热电联产装机容量占总装机容量的 29%。

### （二）国外热电多联产系统现状和发展趋势

#### 1.国外热电多联产系统现状

据统计，全球已经建成投运 IGCC 电站 30 余座，总装机约 1000 万千瓦，在建和拟建 IGCC 电站 40 余座，总装机约 2000 万千瓦。这些电站主要分布在美国、欧洲、日本等发达国家和地区，澳大利亚、韩国、印度等国家也在积极推动 IGCC 的发展，具体如下。

（1）美国

美国是 IGCC 技术发展的引领者和推动者，20 世纪 90 年代相继建设了 Tampa 和 Wabash River2 座 IGCC 电站。这 2 座电站均采用水煤浆给料的气化炉和 GE7FA 燃机。经过近十年的示范运行，美国已着手开始建设商业电站。

由于美国各州的环保法规对燃煤电站的排放要求日益严格，IGCC 电站以其优异的环保性能成为新建燃煤电站的主要选择。据美国能源部（DOE）的统计，美国拟建的 IGCC 发电机组采用标准化设计和建设，以降低造价。标准设计多由 2 台燃机 +2 台余热锅炉 +1 台蒸汽轮发电机组构成 1 套 600 兆瓦级的 IGCC 发电机组。据 DOE 最新介绍，美国总体规划建设 10 座 IGCC 标准电站，以推动 IGCC 电站的商业应用。

（2）欧洲

欧洲也是 IGCC 发电技术的引领者，十余年前建设了荷兰 Buggenum 和西班牙 Puertollano 两座 IGCC 示范电站，而且在石化领域 IGCC 发电技术也已获得商业推广。与美国有很大区别，欧洲的 IGCC 示范电站均采用干煤粉进料和 Siemens 燃机。近年来，为应对气候变化，欧洲各国普遍探索将 IGCC 同二氧化碳捕获与封存（CCS）相结合，建设燃烧前脱碳示范电站，目前欧洲拟建的该类电站已经超过 5 座。荷兰 Nuon 公司于 2005 年 9 月启动了新一期 IGCC 项目的论证工作，基于 Buggenum IGCC 示范电站的建设和运行经验进行推广，选址于荷兰北部的 Eemshaven，定名为 Magnum IGCC 电站。2008 年年初，该项目正式启动。该电站由 3 列 Shell 气化炉组成气化岛，由 3～5 列联合循环机组组成动力岛，规划装机容量 130 万千瓦。德国 RWE 公司也正在进行 1 座 45 万千瓦 IGCC+CCS 示范电站的设计工作。该电站以褐煤为原料，将采用高温温克勒气化炉。同时，Siemens 公司在德国也启动了 1 项建设 100 万千瓦级类似电站的计划。

（3）日本

根据日本热电联产与能源高效利用中心的统计，截至 2012 年年底，日本热电联产系统累计装机容量达到 985 万千瓦（约占总电力装机容量的 3.4%），其中民用系统 206 万千瓦，工业用系统 779 万千瓦；总装机台数 14423 台，其中民用 10098 台，工业用 4325 台。近年来，在民用领域，不需要专业运营人员的 10 千瓦以下设备，以及多台 25～30 千瓦机型并行系统逐渐增多。2002 年年底，1 千瓦的家用燃气内燃机（Ecowill）投放市场，截至 2011 年年底，已售出约 11 万台；2005 年 3 月起，1 千瓦的家用燃料电池开始发售，到 2013 年年底已销售约 5.3 万台。虽然家用燃料电池技术起步较晚，但自 2015 年以来发展较快。

除以上国家，澳大利亚近年来也以实现燃煤电站的低污染为出发点规划了几座 IGCC 电站，包括 Zero Gen 项目、BP 公司 DF3IGCC 项目以及 HRL 公司的褐煤干燥气化 IGCC 项目等。韩国也正在考虑建设 3 个 IGCC 项目，其中 1 个以煤炭为原料，2 个与炼厂结合以渣油为原料。印度作为世界第三大产煤国，于 2001 年建立了 1 座 5.3 万千瓦的小型电站，应用 U-Gas 气化技术和 GE6B 燃机，并计划建设 4～5 座类似电站。

**2. 世界热电化多联产主要发展趋势**

世界热电化多联产主要朝着两个方向发展，其一是应用范围日益增大：作为推广 IGCC 发电的有效形式，世界各国尤其是以煤为主要一次能源的国家，以及燃气－蒸汽联合循环发电机组所占比例大的国家，都在大力发展热电化多联产，热电化多联产在能源化工领域所占的比重越来越大。其二是技术整体化程度提高：目前，随着 IGCC 需求的快速增长，设备制造商与工程公司联合，形成 IGCC 电站的单一供应商，提供工程总承包合同，保证项目的总体性能。随着热电化多联产的推广，未来定会形成多联产技术的联合体。

# 二、2019年中国清洁煤技术（IGCC）发展分析

## （一）中国清洁煤技术的发展

中国多联产的起步是随着 IGCC 的发展而逐步展开的，"十一五"期间，国家对于发展 IGCC 及其关键技术做出了重大部署和进一步完善，在"十一五"研发的基础上，继续推进 IGCC 系统关键技术进行工程化放大和深化，并实现集成创新。2006 年 9 月，"十一五"的"863"计划项目是能源领域第一个启动的重大项目，以 IGCC 和联产工程为依托，对系统关键技术及其集成系统进行自主研发、验证和示范，主要包括以下内容：大型煤气化技术，合成气低污染重型燃气轮机技术，液体产品合成技术，系统优化集成及设计，运行及控制等。2009 年 6 月国家发改委核准华能天津 IGCC 电站示范工程项目，建设内容包括 1 台 25 万千瓦级整体煤气化 IGCC 发电机组。该工程的建设对于推动中国洁净煤技术和多联产事业发展具有重大意义。

2005年，中国兖矿集团在山东滕州建成了年产24万吨甲醇和20万吨醋酸、联产8万千瓦发电的多联产示范工程。由中石化等投资建设的福建炼油乙烯一体化项目也建设了一套以沥青为原料的气化发电装置，联产蒸汽和氢气，用作全厂的公用工程岛。

### （二）中国清洁煤技术现状

近几年，继华能率先提出"绿色煤电"计划后，国内各大发电公司均提出了IGCC电站的建设规划。截至2018年9月23日，国内首座煤气化发电机组——华能天津IGCC机组连续运行164天，成为全世界连续运行周期最长的煤气化发电机组。机组投产近6年，累计向社会提供了58亿度绿色电能。

"十三五"以来，中国现代煤化工产业的一批关键技术装备打破了国际垄断，达到或接近世界先进水平；相继攻克了大型先进煤气化、合成气变换、大型煤制甲醇、煤制油、煤制烯烃、煤制乙二醇、煤制乙醇等一大批世界级技术难题，并实现了关键技术装备的产业化，走在了世界煤化工产业创新发展的最前列。2018年年底，煤制油、煤制烯烃、煤制气、煤制乙二醇产能分别达到1138万吨/年、1112万吨/年、51亿立方米/年、363万吨/年。随着国家能源集团鄂尔多斯108万吨/年煤直接液化、国家能源集团宁煤400万吨/年煤间接液化等一批新型煤化工项目建成投产，以及一批创新成果捷报频传，现代煤化工发展步入一个新阶段。截至2019年上半年，中国现代煤化工行业生产总体平稳，产能利用率处于合理水平，转化煤炭约5570万吨，为保障能源安全和化工原料多元化做出了突出贡献。

截至2019年年底，中国现代清洁煤化工项目主要布局在国家规划建设的14个大型煤炭基地和9个大型煤电基地，其中新疆、陕西、宁夏、山西、内蒙古、河南等省份煤炭深加工发展速度较快，培育了宁东能源化工基地、鄂尔多斯能源化工基地、榆林能源化工基地等多个煤炭深加工产业集聚区，现代煤化工产业基地化格局初步形成。全行业可实现煤炭年转化能力2.5亿吨以上，产业规模、产品产量均实现稳步增长。

通过在内蒙古和陕西等地调研，了解到，国家能源集团鄂尔多斯煤直接液化示范项目生产负荷持续维持在85%左右，单周期稳定运行突破420天；

国家能源集团宁煤 400 万吨 / 年煤间接液化项目单位产品新鲜水消耗降至 6.1 立方米 / 吨，远低于南非沙索公司 12.8 立方米 / 吨的水平；陕西煤业化工集团蒲城清洁能化公司增加聚烯烃新牌号 9 个，使产品步入高端行列。

## 三、2020年中国清洁煤技术（IGCC）发展展望

IGCC 是洁净煤发电技术中一直被认为有相当发展前景的先进技术之一，备受能源行业关注。雄厚的煤气化等单元技术基础和过去以往 IGCC 示范电站运行的经验使我们对于中国在 IGCC 技术方面充满自信。对于 2020 年中国 IGCC 的发展，从以下两个方面进行阐述。

### （一）IGCC 发展面临的障碍

毋庸置疑，近年来中国热电联产发展一枝独秀，异军突起，取得了举世瞩目的骄人业绩，但同时也面临着严峻的问题和不容忽视的挑战。

一是技术上还要实现新突破，这是阻碍煤化工行业的重要因素。以"能源革命，国际合作"为主题的 2019 年太原能源低碳发展论坛上，谢克昌院士认为，未来 20 年，煤炭在中国能源消费结构中仍将长期占据主体地位，煤的清洁高效利用是唯一出路，应加快推进煤炭产业由资金和资源推动向以技术创新驱动为主的方式转变。就整体而言，中国当前的技术水平还不足以支撑煤炭的清洁高效利用。为此，要在能源体系框架下进行能源转型和结构优化，防范不切实际的能源转型对经济发展和能源供应构成的伤害。能源革命的关键是能源技术革命，只有颠覆性技术才能有效促进能源低碳转型。突破煤炭资源勘查、安全高效绿色开发、煤炭提质、先进煤炭燃烧和气化、煤炭清洁高效转化、先进输电、煤炭污染控制、煤炭节能等一批核心技术和关键技术，建立煤炭清洁高效可持续发展支撑体系，引领世界煤炭清洁高效可持续开发与利用。

二是面临国内外石油化工业的激烈竞争冲击。近年来，中国在沿海地区布局了比较大型的炼化一体化大型项目，这些项目的快速发展使得石油化工与煤化工产品交叉重叠，必然造成更加激烈的市场竞争。在以市场为导向的经济环境下，发展成熟的石油化工技术必然对煤基清洁燃料技术构成一定威胁。因此，对于现代煤化工来说，只有闯出一条可以与石油化工媲美的新路径，

三是低碳政策所带来的难题。与传统煤化工相比，新型煤化工虽在一定程度上实现了煤炭的清洁利用，但鉴于煤炭中富碳少氢的事实，其生产技术和路径决定了该领域仍然会承载着巨大的能源压力与环境负荷，也就意味着现代煤化工行业仍然面临着高排放的难题。低碳、减碳成为目前各行业发展的新契机和新要求。煤炭是高碳能源，近年来为实现高碳能源低碳化，国内外也通过各种政策手段推进低碳发展，如联合国的清洁发展机制以及许多国家开始施行的碳税等。总体来说，低碳政策使煤炭利用更生态化、清洁化、精细化，对中国洁净煤技术发展提出更高的要求。

四是可再生能源发展挤压洁净煤技术发展空间。太阳能、风能等可再生能源会对传统能源形成替代，可再生能源的发展自然会对煤炭能源利用的发展构成一定威胁。当前中国能源结构日益朝多样化方向发展，而且据国际能源机构IEA发布的《世界能源展望2018》，到2035年可再生能源在全球能源供应量中将占据31%。据中国《可再生能源发展中长期规划》，到2020年中国可再生能源消费量将达到能源消费总量15%左右。那么，可再生能源的发展必然降低煤炭在能源消费中的比例，挤压煤炭能源的利用空间，进而影响洁净煤技术的发展。

### （二）IGCC的未来

由于煤炭在一次能源中占据重要地位，中国已把洁净煤发电技术列为中长期科技发展规划的重点，并取得了一定的突破。IGCC技术经过近几十年的发展，走过了概念性验证、设备和系统优化以提高整体性能的阶段，逐渐步入商业化的应用阶段。关于IGCC未来的发展趋势主要从以下三个方面阐述。

#### 1. 不断改进的技术

随着未来社会对煤电在效率和环保方面的更高要求和科技的进步，尤其是未来国际社会对$CO_2$排放的要求日益严格，不断改进的低碳技术是实现煤基能源转化系统的近零排放的必然要求。低碳化技术成果多以提高燃烧效率、以煤气化为核心的新型煤化工及$CO_2$的捕捉和封存为基础。具体的煤炭资源低碳化利用技术举例如下。

(1) 煤基多联产技术

煤基多联产是指通过各种煤炭转换、利用技术的有机集成，获得多种洁净的二次能源（电、甲醇、费托合成燃料、二甲醚等液体燃料，城市煤气、氢等）和多种高附加值的化工副产品以及用于工艺过程产生的有效能量。煤基多联产的实质是多种产品生产过程的优化耦合，从系统高度出发，最大限度耦合多种碳化工技术的优越性，将能源产品和化工产品联合生产，充分提高能源的利用效率，减少污染物排放，并有利于$CO_2$的储存和利用。但需要指出的是，大规模的多联产系统工艺流程长、技术难度大、能量和物质转换复杂、集成优化理论较薄弱。因此，目前根据目标产品设计出来的各种多联产系统大部分还处于概念或工业示范起步阶段，但这是实现煤炭能源低碳化利用的重要途径。

(2) 煤炭液化

煤炭液化技术主要有两种，一种是煤炭的直接液化，即在催化剂和氢气的共同作用下，通过使烃类分子裂化为几个较小的分子，将固态燃料转变成液体燃料；另一种是煤炭的间接液化，即先将原煤转化成气态的煤，然后再通过加氢化学合成烃类燃料、醇类燃料的过程。煤炭间接液化中有75%以上$CO_2$浓度高于90%，利于$CO_2$的封存。煤间接液化在南非已有50多年的大规模生产历史，技术相对比较成熟。中国自主知识产权的煤间接液化技术也已经完成了万吨级的中试开发，正在进行大规模示范厂的建设。

**2. 组成多联产的能源系统**

显然，经过近40年的奋斗，IGCC技术已经取得了巨大的成就，我们决不能在此停步不前，应该促使该技术继续发展。近年来，中国能源面临能源供应紧张、液体燃料短缺、环境污染、温室气体排放等一系列问题，以煤气化为核心的多联产系统能综合解决上述问题，具体从以下几个方面来说明。

较成熟的煤化工与动力单元实现多联产系统集成。以煤气化为基础的热电化多联产系统包括气化炉、炼焦炉、合成甲醇等核心设备与技术，目前均处于世界先进或居世界前列的水平，因而实现这些单元的优化集成就成为中国现阶段实现热电化多联产的优先选择，当然，多联产也存在需大型化的问题，其化工产品也需向多元化发展。

以煤气化为基础的多联产得到长足的发展。根据已经完成的中国发展 IGCC 优势、障碍与对策研究和 IGCC 技术发展线路图，中国 IGCC 和联产技术发展的阶段目标是：到 2020 年 IGCC 装机容量争取达到 100 吉瓦，合成油及化学品实现每年替代 5500 万吨，氢电联产的 $CO_2$ 和污染物近零排放电厂示范。在 2030 年前完全做好近零排放发电大规模应用的技术装备。

形成具有自主知识产权和核心竞争力的洁净煤技术群。热电化多联产涉及煤炭、化工、电力、热力等多个行业，系统包含煤炭气化、合成气净化、化工产品的生产、燃气轮机发电等多个组成部分。系统的节能、环保效果如何，不是仅与系统各个生产过程的节能环保技术水平相关，而是取决于整个复杂系统是否实现了各生产过程资源、经济、环境的最优耦合。因此开展全方位的研究，包括系统控制、集成与优化技术的深入研究，大型煤气化技术自主创新研究，$CO_2$ 捕集与分离技术研究，提升合成油工业化示范能力的相关研究，化工产品结构多元化研究等，最终形成具有自主知识产权和核心竞争力的洁净煤技术群。

**3. 碳捕获与封存技术成 IGCC 发展新机遇**

使用煤炭最多的是发电行业，因此，解决燃煤发电中二氧化碳的问题成了最主要的任务。在 IGCC 技术中利用碳捕获与封存技术（CCS）方法，对生产过程中的碳进行捕集和封存，使 IGCC 有可能成为未来极低排放发电系统的最佳方法。二者结合将实现二氧化碳的近零排放，大大提高燃煤效率，对于 IGCC 而言，也将是一个新的发展机遇。

IGCC 是实现煤炭发电 $CO_2$ 近零排放的重要基础，进一步改进技术、提高效率并控制碳排放是未来 IGCC 的主要目标。目前的能源结构与可持续发展战略决定了实施 IGCC 的必然要求。设计多联产能源系统有助于推动 IGCC 的理性发展，在实现能量流动、物质流动、碳流动总体优化的同时实现煤化工行业的低碳绿色发展。

# 二氧化碳捕获与封存技术（CCS）发展分析与展望

全球气候变化问题日益严峻，已经成为威胁人类可持续发展的主要因素之一，削减温室气体排放以减缓气候变化成为当今国际社会关注的焦点。控制全球气温的上升，关键在于控制二氧化碳的排放。为使碳减排工作更有效率地进行，联合国政府间气候变化专业委员会（IPCC）于2005年特别推荐了碳捕获与封存（CCS）技术。CCS是指将二氧化碳从大型发电厂、钢铁厂、化工厂等排放源收集起来，输送到一个封存地点，以避免其排放到大气中的一种技术，可以作为大规模削减二氧化碳排放的途径之一。在众多温室气体减排技术方案中，CCS技术是一项可实现化石能源大规模低碳利用的技术，将来可能成为未来全球减少二氧化碳排放和保障能源安全的重要战略技术选择。国际能源署（IEA）预测，到2050年，CCS对全球温室气体减排的贡献可达到19%，仅次于依靠技术进步提高能源效率带来的减排。同时，IEA在2010年发布的CCS技术路线图中指出，如果没有CCS技术，那么到2050年要达到二氧化碳排放量减半目标的总体成本将上升70%。CCS技术可以与能效技术、新能源技术、可再生能源技术等共同形成更稳妥、更经济的技术组合，能够更有效地实现保障发展和应对气候变化的双重目标。

## 一、2019年国际二氧化碳捕获与封存技术（CCS）发展概况

为推动CCS技术的发展，目前全球已有多个国家开展了相关的技术研发和示范工作，一批全流程的商业规模示范正在筹备和建设中，一些国家和国际机构还提出未来20年或更长时期该技术的发展路线和目标，CCS技术在全球范围呈现出加速发展的态势。

### （一）碳捕获与封存的发展状况及减排潜力

各国纷纷出台 CCS 技术发展路线图，朝着商业化的目标有计划地迈进。按照澳大利亚全球 CCS 研究所的统计，截至 2011 年，世界上运行、在建和计划中的 CCS 项目有 270 个左右，其中 70 个达到每年封存超过 1000kt 二氧化碳的商业级规模。但是真正商业化项目不超过 10 个，并且主要集中在油气生产领域，因为油气领域的 CCS 项目可将捕集到的二氧化碳用于提高油气采收率，从而更具经济性。其中比较成功的是美国大平原合成燃料厂 2000kt/a 二氧化碳封存项目和挪威北海天然气中二氧化碳封存于海底盐水层项目。根据美国能源部 2010 年 10 月的统计，美国现有 106 个 CCS 项目，其中捕集项目有 19 个，封存项目有 35 个，捕集并封存的全流程项目有 52 个，大部分项目处于建设状态。根据美国能源部的规划，美国将于 2020 年广泛部署经济可行的 CCS 项目。欧盟零排放化石燃料平台 2007 年提出了欧盟旗舰项目，旨在欧盟开展综合的 CCS 示范项目，以促使在 2020 年实现 CCS 商业化的目标。澳大利亚温室气体技术合作研究中心于 2008 年制定了新的 CCS 发展路线图。该路线图指出，在澳大利亚和国际范围内，从事示范（中等规模）和试验（小规模）研发项目。目前，碳捕获与封存技术项目已在澳大利亚各州全面展开，并有进一步加强或加速的趋势，如果顺利，澳大利亚将在 2025 年实现碳捕获与封存技术的商业化利用。2019 年 9 月初，法国与挪威及其合作伙伴壳牌和道达尔共同签署了一份谅解备忘录，以推进挪威 CCS 项目的合作。在发达国家中，挪威对气候变化问题十分重视，挪威政府宣布力争在 2030 年建成碳中性国家，到目前为止，已投入 82.5 亿挪威克朗来开发全面的 CCS 项目，预计此项目将于 2023 年或 2024 年投入运营。

当前美国、英国、挪威、加拿大、澳大利亚、日本等国家在技术上处于相对领先的地位，不同国家的封存潜力和分布状况，将会影响未来 CCS 发展的方向与国际合作。此外，各国路线图在目标、技术路线、资源投入等方面的差异，将会导致随着时间发展不同国家的 CCS 发展越来越具有特性，全球 CCS 产业将会在不同国家进行分工和专业化。

### （二）国际上常见的碳捕获技术

以化石能源为动力的燃烧排放气体中 $CO_2$ 浓度偏低，如燃煤电厂的烟气中 $CO_2$ 体积分数大致为 12%，对其进行有效利用和封存之前必须把其中大量 $N_2$ 分离出去，使 $CO_2$ 浓度达到 95% 以上，这就是 $CO_2$ 的捕集过程。目前国际工程界通常按照 $CO_2$ 捕集位置的不同将 $CO_2$ 的捕集方式分为以下几种：燃烧前捕集、燃烧后捕集、富氧燃烧捕集。

燃烧前捕集是先将化石燃料通过气化反应生成合成气，再进一步通过变换反应生成氢气和二氧化碳。然后可通过低温甲醇洗等工艺将合成气中较高浓度的二氧化碳收集起来进行储存。其捕集特点为基本采用物理溶剂吸收，二氧化碳在物流中的分压较高，较易分离。

燃烧后捕集主要通过化学溶剂、吸附和膜分离等方法将化石燃料燃烧后的烟气中的二氧化碳分离出来，其中化学溶剂吸收方法是目前较为普遍采用的燃烧后捕集技术。其捕集特点适用于二氧化碳分压较低的烟气，以化学吸收为主，缺点是溶剂再生能耗较高。

富氧燃烧是用纯氧或富氧气源代替空气参与燃料燃烧，使烟气中二氧化碳浓度大大提高，可达到 80%~98%，易于进一步提纯和储存。其捕集特点是烟气中二氧化碳浓度较高，其他杂质主要为水，只要经过干燥、压缩、脱硫等过程就可得到高纯度二氧化碳。缺点是富氧燃烧反应温度较高，对燃烧器与烧嘴的材质要求较高，锅炉系统投资相对较高。

## 二、2019年中国二氧化碳捕获与封存技术（CCS）发展分析

近年来，中国政府也对 CCS 技术的发展给予了积极的关注，围绕相关技术政策、研发示范、能力建设、国际合作开展了一系列工作推动 CCS 技术的发展，目前已经拥有了具有自主知识产权的二氧化碳捕获技术。截至 2019 年 8 月，国内共开展了 9 个纯捕获示范项目，12 个地质利用与封存项目。中国 CCS 的工业示范主要集中在煤化工、发电行业。发电厂二氧化碳捕获主要采用燃烧后捕获方式，中国的燃烧前捕获技术主要用于煤化工的合成气变换后脱碳，中国富氧燃烧还没有进入工业化试验。在封存方面，中国的 CCS 项目

还没有大规模封存的经验，未来的神华煤制油项目中，CCS部分将实现大规模二氧化碳封存于盐水层。另外，在二氧化碳强化采油领域的探索也取得了积极的进展。

（一）中国二氧化碳封存潜力

相关学者基于宏观角度对中国1623个大型$CO_2$排放源及$CO_2$封存潜力进行了全面分析，并从经济、技术的角度对源阱匹配进行了评价，估算出各油田$CO_2$埋存量如表25所示。

表25 中国EOR项目$CO_2$埋存潜力及地区分布

| | 主要油田盆地 | $CO_2$-EOR增产量（MBO） | $CO_2$埋存量（百万吨$CO_2$） |
|---|---|---|---|
| 陆上 | 松辽盆地 | 2510 | 1570 |
| | 渤海湾盆地 | 1860 | 1490 |
| | 辽河盆地 | 540 | 440 |
| | 鄂尔多斯盆地 | 700 | 360 |
| | 准格尔盆地 | 340 | 200 |
| | 吐哈盆地 | 160 | 120 |
| | 苏北盆地 | 130 | 100 |
| | 柴达木盆地 | 130 | 81 |
| | 塔里木盆地 | 89 | 69 |
| | 二连盆地 | 120 | 65 |
| | 南疆盆地 | 51 | 31 |
| | 江汉盆地 | 30 | 24 |
| | 四川盆地 | 32 | 20 |
| | 酒西酒东盆地 | 25 | 15 |
| | 依兰盆地 | 17 | 14 |
| | 焉耆盆地 | 8 | 7 |
| | 陆上总和 | 6742 | 4606 |

续表

| | 主要油田盆地 | $CO_2$-EOR增产量(MBO) | $CO_2$埋存量(百万吨$CO_2$) |
|---|---|---|---|
| 海上 | 渤海海域 | 160 | 130 |
| | 珠江口盆地 | 89 | 41 |
| | 北部湾盆地 | 34 | 18 |
| | 海上总和 | 283 | 189 |
| | 陆海总和 | 7025 | 4795 |

## （二）二氧化碳强化石油开采（$CO_2$-EOR）

$CO_2$-EOR 技术是指将 $CO_2$ 注入油藏，利用物理化学作用，以实现增产石油并封存 $CO_2$ 的工业工程。根据 $CO_2$ 与石油的混合情况，$CO_2$-EOR 技术又可分为非混相驱和混相驱。在非混相驱条件下 $CO_2$ 提高采收率幅度较小，一般在 5% 以下。在混相驱条件下 $CO_2$-EOR 技术提高原油采收率幅度较大，一般大于 7%。非混相驱和混相驱区别在于地层压力是否达到最小混相压力（MMP），当注入地层压力高于最小混相压力时为混相驱油。当压力达不到最小混相压力时则为非混相驱油，油藏筛选原则如表 26 所示：

**表 26　$CO_2$-EOR 油藏筛选条件**

| 类型 | 原油相对黏度（毫帕·秒） | 油藏深度（米） | 原油黏度（毫帕·秒） |
|---|---|---|---|
| 混相驱 | < 0.825 | > 762 | < 10 |
| | 0.825 ~ 0.865 | > 853 | |
| | 0.865 ~ 0.887 | > 1006 | |
| | 0.877 ~ 0.922 | > 1219 | |
| 非混相驱 | 0.922 ~ 0.980 | 550 | < 600 |

中国 $CO_2$-EOR 的开展主要集中在国内三大石油公司及延长石油。中国石油公司于 2007 年在吉林油田推进 $CO_2$-EOR 项目，该项目 $CO_2$ 气源来自松辽盆地的天然气井，由此催生了中国第一个天然气脱碳项目。作为该油田区块中具有代表性的特低渗油藏，松辽盆地的大情字井油田黑 59 区块被选为试验区块，随后在黑 79 区块进行扩大试验，结果表明 $CO_2$ 驱使原油产量提高了

30%，相应采收率比先前水驱提高了 10%。2014 年，中国最大规模 $CO_2$ 无水蓄能压裂先导实验在吉林油田取得成功，原油产量提高了 1.8 倍，原油产量由原来的单井日产 4.1 吨提升至 10 吨。截至 2019 年 9 月底，吉林油田相继建成原始油藏、中高含水油藏等 5 个二氧化碳驱油与埋存示范区，累计埋存二氧化碳 142 万吨，增产原油超过 13 万吨。

### （三）二氧化碳强化煤层气开采

中国煤层气资源极为丰富，大力开发煤层气资源并加以规模化利用，对缓解国家能源供需矛盾具有重要意义。另外，以甲烷（$CH_4$）为主要成分的煤层气又是《京都议定书》规定的六种主要温室气体之一，煤层气的规模化开采与利用有利于环境保护。但是，目前中国煤层气开采整体水平还比较低，处于"气多采不出"的状态，其主要原因是中国煤层的渗透率普遍较低，常规开采方法的煤层气流量小、采收率低。为此，以提高煤层气采收率同时封存 $CO_2$ 为目的的驱替煤层气技术受到越来越多的关注。

$CO_2$-ECBM 技术是指将 $CO_2$ 注入不可开采煤层中，以实现 $CO_2$ 长期封存同时强化煤层气开采过程，$CO_2$-ECBM 技术与单纯抽采方法相比有较高的煤层气产量，可以起到强化煤层气生产的作用，主要机理如下。

第一，煤对 $CO_2$ 比 $CH_4$ 气体具有更强的吸附性。相同温度压力条件下，煤体表面对 $CO_2$ 的吸附能力大约是 $CH_4$ 的两倍。因此，$CO_2$ 注入煤层后更容易被吸附，从而将原来吸附的 $CH_4$ 置换出来。

第二，降低 $CH_4$ 分压，促进脱附。$CO_2$ 的注入直接导致了煤层割离自由气体中 $CH_4$ 浓度的降低及 $CO_2$ 浓度的增加，打破了原来吸附 $CH_4$ 与自由 $CH_4$ 之间的平衡。为了达到新的平衡，$CO_2$ 将加快吸附，$CH_4$ 则会加快脱附。脱附的 $CH_4$ 变成自由气体，从而容易被开采。

中国对于 $CO_2$-ECBM 技术的研究发展已到中试、示范工程建设过程中，近年来国家层面对于理论、可行性方面研究也有较多政策资金支持，如表 27 所示。

表 27 目前中国支持的 $CO_2$-ECBM 研究项目情况

| 项目 | 资金来源 | 研究机构 |
| --- | --- | --- |
| 注 $CO_2$ 提高煤层气采收率 / $CO_2$ 埋藏 | 科学技术部 | 中联煤层气公司 |

续表

| 项目 | 资金来源 | 研究机构 |
|---|---|---|
| 多元气体吸附解析模式及 $CO_2$ 驱替煤层气机理研究 | 国家自然科学基金项目 | 中国矿业大学（北京） |
| 中国 $CO_2$-ECBM 潜力评价与基础科学问题研究 | 中国科学院百人计划项目 | 中国科学院武汉岩土力学研究所 |
| 煤层甲烷回采和 $CO_2$ 注入改进模型 | 国家自然科学基金项目 | 中国矿业大学 |
| $CO_2$-ECBM 过程中煤基质性质对煤的膨胀性和 $CO_2/CH_4$ 在煤中渗透性变化的影响 | 国家自然科学基金项目 | 中国科学院山西煤炭化学研究所 |
| 注气驱替煤层气过程中煤基质差异膨胀效应实验研究 | 国家自然科学基金项目 | 中国矿业大学（北京） |
| 深部煤层封存 $CO_2$ 的固–气作用关系及封存实验模拟 | 国家自然科学基金项目 | 中国科学院过程工程研究所 |
| 全国煤田 $CO_2$ 地质储存潜力与适宜性评价 | 中国地质调查局水文地质环境地质调查中心 | 中国科学院武汉岩土力学研究所 |
| 深部煤层处置 $CO_2$ 中的二元气固耦合作用与双重孔隙效应研究 | 国家自然科学基金项目 | 中国矿业大学 |
| 超临界 $CO_2$ 注入低渗透煤层运移规律及增透机理研究 | 国家自然科学基金项目 | 辽宁工程技术大学 |
| 深煤层注入/埋藏 $CO_2$ 开采煤层气技术研究 | 科学技术部 | 中联煤层气公司 |
| 煤层中注入 $CO_2$ 驱替甲烷的热流固耦合作用机理研究 | 国家自然科学基金项目 | 中国矿业大学 |

**续表**

| 项目 | 资金来源 | 研究机构 |
|---|---|---|
| 地层约束条件下 $N_2/CO_2$ 混合气体驱替煤层气的机理及最佳气体组分比研究 | 国家自然科学基金项目 | 中国科学院武汉岩土力学研究所 |
| 基于深部煤层 $CO_2$ 封存的超临界 $CO_2$ 与煤相互作用及其对碳封存影响研究 | 国家自然科学基金项目 | 山东科技大学 |

中国驱煤层气的现场研究主要由中联煤层气公司主导。2002—2007 年与加拿大合作，在煤质条件较好的沁水盆地南部无烟煤煤层开展了单井现场试验。目的是研究在中国实施该技术的可行性，共注入了 192 吨 $CO_2$。试验结果表明该技术可适用沁水盆地的煤层。在此基础上，该公司与澳大利亚合作正在进行扩大实验。2010 年以来已累计注入 600 吨 $CO_2$。此外，该公司正计划在内蒙古自治区、云南和山西开展更大规模的全流程工程示范。

通过十余年的研发以及借鉴国际 $CO_2$-ECBM 成熟案例，中国 $CO_2$-ECBM 相关技术、模拟方法、评价方法、工程技术都取得了突破性的进展，短期内实现了"从无到有，从有到精"的阶段性发展。驱替煤层气所需的大部分设备在石油及煤层气产业中都已有应用，并且大多已经实现国产化，因此在设备要求上没有明显障碍。

### （四）二氧化碳强化天然气开采

$CO_2$-EGR 技术是指将 $CO_2$ 以超临界状态注入天然气藏，以超临界的状态将天然气组分驱替出来。在实现提高天然气采收率的同时也达到了 $CO_2$ 封存的目的。EGR 技术最早出现在 20 世纪 90 年代，现在仍然处于示范阶段，与之相关的实例报道也较少。目前该项技术尚处于技术示范水平，代表项目有荷兰的 K12-B 项目以及美国的 RioVista 气田项目等。史云清等对致密低渗气藏进行了 $CO_2$ 驱替研究，对提高气体采收率潜力进行了评价。采用室内研究结合建立数学模型的方法，明确了 $CO_2$ 提高采收率的程度，通过数值模拟的方法对鄂尔多斯盆地大牛地气田 DK13 井区进行了评价分析，研究表明，通过向气井中注入

$CO_2$ 可使天然气采收率提高 8.0% 以上，效果比较显著。目前此项技术的实验数据较少，但通过注入 $CO_2$ 的方式提高天然气采收率技术上已被证明可行。由于该项技术适用于枯竭气藏的天然气开采，而中国天然气开采技术研究较晚，结合中国气田开采技术的现状可判断此种方式短期内不会有较大规模的研究，但该项技术可作为国家长期低碳能源发展的技术储备。

## 三、2020年中国二氧化碳捕获与封存技术（CCS）发展展望

在应对气候变化的大环境中，研发和推广低碳技术被视为减少碳排放的重要方法。在各类低碳技术中，CCS 作为一项具有战略意义的温室气体控制技术被寄予厚望，但同时又饱受争议。2020 年，CCS 在中国的发展可以从以下三个方面进行阐述。

### （一）中国二氧化碳碳源分析

目前，在 CCS 捕集、输送与封存各个环节中，捕集是能耗与成本最高的环节。二氧化碳排放源可以划分为两类：一类是高浓度源（如煤化工、炼化厂、天然气净化厂等），另一类是低浓度源（如燃煤电厂、钢铁厂、水泥厂等）。鉴于烟道气的成分及组成因工艺流程的不同而不同，给碳捕获的实施带来了一定程度的困难。一般来讲，高浓度源的捕获成本大大低于低浓度源。中国的二氧化碳捕获主要集中在煤化工行业，其次为火电行业、天然气厂以及甲醇、水泥、化肥等工厂。例如神华 CCS 示范工程的二氧化碳源就是从煤制氢装置变换单元的尾气中截流后，经气液分离、除油、脱硫、净化、精馏等工艺，将纯度为 88.8% 的二氧化碳提纯至 99.9% 以上再运至封存。

### （二）CCS 面临的问题

CCS 技术是一项有望实现化石能源大规模低碳排放的技术，其总体上尚处于研发和示范阶段，目前仍存在许多制约其发展的突出问题。一些学者反对在现阶段或近期大规模普及 CCS 项目，有关的争议主要表现在以下两方面。

#### 1. 长期封存的安全性风险

据 IPCC 预计，99% 封存的 $CO_2$ 很可能在封存地点封存 100 年以上，$CO_2$

压缩设备、管道、注入和封存地点都有可能发生 $CO_2$ 的泄漏，封存的 $CO_2$ 若发生泄漏可能危害人体健康，影响当地生态系统，进行 $CO_2$ 封存还可能污染地下水，甚至可能诱发地震。如果进行海洋封存还将影响海洋环境。

**2. 高能耗、高成本**

以电厂燃烧前捕集系统为例，在目前的技术水平下，低浓度 $CO_2$ 的捕集、分离、提纯将使整个电厂发电效率降低约20%，此外运输、注入等环节也需消耗能量。高能耗势必带来高成本。

### （三）中国 CCS 前景探索

从国家层面看，CCS 技术对于各国实现碳减排目标、能源安全、提高环保和经济效益都有重要作用。对于中国来讲，CCS 技术种类齐全，截至2019年年底，中国累计二氧化碳封存量约200万吨。虽然中国在 CCS 技术研发、试验示范和商业化探索方面已开展了大量的工作，但相对于中国的二氧化碳排放量和减排需求，当前 CCS 的减排贡献量仍然很低，难以满足中国低碳发展的迫切需求。因此建议尽快推动中国 CCS 健康全面的发展，促进 CCS 由技术发展成为市场，通过减少成本而产生收益。一旦 CCS 技术开始大规模应用，将会形成很大的市场，不但中国拥有大规模的应用潜力，CCS 技术的潜在市场还包括美国、欧盟、澳大利亚、印度等。如果中国可以提前占领 CCS 技术的高地，那么借助过去多年所积累的经验，中国完全可以在未来 CCS 市场中占领一席之地，中国企业也可借此进军国际市场。针对在低碳发展中如何实现高绩效的问题，基于对 CCS 市场前景的探索，给出以下建议，仅供能源公司和相关公共事业参考。

**1. 建立内部碳排放审查制度并评价可替代的低碳技术**

由于受到排放限制，能源企业需要评估碳成本对于企业利润的潜在影响，需要考虑的内容包括二氧化碳排放量、未来的发电结构、资产的地区分布和所处的监管环境，了解碳排放对公司业务的潜在影响。评估还应包括 CCS 技术和其他低排放的替代技术来确定哪些技术适合企业战略。

**2. 做好源汇匹配，了解 CCS 潜在的合作伙伴，实现合作共赢**

碳排放量巨大的公司最好建立一套 CCS 处理能力的基准线，如明确适宜的二氧化碳储存地点，同时，了解一些在投资 CCS 技术上具有互补性技术、资产和合作意向的公司也是有益的。如新疆地区发达的煤化工，石油化工提供了良好的气源，新疆油田为封存端，捕集方、气源方、封存方如何形成多方共赢的商业合作有待于进一步研究。

**3. 推进 CCS 的监管和出台相关鼓励政策，完善金融体制**

能源企业应利用其对政府和监管机构的影响力，帮助推动 CCS 发展，并为 CCS 技术提供足够的支持。CCS 的发展需要解决商业化运营前的巨额技术研发问题，建议出台相关鼓励和补贴政策，开通银行绿色通道，引进社会资本，设计合理的投融机制，解决 CCS 投资与运行成本高的难题。

# 节能技术发展分析与展望

节能一方面可以有效地实现能源利用效率的提高，控制能源消费总量，另一方面可以大幅度降低能源使用过程中的污染物排放规模，最终实现绿色低碳经济的可持续发展。随着绿色可持续发展模式和节能环保理念的发展，低碳技术泛指可以降低碳排放甚至零排放的一系列相关技术。按照国家颁布的《国家重点推广的低碳技术目录》，低碳技术是能减少或者消除二氧化碳的清洁技术。不仅包括使用新的劳动工具、发明新方法、对现有技术进行创新，而且包括劳动者技能的提高和社会创新环境的改善等，涵盖了各类形式的知识积累和改进。随着世界整体科学技术的不断快速发展，存在低碳技术新旧替代的技术发展演变规律，从单一传统技术逐步向综合深度精细化技术方向发展。

## 一、2019年国际低碳节能技术发展概况

从降低碳排放的机理角度划分，低碳技术包括零碳技术、减碳技术和储碳技术。而从技术特征方面划分则包括非化石能源类技术，燃料及原材料替代技术，工艺过程等非二氧化碳减排类技术，碳捕获、利用与封存类技术和碳汇类技术五大类。2018年，IEA成员国在低碳技术方面的研发支出大幅增长，达到185亿美元（2018年价格和购买力平价），占研发总预算的94%（图17）。作为能源研发支出总额，自2012年以来连续四年下降，国际能源机构的低碳能源技术成员国在2017年增长了3%，在2018年再次增长。

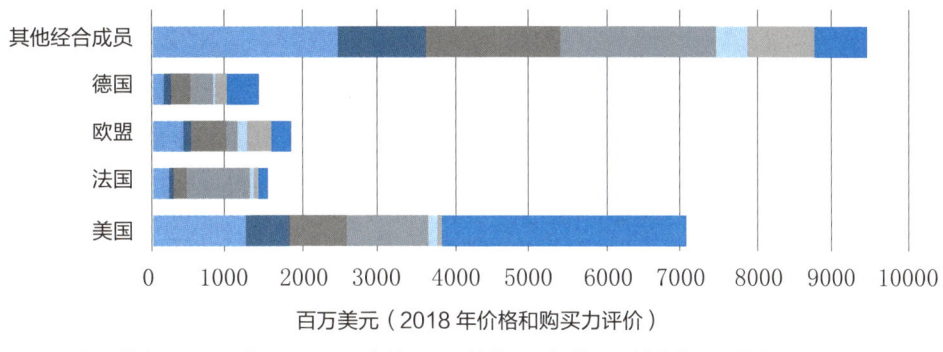

图 17　2018 年经合组织成员能源研发投入

数据来源：IEA。

根据世界专利统计数据库（PATSTAT）的新摘录，在过去的 40 年里，国际能源机构成员国在能源研发方面的投资逐步增加，更加多样化。核能在 1974 年占主导地位，占公共能源研发总预算的 75%，2018 年，能源效率（21%）同比下降 22%。20 世纪 80 年代和 90 年代初，化石燃料研发预算最高，2013 年占比 15%，2018 年下降到 9%。能源效率和可再生能源的研发预算在 20 世纪 90 年代和 21 世纪初显著增长，分别从 1990 年的 7% 上升到 2010 年的 22% 和 21%。然而，从那时起能源效率方面的支出几乎保持不变，而可再生能源的份额却下降到 15%。另外，跨领域的研发在 21 世纪的头十年中有所增长。自 2012 年以来，氢和燃料电池的研发预算份额保持在 3%。在 2011—2012 年期间，碳捕获与封存（CCS）的增长速度比其他技术快得多，此后这些专利的数量显著下降（表 28）。

表 28　2019 年国际低碳技术进展

| | 新技术引入 | 重大进展 |
| --- | --- | --- |
| 交通领域 | 2018年,用于多种用途(即货运、垃圾收集等)的电力卡车商业化(沃尔沃、梅赛德斯、达夫和特斯拉等多家制造商)<br>荷兰第一艘电动货运船舶和挪威的电子渡轮阿维诺宣布 2040 年全电力短途航班计划<br>空客、劳斯莱斯和西门子合作开发面向 20 世纪 30 年代中期的短途电动飞机<br>全球自主和电动汽车的投资翻番 | 特斯拉在欧盟已经安装了超过 2750 个增压器位置<br>电动汽车无线充电欧洲实现标准化<br>瑞典修建了第一条充电用电气化道路 |
| 建筑领域 | 荷兰的尼尔达利兹采用云计算服务优化住宅供暖所用热量<br>挪威德拉门地区运用水力发电提供 85% 的城市供暖热水 | 英国海德堡财团计划将 20% 氢与天然气混合从而进行间接电气化 |
| 工业领域 | 瑞典水泥生产电气化试点项目<br>瑞典氢气钢铁生产电气化(HYBRIT 项目)<br>VoltaChem 和 TNO 开发将可再生能源转化为热能、氢气和化学品的技术 | 德国的 Power-to-X 联盟投资高达 11 亿欧元,促进绿色氢气和合成甲烷的生产 |

## 二、2019年中国低碳节能技术发展分析

中国低碳技术发展迅速,2016—2019 年,规模以上企业单位工业增加值能耗预计下降 15.6%,规模以上企业单位工业增加值碳排放下降了 19%。但中国整体能耗水平依然偏高,按照相关测算,中国建筑陶瓷能耗是国际先进水平的 200%,合成氨、墙体材料、乙烯、炼油单位能耗分别较国际先进水平高 48%、43%、34%、25%,工业领域节能潜力约为 2.05 亿吨标准煤,所以中国低碳节能技术发展潜力巨大。

### (一)钢铁行业低碳技术发展分析

动力转化和燃料燃烧是钢铁行业的两大主要能源用途,其中,燃料燃烧主要用来提供炼焦、烧结、高炉炼铁等生产环节需要的热量。动力转化和燃

料燃烧消耗主要以原油、煤、液化石油气以及电力为主，其中煤消耗约占总能量的 70% 左右（表 29）。

表 29 钢铁行业能源消费结构

| 形式 | 类别 | 百分比（%） |
| --- | --- | --- |
| 燃料 | 煤 | 38.39 |
| | 煤气 | 17.25 |
| | 焦 | 26.66 |
| | 油 | 0.06 |
| | 其他 | 1.44 |
| 动力 | 水 | 15.74 |
| | 气体 | 0.46 |

中国钢铁工业的主要环保技术来源国外，比如普遍采用的干熄焦（CDQ）技术、煤调湿（CMC）技术、高炉炉顶余压发电（TRT）技术和燃气蒸汽联合循环发电（CCPP）技术等（表 30）。

表 30 中国钢铁行业工艺技术来源

| 技术名称 | 应用工序 | 技术源 |
| --- | --- | --- |
| CDQ | 焦化 | 乌克兰 |
| CMC | 焦化 | 日本 |
| 烧结余热发电 | 烧结 | 日本 |
| TRT | 高炉 | 日本、乌克兰 |
| 干法除尘 | 转炉 | 德国 |
| OG | 转炉 | 日本 |
| CCPP | 流程 | 日本、美国 |

根据国内外钢铁产业节能减排技术发展的趋势，可以将钢铁产业技术划分

为"重点推广技术""完善后推广技术""前沿探索技术"三个阶段（表31）。

钢铁工业在未来要重点发展的节能技术包括重点推广技术，如高温高压干熄焦技术和能源中心及优化调控技术等，完善后推广技术，如烟气除尘和余热回收一体化技术，烧结机节能减排及防漏技术等，前沿探索技术，如竖罐式烧结矿显热回收利用技术和焦炉荒煤气余热回收技术等。

表31 钢铁产业低碳技术发展趋势

| 技术名称 | 应用工序 |
| --- | --- |
| 重点推广技术 | 高温高压干熄焦技术<br>能源中心及优化调控技术<br>烧结矿显热回收利用技术<br>富氧燃烧技术和蓄热式燃烧技术<br>焦化工序负压蒸馏技术<br>冶金煤气集成转化和资源化高效利用技术 |
| 完善后推广技术 | 界面匹配及动态运行技术<br>烟气除尘和余热回收一体化技术<br>烧结机节能减排及防漏技术<br>钢厂中、低温余热利用技术等 |
| 前沿探索技术 | 竖罐式烧结矿显热回收利用技术<br>钢厂物质流和能量流协同优化技术<br>能源流网络集成技术<br>焦炉荒煤气余热回收技术<br>钢厂利用可再生能源技术<br>换热式两段焦炉高效、清洁的全废钢电炉冶炼新工艺<br>高炉渣、转炉渣余热高效回收和资源化利用技术 |

## （二）电力行业节能技术现状分析

2019年全国火力发电6000千瓦及以上电厂供电标准煤耗307克/千瓦·时，高于世界平均水平和美国，略低于欧洲，主要得益于大量高效率标准的新建机组和热电联产改造。伴随着国家大量新能源发电项目投产和热电联产集中供热的高热电比趋势，未来依靠煤电项目设备自身的规模经济潜力降低，未来技术发展方向主要集中在灵活性调峰能力的智能电厂方面（表32）。

表32 电力行业低碳节能关键技术

| | |
|---|---|
| 主流节能技术 | 燃烧优化<br>煤粉等离子或小油枪点火<br>锅炉烟气余热回收利用<br>汽轮机通流改造和优化 |
| 新型节能技术 | 热电解耦<br>热电冷联供<br>分级预热<br>汽轮机通流结构优化<br>排汽冷端传热<br>新型调峰和智能优化控制<br>新型高效烟气净化<br>清洁高效燃烧<br>新型回转式空气预热器的密封技术 |

补充说明：①锅炉烟气余热回收利用发展方向：从低温省煤器技术向分级预热冷风；②热电冷联供发展方向：低压缸零负荷、背压供热改造和降低回水温度的大温差供热等；③排汽冷端传热发展方向：强化排汽冷端传热、保持凝汽真空度的节能技术，重点在提高空冷和水冷冷却塔换热能力、凝汽器污垢在线清洗新技术；④新型调峰和智能优化控制发展方向：以蓄电、蓄热为主的蓄能调峰技术和改变凝结水流量、优化燃烧控制、汽机调门全开滑压的一次调频技术。

2019年10月29日，中国首套具有完全自主知识产权的智能发电运行控制系统研发及应用项目通过中国电机工程学会技术鉴定。该项目由国家能源集团及相关下属单位与华北电力大学联合完成。智能运行控制系统在国电内蒙古东胜热电有限公司#1机组投运，该控制系统融合了工业数据分析和智能控制技术，与采用国外同类系统相比，降低费用25.5%。

### （三）炼化行业低碳技术现状分析

目前世界先进水平炼化行业的炼油能耗在50千克标准油，而中国炼油能耗最低达到 55 千克标准油，普遍都是在 60 千克标准油以上，规模小的甚至能达到 80 千克标准油，所以国内外炼化行业能源消耗存在一定的差距，特别是国内规模小的炼油厂存在较大节能发展空间。世界化工行业按照绿色、环保、节能方向发展，当前化工行业节能减排主流技术集中在以下几个方面（表33）。

表33 炼油化工行业低碳关键技术

| 化工行业节能关键技术 | 技术内容 |
| --- | --- |
| 炼化装置集成设计 | 炼油与化工企业应联合集成建厂，降低总体操作费用和整体能耗 |
| 夹点能量系统优化，人工智能能量系统优化控制 | 通过对能量的转换过程进行控制，以及能量回收系统的改善，可以进一步实现热回收 |
| 收率提升工艺技术 | 新工艺指提高目的产品的收率、提高装置的操作弹性 |
| 能量回收系统热集成 | 能量回收系统热集成是通过优化换热网络来提高能源的回收率、减少能量的损耗 |
| 高效节能设备 | 高效节能设备包括传输设备、旋转设备、锅炉、反应器和换热器等 |
| 精馏装置节能技术、热泵技术、机泵变频调控技术 | 机泵变频调控技术是实时地通过计算机应用程序对机泵进行监控，根据机泵的运转状态对机泵进行调控，实现根据需要自动调节泵的转速，实现有效节能 |

## （四）纺织行业低碳技术现状分析

在纺织业的能源消耗中，纺纱占34%，织布占23%，化学加工占38%，约有5%属于其他消耗。纺织行业的能源消耗主要是在化学加工过程中产生的，其次是纺纱工艺对能源的消耗，同时织布的过程也会消耗一定量的能源。在进行化学处理的过程中，热能消耗数量巨大，主要包括烘干加热以及水加热，很多企业为解决此类问题，积极研发利用新能源技术，但现阶段无法达到良好的应用水平。由于纺织产品在生产过程中需要的热量比较多，湿加工以及化学处理的过程都需要热能的支持，在生产过程中大量采用锅炉提供蒸汽，利用低硫重质燃料油或煤燃烧产生热量，通过特定的管道实现热能的传输，在这个过程中会出现热能的必要损耗。同时，在实际生产过程中还会消耗大量的电能，为保证纺织机械设备不间断工作运转，一些具有一定规模的纺织企业配备了专用的发电机，涡轮的整体利用率较低，很多闲置的生产设备对电能的浪费比较多。

中国纺织印染行业在"十二五"期间开展了大量的节能技改工作，较为有效的节能项目有循环流化床锅炉替代链排、推排锅炉，热电联产，工业锅炉（有机热载体锅炉）余热利用，空压机、定型机、印染废水余热回收，低浴比染色设备的替代，高温染色机的保温，风机水泵空压机变频控制等（表34）。

表34 纺织印染行业低碳关键技术

| 纺织印染行业"十二五"低碳技术 |
| --- |
| 循环流化床锅炉替代链排、推排锅炉技术 |
| 热电联产技术 |
| 工业锅炉（有机热载体锅炉）余热利用技术 |
| 空压机、定型机、印染废水余热回收技术 |
| 低浴比染色设备替代技术 |
| 高温染色机保温技术 |
| 风机水泵空压机变频控制技术 |

| 纺织印染行业"十三五"低碳技术 |
| --- |
| 供热工序节能技术（清洁能源替代煤、定型机燃气直燃供热、中压蒸汽集中供热替代小型燃煤导热油炉） |
| 印染工序节能技术【超低浴比（气流染）染色技术、印染废水余热回收、冷轧堆前处理技术、纺织品直喷技术和印染数字化智能系统】 |
| 定型工序节能技术（定型机天然气直燃取代导热油锅炉供热、定型机废气余热回收） |

## （五）水泥行业低碳技术现状分析

全球水泥行业产生的 $CO_2$ 约占全球人为产生 $CO_2$ 总排放量的 5%。目前，单位水泥 $CO_2$ 的排放系数约为 0.55～0.95 吨 $CO_2$/吨水泥，主要取决于水泥生产过程中的能效、使用的燃料种类以及所生产的水泥品种。水泥生产中排放的 $CO_2$ 约有 50% 来自石灰石中 $CaCO_3$ 的分解，约 45% 来自燃料燃烧和电耗排放，约有 5% 由运输过程产生（表35）。

**表35　水泥行业低碳关键技术**

| 关键技术 | 技术内容 |
| --- | --- |
| 变频控制技术 | 应用变频调速技术，形成交流调速回转窑电机驱动系统 |
| 燃烧改进技术 | 新型双管燃烧器的主要优点是可以消除内管道，调整旋流器和外管道旋流强度<br>提高窑衬的热阻，即绝热效果，降低窑缸的热损失是提高窑衬热阻的重要措施 |
| 分解和节能措施 | CB20 单层加湿保温砖是由工作层和保温层组成的轻质高强耐磨耐高温磷化砖<br>砌筑技术为了减缓物料在分解区的移动速度，延长物料的加热时间，提高分解速度，可采用防剥落高、低砖三通固定环强化分解区的功能 |
| 使用热管技术的排气系统 | 在烟气余热回收中广泛的应用热管技术，取得的效果也是明显的。热管技术可用于降低废气温度并因此减少来自废气的热损失。热管是根据传热技术需要开发的高效传热元件 |
| 除灰、除水能耗 | 选择合适的窑风速，原料颗粒重量和换热设备可以减少窑粉尘的数量，减少窑尘带走的热量<br>为了减少泥水蒸发的热量，有必要减少泥水，减少或消除外部的抽水。采用稀浆提高浆料的流动性是降低浆料蒸发热量的关键 |

与水泥生产相关的 $CO_2$ 排放量逐年增加，特别是在发展中国家。主要由

于发展中国家为了满足经济发展以及人口增长需求所进行的基础设施建设，包括住宅、道路、医院以及学校等。预计未来水泥行业排放的 $CO_2$ 将有 80% 来自发展中国家。

在提高水泥生产过程能源效率方面，国外采用的措施主要包括：提高窑系统的热效率、采用高效粉磨技术、高效冷却机技术、高效选粉机技术、余热回收利用、变频调速技术、多通道燃烧器以及提高水泥厂的自动化水平等。

### （六）造纸行业低碳技术现状分析

造纸产业包括纸浆制造业、造纸业（含机制纸及纸板、手工纸、加工纸）、纸制品制造业三大部分，是与国民经济和社会发展关系密切并具有可持续发展特点的重要基础原材料产业。近几年，北美及欧洲在传统造纸的研究方向主要是针对大数据在纸浆/造纸中的应用、污水回用和处理、污泥的利用、黑液浓缩和分离技术、低能机械纸机脱水技术、纸机防腐技术和材料的开发、生物酶技术的开发和应用、高产率与高质量纸浆技术、高灰分高强度书写纸及高质量卫生纸等（表36）。

表36 造纸行业低碳关键技术

| 造纸行业低碳关键技术 |
| --- |
| 低能耗、少污染的非木材制浆新工艺和新技术 |
| 化学制浆全无氯漂白新技术 |
| 造纸生产过程高效节能节水技术 |
| 造纸综合废水高效"三级处理"技术及回用技术 |
| 化学污泥高效脱水技术 |
| 碱回收炉大气污染物减排技术，木质素综合利用技术 |
| 高效、低污染制浆造纸用化学品和酶制剂等新产品研发或应用技术 |

## （七）交通运输行业低碳技术现状分析

世界建设节能型综合交通运输体系，包括铁路、公路、水运、民航及管道运输等各种运输工具，合理配置运输资源，提高交通运输能源利用的整体效率。轨道交通方面，加快机车交流传动技术的应用，重视机车车辆或动车组的流线化设计，增加车辆载重，减少自重（表37）。

表37　城市轨道交通行业低碳技术

| 技术 | 技术内容 |
| --- | --- |
| 车身材料技术 | 针对车身材料进行了优化，最大化地减轻了车身重量，与传统车型相比，可以有效节能50%以上 |
| 再生电能吸引技术 | 这项技术的应用可以实现针对部分城轨线路进行全电制动停控制，并通过利用车辆制动所产生的能量来节约电能的消耗，可以节能5%左右的节约效果 |
| 设备运行时间优化 | 针对全线路上的所有用电设备进行合理规划，实现了对线路中变压器容量的控制，同时采用智能化技术对非运行时段各照明设备进行控制 |
| 照明空调技术 | 结合当地城市轨道线路运行情况，使用LED节能设备，并更换了新型节能通风空调设备 |
| 新能源技术 | 在条件允许的城市的城轨线路中使用了新能源，不仅可以有效减少电能耗量，还可以最大限度地减少碳排放量 |
| 路线节能技术 | 部分城市结合其城市地形，规划设计了节能坡，通过合理规划城市轨道营运线路以及行车车次起到节能作用 |

汽车发动机领域，开发柴油发动机轿车和混合动力汽车，研发自重轻、载重量大的运输设备。鼓励发展节能型轿车，提高专用车、厢式车和重型汽车在载货车中的比重。因地制宜推广汽车利用天然气、醇类燃料、合成燃料和生物柴油等替代燃料技术，开发研究电动汽车、氢气汽车等新型动力汽车（表38）。

表 38 汽车产业低碳技术

| 技术 | 技术内容 |
| --- | --- |
| 稀燃技术 | 汽车发动机运行过程中,空燃的设计值要高于空燃的理论值,从而提升发动机的动力,确保发动机经济运行的同时,保障排放的气体量符合节能要求 |
| 增压技术 | 主要包括两种涡轮增压器和机械增压,涡轮增压器不断更新,使得发动机的输出效率得以提升 |
| 燃油掺水节油技术 | 乳化燃油加水减少乳化燃烧油燃烧时排出的有毒成分（氮氧化物），降低烟度污染指数 |
| 可变进气歧管技术 | 通过改变进气管的截面积或者长度,使得燃烧效率提高,从而促进发动机的稳定运行,即在高转速时能够更加顺畅、增加功率；在低转速时扭矩更充足,运行更平稳 |
| 汽油机 EGR 技术 | EGR 作为未来汽油机降油耗的必备工具,可以抑制爆震、避免加浓及降低部分负荷的泵气损失 |
| 变压缩比技术 | 可变压缩比技术解决发动机压缩比和爆震的矛盾,提升发动机热效率 |
| 停缸技术 | 发动机停缸后,燃烧室总表面积的减少可降低燃烧过程的传热损失,从而提高了发动机的循环热效率 |

同时，推广港口、铁路站、机场等的照明节电改造，完善、提高地面信号的显示能力，改善空调的温度控制调节。

### （八）建筑行业低碳技术发展分析

中国目前城镇建筑能耗为全国商品能源的 23% ~ 26%（不包括建筑材料制造用能及建筑施工过程能耗）。目前发达国家的建筑能耗一般在总能耗的三分之一左右。

中国城镇建筑能源消耗按性质分为五类：北方地区采暖能耗；除采暖外的住宅能耗（照明、炊事、生活热水、家电、空调等）；除采暖外的普通公共建筑能耗（办公室、中小型商店、学校等）；除采暖外的大型公共建筑能耗（写字楼、星级酒店、大型购物中心等）；工业建筑能耗。采暖能耗占北方地区建筑能耗的50%以上（按总量计算，不同类型建筑的比例有所不同）。在实施建筑节能标准之前建造的建筑冬季采暖平均热指标为30～50瓦/平方米，是北欧相同气候条件下建筑采暖能耗的2～3倍。通过改进建筑设计、加强围护结构保温和有效利用太阳能，可使此部分能耗降低50%～60%。

中国建筑节能的重点是建筑本体的节能、采暖系统的节能、空调系统的节能、提高照明和其他电器产品的能效、可再生能源技术的应用等。通过这几方面的措施实施，中国单位建筑面积平均能耗可降低30%～40%，这意味着建筑节能可能使中国总的能源需求量降低10%（表39）。

表39 建筑行业低碳技术

| 技术 | 技术内容 |
| --- | --- |
| 建筑节能优化设计 | 建筑造型及围护结构形式对建筑物性能有决定性影响，包括建筑物与外环境的换热量、自然通风状况和自然采光水平等，以上三方面构成了70%以上的建筑采暖通风空调能耗。利用动态热模拟技术对建筑方案进行详细的模拟预测和优化设计 |
| 通风装置与排风热回收装置 | 蜂窝状铝膜式、热管式等湿热回收器等通风装置<br>纸质和高分子膜式透湿型全热回收器等除湿系统 |
| 热泵技术 | 通过热泵技术提升低品位热能的温度，为建筑物提供热量，是建筑能源供应系统提高效率、降低能耗的重要途径，也是建筑设备节能技术发展的重点之一 |
| 降低输配系统能源消耗 | 通过调节改变风机水泵工作状况，使其与已有管网相匹配，变输配系统结构去掉调节阀，用分布的风机水泵充当调节装置，即用风机水泵补充不足能量，可以使输配系统能耗比目前降低50%～70% |

续表

| 技术 | 技术内容 |
| --- | --- |
| 湿度温度独立控制的空调系统 | 采用湿度温度独立控制的空调系统将室外新风除湿后送入室内，可用于消除室内产湿，并满足新鲜空气的要求；而用独立的水系统使18℃~20℃温度的冷水循环，通过辐射或对流型末端来消除室内显热。有效的技术突破可使大型公共建筑采暖空调能耗再降30%，相当于此类总能耗降低15% |
| 建筑式热电冷三联供应系统（BCHP） | 采用动力装置先由燃气发电，再由发电后的余热向建筑供热或作为空调制冷的动力，可获得更高的燃料利用率。目前技术难点主要是高发电效率、低排放的燃气发电动力装置，高密度高转换效率的蓄能装置和高效率的热驱动空调方式 |
| 燃煤燃气联合供热与末端调节 | 以燃煤为燃料的大型热电联产热源和大型燃煤锅炉房通过采用天然气为燃料的小型调峰锅炉根据负荷需求补充不足的热量 |
| 节能灯和节能灯具 | 降低照明用电的途径包括：发展高效光源、采用高效灯具、改进照明控制 |
| 可再生能源技术 | 目前国内针对太阳能光热利用、光电转换及直接利用太阳光采光等方面均取得了进展，太阳能热水器也得到了很好的推广 |
| 楼宇智能监控技术 | 实现设备管理智能化以满足按需运行的节能模式，实现安全管理的智能化以满足及时响应的安全工作生活环境需要，实现对空气、水等的管理，以提供舒适的氛围，实现办公无纸化，以配合便利高效的现代工作模式 |

## 三、2020年中国低碳节能技术发展展望

根据中国的"十三五"规划，力争2020年，中国的钢铁、建材、石化、化工、有色、煤炭、纺织、造纸等重点耗能行业能效水平达到国际先进水平。目前，在钢铁、水泥等行业的高炉煤气发电、炉顶压差发电、转炉负能炼钢技术、干法熄焦和水泥窑余热发电等，煤气化工艺中采用煤气余热梯级回收利用与干法降温减小显热损耗，以及化工领域回收进行电热多联产等节能效益显著的技术已得到较广泛应用（表40）。

表 40　中国重点行业低碳技术

| 技术 | 技术内容 |
|---|---|
| 清洁供暖 | 空气源热泵、水（污水）源热泵、天然气供暖、点供暖、可再生能源（地源热泵、太阳能、风能、地热能、生物质能）供暖、工业余热供暖、多能互补储能、热电协同集中供热、分布式水泵供热系统、分布式能源冷热电联供等 |
| 余热余压利用 | 冶金行业：钢铁行业烧结余热发电、螺杆膨胀机驱动、矿热炉烟气余热利用、非稳态余热回收及饱和蒸汽发电、冶金余热余压能量回收同轴机组应用、高炉冲渣水直接换热回收余热、烧结废气余热循环利用工艺、焦炉荒煤气显热回收利用<br>石油化工行业：氯化氢合成余热利用、黄磷生产过程余热利用及尾气供热发电、芳烃装置低温热回收发电、硝酸生产反应余热利用等<br>建材行业：玻璃板式换热器余热回收利用、烧结砖隧道窑辐射换热式余热利用、油田采油污水余热综合利用等 |
| 综合能源服务 | 节能+供能+智慧；支撑技术包括节能服务（能效服务）、分布式发储（供能）系统、分布式用能系统、智能电网、智能气网和智能热网、综合能源服务平台、需求侧响应等 |
| 通用技术装备 | 电机系统：节能电动机、变频调速、制冷压缩机节能、"空载降压"节能、空压机集中控制、空压机余热回收、风机水泵系统节能<br>空调节能：温湿度独立调节系统、中央空调全自动清洗、蓄能技术（冰蓄冷、水蓄冷）、磁悬浮变频离心式中央空调、基于冷却塔群变流量控制的模块化中央空调节能技术等 |
| 信息化、智能化技术 | 楼宇用能自动控制技术、钢铁行业能源管控技术、大型高效阳极焙烧炉系统控制节能技术、新型干法水泥窑生产运行节能监控优化系统技术、水泥企业可视化能源管理系统、建筑陶瓷制粉系统用能优化技术、用于高耗能行业的集成系统诊断和优化节能技术、智能高压钠灯电子节电控制系统、制糖热能集中优化控制节能技术、变频优化系统节能技术、锅炉燃烧温度测控及性能优化系统、过程能耗管控系统技术、智能热网监控及运行优化等 |

低碳技术篇

近年来，中国低碳节能工作取得了积极成效。"十三五"以来，全国能耗强度累计下降11.35%，通过低碳技术进步改进制造业传统技术和工艺，或者开发新能源，提高了能源利用效率，降低产业生产成本。

### （一）传统能源和低碳新能源相结合

从供应端来看，未来具备应用基础的低碳燃料主要以水电、天然气（LNG）等低碳、可再生能源为能源组合替代，从而降低工业制造进程中的碳排放规模和能源强度。

### （二）工业生态链节能、热回收及综合利用

通过整合工业生态链，使单一设备和制造企业与其他行业部门形成生态链，通过余热回收实现综合利用，提高资源的二次利用效率，从更广的范围来开展节能减排工作。

### （三）低碳技术信息化

以电子计算机为主体的现代信息控制技术已经渗透到各个行业领域。全球工业普遍呈现采用电子、电脑程序控制，从市场信息到产品设计、产品制造生产的信息化趋势。利用电脑工业监测和生产辅助手段，可以实现小批量、多品种的市场多样化弹性需求，降低产品研发生产和物流贸易过程中的能源消耗和碳排放规模，达到经济效益的最大化。

### （四）智能化网络物流

更多应用信息化技术和智能化技术，从而在物质流和能量流的动态运行过程中更加有效地加强对其的综合调控，进一步提高能量的转换效率，推动工业整体节能水平的提升，促进工业的绿色健康发展。

### （五）生产工艺和装备新材料

新材料技术及3D打印、合金激光焊接等先进材料加工技术的飞速发展，碳纤维、高强合金等新型材料在工业行业节能技术与装备的应用范围逐步扩大。

# 绿色照明技术（LED）发展分析与展望

2019年LED技术得到较快的发展，LED应用、LED功率、安装和材料等方面的专利申请量显著增加。显示技术、智能照明、植物照明、景观照明和汽车照明等LED应用领域得到快速的发展。LED行业标准不断更新，相关标准体系得以完善和推广。新兴显示技术Mini LED崛起，市场大幅度增长。LED照明技术将与新一代信息技术深度融合，打造智能照明系统。LED生产技术向清洁、高效方向发展。在标准创新研制和生产集成化的作用下，LED技术标准化程度将进一步提高。

## 一、2019年国际绿色照明技术（LED）发展概况

2019年国际LED技术得到较快的发展和应用。LED新材料的发现和应用提高了LED的节能效率，Micro LED技术得到进一步的发展。国际LED行业标准不断更新，其中印度标准局（BIS）增加了LED灯具光度要求的行业标准，美国电气制造商协会（NEMA）也出台新标准，为道路及区域照明与控制器和感测元件的连接提供了机械与电子规范。

### （一）技术发展现状分析

#### 1. 超级注射效应的推广拓展LED应用领域

研究发现超级注射效应可以推广至同质结构中，这一发现可为光源开发和生产提供全新方法。莫斯科物理技术学院（MIPT）的研究人员发现，超级注射（此前认为只有在半导体异质结构中可能产生的效应）也可能发生在同质结构中（由单一半导体材料组成的结构），而大多数已知的半导体可用于构建能够进行超级注射的同质结构。此前，许多光学及磁学性能优良的新兴宽带隙半导体材料（如金刚石）由于不能有效掺杂而应用受到限制，如今MIPT

团队的成果证明超级注射可以在各种半导体材料中进行，包括传统的宽带隙半导体及新型 2D 材料等。此外，他们在研究过程中发现超注射在金刚石二极管中产生的电子浓度可能比先前认为的电子浓度高 1 万倍，即金刚石可能作为紫外 LED 的基础，比当前理论计算预测的要亮几千倍，且在金刚石或氮化镓中进行的超注射可以在常温下进行，这一发现可为高效蓝光、紫光、紫外和白光 LED 以及光学无线通信（Li-Fi）光源，新型激光器，量子互联网发射器和早期疾病诊断的光学设备等的设计开辟全新途径。

### 2. 新材料提高 LED 电能转化率

科学家制造基于铝镓氮的 LED 并发现此结构有利于提高 LED 将电能转化为光能的效率。日本东北大学（Tohoku University）的 Kazunobu Kojima 及其同事使用多种专门的显微技术，了解基于铝镓氮 LED 的结构如何影响效率。研究员在非常小的偏一度角蓝宝石衬底上生长一层氮化铝。接着，在氮化铝层上生长含有硅杂质的铝镓氮覆层。三个非常薄的铝镓氮量子阱在上面进行生长，且将亚原子粒子（电子和空穴）限制在垂直于层表面的维度，但不限制这些粒子在其他维度运动。最后，由氮化铝和含有镁杂质的铝镓氮所形成的电子阻挡层覆盖顶部的量子阱。研究员由此制造出基于铝镓氮的 LED。此过程中在底部的氮化镓层和铝镓氮层之间形成的阶梯结构影响其上方量子阱层的形状，而底部的阶梯结构与它们在量子阱层中引起的微小扭曲连接起来则形成富镓条纹状结构，这些条纹结构就成为铝镓氮覆层中电流的微通道。微通道与量子阱层内电子和空穴的强烈运动似乎提高了 LED 将电能转换为光能的效率。

### 3. Micro LED 技术进一步发展

Micro LED 由于体积小、低功耗、卓越的亮度及能效、更高的对比度及色彩饱和度、超高分辨率、灵活性以及良好的可靠性等性能对现有显示技术提出挑战，今年新技术的突破促进 Micro LED 的进一步发展。工业原子层沉积（ALD）薄膜涂层技术领先供应商 Picosun 通过使用一种称为 ALD 钝化的技术提高了其 Micro LED 的性能。比利时研究机构 Imec 宣布，欧洲研究委员会已向 Imec 的研究员 Paul Heremans 拨付了 250 万欧元的赠款，用于一项 5 年的项目，开发超亮薄膜光源和激光。薄膜光源具有灵活的制造工艺，可以满足不同应用的不同要求。美国罗彻斯特理工学院（Rochester Institute of Technology）的研究者新设计出一种垂直集成氮化镓 LED 结构，他们将纳米线氮化镓场效电晶体（FETs）和氮化铟镓 LED 集成在一起。在这个创意的新结构中，电晶体被放置在 LED 下面以实现控制和调光，有助于提高 Micro LED 显示器的效率。

### （二）行业标准

美国电气制造商协会（NEMA）发布了有关路灯的新标准《美国道路和区域照明设备国家标准——灯具四脚扩展模块和插座——物理与电气互换性和测试》。新标准为道路及区域照明与控制器和感测元件的连接提供了机械与电子规范。此标准是为道路和区域照明制造商、市政当局以及公用事业公司制定的，将有助于相关行业使用 Zhaga Book 18 接口在户外 LED 照明灯具上安装或拆除各类传感器。

印度标准局（BIS）已发布实施 IS10322（第 5 部分）：2013 修订版 A1 "灯具第 5 部分特殊要求，第 5 节泛光灯"。修订版 A1 于 2019 年 9 月 18 日起实施。此次更新中最大的变化是增加了 LED 灯具的光度要求。根据修订版 A1 的要求，必须保证贴有认证标志的产品符合 IS10322（第 5 部分）：2013 包括修订版 A1 中的要求。新申请需要向 BIS 递交符合 IS10322（第 5 部分）：2013 包括修订版 A1 的测试报告进行注册。所有持证人必须在 2019 年 9 月 18 日之前向 BIS 递交所有型号产品的修订版 A1 补充测试报告。测试报告可以由任何 BIS 认可的实验室出具。自 2019 年 9 月 18 日起，不涵盖修订版 A1 的证书将不再签发。

## 二、2019 年中国绿色照明技术（LED）发展分析

### （一）技术发展现状分析

2019 年，中国 LED 应用、LED 功率、安装和材料等方面的专利申请量显著增加。显示技术、智能照明、植物照明、景观照明和汽车照明等 LED 应

用领域得到快速的发展。大失配、强极化半导体照明材料及其低维量子结构和光生物效应等理论得到进一步的推进。

**1. 新型三维封装 LED**

国星光电发布车灯 LED 至新技术，采用立体柱状集成三维结构，光热耦合设计立体六面出光，设有蒸发区、绝热区、冷凝区三区散热结构，完美解决了传统平面 LED 光源芯片封装密度低、相邻芯片吸收严重、无法实现大于 180 度的出光角度等技术难点和痛点。新型三维封装 LED 具有发光角度大、集成度高、亮度高、可靠性高、散热性能优异等突出优势，其亮度比平面封装光源高 45%，集成度是平面封装光源的 10.7 倍，流明密度是平面封装光源的 18 倍。

**2. 可卷曲与透明 AM Mini LED**

可卷曲 AM Mini LED 显示器具有高亮度、强灰阶表现、高色彩饱和度、高清晰动态画质的特性，加之便于收纳与安装的独特优势，在取代传统显示器、投影仪之外，也可以在未来广泛应用于曲面显示器等产品中。一直以来，OLED 显示技术一直体现着中高端消费人群对于电视产品的诉求，更完善的画质、外形，让其在 2500 美元以上的高端电视市场中占比超过了 65%。而具备"可卷曲""透明"这两大特点的 AM Mini LED 显示器或将成为 OLED 的新对手。

**3. 至小点间距**

端丰光电公布新一代 μLED 显示技术乔戈里 K2 系列最新进展，该产品是一款全 μLED 晶片封装，模组像素点间距为 0.49 毫米，为现在最小 Pitch 值模组，实现当前全球最小点间距密度的 μLED 显示模组技术又一创新突破。而且该显示模组为 RGBLED 晶片自主发光和混色，具有广色域、高色纯度、色彩还原真实等特点。

**4. 新型钙钛矿量子点稳定性**

金属卤化物钙钛矿量子点体系材料具有制备工艺简单、荧光量子产率高、色域覆盖范围广以及发光纯度高等优点，但 CsPbX3 钙钛矿量子点的稳定性是一个亟待解决的科学难题，也是限制钙钛矿基发光器件走向应用的关键。第一作者为李森博士，通讯作者为史志锋副教授、杨东问副教授以及李新建教授的这篇论文基于室温溶液技术进行了碱金属掺杂研究，成功地实现了金属钠离子在 CsPbX3 钙钛矿量子点中的替位掺杂，在增强材料结构稳定性的同时也大幅提升了材料的荧光量子效率，为钙钛矿量子点的稳定性提升研究及器件应用提供了新的思路。

### 5. 蓝光 LED 可激发的纳米荧光标记材料

稀土掺杂近红外二区（NIR-II：1000~1700 纳米）纳米荧光标记材料具有光化学稳定性好、窄线宽、长荧光寿命、深层生物组织穿透、无背景荧光干扰和低毒性等优点，在生物医学领域具有重要的应用前景。然而，由于稀土离子的 f→f 宇称禁戒跃迁特性，稀土基 NIR-II 纳米荧光标记材料存在吸收强度弱、荧光量子效率低的瓶颈。中国科学院福建物质结构研究所功能纳米结构与组装重点实验室陈学元团队发展了一种独特的高温共沉淀法，首次合成了单分散、形貌/粒径可控兼具高效 NIR-II 发光的稀土掺杂 CaS 纳米晶。

### 6. 石墨烯上外延深紫外 LED

深紫外 LED 可以广泛应用于杀毒、消菌、印刷和通信等领域，其全面应用至为关键，但是商业化深紫外 LED 不到 10% 的外量子效率严重限制了深紫外 LED 的应用。AlN 材料质量是深紫外 LED 的核心因素之一，AlN 薄膜主要是通过金属有机化学气相沉积（MOCVD）的方法异质外延生长在 c- 蓝宝石、6H-SiC 和 Si（111）衬底上，AlN 与衬底之间存在较大的晶格失配与热失配，使得外延层中存在较大的应力与较高的位错密度，严重降低器件性能。与此同时，AlN 前驱体在这类衬底上迁移势垒较高，浸润性较差，倾向于三维岛状生长，需要一定的厚度才可以实现融合，增加了时间成本。

中国科学院半导体研究所照明研发中心与北京大学纳米化学研究中心、北京石墨烯研究院刘忠范团队合作，开发了石墨烯/蓝宝石新型外延衬底，并提出了等离子体预处理改性石墨烯，促进 AlN 薄膜生长实现深紫外 LED 的新策略。通过 DFT 计算发现，等离子体预处理向石墨烯中引入的吡咯氮，可以有效促进 AlN 薄膜的成核生长。同时，魏同波与刘忠范团队合作提出了石墨烯/NPSS 纳米图形衬底外延 AlN 的生长模型，理论计算和实验验证了石墨烯表面金属原子迁移增强规律，石墨烯使 NPSS 上 AlN 的合并时间缩短三分之二，同时深紫外 LED 功率得到明显提高，使深紫外光源有望成为石墨烯产业化的一个突破口。此外,针对深紫外发光器件中 p 型掺杂国际技术难题,刘志强提出了缺陷共振态 p 型掺杂新机制,该方法基于能带调控,获得高效受主离化率的同时,维持了较高的空穴迁移率,实现了 0.16 欧姆·厘米的 p 型氮化镓电导率,为后续石墨烯在深紫外器件透明电极中的应用奠定基础。

### 7. 兼具高亮度 / 高效率和长寿命红绿蓝三基色 QLED 器件

河南大学与中国科学技术大学等单位合作,在可见光量子点发光二极管(QLED)方面取得突破性进展。该工作通过设计合成新型核壳结构量子点,研发了兼具高亮度、高效率和长寿命红绿蓝三基色 QLED 器件,其中多项性能指标创世界纪录,包括红绿两色的亮度(356000 坎德拉 / 平方米和 614000 坎德拉 / 平方米)和效率(21.6% 和 22.9%)、蓝色的亮度(62600 坎德拉 / 平方米)以及绿色和蓝色器件的寿命(分别为 $1.7 \times 10^6$ 小时和 7000 小时)。该研究结果有望加速推进 QLED 在高亮高效显示和照明领域应用的进程。

## (二)行业标准

包括《半导体照明产业"十三五"发展规划》在内的多个发展规划中,对中国 LED 相关标准体系的完善、推广都是重点工作。2019 年,相关行业标准情况如下。

2019 年中国 LED 相关的国家标准发布了 4 条,实施了 5 条。2018 年年末发布了 3 条标准分别是标准号为 GB/T 36949—2018 的双端 LED 灯(替换直管形荧光灯用)性能要求、标准号为 GB/T 36979—2018 的 LED 产品空间颜色分布测量方法、标准号为 GB/T 37600.8—2018 的全国主要产品分类 – 产品类别核心元数据 – 第 8 部分:LED 电视,此 3 条均在 2019 年 7 月 1 日起实施,还有两项标准在 2018 年发布、2019 年实施,分别是标准号为 GB/T 36361—2018 的 LED 加速寿命试验方法和标准号为 GB/T 36362—2018 的 LED 应用产品可靠性试验的点估计和区间估计(指数分布)。2019 年发布的标准分别是标准号为 GB 37478—2019 的道路和隧道照明用 LED 灯具能效限定值及能效等级、标准号为 GB 30255—2019 的室内照明用 LED 产品能效限定值及能效等级、标准号为 GB/T 37637—2019 的 LED 投光灯具性能要求以及标准号为 GB 38450—2019 的普通照明用 LED 平板灯能效限定值及能效等级。在以上四条中 GB 37478—2019、GB 38450—2019 和 GB 30255—2019 三条为强标。2019 年所发布与实施的标准整体倾向于 LED 在各个场景下应用的标准。

第一，GB/T 36949—2018 的双端 LED 灯（替换直管形荧光灯用）性能要求——自主制定的标准，标准规定了带 G5 和 G13 灯头、用于替换相同灯头荧光灯的双端 LED 灯的术语和定义、规格分类与命名、技术要求、试验方法和检验规则等。适用于额定功率 60 瓦及以下、额定电压 AC220 伏、频率 50 赫兹的双端 LED 灯。

第二，GB/T 36979—2018 的 LED 产品空间颜色分布测量方法——LED 产品的空间光色一致性作为影响 LED 光品质的一个重要因素在业内受到广泛关注，而由于人们对 LED 产品的光品质的需求提高，满足实验室测量可复现可比对目标的标准规范也就极为重要了。值得一提的是，中国这个标准的提出率先于国际，有利于中国产品在国际竞争中赢得先机。

第三，GB/T 37600.8—2018 的全国主要产品分类 – 产品类别核心元数据 – 第 8 部分：LED 电视——规定了产品信息管理中 LED 电视核心元数据的统一建模语言描述和字典描述。有利于实现跨行业和领域产品信息交换，有利于实现工商、税务、外贸、海关与商品物流等领域的产品信息集成，从而实现产品管理的科学化、现代化，满足中国宏观经理管理和国内外贸易交流的需要。同时，为 LED 电视生产商、用户团体、交易平台等利益相关方之间的信息交流与共享奠定良好的基础，便于对 LED 电视产品信息的检索、管理、维护、交换、统计、分析和发布，实现工商、税务、海关、市政与企业、用户之间的信息集成，有利于保障国家经济的健康发展。

第四，GB/T 36361—2018 的 LED 加速寿命试验方法——可以快速评价产品的使用寿命。

第五，GB/T 36362—2018 的 LED 应用产品可靠性试验的点估计和区间估计（指数分布）——有效地通过可靠度、失效分布、失效率、平均寿命等参数以及和工作环境温度有关的可维修的 LED 应用产品的首次平均时效时间和不可维修的 LED 应用产品的平均失效时间等进行评估。

第六，GB 37478—2019 的道路和隧道照明用 LED 灯具能效限定值及能效等级——规定了道路和隧道照明 LED 灯具的能效标准，主要针对灯具的色温和光效进行了相关标准的要求,分为能效1、2、3级,这将对以往道路及隧道LED灯具的乱象提出了统一的标准。

第七,GB 30255—2019的室内照明用LED产品能效限定值及能效等级——规定了部分室内照明用LED筒灯、定向集成式LED灯、非定向自镇流LED灯的能效等级、能效限定值、显色指数、光通维持率和试验方法。

第八,GB/T 37637—2019的LED投光灯具性能要求——规定了电源电压不超过1000V、以LED为光源的,在建筑、景观、艺术作品、公共场所、体育场馆等使用的投光灯具的性能要求。

第九,GB 38450—2019的普通照明用LED平板灯能效限定值及能效等级——针对当前量大面广的LED平板灯产品型号,规定其能效等级、能效限定值和试验方法,作为强制性国家标准将积极促进LED平板灯产品能效水平提升,引领相关企业节能技术进步。

## 三、2020年中国绿色照明技术(LED)发展展望

新兴显示技术Mini LED崛起,市场大幅度增长。LED照明技术将与新一代信息技术深度融合,打造智能照明系统。LED生产技术向清洁、高效方向发展。此外,在标准创新研制和生产集成化的作用下,LED技术标准化程度将进一步提高。

### (一)新型显示技术突起,Mini LED市场大幅增长

Mini LED背光是当前最新的液晶(LCD)背光技术,在LED产业的高速发展助力下,市场规模正大幅增长。Mini LED是LED的改良版本,是在目前Micro LED高技术门槛下的一种过渡产品。无论是在耗能、反应时间、可视角上,Mini LED都可以与当下最流行的显示技术OLED竞争。而当下,Mini LED产业链上相关的企业已经开始大量布局这一新技术的开发,市场规模可期。2020年Mini LED市场规模将达22亿元,年复合增长率高达175%。

## （二）融合信息技术，诞生智能照明

LED 照明技术将与信息技术进一步融合，打造智能照明系统。在信息技术飞速发展的当代，LED 技术将与新一代信息技术深度融合，呈现智能化、数字化、网络化的发展趋势。随着移动互联网技术的迅速发展，一方面人们对智能化、数字化生活方式的需求越来越大，另一方面 LED 技术智能化的技术基础也越来越强大。LED 与智能系统的结合，将打造名副其实的低功耗、高效率的 LED 照明系统。

## （三）提高资源利用率，实现 LED 产业循环化发展

LED 生产技术将进一步绿色化，从而提高资源利用率，有利于实现 LED 产业循环化发展。目前 LED 产业逐渐向按需发展和功能照明转变，但在生产及废弃过程中，"三废"的处置仍存在不足，缺乏有效的废弃物处理技术。要实现 LED 产业循环化发展，企业应采用清洁生产技术，淘汰有毒有害的原材料，如加大研发如何通过其他材料掺杂进氮化镓而取得红色光源以取代镓化砷。同时还要优化制造工艺与生产技术以减少物质和能源消耗，如在 MOCVD 技术生产外延片上，探究开发高效生产技术，减少生产时间，从而增加产率。

## （四）技术标准化程度提高，产品及部件标准化程度提高

中国 LED 产业技术标准、产品及产品部件标准化程度将进一步提高。目前，中国的 LED 产业标准完善程度落后、执行力度不够。这在无形中增加了生产成本和资源消耗，更导致了国际贸易上的技术壁垒。未来，中国将加强 LED 产业的标准监测认证，创新标准研制，促进产业技术标准化和产业技术进步。另外，生产的集成化、规模化将进一步促进产品及部件生产技术统一化、标准化，从而提高产品与部件的标准化程度。

# 低碳能源篇

受到能源系统低碳转型需要和碳减排压力增大的影响，2019年全球低碳能源产业整体发展势头较强。风能方面，2019年全球风电累计装机容量为6.5亿千瓦，新增装机容量0.604亿千瓦。太阳能方面，2019年全球新增太阳能装机总量继续增长，但区域表现差异明显，欧洲和东南亚增长较快；相反，中国新增太阳能装机量较2018年大幅下降。天然气方面，2019年国际天然气探明储量小幅提高，天然气市场供过于求。核能方面，2019年全球核能产业发展有所滞缓，运行和在建核电装机量均小幅下降。地热能和海洋能方面，2019年全球发展较为平缓，多处于发展起步阶段，尚未进入商业开发阶段。氢能方面，2019年全球氢能产量和需求量快速增加，多个国家将氢能上升到国家能源的战略高度。生物质能方面，2019年全球产业化发展比较缓慢，但各国都在积极推进生物质能产业链的发展。

低碳能源产业方面，中国发展异常迅速。展望2020年，中国低碳能源产业链将进一步完善，其规模开发和利用将取得实质性进展和突破。风能方面，预计2020年中国风能总体发展方向将分为海、陆两个方向，陆上风电将朝分散化趋势发展，海上风电将进入大型化、集成化发展方向。太阳能方面，预计2020年中国新增太阳能装机总量小幅回升、发电成本将持续下降以及产品出口规模进一步扩大。天然气方面，预计2020年联合勘探、精细开发和互联互通将成为中国天然气产业发展重点。核能方面，预计2020年中国核电规模将持续快速增长，核能利用朝多元化方向发展。地热能和海洋能方面，预计2020年中国继续稳步推进地热和海洋能的技术开发和规模利用。氢能方面，预计2020年中国氢能产业基础设施发展将取得重大突破，氢能利用多元化发展。生物质能方面，预计2020年中国生物质能迅速发展，利用总量将达到1.1亿吨标准煤。

# 风能发展分析与展望

2019年，全球风电累计装机容量为6.5亿千瓦，新增装机容量0.604亿千瓦。2019年中国风能发电量3577亿千瓦，2019年中国新增装机0.2574亿千瓦，其中，陆上风电新增装机0.2376亿千瓦，海上风电新增装机0.0198亿千瓦。预计2020年，中国风能总体发展方向将分为海、陆两个方向，陆上风电将朝分散化趋势发展，海上风电将进入大型化、集成化发展方向。风电消纳方面，通过技术层面上的技术发展进步以及政策层面上的发电权交易机制和配额制的推动，风电消纳情况将有所好转，弃风率将进一步下降。此外，风电行业市场集中度提高及国际化程度加深也将成为2020年总体发展趋势。

## 一、2019年国际风能发展概况

### （一）国际风能发展现状

#### 1. 风电机组装机容量

随着世界各国对环境问题认识的不断深入，以及可再生能源综合利用技术的不断提升，近年来全球风力发电行业高速发展。根据全球风能理事会的统计数据，截至2019年年底，全球风电累计装机容量为650吉瓦，较2018年年底增长10%（图18）。2019年全球风电新增装机容量为60.4吉瓦，较2018年增长近19%，为历史第二高。海上风电装机容量在整体风电新增装机容量中的占比也显著提高，2019年全球新增海上风电装机6.1吉瓦，占新增风电装机总量的10%，创历史新高，海上风电发展潜力巨大。

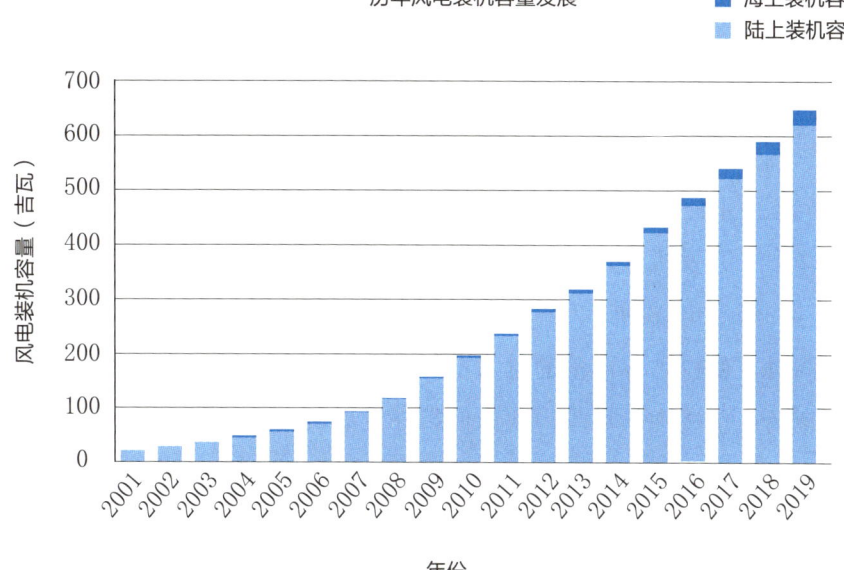

图 18　全球历年风电装机容量

数据来源：中商产业研究院整理。

**2. 风力发电量**

风电作为现阶段发展最快的可再生能源之一，在全球电力生产结构中的占比正在逐年上升，拥有广阔的发展前景。目前，全球已有多个国家建设了风电项目，主要集中在亚洲、欧洲、美洲。从各国分布来看，截至 2019 年年底，全球风电市场主要集中在中国、美国、德国、印度、英国和西班牙。

### （二）国际风能发展政策

**1. 政策形式多样化，关注主体全面化**

在生产阶段，世界银行集团计划为海上风电项目创建一个融资渠道，为发展中国家发展海上风电降低风险，并与全球风能理事会合作，帮助开发下一批新的海上风电市场，欧洲区域发展基金向可再生能源开发商提供了逾 400 万英镑资金，以加速开发海上漂浮式风电和波浪技术；在市场化阶段，英国绿证交易制度规定 1 兆瓦·时海上风电电量可以获得 2 个绿证，远远高于其他可再生能源，因此对海上风电的发展起到了强大的推动作用。

## 2. 政策灵活性增强，政策制定主要取决于国家目标、条件和电力市场的组织情况

以欧洲国家为例，政府对海上风电的开发机制和规划介入较多，发挥了协调资源优势、防止无序开发的监督作用。丹麦作为海上风电发展历史最久，风电使用比重最大，风电产业发展最为成熟的国家，在开发模式上，采用了集中式开发机制，通过政府主导前期的项目开发，包括风能资源测量、选址、海底电缆铺设，避免后期由于开发涉及各利益主体，影响开发进度。同时，使得计算电价的时间十分接近与供应商签订合同的时间，大大降低市场电价波动的风险。从而使得开发商负责的部分造价、融资成本等风险大大降低。相比于丹麦，英国海上风电的开发主要使用的是以开发商为主导的机制，前期开发进程主要是由政府主导的几轮海上风电发展计划推动的。而德国海上风电起步晚于丹麦、英国，但通过税收返还型补贴、风电机技术标准化质量认证、强制性上网电价等，推动了海上风电产业链的快速发展。

### （三）国际风能技术发展

#### 1. 风电机组大型化，电网设备升级

2019年9月初，远东电缆产业技术研究院宣布亚洲首根66千伏高压风电扭软电缆试制成功，适用于8兆瓦及以上海上风电机组。考虑到大规模、高比例新能源并网对电力系统的影响，德国利用大电网优势推进能源转型，风电发电装机占比近50%，电量占比29%。目前，欧洲6兆瓦海上风电机组已形成产业化能力并实现批量装机，8兆瓦海上风电机组进入样机试运行状态。

#### 2. 零部件安全性、高质量得到更好保障

西门子歌美飒已经通过Notus的设备完成了对10个叶片的检测（在工厂和现场），通过一种断层扫描技术精确叶片各涂层厚度和均匀性，使风场运营者妥善处理风机叶片涂层缺陷问题。Vestas叶片吊装提出了无人机吊装技术的想法，以在恶劣的天气中使叶片更加稳定。

### 3. 风电项目数字化、智能化提升

风电智能监控。在风电智能运维方面，GH-SCADA、RISO-Clever Farm 等系统除具有数据收集分析功能外，还拥有风电场优化控制、运行数据分析、供应链服务、信息流管理等能力。美国能源部下属高级研究项目署发起一个科研项目，将开发世界上第一套适用于漂浮式海上风电的数字孪生软件——DIGIFLOAT，旨在建立一个实时高度仿真模型减少停机成本、提高预测能力、降低运维成本。在高空风力发电方面，高空风电创业公司（Makani）和创业公司 Altaeros Energies 均设计制造了样机并进行了新概念技术的现场测试。

## 二、2019年中国风能发展分析

### （一）中国风能产业规模

#### 1. 风电机组装机容量

2019 年，全国风电新增并网装机 2574 万千瓦。其中陆上风电新增装机 2376 万千瓦，累计装机容量 2.04 亿千瓦。海上风电新增装机容量 198 万千瓦，累计装机容量达到 684 万千瓦，其中新增装机容量最多的省份为江苏省和广东省。近年来海上风电行业新增装机容量逐年增加，在风电行业中所占比重也出现不断上升的趋势，2019 年海上风电新增占比达到 7.69%。

#### 2. 风力发电量

2019 年全国风能发电量 3577 亿千瓦（图 19），占全部发电量的 5.01%，2019 年风能发电比 2018 年同比增长 9.96%。随着风电装机容量不断扩大，我国风力发电规模的增速高于传统电力发电规模的增速。风力发电规模持续增长，风力发电量在电力行业中的占比也逐步提升。2019 年，我国风力发电量占比超 5%。

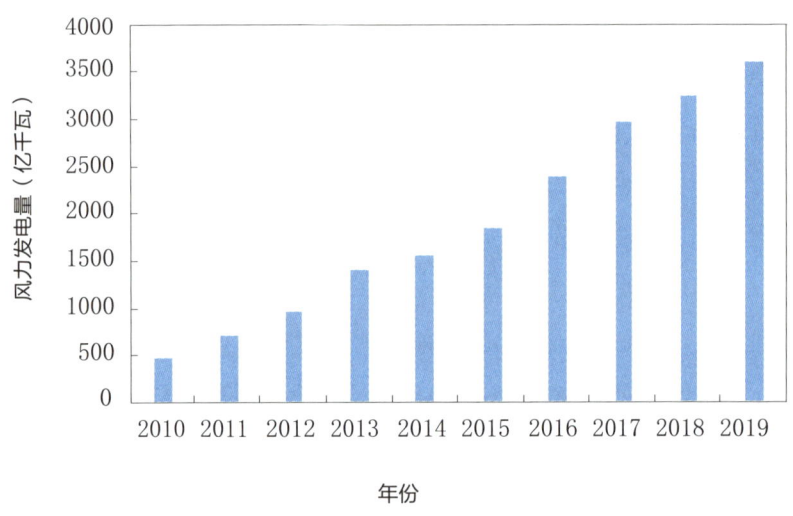

图 19　2010—2019 风力发电量

数据来源：国家统计局。

## （二）中国风能发展政策

### 1.国家政策

国家政策分为风电平价上网、风电并网运行、其他风电政策三个方面。

平价上网方面，国家发改委、国家能源局在 2019 年 1 月发布了《关于积极推进风电、光伏发电无补贴平价上网有关工作的通知》，对推进风电、光伏发电无补贴平价上网的有关要求和支持政策措施进行了说明。当月国家能源局又发布了《关于积极推进风电、光伏发电无补贴平价上网有关工作的通知解读》，进一步说明了风电、光伏发电平价上网的背景与目的、实施的工作机制、支持政策措施、政策的实施期限等情况。2019 年 4 月国家能源局《关于推进风电、光伏发电无补贴平价上网项目建设的工作方案（征求意见稿）意见的函》《关于报送 2019 年度风电、光伏发电平价上网项目名单的通知》进一步推动了风电平价上网的进程。2019 年 5 月国家能源局《2019 年第一批风电、光伏发电平价上网项目的通知》，发布了 2019 年第一批风电、光伏发电平价上网项目信息汇总表，2019 年第一批拟建平价上网项目信息表和 2019 年分布式发电市场化交易试点名单。国家发改委在 2019 年 5 月发布了《关于完善风电上网电价政策的通知》，推动科学合理引导新能源投资，实现资源高效利用，促进公平竞争和优胜劣汰，保证风电产业健康可持续发展。

风电并网运行方面，2019年3月华北能源监管局发布了《关于试行规范风电和光伏发电项目并网启动试运行期限的通知》，规定了并网调试时间，同时明晰"电网调度部门应严格执行351号文关于规范新建发电机组并网的有关要求，不得允许未按期取证的风电和光伏发电企业发电上网"。

其他风电政策方面，国家林业和草原局在2019年2月发布了《关于规范风电场项目建设使用林地的通知》，明确规范了风场项目建设使用林地，以减少对森林植被和生态环境的损害与影响。国家能源局在2019年3月和4月分别发布了《关于2019年度风电投资监测预警结果的通知》和《关于完善风电供暖相关电力交易机制扩大风电供暖应用的通知》，引导风电企业理性投资，督促各地区改善风电开发建设、投资环境，促进风电产业持续健康发展。进一步完善风电供暖相关电力交易机制，扩大风电供暖应用范围和规模。

**2. 地方政策**

2019年全国各省市也相继出台了许多地方政策，分别为风电竞争配置方面和风电平价上网方面。

风电竞争配置方面，其中比较特殊的是上海市2019年1月9日发布的《上海市风电项目竞争配置管理办法》，指出上海市新增的集中式陆上风电和海上风电应全部通过竞争方式配置和确定上网电价。1月10日上海市又发布了《解读上海市风电项目竞争配置管理办法有关解释说明》，进一步明确集中式陆上风电项目是通过竞争来配置规模，海上风电项目是通过竞争来确定业主。

风电平价上网方面，山西省2019年1月31日发布了《关于推进山西省风电、光伏发电无补贴平价上网有关工作的通知》，指出发展平价上网项目和低下上网试点项目建设。宁夏银川市2019年4月23日发布了《关于开展风电、光伏发电无补贴平价上网项目申报的通知》，指出项目在确定为平价风电项目后，不得申报自治区后续年度需要国家补贴的风电项目竞争配置建设规模。山东省2019年4月19日发布了《关于推进风电、光伏发电无补贴平价上网项目建设的通知》，指出重点推进建设不需要国家补贴执行燃煤标杆上网电价的风电、光伏发电平价上网项目。

## （三）中国风能技术发展

### 1. "雷电流检测系统 V2.0"

西安爱邦电磁技术有限责任公司发布最新科研成果"雷电流检测系统 V2.0"，该系统通过传感器采集记录风电机组叶片引下线上的雷电流的大小，可以为故障定位与及时发现、雷击事故统计及相关分析提供准确可靠的信息，在测试精度、防护等级、数据量、环境适应能力等关键技术指标方面，均优于行业同类产品。该产品包含标准和高级两款配置，能够为海上和陆上风机叶片、电站、航空飞行器、船舰等行业客户提供最佳的雷电监测解决方案。

### 2. 10 兆瓦海上永磁直驱风力发电机

10 兆瓦海上永磁直驱风力发电机尺寸大、加工制造精度要求高。东方电机依托 60 余年发电设备研制技术积累，充分发挥在发电机电磁、通风、绝缘、防腐和结构设计等多方面的技术优势，一举攻破关键瓶颈，最终电机试验一次性冲转成功，各项指标均达到设计技术要求，同时兼具可靠性、先进性和经济性。

### 3. H210-10 兆瓦海上风电机组

中国海装经过两年的设计研发和技术攻关，投入超亿元资金，在海上风机关键技术上取得重大突破，成功完成了 10 兆瓦海上风电机组研制工作。H210-10 兆瓦海上风电机组的推出填补了中国超大型海上风力发电机组的空白，标志着中国海装大型海上风电机组处于行业领先。

### 4. 3.x 兆瓦 -D160 风电机组

中车株洲所 3.x 兆瓦 -D160 风电机组采用中德国际合作"风电机组精益传动优化设计"项目成果，实现高可靠性的最优化传动链设计；基于风电机组一体化设计技术，叶片与整机实现最优化匹配；功率智能可调技术，实现风电机组额定功率 3.3～3.6 兆瓦之间柔性可调；风机能耗智能管理，降低自耗电，实现净功率最大化；基于载荷的智能控制技术，多维保障机组运行安全性；数字化形影系统，实现机组健康、稳定性的监测和预判。

## 三、2020年中国风能发展展望

### （一）中国风能产业格局展望

**1. 陆上风电开发布局逐步转向中东部地区，海上风电进入规模化、商业化发展阶段**

从整体能源结构上看，中国能源结构优化进程进一步推进，风电总体装机量规模稳步扩大，发电量稳中有增，预计2020年，全国风电年发电量将达到4200亿千瓦·时，占全国总发电量的6%。从整体海陆风电产业链上看，随着海陆风电上下游产业链进一步延伸完善，受益于设备制造业产业化发展，海陆风电设备建设成本将小幅下降，使得风电发电成本与传统化石能源发电成本之间差额进一步缩小。具体于海上风电而言，海上风电机组将朝国产化、大型化趋势发展，进一步进入规模化、商业化发展阶段。海上风电依照发电设施离海岸线距离可分为近海风电与远海风电，预计未来将形成近海风电规模化发展，远海风电示范化发展的格局。就陆上风电而言，目前陆上风电发电设备主要集中于西北、东北及内蒙古地区，预计未来以上地区集成化、规模化程度将进一步加深，形成地区性规模经济，有效降低成本。除陆上风电已基本完成建设的内陆地区外，随着未来分散式风电、低风速风电项目建设的加速发展，陆上风电开发布局重心将逐步从"三北"地区转向中东部及南方地区，为陆上风电发展增添新的活力。

**2. 风电就地消纳利用有序推进，弃风率进一步下降**

随着电网企业加大风电等新能源跨省区外送，电力替代、主动降低煤电发电量等增强风电就地消纳能力的措施的逐步推进，可以预见未来风电弃风问题将得到进一步缓解。除此之外，随着技术的发展，风力发电机组在线状态监测系统技术规范的完善，通过在线监测风电机组的运行情况，确保设备不因停电检修而影响平稳运行，尽量减少风电的波动性，从而保证风电及时正常上网，促进风电消纳。从地域消纳上来看，应有序推进"三北"地区风电就地消纳利用，并通过跨省跨区域输电通道优化电力资源配置，因地制宜推动接入低压配电网的分散式风电开发建设，从而提升风电利用率，降低弃风率。

### 3. 中小型企业加速兼并重组，风电行业市场集中度提高

随着风电行业市场化程度的不断加深，市场在资源配置中的作用不断加强，政府职能转变进程的推进，一个公平有序、优胜劣汰的市场竞争环境将被逐步建立。在这一背景下，通过建立涵盖设备研发设计、实际生产、投入使用全过程的质量监管机制，充分发挥行业协会的协调作用，完善风电机组运行情况的综合评估系统，政府质量监督的职责将进一步强化。除质量监督之外，在风险应对方面中，政府将进一步完善风电场事故的上报流程、分析评价机制及事故预警机制，定期发布风电机组运行状况评估清单，从而规范企业行为，完善现行风险应对机制。在这样一个市场化背景下，市场的调节作用将进一步加强，中小型风电企业将加速兼并重组，资源呈现整合化、集中化、规模化局面，市场集中度进一步提高。

### 4. 海外出口和技术输出规模进一步扩大，对"一带一路"沿线国家进行大规模产业输出

目前中国"一带一路"建设不断推进，各企业积极落实"走出去"，推动国际能源合作，在风电国际化领域持续深耕。预计在未来，以服务"一带一路"建设为核心目的，越来越多的企业将积极实施国际发展战略，推动国际能源合作，开展国际投资运营，深化国际产能业务，加强国际标准建设，以实现风电行业国际化发展，从国际化进程中获取发展红利。当前中国风电行业的国际化探索更多地集中在设备出口方面，以风电机组为主。未来想要更进一步实现风电行业国际化，除了进一步推进设备出口、瞄准高端市场外，提升技术研发实力、建立品牌形象、积极推进行业标准国际化，也是中国风电行业走向国际市场的重要途径。

## （二）中国风能政策展望

### 1. 完善和落实可再生能源配额制，提升风电生产和消费的积极性

目前中国已出台相关政策，对包括风电在内的可再生能源实行配额制，以鼓励风电行业发展。实行配额制，目的在于通过强制手段和与之配套的市场化交易措施建立对可再生能源电力利用水平的约束性机制，有效提升可再

生能源电力生产和消费的积极性，作为以可再生能源利用指标为导向的能源发展目标管理的一部分，确保完成国家指定的非化石能源占能源消费比重到2020年达到15%的目标，为可再生能源电力的健康可持续性发展提供制度性保障，推动能源系统朝向绿色低碳方向转型。就目前实际执行情况来看，地方政府层面存在政策未落实、执行不到位的情况。预计未来，风能行业配额制的完善和落实将进一步推进，结合可再生能源发电全额保障性收购制度，将风电行业的发展动力在利益驱动的基础上增添责任驱动，为行业长远发展奠定基础。

**2. 鼓励分散式风电项目核准承诺制发展，建立高效规范的核准管理工作机制**

自2017年国家能源局印发《加快推进分散式接入风电项目建设的通知》后，分散式风电的发展逐步升温。2018年4月16日，国家能源局发布了《分散式风电项目开发建设暂行管理办法》，以加快推进分散式风电发展，完善分散式风电的管理流程和工作机制。从执行情况上看，河南省政府率先试行分散式风电项目核准承诺制，河南省发展和改革委员会印发了《关于河南省"十三五"分散式风电开发方案的通知》。预计未来，各地方政府将加速分散式风电项目核准承诺制的试行，缩减分散式风电项目核准所需要的流程、时间，以鼓励分散式风电项目的建设和发展。

**3. 促进发电权交易开展，支持电力用户与发电企业开展市场化交易**

根据国家能源局2018年5月11日印发的《关于进一步促进发电权交易有关工作的通知》，发电企业应积极参与，促进发电权交易开展。发电企业应在保障自身发展、用电安全的基础上，按照《电力中长期交易基本规则》等有关规定自主、自愿参与发电权交易。2019年11月8日，国家能源局发布了《国家能源局公告（2019年第7号）》，废止了2份售电相关规范文件，另拟修订13份售电相关规范文件，以完善电力市场相关规定和制度规范。预计未来，在清洁能源消纳空间有限的地区，会进一步鼓励清洁能源风电机组间相互替代发电，鼓励跨省跨区发电权交易，以进一步加大清洁能源消纳能力。据2019年9月25日国家能源局综合司发布的《电力中长期交易基本规则（暂行）》（征求意见稿），电力市场将增加月内（多日）交易，月内交易主要以集中交易方式开展。根据交易标的物的不同，月内交易可定期开市或连续开市。预计将来，电力市场交易周期将逐渐缩短，促进市场化交易的开展，增强风电发展的利益驱动。

### （三）中国风能技术展望

**1. 风电发电机组向大型化、集成化方向发展，海上风力发电技术进一步完善**

受限于海上风电施工条件，海上风电单台机组的基础施工和吊装费用远远大于陆上机组的施工费用，而大容量、集成化机组尽管单机前期施工及吊装费用较高，但数量较少，具有整体上的成本优势，有利于形成规模经济。除此之外，大型化发电机组有利于抵抗海上极端气候，保障发电机组设备安全，维持电力稳定输出，保障供电安全。

**2. 智能化和数字化技术在风电领域逐步开展，区块链技术成为新的技术发展热点**

随着分散式风电的不断发展，未来风电管理将成为相关领域内的重要环节之一，面对分散式风电小型化、分散化的特点，现行管理手段将面临挑战。在此基础上，以大数据技术为基础，区块链技术为工具，推进风电行业数字化、智能化将成为行业趋势。通过整体电力行业的数字化、智能化，未来将有机会建成全国范围内的泛在电力物联网，实现广泛连接内外部、上下游资源和需求，打造能源互联网生态圈的目标。通过泛在电力物联网的建立及电网的数字化、智能化管理，未来风电行业将有机会实现去中心化，推动分散式风电成为主流，将风电带来的红利最大化。

**3. 叶片大型化、轻量化技术继续发展，高塔筒技术的应用范围进一步扩大**

目前国产风电设备存在风轮直径增加的趋势，而较大的风轮直径及相应较长的叶片可与单机功率增加的趋势相匹配，同时更好地适用于低风速地区，从而获得更大的发电量与更低的发电成本。此外，风轮叶片亦存在减重、降载等性能需求，主要提升途径为复合材料的发展。除风轮叶片大型化、轻量化以外，塔筒高度的增加也将成为主流。塔筒高度增加，可提高风电机组的

低碳能源篇

利用小时数,但传统的塔筒在高于 100 米后,重量会呈指数型增加,成本大幅攀升。而随着材料技术发展和塔筒结构设计的进步,未来塔筒的安全性、承载力、稳定性及重量将得到优化,高塔筒的实现也将成为可能。

# 太阳能发展分析与展望

2019年,全球新增太阳能装机总量继续增长,但区域表现差异明显,欧洲和东南亚增长较快;相反,尽管中国是全球第一大装机市场,但新增太阳能装机量较2018年大幅下降。随着技术进步、降本增效以及组件价格持续降低,2019年全球太阳能发电成本不断降低,同时也推进部分区域(如欧洲)太阳能发电平价上网进程。2019年,尽管中国新增太阳能装机量有所下降,但装机布局有所调整优化,消纳状况有所改善;同时,太阳能光伏企业组件生产能力不断提高,助推中国组件海外渗透率持续增长。2020年,预计中国新增太阳能装机总量小幅回升,装机布局将进一步优化;发电成本将持续下降,推动发电平价上网进入实质性阶段;产品出口规模进一步扩大,"一带一路"国家将成为下一个增长点。政策方面,预计2020年将延续2019年政策总体框架,有助于中国太阳能产业有序高质量发展。技术方面,持续降本增效,储能技术进步,光伏智能化、数字化、信息化发展将成为2020年总体发展趋势。

## 一、2019年国际太阳能发展概况

### (一)国际太阳能产业整体发展概况

**1. 全球新增太阳能装机总量继续增长,但区域表现差异明显**

国际可再生能源机构(IRENA)最新数据显示,2019年全球新增太阳能装机量达到121吉瓦,创历史新高,相较于2018年,增加了15吉瓦,增幅高达14.2%。2019年全球新增太阳能装机量排名前十的国家和地区分别为中国、美国、印度、日本、越南、澳大利亚、西班牙、德国、荷兰、法国,新增装机总量为80.6吉瓦,占全球新增装机总量的66.6%。据美国能源信息署(EIA)数据显示,尽管2019年美国太阳能发电比例仅为1.7%,但太阳能新增装机量仍快速增长，2019年达到11.1吉瓦，同比增长5.0%，全球占比接近10%。东南亚方面，由于地理优势明显、扶持政策陆续出台，2019年东南亚太阳能市场步入快速增长时期，潜力巨大。其中，2019年11月，越南宣布取消太阳能上网电价补贴，支持竞价上网，使得该国太阳能产业开启新的发展阶段。2019年，越南新增太阳能装机量达到5.1吉瓦，相较于2018年的0.2吉瓦增加了约30倍。欧洲方面，受2020年可再生能源目标约束和太阳能发电成本较低的推动，2019年欧洲太阳能产业增速较快，该地区太阳能新增装机量从2018年的8.2吉瓦增至2019年的16.7吉瓦，增速高达103.7%。

**2. 全球太阳能发电成本不断降低，欧洲太阳能平价进程加快**

2019年，受量产规模形成、电池效率提高、硅料价格下降、组装效率提升等众多因素的影响，全球太阳能发电成本不断降低。据伍德麦肯兹（Wood Mackenzie）数据显示，得益于太阳能资源充足、市场规模庞大和竞争优势明显，2019年印度太阳能标准化发电成本（LCOE）已降至38美元/兆瓦·时，较燃煤发电低14%，也成了亚太地区可再生能源发电成本最低纪录。此外，欧洲自2017年开始推进太阳能发电平价上网进程，随后购电协议（PPA）成为主要融资方式，促进欧洲太阳能发电平价上网项目自2019年进入快速增长阶段。据IRENA数据显示，2018年欧洲共计有151兆瓦平价太阳能发电项目投入运营，2019年欧洲新增平价太阳能发电项目达1.3吉瓦，已建成、在建或已完成融资的平价太阳能发电项目共计3.7吉瓦。其中，西班牙是欧洲平价太阳能发电项目的第一大市场，2019年西班牙已建成、在建或已完成融资的平价项目达2.7吉瓦，占欧洲总量的71%。

### （二）国际太阳能产业发展政策

相较于传统化石能源产业，太阳能产业在初始阶段和成长阶段竞争力较弱，因此相应的政策扶持至关重要。不同国家太阳能产业发展节奏不同，因此各个国家太阳能产业发展政策有所不同。大体上，可分为成熟市场扶持政策和新兴市场扶持政策两大类。

**1. 成熟太阳能市场补贴大幅削减，逐渐向产业链细分市场转移**

太阳能成熟市场扶持政策的转变主要体现在两方面：一方面，对地面级太阳能电站政策扶持力度削弱,尤其是降低补贴力度,而分布式太阳能项目扶持政策变化较小;另一方面,太阳能相关政策逐渐向储能设备等太阳能系统配套设施转移。以欧洲为例,目前欧洲各国正大幅削减太阳能补贴力度,加快推进太阳能发电平价上网进程。

**2. 新兴太阳能市场政策扶持力度持续增强,发展潜力巨大**

太阳能新兴市场以印度和越南为代表,主要集中在亚太地区,其太阳能产业多处于发展初期,装机容量较小,因此亟须国家制定优厚的扶持政策。以印度为例,2019年印度政府发布屋顶太阳能光伏项目激励计划,即在中央财政援助下设立多达4000兆瓦的住宅屋顶太阳能并网项目,对于容量高于3千瓦的屋顶太阳能光伏系统,将提供高达40%的中央财政补贴。

### (三)国际太阳能产业技术发展

太阳能产业链可分为上、中、下游三个环节:上游主要包括多晶硅和硅片,中游主要包括晶硅电池和组件,下游主要是太阳能发电市场。在太阳能技术发展上,各个国家和地区表现有所不同。

**1. 美国**

美国是全球第二大太阳能市场,其太阳能制造业产业链相对完备,尤其在多晶硅、浆料方面一直处于国际技术领先地位。原辅料方面,美国拥有众多优秀企业,如Hemlock、REC等多晶硅生产企业,杜邦、3M等背板和浆料生产企业,然而,2019年美国多数太阳能原辅料生产企业受到中美贸易战冲击,业绩大幅下滑。设备方面,美国拥有应用材料、GTAT等全球知名设备厂商,但近年来受到中国设备生产商的竞争挤压而纷纷退出太阳能市场。电池和组件方面,美国电池片和组件的产能分别达到800兆瓦和2350兆瓦,产量分别达到320兆瓦和690兆瓦。其中,美国First Solar公司是美国本土最大的薄膜组件供应商,出货量位列全球前十。

**2. 欧洲**

2019年,欧洲太阳能产业发展迅速,且在原辅材、光伏生产设备和基础及前沿技术研发方面一直处于世界领先地位。原材料方面,欧洲主要生产多晶硅、浆料、背板材料等,其中多晶硅生产主要集中在德国Wacker公司,浆料生产主要集中于德国 Heraeus 公司，背板材料生产主要集中在法国阿科玛公司和意大利 Coveme 公司。电池方面，欧洲主要在晶硅电池、钙钛矿与钙钛矿/晶硅叠层电池、GaAs 电池、CIGS 薄膜电池等技术领域创造并保持多项世界纪录。设备方面，欧洲拥有瑞士 Meyer Burger 公司、德国 Centrotherm、Manz、Singulus 等公司。逆变器方面，德国老牌逆变器企业 SMA 公司在欧洲市场占有率遥遥领先。

## 二、2019年中国太阳能发展分析

### （一）中国太阳能产业整体发展概况

#### 1. 中国新增太阳能装机总量大幅下降，装机布局向消纳较好的地区转移

2019 年，受政策发布较晚导致项目启动延迟的影响，中国新增太阳能装机量仅为 28.2 吉瓦，相较于 2018 年的 44.3 吉瓦同比下降 57.1%，但仍为全球第一大装机市场，全球占比超过 20%。同时，受到领跑基地、部分外送通道配套电源、部分存量电站、平价示范项目等影响，2019 年大型地面电站成为中国太阳能发电产业的重点。同时，2019 年中国太阳能新增装机布局逐渐向消纳较好的地区转移。截至 2018 年年底，"三北"地区（华北、东北、西北地区）太阳能发电累计装机容量占比较 2015 年年底降低 18%，而消纳较好的东部、中部地区太阳能装机占比提高了 16%。

#### 2. 中国太阳能发电成本不断降低，平价上网项目稳步推进

据中国光伏行业协会（CPIA）数据显示，近几年，随着技术进步、降本增效以及组件价格持续降低，中国太阳能发电成本不断降低。2018 年，中国地面光伏系统初始全投资成本为 4.92 元/瓦，较 2017 年下降了 1.83 元/瓦，2019 年继续降至 4.48 元/瓦；中国工商业分布式光伏系统的初始投资成本也从 2018 年的 4.18 元/瓦降至 2019 年的 3.73 元/瓦，降幅达 10.8%。太阳能发电成本的不断降低，也促进中国政府稳步推进太阳能发电平价上网进程。2019 年 5 月，国家发改委、能源局公布《2019 年第一批风电、光伏发电平价上网项目》，其中包括 16 个省共 14.8 吉瓦的太阳能平价上网项目。

### 3. 太阳能企业组件生产能力不断提高，助推中国组件海外渗透率持续增长

2019 年，中国在全球组件市场表现较为突出。Global Data 数据显示，全球组件出货量排名前 10 的公司中，9 家来自中国，主要有晶科、晶澳、天合光能、隆基乐叶、阿斯特、东方日升、协鑫、尚德和中利腾晖。其中，晶科连续多年保持全球组件出货第一的位置，2018 年其出货量高达 11.6 吉瓦，占全球市场份额的 12.8%。

### （二）中国太阳能产业发展政策

2019 年，中国太阳能产业政策总体延续 2018 年政策调整思路，从推动国内太阳能市场规模快速扩大向合理控制发展节奏、降低发电成本、减少补贴依赖、实现太阳能行业向有序高质量发展转变。2019 年，中国政府有关太阳能产业的相关政策可分为：规划指导、规范监测、光伏扶贫、价格财税和其他相关政策，如表 41 所示。

表 41  2019 年中国政府出台的太阳能行业相关政策

| 类别 | 名称 | 印发单位 | 印发时间 |
| --- | --- | --- | --- |
| 规划指导 | 2019 年光伏发电管理办法征求意见 | 国家能源局 | 2019.2.18 |
| | 粤港澳大湾区发展规划纲要 | 中共中央国务院 | 2019.2.19 |
| | 推进综合能源服务业务发展 2019—2020 年行动计划 | 国家电网 | 2019.2.25 |
| | 绿色产业指导目录（2019 年版） | 国家发改委 | 2019.3.6 |
| | 关于做好水电开发利益共享工作的指导意见 | 国家发改委 | 2019.3.15 |
| | 关于试行规范风电和光伏发电项目并网启动试运行期限的通知 | 华北能源监管局 | 2019.3.20 |
| | 关于深入推进供给侧结构性改革进一步淘汰煤电落后产能、促进煤电行业优化升级的意见 | 国家发改委、国家能源局 | 2019.4.1 |

续表

| 类别 | 名称 | 印发单位 | 印发时间 |
|---|---|---|---|
| 规划指导 | 关于建立健全可再生能源电力消纳保障机制的通知 | 国家能源局 | 2019.5.10 |
| | 国家生态文明试验区（海南）实施方案 | 中共中央国务院 | 2019.5.14 |
| | 产业结构调整指导目录（2019年版）（征求意见稿） | 国家发改委 | 2019.5.16 |
| | 第三期光伏发电领跑基地奖励激励信息公示 | 国家能源局 | 2019.5.31 |
| | 关于2019年光伏发电项目建设有关事项的通知 | 国家能源局 | 2019.6.1 |
| | 关于国家重点研发计划"可再生能源与氢能技术"重点专项2018年度项目安排公示的通知 | 科技部 | 2019.6.12 |
| 规范监测 | 联合发布《2019—2020年储能行动计划》 | 四部委 | 2019.7.1 |
| | 关于深化电力现货市场建设试点的工作意见 | 国家发改委、国家能源局 | 2019.8.14 |
| | 关于全面放开经营性电力用户用电计划的通知 | 国家发改委 | 2019.8.2 |
| | 加快推进电力市场化改革 | 国家能源局 | 2019.9.18 |
| | 关于开展智能光伏试点示范的通知 | 工信部 | 2019.9.20 |
| | 关于规范优先发电优先购电计划管理的通知 | 国家发改委、国家能源局 | 2019.11.4 |
| | 绿色生活创建行动总体方案 | 国家发改委 | 2019.11.5 |
| | 关于印发2019年电力安全生产工作思路和重点任务安排的通知 | 国家能源局 | 2019.1.28 |
| | 关于发布2018年度光伏发电市场环境监测评价结果的通知 | 国家能源局 | 2019.2.1 |

续表

| 类别 | 名称 | 印发单位 | 印发时间 |
|---|---|---|---|
| 规范监测 | 2017年度全国光伏发电专项监管报告 | 国家能源局 | 2019.2.2 |
| | 2019年全国标准化工作要点 | 国家标准委 | 2019.3.5 |
| | 关于开展光伏制造锂离子电池印制电路板行业规范公告工作的通知 | 工信部 | 2019.3.6 |
| | 2018年全国光伏发电统计信息 | 国家能源局 | 2019.3.19 |
| | 关于印发2019年重点专项监管工作方案的通知 | 国家能源局 | 2019.5.7 |
| | 《能源标准化管理办法》及实施细则 | 国家能源局 | 2019.5.14 |
| | 于十一、十二月抽查光伏发电及电网建设工程 | 国家能源局 | 2019.7.15 |
| | 公布上半年户用光伏项目信息 | 国家能源局 | 2019.7.18 |
| | 2019年上半年光伏发电建设运行情况 | 国家能源局 | 2019.8.23 |
| | 户用光伏项目信息（2019年8月） | 国家能源局 | 2019.8.15 |
| | 公布8月新增户用光伏项目 | 国家能源局 | 2019.9.16 |
| | 2019年前三季度光伏建设运行情况 | 国家能源局 | 2019.11.5 |
| | 10月全国各省户用超1吉瓦光伏项目信息公布 | 国家能源局 | 2019.11.15 |
| | 提前下达2020年可再生能源补贴预算 | 财政部 | 2019.11.20 |
| | 下发能源领域行业标准制修订增补、调整计划项目的通知 | 国家能源局 | 2019.11.22 |
| | 《电网企业全额保障性收购可再生能源电量监管办法（修订）（征求意见稿）》公开征求意见的公告 | 国家能源局 | 2019.11.26 |
| | 启动2020年度能源领域行业标准计划征集工作 | 国家能源局 | 2019.11.28 |

续表

| 类别 | 名称 | 印发单位 | 印发时间 |
|---|---|---|---|
| 光伏扶贫 | 关于公布可再生能源电价附加资金补助目录（光伏扶贫项目）的通知 | 国家能源局、国务院扶贫办 | 2019.3.29 |
| | 关于村级光伏扶贫电站发电情况的通报 | 国家能源局、国务院扶贫办 | 2019.4.3 |
| | 关于下达"十三五"第二批光伏扶贫项目计划的通知 | 国家能源局、国务院扶贫办 | 2019.4.12 |
| | 2019年脱贫攻坚工作要点 | 国家能源局 | 2019.4.28 |
| | 关于加强全国光伏扶贫信息监测工作的通知 | 国务院扶贫办 | 2019.5.23 |
| | 联合发布完善光伏扶贫项目目录通知 | 国务院扶贫办、国家能源局 | 2019.11.8 |
| 价格财税 | 关于积极推进风电、光伏发电无补贴平价上网有关工作的通知 | 国家发改委、国家能源局 | 2019.1.10 |
| | 关于电网企业增值税税率调整相应降低一般工商业电价的通知 | 国家发改委 | 2019.3.29 |
| | 关于推进风电、光伏发电无补贴平价上网项目建设的工作方案（征求意见稿） | 国家能源局 | 2019.4.10 |
| | 关于报送2019年度风电、光伏发电平价上网项目名单的通知 | 国家能源局 | 2019.4.12 |
| | 关于完善光伏发电上网电价机制有关问题的通知 | 国家发改委 | 2019.4.30 |
| | 关于降低一般工商业电价的通知 | 国家发改委 | 2019.5.15 |
| | 关于公布2019年第一批风电、光伏发电平价上网项目的通知 | 国家能源局 | 2019.5.22 |
| | 22.78吉瓦光伏竞价项目纳入2019年国补范围 | 国家能源局 | 2019.7.11 |
| | 下发152亿专项资金推进清洁供暖，光伏取暖大有可为 | 财政部 | 2019.7.9 |

续表

| 类别 | 名称 | 印发单位 | 印发时间 |
|---|---|---|---|
| 价格财税 | 调整536.8兆瓦光伏项目信息 | 财政部 | 2019.7.10 |
|  | 支持光伏领域企业申报国标制定经费补助 | 工信部 | 2019.9.12 |
|  | 2020年1月1日起取消煤电价格联动机制 | 国务院 | 2019.9.27 |
| 其他相关政策 | 关于规范优先发电优先购电计划的通知 | 国家发改委、国家能源局 | 2019.1.29 |
|  | 关于进一步推动优化营商环境政策落实实施方案 | 国家能源局 | 2019.1.31 |
|  | 鼓励外商投资产业目录（征求意见稿） | 国家发改委、商务部 | 2019.2.2 |
|  | 关于促进电化学储能健康有序发展的指导意见 | 国家电网 | 2019.2.24 |
|  | 关于公示有关专利的通知 | 国家能源局 | 2019.5.16 |
|  | 联合发文：鼓励外资进入光伏产业 | 国家发改委、商务部 | 2019.7.8 |
|  | 征求承装（修、试）电力设施许可证管理办法意见 | 国家发改委 | 2019.11.12 |
|  | 继续简化光伏发电申请手续 | 国家能源局 | 2019.11.21 |
|  | 在18省市自由贸易区开展"证照分离"改革 | 国家能源局 | 2019.11.26 |

### 1. 规划指导

2019年，政府规划指导方面的太阳能产业政策延续2018年总体思路，对需要国家可再生能源发展基金扶持的太阳能项目进行了严格的规模控制，进而合理控制太阳能产业发展节奏，实现太阳能行业向有序高质量发展转变。2019年2月18日，国家能源局就2019年光伏发电管理办法征求意见，并对太阳能项目规模控制做出进一步调整方案:"量入为出",以补贴额定装机量;明确将太阳能项目分为需要国家补贴和不需要国家补贴项目;首次将户用太阳能单列并给予单独规模,实施固定补贴。

**2. 规范监测**

2019年,国家陆续出台多项政策,加强太阳能行业规范标准。3月5日,国家标准化管理委员会印发了《2019年全国标准化工作要点》,并提出完善太阳能光伏新能源综合利用标准体系,智能电网、能源互联网、特高压电力传输等能源传输标准体系,以及直流配电、电力需求侧响应等能源节约高效利用技术及装备标准体系。此外,2019年国家能源局已对太阳能光伏发电开展多次市场环境监测评价,并依法公布了全国户用太阳能项目信息及太阳能光伏发电建设运行相关情况。

**3. 光伏扶贫**

2019年,中国政府加大了光伏扶贫的力度,并颁布了多项光伏扶贫的政策。4月12日,国务院扶贫办和国家能源局联合宣布"十三五"第二批光伏扶贫项目计划,本次计划涉及全国15个省(区)、165个县光伏扶贫项目,共3961个村级光伏扶贫电站,总装机规模1673017.43千瓦。此外,2019年国务院扶贫办和国家能源局联合对光伏扶贫项目展开定期监测,并定期公布项目运行相关情况。

**4. 价格财税**

2019年,政府出台多项政策法规,以持续推进太阳能发电去补贴,并逐步推进太阳能光伏平价上网项目。1月10号,国家发改委和国家能源局共同下达《关于积极推进风电、光伏发电无补贴平价上网有关工作的通知》,并明确了推进太阳能发电无补贴平价上网的有关要求和支持政策措施,同时要求开展太阳能发电平价上网项目和低价上网试点项目的建设。随后政府部门还颁布了多项政策,有效推动太阳能发电去补贴和平价上网的进程。

**(三)中国太阳能产业技术发展**

2019年,在差异化竞争和光伏领跑基地建设的推动下,中国太阳能企业进一步加大了工艺研发和技改投入力度,生产工艺水平不断进步。从发明型专利、实用新型专利、外观设计专利、专利有效总量等方面看，阿斯特、天合光能、晶科等国内太阳能企业表现突出，其中阿斯特和天合光能两家企业的专利总数占全球专利总数的一半以上。从生产环节来看，国内多晶硅企业综合能耗平均值已从2018年的13.0千克标准煤/千克降至2019年的12.3千克标准煤/千克，降幅为5.4%；多晶硅生产线人均产出量也从2018年的28吨/年增至2019年的35吨/年。硅片生产方面，金刚线切割技术和硅片薄化技术的大规模应用，促使国内硅耗大幅降低；同时，随着高效电池主导太阳能电池市场，单晶硅市场份额逐步增大，从2018年的45%左右增至2019年的55%左右。电池片生产环节，在《光伏制造行业规范条件》和领跑基地项目的推动下，国内各种晶硅电池生产技术快速发展。

## 三、2020年中国太阳能发展展望

### （一）中国太阳能产业发展展望

**1. 新增太阳能装机总量小幅回升，装机布局将进一步优化**

2019年，中国新增太阳能装机量大幅下降，而随着电力改革的不断深入、弃光限电问题逐步改善、电力消纳状况的持续改善以及光伏扶贫工作的持续推进，预计2020年中国新增太阳能装机量将小幅回升，增至40吉瓦。同时，在电力消纳状况的持续改善、特高压输电建设、电改、"光伏+"等因素的推动下，2020年大型地面电站将延续2019年发展趋势，进入快速发展阶段，预计2020年大型地面电站和分布式光伏系统占比分别为55%和45%。此外，2020年中国太阳能新增装机布局将进一步优化，电力消纳较好的东部沿海地区和部分中部地区将成为太阳能新增装机的重点区域。

**2. 太阳能发电成本将持续下降，推动发电平价上网进入实质性阶段**

在技术进步、降本增效以及组件价格持续降低等因素推动下，2020年中国太阳能发电成本将继续下降。预计2020年地面光伏系统初始全投资成本将降至4.17元/瓦，较2019年同比下降6.9%；工商业分布式光伏系统的初始投资成本将降至3.48元/瓦，较2019年下降0.25元/瓦。发电成本的不断下降，促使去补贴、平价成为中国太阳能发电的主要趋势。2019年5月，国家发改委、能源局公布《2019年第一批风电、光伏发电平价上网项目》，预计2020年在太阳能资源良好、电价较高地区的部分平价项目将进入实质运行阶段。

**3. 太阳能产品出口规模进一步扩大，"一带一路"国家将成为下一个增长点**

2019年，全球新增太阳能装机量达到121吉瓦，创历史新高，预计2020年将继续保持快速发展态势。国际太阳能市场的快速发展，将有助于中国太阳能产品出口规模的进一步扩大。2019年，欧洲和东南亚（越南）成为海外太阳能市场的主要新增长点，而位于"一带一路"沿线国家太阳能资源丰富，因此预计在"一带一路"倡议的推动下，2020年"一带一路"国家将有望成为中国太阳能产品出口的下一个新的增长点。

**（二）中国太阳能产业政策展望**

**1. 延续2019年政策总体框架，有助于竞价前期工作的开展**

2019年12月16日，国家能源局下发《关于征求对2020年光伏发电项目建设有关事项的通知（征求意见稿）意见的函》，明确指出2020年竞价项目配置工作总体思路、项目管理、竞争配置方法仍按2019年工作方案执行。政策的稳定性和可预期性，使得2020年太阳能产业发展环境稳定健康，投资者可参考2019年经验，开展竞价的前期工作。

**2. 管理权限逐步放宽，促进平价项目的顺利推进**

2020年太阳能管理办法初步政策框架表明，2020年有关平价项目的管理权限将进一步放宽。在落实接网、消纳等条件基础上，各省级能源主管部门自行组织实施，相关信息报送至国家能源局即可。此外，为进一步促进平价项目的顺利推进，2020年政府将启动第二批光伏平价项目的申报工作。

**3. 太阳能应用市场格局进一步优化，户用光伏前景广阔**

根据CPIA数据显示，2019年中国分布式光伏系统新增装机中，户用光伏占比超过40%，创造历史新高。同时，2020年太阳能管理办法初步政策框架明确了2020年户用光伏补贴规模，保障了户用光伏市场的稳定性。2020年，在政策风险低、并网友好性高等利好因素的推动下，中国户用光伏市场将延续2019年快速增长态势，进而有助于国内太阳能应用市场格局的进一步优化。

#### 4. 健全完善消纳保障机制和监测预警平台，引导企业和地方投资理性化

相较于 2018 年，2019 年中国太阳能消纳状况得到有效改善；同时，2019年政府定期监测市场动态并发布监测报告。2020 年，预计将出台更多相关政策以健全完善消纳保障机制和监测预警平台，进而引导企业和地方投资理性化。

### （三）中国太阳能产业技术展望

#### 1. 太阳能电池效率快速提升，组件持续降本增效

2019 年，太阳能产业处于 PERC 电池全面推广阶段，2020 年 PERC 单晶电池将继续占据市场主要份额。然而，2020 年，效率更高的 N 型 TOPCON 电池、HJT 电池、IBC 电池将逐步进入量产。同时，在电池技术提升的带动下，同时应用半片、叠片、多主珊和大组件等组件结构优化技术，预计 2020 年太阳能组件将进一步降本增效。

#### 2. 储能技术进步和成本降低，支撑中国太阳能产业快速发展

在新能源汽车快速发展的推动下，锂离子电池技术取得快速发展，并带动电化学储能技术的不断提升，成本也显著下降。2020 年，预计中国新能源汽车需求仍将快速增长，促进以锂离子电池为代表的电化学储能技术进一步提升，同时储能成本也不断下降。此外，预计 2020 年抽水蓄能、氢能等其他储能技术也将不断取得突破。

#### 3. 智能化、数字化技术的应用，助力分布式太阳能 + 储能新用能模式

2018 年 4 月，工信部等六部门联合发布《智能光伏产业发展行动计划（2018—2020 年）》，明确指出太阳能光伏产业必须与互联网、云计算、大数据、人工智能、IoT 通信等现代信息技术相融合，同时太阳能光伏产业也应朝着数字化、智能化、信息化的方向快速发展。此外，数字化、智能化、信息化技术的应用，将极大地促进现有太阳能光伏能源利用模式向新型用能模式转变，如分布式太阳能 + 储能、光储聚合模式、光储共享模式、虚拟电厂模式等。

低碳能源篇

# 中国天然气发展分析与展望

2019年国际天然气探明储量小幅提高，天然气市场供过于求，主要交易中心天然气价格呈现历史低位，主要天然气生产国和消费国都出台了一系列政策促进天然气产业和清洁能源发展政策，天然气勘探开发储运技术呈现与大数据、云计算和智能化集成化的趋势，预计2020年天然气储量增长速度缓慢，天然气市场仍然会供过于求，天然气的价格上涨乏力。2019年中国的勘探开发取得了重大突破，产量稳中有增，天然气全年供给增加，产量与进口量同时上升，LNG价格呈现下降趋势。为了确保天然气产业的健康发展，国家出台了天然气整体规划、油气管网改革和公平开放等产业政策。预计2020年联合勘探、精细开发和互联互通将成为重点，勘探、开发和储运呈现技术、管理、大数据、云技术和智能化高度融合状态，随着国家管网公司的成立，天然气产业的发展将进入一个全新的历史时期，天然气体制改革将拉开新的序幕，新的产业政策也将陆续出台。

## 一、2019年国际天然气发展概况

2019年国际天然气探明储量小幅提高，天然气市场供过于求，主要交易中心天然气价格呈现历史低位，各国为了确保天然气产业的发展出台了相关激励政策，天然气勘探、开发和储运技术与大数据、云计算、智能化等呈现高度融合态势。

### （一）国际天然气勘探、开发、储运和市场现状分析

2019年国际天然气探明储量小幅提高，天然气市场供过于求，主要交易中心天然气价格呈现下降趋势，预计2020年世界天然气探明储量将继续增长，天然气供过于求的局面将持续，天然气的价格将持续震荡。

**1. 国际天然气探明储量小幅提高，各地区分布呈现多极化趋势**

2019年国际天然气探明储量小幅提高，未来探明储量增长速度将逐渐下降。根据美国《油气杂志》（*Oil&Gas Journal*）发布的《2019年全球石油产量和油气储量报告》数据显示，2019年世界天然气探明储量为205.2万亿立方米，同比增长1.6%。天然气探明储量总体呈增长的趋势，但增长的速度逐渐下降。从国家来看，中亚国家土库曼斯坦可采储量增长速度最快，2019年天然气探明储量超越沙特，跻身天然气储量5强。至此，2019年全球天然气探明储量前5强的国家依次为俄罗斯、伊朗、卡塔尔、美国和土库曼斯坦，覆盖了中东、中亚、西亚、北美、俄罗斯五大地区，总储量128.6万亿立方米，占全球储量的62.7%。从地区来看，天然气储量分布呈现多极化趋势。中东和独联体地区依然占据领先地位，天然气探明储量占比分别为39%和32%；其次为美洲、非洲和亚太地区，占比依次为11%、9%和8%；欧洲地区为占比最小的地区，其天然气探明储量仅占全球天然气探明储量的1%。如图20所示。

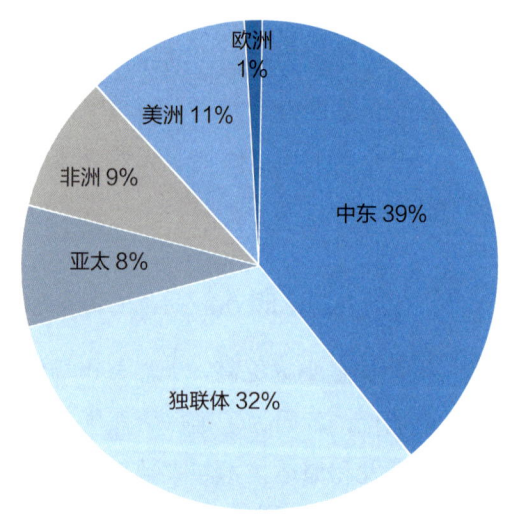

图20  2019年全球天然气探明储量占比

数据来源：美国《油气杂志》（*Oil&Gas Journal*）。

**2. 国际主要天然气消费市场供过于求，2020年还将持续**

根据《BP世界能源统计年鉴2019》发布的数据显示，在需求强增长的带动下，2018年全球天然气产量达到3.87万亿立方米，同比增长5.2%，主要原因是美国、澳大利亚、伊拉克和埃及产量增幅较大。2018年全球天然气消费约3.30万亿立方米，增速5.3%，美国、欧洲和亚太三大消费市场全球占比分别为21.2%、14.3%和21.4%，天然气市场消费增加主要受益于三方面因素：一是全球经济复苏和亚太新兴天然气进口国需求增加；二是受天气影响，供暖和制冷用气拉动美国国内天然气需求持续走强；三是中国天然气市场快速发展持续拉动亚太天然气消费增长。2019年全球天然气贸易量约为1.35万亿立方米，比上年增长9.2%。全球LNG贸易量为4910亿立方米，比上年增长12.2%。LNG供应能力持续增长，美国、俄罗斯和澳大利亚液化天然气产能增长强劲。

预计2020年世界范围内天然气市场状况将持续低迷。欧洲市场天然气供大于求，天然气价格当前处于历史低位。主要原因是天然气库存储备位于历史高位，现货LNG供应渠道畅通。亚太天然气需求增长趋缓，国内产气的增加、中俄管道的通气使得中国市场的LNG需求增长速度也将逐渐降低。预计美国天然气需求平稳增长，国内产量进一步增加，供需整体宽松。

### 3. 三大市场天然气价格呈现下降趋势，2020年将持续震荡

2019年，亚太市场、欧洲市场与美国市场三大天然气市场供需继续宽松，供需差收窄，三大市场价格均呈现下降趋势，预计2020年世界范围内天然气市场价格将持续震荡，主要的原因是LNG液化项目集中投产，市场供应增加，导致价格回落。

2019年美国受天然气产量增加和需求下降影响，Henry Hub全年现货均价为2.56美元/百万英热，比上年下跌19%。2019年欧洲天然气市场供应过剩严重，英国NBP现货年均价为4.48美元/百万英热，比上年下跌44.3%。2019年亚洲市场各国由于长贸合同供应基本满足需求，现货需求量持续疲弱，夏季补库需求低于市场期望值。东北亚地区LNG进口均价为9.22美元/百万英热，比上年下跌4.2%。其中，日本均价为9.51美元/百万英热，比上年下跌4.2%。

2020年，预计在美国天然气需求量平稳上升、国内产量进一步提升等因素影响下，气价将小幅下降。预计Henry Hub全年2.56美元/百万英热。欧

洲 NBP 天然气现货价格在可再生能源增加和多气源竞争加剧的影响下波动上行，但增长有限，年均价 4.4 美元／百万英热。亚太市场传统进口国需求稳定增长，新兴进口国需求维持增长，但增长趋缓，东北亚 LNG 现货价格预计在 5.4 美元／百万英热。

### （二）国际天然气产业政策现状分析

俄罗斯、卡塔尔、美国、欧盟和澳大利亚在世界能源格局中处于重要地位，而这些国家的产业政策和能源发展对实际天然气的发展举足轻重，下面分别对其产业政策进行分析。

#### 1.《2035 年前俄罗斯能源战略草案》勘实俄罗斯天然气大国地位

2019 年俄罗斯政府提出了最新的天然气行业长期发展方针。根据《2035 年前俄罗斯能源战略草案》（2019 年 10 月 21 日修订版），当前俄天然气行业面临四大任务，即有效满足国内市场的天然气需求，适应全球天然气市场的变化，发展液化天然气和天然气车用燃料的生产及扩大其消费。

#### 2. 卡塔尔退欧在即，专注天然气产业

卡塔尔新任能源部长萨阿德·卡比(Saadal-Kaabi)2019 年 10 月 7 日宣布，卡塔尔将于 11 月退出石油输出国组织"欧佩克"(OPEC)，以专注于天然气生产。萨阿德·卡比表示卡塔尔在天然气领域有很大的潜力。卡塔尔在天然气储量、生产和出口一直位于世界前列，由于 LNG 市场属于全球市场，因此卡塔尔的天然气政策也成了全球化重要产业政策，深受商业规则和市场波动的影响。

#### 3. 美国天然气"撤销管制"政策为天然气的发展迎来新的机遇

特朗普颁布了天然气"撤销管制"政策，该政策对限制天然气开发的相关政策措施进行修改和撤销，以进一步释放美国天然气产能，扩大天然气生产与出口能力；同时，要求政府持续放松对天然气企业的生产经营活动的监管，激发企业活力与自主性。特朗普政府已经加快了天然气终端建设项目审批程序，放松了对天然气出口项目的审批和对天然气出口目的国的限制等。

#### 4. 澳大利亚天然气出口政策瞄准中国市场

2019 年，澳大利亚取代卡塔尔成为全球最大的液化天然气出口国，中澳 2019 年 11 月签订 500 亿澳元的天然气协议，12 月 12 日澳政府批准 Gorgon

天然气项目的生产许可证。

**5. 欧盟协议推动俄罗斯通向欧洲天然气管道建设**

欧盟于 2019 年 2 月 13 日推出协议，允许俄罗斯继续建通往欧洲的新天然气管道。欧盟修订后的天然气协议旨在为从第三国进入的管道建立共同的天然气市场规则，而协议重点集中在将天然气管输到德国的俄罗斯北溪2项目。

### （三）国际天然气产业技术现状分析

2019 年，大数据、云计算、智能化等信息科技成功与天然气勘探开发技术结合，形成诸多创新技术成果，为天然气勘探开发技术的发展提供了新的视角，大大提高运营效率和行业数据分析水平。

**1. 智能钻井、测井、完井和增产服务系统**

勘探开发各环节的智能化水平明显提升，如提供动态储层特征的云端原生平台工具 Ora 智能电缆地层测试平台，使用伽马射线传感器的数据分析 Neo Steerat 钻头可操纵系统，实时访问井下储层测试数据的 Muzic Aeon 优质性能无线遥测，减轻和消除有害裂缝的宽波段断裂结构控制服务系统，避免母子井干扰的 Well Watcher Stim 增产监测服务系统等，这些系统提高了决策效率，优化了工作流程和降低了勘探开发成本。

**2. DELFI 勘探开发认知环境技术平台和云原生解决方案**

DELFI 勘探开发认知环境解决方案将人工智能、数据分析和自动化等科学技术结合，将规划和运营统一起来的多维的勘探、一体化钻井、油田敏捷开发规划和生产运营优化解决方案，该方案通过将先进的分析技术和 DELFI 环境中深厚的科学常识和专业技能相结合，可以利用云计算平台提供的优质解决方案来丰富自身的石油技术平台，进而增强客户驱动运营绩效的能力。

总之，将数据管理和分析能力引入 DELFI 环境中，将有助于提升决策制定效率，并在勘探开发的各个方面促成更大的创新成果。

## 二、2019年中国天然气发展分析

2019 年中国天然气的勘探开发都取得了重大突破，产量稳中有增，天然气全年供给增加，产量与进口量同时上升，LNG 总体价格呈现下降趋势，受季节性影响小幅震荡。为了确保天然气产业的健康发展，国家出台了各项产业政策，既有石油天然气整体规划，也有上中下游各自的产业政策，此外国家的产业调整、税收、补贴和准入等政策都在天然气产业发展上有所倾斜，这些产业政策的出台为天然气产业的发展提供了良好的政策保障，也为天然气技术蓬勃发展提供了机遇。

### （一）中国天然气勘探、开发、储运和市场现状分析

2019年中国的陆上和海上、常规和非常规气田勘探都取得了重大突破，中国天然气开发保持良好势头，产量稳中有增，中国天然气交易中心努力争夺在世界的话语权。

#### 1. 中国陆上和海上、常规和非常规气田勘探都取得了重大突破

2019年中石油、中石化和中海油三大石油公司在东北、新疆、华北、四川、渤海和南海等地区的常规和非常规气田勘探都取得了重大突破。

中国常规陆上天然气勘探成果显著，大庆油田、新疆油田、塔里木盆地和冀东油田都取得天然气勘探重大突破。大庆油田松辽盆地风险探井隆平1井在基岩风化壳储层获日产11.5万立方米工业气流，证实了基岩潜山存在千亿方天然气储量；新疆油田高探1井日产天然气32万立方米，证实了盆地南缘具备形成世界级大油气田的条件；中石化塔里木盆地特超深层海相碳酸盐岩发现含油气面积2万平方千米的顺北整装油气田，有望建成年100万吨产能；冀东油田南堡280侧井压后日产气5.38万立方米，天然气勘探取得了新的突破，这些常规气田的勘探成果为华北地区的保供和"西气东送"提供了新的气源。

中国陆上非常规天然气勘探取得重要进展，在四川盆地长宁－威远、太阳区和南川页岩气，华北油田和柳林石西、和顺西、武乡南和榆社东四大煤层气，四川盆地的火山岩都有重要发现。在页岩气勘探方面，四川盆地长宁－威远和太阳区块累计探明页岩气储量1.06万亿立方米，中石化南川页岩气项目胜页2井实现日产页岩气32.8万立方米，这些页岩气井的发现和产量突破为"川气东送"提供了保障。在煤层气深度勘探方面，中石油华北油田煤层气河北大城大平7井日产煤层气1.13万立方米，大探6、大探7直井单层日产煤层气0.3万立方米，证实了华北油田深层开发煤层气的巨大潜力；晋煤

集团柳林石西、和顺西、武乡南和榆社东四大煤层气区块成功点火出气，证实了山西地区具备稳定煤层气勘探条件，这些煤层气区块的勘探成果保证了华北地区的稳定供气。除页岩气和煤层气外，四川盆地开辟了火山岩非常规天然气勘探新领域，四川盆地发现永探1井，证实了西南气田具备增储非常规天然气的资源条件，这一非常规天然气新领域的发现进一步为"川气东送"提供了新的气源。

中国海上天然气勘探成果突出，中石油渤海油田和中海油南海油田探明地质储量超过千亿方。渤海油田渤中19-6-1发现井平均日产气约为640万立方英尺，证实渤中19-6中国东部最大的凝析气田天然气探明地质储量超过千亿方；中海油南海油气勘探开发中高温、高压和深水难题的攻克，证实了陵水深水17-2气田探明天然气超过千亿方。海上天然气勘探的突破保证了华北、海南和珠三角地区的天然气供应，也为"南气北送"提供了新的气源。

总之，2019年中国陆上和海上、常规和非常规气田勘探都取得了重大突破，这些重大突破为华北地区的保供、"西气东送""南气北送"和"川气东送"提供了重要的气源保障。

**2. 中国天然气开发保持良好势头，产量稳中有增**

2019年天然气总产量达1762亿立方米，比2018年同期增加159亿立方米，各油田天然气产量呈现小幅上升。其中长庆油田412.3亿立方米，塔里木油田285.4亿立方米，西南油气田268.6亿立方米，青海油田64亿立方米，大庆油田45.5318亿立方米，新疆油田29.3亿立方米，各油田增产的主要原因是在水平井技术、压裂技术和微生物驱油技术等方面进行改进和创新，同时将技术创新与管理高度融合，进行气藏精细管理，从而使得天然气的产量稳中有升。

**3. 中国天然气供需持续增加并保持平衡**

2019年中国天然气供给增加，产量与进口量同时上升。2019年天然气总产量达1762亿立方米，比2018年同期增加9.9%，增速有所上升。2019年天然气总进口量达1344亿立方米，比2018年同期增加6.9%。2019年中国天然气对外依存度达到43.27%，比2018年下降0.57%。2019年中国累计进口气态天然气505.4亿立方米，主要通过国际管道从土库曼斯坦、乌兹别克斯坦以及哈萨克斯坦等国家进口；累计进口液化天然气838.6亿立方米，主要通过液化天然气运输船从澳大利亚、卡塔尔、马来西亚、印度尼西亚等国家进口，进口液化天然气占比62.4%，比2018年增长3.14%，液化天然气在中国的作用越来越重要。

中国天然气需求持续增加，供需全年保持平衡。2019年累计天然气表观消费量为3067亿立方米，同比增长9.4%。天然气总供给量达3106亿立方米，比2018年同期增加245亿立方米，供需总体保持平衡。2019年仅在2月和7月出现小规模供应不足的现象，2月份主要受春节假期影响，产量和进口量均正常小幅下降；7月份则由于消费量出现反季节小规模增长，呈现了近年来中国天然气消费"淡季不淡"的新趋势，正由于此，9月份出现了供过于求的局面。如图21所示。

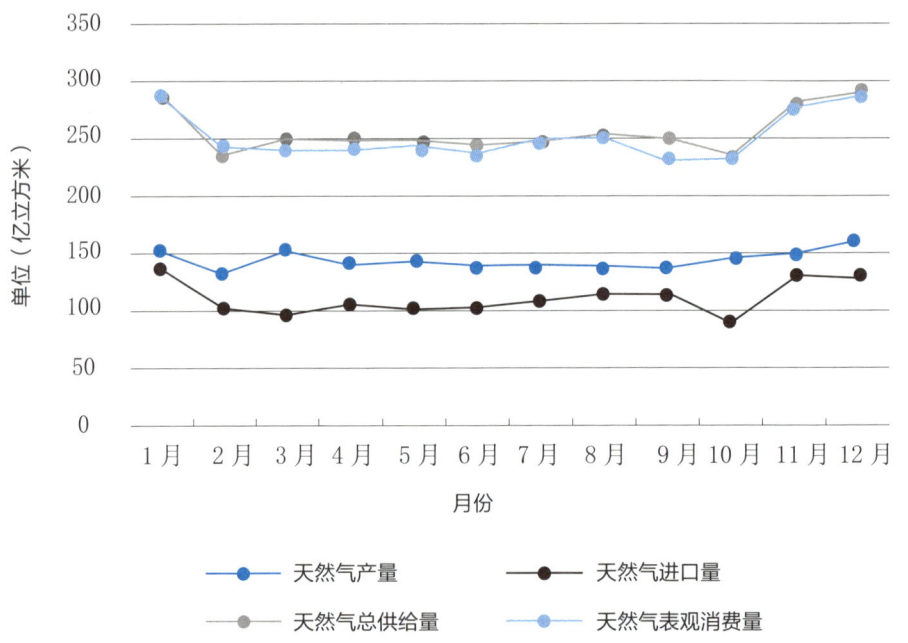

图21 2019年天然气产量、进口量、总供给量和表观消费量

### 4.中国LNG价格受季节性因素影响，呈现小幅震荡趋势

2019年中国LNG价格受季节性因素影响，呈现小幅震荡趋势，第一季度作为消费旺季，价格持续高位波动，第二、三季度价格缓慢平稳下降，随着冬季到来，第四季度价格再次震荡回升。

低碳能源篇

**5. 中国天然气交易中心争夺在世界的话语权**

随着天然气市场化改革，天然气交易中心将在优化天然气供需主体的交易环境、搭建行业产业链企业合作桥梁和形成公允天然气价格指数等方面贡献卓著。上海天然气交易中心扩大"进口LNG窗口一站通"长中短期交易产品，促进接收站实现以公开竞价市场化运作的方式实现向第三方公平开放；就天然气项目投资，国际LNG贸易、东北亚LNG市场一体化以及亚洲天然气交易中心建设等方面与国外公司展开对话交流，与此同时成立了油气管网信息采集系统和国家能源大数据中心，并发布了国内LNG出厂价格指数和LNG综合进口到岸价格。

### （二）中国天然气产业政策现状分析

2019年国家出台了各项产业政策，涵盖石油天然气规划，上游的自然资源资产产权制度改革，中游的天然气管网运营机制改革和油气管网公平开放，以及下游城市燃气、城镇燃气工程安装收费，除此之外国家还出台了产业结构调整、资源税、可再生能源专项基金和外商投资特别准入等天然气产业相关政策。如表42所示。

**表42　2019年中国天然气相关产业政策**

| | 时间 | 政策措施 | 颁布单位 | 政策内容 |
|---|---|---|---|---|
| 油气产业政策 | 2019.2.23 | 《关于石油天然气规划管理办法（2019年修订）》 | 国家能源局 | 对勘探开发、管道、液化天然气（LNG）接收站和储气设施提出了发展规划 |
| | 2019.3.19 | 《石油天然气管网运营机制改革实施意见》 | 中央全面深化改革委员会 | 推动石油天然气管网运营机制改革，要坚持深化市场化改革、扩大高水平开放，组建国有资本控股、投资主体多元化的石油天然气管网公司，推动形成上游油气资源多主体多渠道供应、中间统一管网高效集输、下游销售市场充分竞争的油气市场体系，提高油气资源配置效率，保障油气安全稳定供应 |

续表

| | 时间 | 政策措施 | 颁布单位 | 政策内容 |
|---|---|---|---|---|
| 油气产业政策 | 2019.4.14 | 《关于统筹推进自然资源资产产权制度改革的指导意见》 | 中共中央办公厅、国务院办公厅 | 在产权体系方面，探索研究油气探采合一权利制度，有序放开油气勘查开采市场 |
| | 2019.5.24 | 《油气管网设施公平开发监管办法》 | 国家发改委、国家能源局、住房城乡建设部、市场监管总局 | 推动了油气管网设施公平开放的制度基础，规定了影响油气管网设施公平开放关键问题的解决方案，强化了油气管网设施公平开放的监管措施 |
| | 2019.6.27 | 《关于规范城镇燃气工程安装收费的指导意见》 | 国家发改委 | 当地价格主管部门要建立健全监管机制，加强成本调查监审，对标行业先进水平，兼顾周边地区水平，合理确定收费标准，原则上成本利润率不得超过10%，现行收费标准偏高的要及时降低 |
| 国家相关政策 | 2019.4.8 | 《产业结构调整指导目录（征求意见稿）》 | 国家发改委 | 将石油、天然气上游勘探开采、页岩油气开发、油气管道基础设施、天然气分布式能源、液化天然气技术、放空天然气回收利用等产业作为国家鼓励的产业 |
| | 2019.6.11 | 《可再生能源发展专项资金管理暂行办法》 | 财政部 | 调整了非常规天然气的补贴分配方式，可再生能源发展专项资金支持煤层气、页岩气、致密气等非常规天然气开采利用 |

续表

| 　 | 时间 | 政策措施 | 颁布单位 | 政策内容 |
|---|---|---|---|---|
| 国家相关政策 | 2019.6.30 | 《外商投资准入特别管理措施(负面清单)(2019年版)》 | 国家发改委、商务部 | 取消了2018年对石油天然气勘探开发限于合资、合作的限制,将2018年版自贸试验区外资准入负面清单试点的石油天然气勘探开发等开放措施推向全国 |
| | 2019.8.27 | 《中华人民共和国资源税法》 | 十三届全国人大常委会第十二次会议 | 对非常规天然气资源实行免税或进一步减税 |

### (三)中国天然气产业技术现状分析

2019年,中国天然气产业有了长足的发展,这与勘探开发和储运技术的发展是分不开的,这些技术对新气田的发现、探明可采储量的提高、产量的提升和储运能力的增加都起到至关重要的作用。

2019年中国天然气勘探技术进展较快,主要有"两宽一高"勘探技术、可控震源超高效混叠采集技术、可控震源动态扫描技术、OBN勘探配套技术等,除此之外,系列装备系统以及软件系统的研发工作也取得一定成果。这些勘探技术和软硬件系统现已运用在大同盆地、西北油田、汉江油田、塔里木盆地等地,在提高预警精度、提高作业效率、节约人工成本方面取得显著效果,也进一步解决了油藏埋深大、成像不清晰等勘探难题。

2019年天然气开发技术取得了长足的进步,可视化模拟水平井录井导向技术、混合井网开发技术、水力体积压裂技术、微生物驱油技术和四次采油后化学驱技术等已经在长庆油田、青海油田、西南油气田和大庆油田等地成功应用,并产生了良好效果,大幅提高了储量动用率、剩余油气采收率,缩短了试油周期等。

2019年,中国各大天然气运输企业继续深入技术自主研发,中俄东线项目实现核心控制PCS、站场数据采集与控制PLC、安全控制PLC等软件的全面自主研发，同时集合管道数字孪生体、物联网、无人机、数据云平台等智能化信息技术，实现管道的数字化、可视化、智能化作业和标准化、科学化管理。此外，中国天然气计量由体积计量向能量计量改革，开启了中国天然气储运行业在管理上做出的重大变革。

## 三、2020年中国天然气发展展望

2020年联合勘探、精细开发和互联互通将成为重点，随着国家管网公司的成立，天然气产业将进入一个全新的历史时期，新的产业政策将陆续出台，勘探、开发和储运呈现技术、管理、大数据、云技术和智能化高度融合状态。

### （一）中国天然气产业勘探、开发、储运和市场展望

2020年三大石油公司陆上和海上勘探步伐加快，海上联合勘探将成为重点，天然气开发呈现技术和管理高度融合和双提升趋势，随着国家管网公司的成立，天然气基础设施建设将步入快车道，天然气供需将继续上升并保持平衡，LNG需求增长将进一步减速，天然气价格预计持续上升，天然气市场化改革全面推进。

**1. 三大石油公司陆上和海上勘探步伐加快，非常规天然气和海上联合勘探将成为重点**

随着国内天然气需求的持续增长，2020年三大石油公司将加快天然气勘探步伐，海上联合勘探和非常规天然气将成为重点。中石油将深化成熟探区精细勘探，稳步推进深水油气勘探，致力于松辽、鄂尔多斯、塔里木、四川、渤海湾、准噶尔玛湖等探区的勘探；中石化将加大新区新领域风险勘探和预探力度，不断增加经济可采储量；中海油将加快渤海深层勘探，适时进行南海中南部油气勘探。2019年石油公司签订联合勘探协议，2020年海上天然气联合勘探将成为未来的发展趋势，渤海湾、北部湾、南黄海和苏北盆地将成为海上勘探的重点。随着2019年国家关于非常规天然气开采补贴分配方式的调整，非常规天然气资源实行免税或进一步减税，使得煤层气、页岩气、致密气等非常规天然气开采利用将成为重点。

## 2. 天然气开发呈现技术和管理高度融合和双提升趋势

2019年天然气开发与国际大公司一样都呈现技术和管理高度融合的局面，各油田在水平井技术、压裂技术和微生物驱油技术等方面进行改进和创新，同时实行"四精"分类施策管理，编制气藏治理方案，强化气藏精细描述和优化调整，开展"一井一策"精细管理。2020年提升天然气开发管理水平，精细管理，精准挖潜，努力完善天然气上产地面系统，提高天然气的产能。

## 3. 随着国家管网公司的成立，天然气基础设施建设将步入快车道

随着国家管网公司的成立，2020年中国将继续深挖国产常规天然气资源潜力，适当提高煤制气、页岩气、煤层气产量，加大海外LNG资源获取与接收站建设，同时继续加大对天然气管网、LNG接收站、储气调峰设施以及互联互通工程等基础建设项目的政策支持，以应对冬季天然气市场的调峰需求。

## 4. 天然气供需将继续上升并保持平衡，LNG需求增长将进一步减速

2020年天然气供需将继续上升并保持平衡。2020年中国将天然气在一次能源消费结构中的比例提升至8%～10%，按此测算2020年中国天然气产量规划为2070亿立方米，消费量将达到3200亿～3500亿立方米，中亚天然气管道D线的建成、中俄东线的投产都使得国外管道天然气的进口呈上升趋势。国内产气的增加，新管线的投产都将限制LNG的进口增量，美国银行（Bank of America）预计2020年中国LNG需求增长将进一步减速。

## 5. LNG价格小幅震荡，季节性差异明显，交易日益市场化

2020年预计中国的天然气需求增长放缓，国内产气的增加、中俄管道的通气使得中国市场的LNG需求增长速度也将逐渐降低。随着国家管网公司的成立、天然气的市场化改革、上游勘探开发权开放和下游市场的多元化，交易中心将起到更大的作用，交易的市场化趋势将更加明显。

### （二）中国天然气产业政策展望

国家管网公司的成立对中国天然气产业产生深远重大影响，从上游的勘探开发，中游的管网、储气库和LNG的建设和互联互通，到下游省级管网和城市燃气的体制，天然气产业全面改革拉开新的序幕，新的产业政策将陆续出台。

**1. 完善天然气供应保障体系**

在国家管网公司成立前,三大石油公司承担了主要的保供责任,也承担了进口气倒挂的巨额损失,而随着国家管网公司的成立,中游管网、储气库和LNG接收站从三大石油公司剥离,保供责任将由上游气源企业、供气企业、中游国家管网公司和下游城市燃气企业和用户共同承担,而巨额的进口气倒挂损失问题也将提到日程,进口气补偿机制也将得到进一步完善。

**2. 加快推进天然气价格改革**

国家管网公司成立后,将放开产业链的上下游市场,打破原来三大石油公司垄断的局面。上游勘探开发领域进入限制的解除,会加强资源供应方之间的竞争,从需求者角度来说,上游市场化的天然气价格更有利。同时作为天然气价格组成部分的管输价格也将受到国家的监管。能量交接计量是推动管网公平开放的重要前提,在管输价格上可以借鉴国外的成功经验,采用国际通用的"两部制",有利于提高管输效率。在天然气进入到下游消费市场时,充分发挥市场的调节作用,促进市场进入有序发展阶段。

**3. 完善天然气管网、储气库和LNG建设规划**

在原有一体化的管道运营模式下,管道、储气库和LNG建设投资不足,难以实现《中长期油气管网规划》中天然气主干管道达到16.3万公里的目标。2019—2025年期间,中俄东线、中亚D线等进口输气管线,"西气东输"四线、"川气东送"二线及多条煤制气输气管道的建设将增加中国气源来源,包括来自俄罗斯和中亚的进口天然气、四川盆地常规气、页岩气以及中、西部煤层气、煤制气等气源。国家管道公司应根据中国自有气源、进口气源的规划和下游市场分布情况,统筹规划管网布局,根据实际情况稳妥分步、分段实施,科学合理设计管道路由走向和干支线配比,同时推动干线间联络线及跨省、区、市联络线的建设,实现现有和未来油气管道的互联互通,真正落实"全国一张网"的天然气供应格局。

**4. 加强天然气行业的监管力度**

天然气行业是国民经济的支柱产业之一,对天然气整个行业的监管将有效提高天然气行业的供给能力。2020年应着重完善监管依据和标准规范,根据行业发展、形势变化,不断调整完善监管技术标准与规范。同时理顺监管

低碳能源篇

体制，切实发挥地方政府在资源开发中的监管作用，探索构建由国家有关部门主导（指导）、各资源地政府具体实施的监管新机制。着重对上中游根据其业务特点的不同进行监管政策的制定。加强天然气资源勘探开发监管，维护勘探开发市场秩序，提高资源开发利用水平，规范并促进油气资源开发和生态环境保护，为天然气的供应提供稳定的气源。加强国家管网公司对管道运输价格、成本和公平开放的监管，确保垄断性的国家管网公司能够提供安全、平稳、有效和低价的管输服务。加强对下游燃气企业的监管，确保配气业务价格和成本在合理的范围内，保障整个管道的畅通。

### （三）中国天然气产业技术展望

中国的天然气勘探、开发、储运技术已取得了长足的进步，未来，海上及非常规天然气勘探开发技术研发将持续深入，中国的自主研发技术及国际间技术合作在政策引导下将有较大提升空间，传统技术将紧跟时代趋势，与大数据、云计算和人工智能进一步结合发展。

**1. 海上及非常规天然气勘探开发技术研发将持续深入**

2019年中国海上天然气勘探成果突出，随着勘探开发过程中对高温、高压和深水难题的攻克，各大油气生产企业将会加快海上勘探开发技术的研发，加快技术成果落地，以促进海上联合勘探、深水油气勘探顺利实施。非常规气田勘探亦取得重大突破，国家发改委、财政部陆续出台增加煤层气、页岩气、致密气等非常规天然气的专项资金支持和技术开发鼓励，以及新资源税法对非常规天然气资源实行税收减免等政策，在政策激励下未来非常规天然气勘探开发技术将得到积极推进。

**2. 中国将加大天然气产业技术的自主研发与国际合作**

近年来中国致力于加强天然气产业技术的自主研发，并产出诸多技术成果。国家发改委颁布的《产业结构调整指导目录（2019年征求意见稿）》将天然气勘探开采、液化天然气技术产业以及页岩油气开发等产业作为国家鼓励产业，《外商投资准入特别管理措施（负面清单）（2019年版）》取消了2018年对石油天然气勘探开发限于合资、合作的限制，将加大自主研发的投入以及与国外先进天然气企业的交流与合作，技术知识的融合碰撞将促进知识转移、资源互补和技术创新,从而促进国际间天然气产业技术的整体发展进步。

**3. 传统技术与大数据、云计算、人工智能融合将成为发展趋势**

中国应加大智能化天然气资源勘探、开发、储运技术和设备的研发,推进其与大数据、云计算、人工智能的深度融合,提升中国天然气产业综合管理能力,实现降本增效,推动天然气产业高质量、高效率、高精确性发展。

低碳能源篇

# 核能发展分析与展望

2019年，全球核能产业发展有所滞缓，运行和在建核电装机量均小幅下降。2019年，全球核电装机量排名前十的国家或地区分别为美国、法国、中国、日本、俄罗斯、韩国、加拿大、乌克兰、德国和英国，总装机量为336吉瓦，占全球核电装机总量的85.0%。2019年，中国运行核电站规模持续增长，核电占比稳步上升；同时，工程管理自主化能力不断提升，中国在建核电规模全球领先。2020年，预计中国核电规模将持续快速增长，核能利用朝多元化方向发展；同时，依托"一带一路"倡议，持续推进中国核能"走出去"。产业政策方面，预计2020年核电"十四五"规划即将出台，中国核电规模有望进一步扩大；同时，为促进核电与地方经济融合发展，公众沟通与核科普相关法规有望出台。产业技术方面，预计2020年中国将依托核科技创新，形成自主三代为主、先进核能系统匹配发展的技术格局；同时，智能化、数字化、信息化技术的应用，将促进中国核技术高效发展。

## 一、2019年国际核能发展概况

### （一）国际核能产业整体发展概况

据世界核能协会（WNA）最新数据显示，截至2019年12月，全球在运行核电机组445台，较2018年减少了6台，总装机量为395吉瓦，较2018年减少了4.8吉瓦，降幅为1.6%。全球在运行核电机组主要分布在30多个国家或地区，2019年全球核电装机量排名前十的国家或地区分别为美国、法国、中国、日本、俄罗斯、韩国、加拿大、乌克兰、德国和英国，总装机量为336吉瓦，占全球核电装机总量的85.0%（表43）。WNA数据显示，截至2019年12月，全球在建核电机组54台，较2018年减少了2台，总装机量为59.9吉瓦，较 2018 年减少了 0.3 吉瓦，降幅为 0.5%。根据表 43 可知，2019 年世界在建核电机组主要分布在亚太地区，在建数量排名前十的国家或地区分别为中国（12台）、印度（7台）、美国（4台）、韩国（4台）、俄罗斯（4台）、阿联酋（4台）、日本（2台）、孟加拉国（2台）、巴基斯坦（2台）、白俄罗斯（2台）。

2019 年，全球启动并网了 6 台核电机组，总装机量为 5.2 吉瓦。其中，中国 2 台（台山 2 号、阳江 6 号）、俄罗斯 3 台（Novovoronezh2-2、Akademik Lomonosov1、Akademik Lomonosov2）、韩国 1 台（Shin Kori4）。同时，2019 年全球新开工核电机组 3 台，中国（漳州 1 号）、俄罗斯（Kursk2-2）、伊朗（Bushehr-2）各 1 台，总装机量为 3.2 吉瓦。此外，2019 年全球永久关闭核电机组 5 台，分别为中国台湾的 Chinshan-2、美国的 Three Mile Island-1 和 Pilgrim-1、日本的 Genkai-2 以及俄罗斯的 Bilibino-1，总装机量为 2.6 吉瓦。

表 43　2019 年全球运行、在建核电机组情况

| 国家 | 运行核电机组 | | 在建核电机组 | |
| --- | --- | --- | --- | --- |
| | 数量 | 装机量（兆瓦） | 数量 | 装机量（兆瓦） |
| 美国 | 96 | 97896 | 4 | 5000 |
| 法国 | 58 | 63130 | 1 | 1750 |
| 中国 | 47 | 45688 | 12 | 11155 |
| 日本 | 33 | 31679 | 2 | 2756 |
| 俄罗斯 | 38 | 29203 | 4 | 4903 |
| 韩国 | 24 | 23231 | 4 | 5600 |
| 加拿大 | 19 | 13553 | 0 | 0 |
| 乌克兰 | 15 | 13107 | 0 | 0 |
| 德国 | 7 | 9444 | 0 | 0 |
| 英国 | 15 | 8883 | 1 | 1720 |
| 瑞典 | 8 | 8376 | 0 | 0 |

续表

| 国家 | 运行核电机组 | | 在建核电机组 | |
|---|---|---|---|---|
| | 数量 | 装机量（兆瓦） | 数量 | 装机量（兆瓦） |
| 西班牙 | 7 | 7121 | 0 | 0 |
| 印度 | 22 | 6219 | 7 | 5400 |
| 比利时 | 7 | 5943 | 0 | 0 |
| 捷克共和国 | 6 | 3932 | 0 | 0 |
| 瑞士 | 5 | 3333 | 0 | 0 |
| 芬兰 | 4 | 9444 | 1 | 1720 |
| 保加利亚 | 2 | 1926 | 0 | 0 |
| 巴西 | 2 | 1896 | 1 | 1405 |
| 匈牙利 | 4 | 1889 | 0 | 0 |
| 南非 | 2 | 1830 | 0 | 0 |
| 斯洛伐克 | 4 | 1816 | 2 | 942 |
| 阿根廷 | 3 | 1702 | 1 | 27 |
| 墨西哥 | 2 | 1600 | 0 | 0 |
| 巴基斯坦 | 5 | 1355 | 2 | 2322 |
| 罗马尼亚 | 2 | 1310 | 0 | 0 |
| 伊朗 | 1 | 915 | 1 | 1057 |
| 斯洛文尼亚 | 1 | 696 | 0 | 0 |
| 荷兰 | 1 | 485 | 0 | 0 |
| 亚美尼亚 | 1 | 376 | 0 | 0 |
| 孟加拉国 | 0 | 0 | 2 | 2400 |
| 白俄罗斯 | 0 | 0 | 2 | 2388 |
| 土耳其 | 0 | 0 | 1 | 1200 |
| 阿联酋 | 0 | 0 | 4 | 5600 |
| 全球 | 445 | 395017 | 54 | 59945 |

数据来源：世界核能协会（WNA）。

## （二）国际核能产业发展政策

受 2011 年福岛核泄漏事故影响，2011—2012 年全球核电产业停滞不前。2013 年开始，世界各国已逐步摆脱福岛核泄漏事故的阴影，并制定、颁布了一系列政策法规以促进核电产业的发展。

美国核能产业政策方面，出台了一系列扶持政策，力推核电作为清洁能源对化石能源的替代，同时利用政策优势推动新一代核电技术的发展。无论是奥巴马政府 2015 年的《清洁发电计划》还是特朗普政府 2017 年的《六大措施振兴美国能源》，都着重强调了核电产业的重要性，并颁布了一系列维持和促进美国核电产业发展的政策。同时，2019 年美国政府出台多项核电发展政策，以扩大其核电产业，并维护其核电大国地位。如 2019 年 4 月 30 日，美国参议院提议设立独立机构"核废物管理局（NWA）"，代替能源部管理美国的核废物。法国核能产业政策方面，出台众多政策法规以支持先进核能技术的研发与应用，如 2019 年 1 月 28 日，为保障 2019—2022 年期间法国核工业界顺利完成"高风险"项目，法国政府为核工业界提供多方面支持。

## （三）国际核能产业技术发展

《中国核能发展报告（2019）》显示，核电技术方面，目前全球绝大多数核电站采用的是第二代核电技术，而在建核电机组多采用更为先进的第三代核电技术，主要包括：美国西屋电器公司（WH）开发的非能动先进压水堆 AP600 和 AP1000、美国通用电气公司（GE）开发的先进沸水堆 ABWR、法国 AREVA 公司开发的欧洲压水堆 EPR、中国中核集团与中广核集团联合开发的华龙一号、中国国电投集团开发的 CAP1400、俄罗斯的 VVER-1200、日本的 APWR 等。

2019 年，全球核电技术取得多方面的突破，主要集中在美国、俄罗斯、法国等核发电传统强国。美国方面，1 月 10 日，美国纽斯凯尔电力公司和 Ultra 电子能源公司联合开发一种采用现场可编程门阵列（FPGA）技术的新型安全显示与指示系统，并首次用于商业核工业的实时显示和监控；6 月 7 日，美国普渡大学开发出一套用于核反应堆裂纹检测的人工智能系统；7 月 8 日，在美国核管会的批准下，普渡大学对其1号反应堆进行数字化改造，使之成为美国首个全数字化核反应堆；10月10日，美国福陆爱达荷公司和巴特尔能源联盟将金刚石线锯这一新技术用于阿贡快速源反应堆的拆除中。俄罗斯方面，1月7日，俄罗斯国家专家审查委员会批准BREST-OD-300铅冷实验快堆设计，将有助于闭式核燃料循环的实现；3月25日，俄罗斯TVEL燃料公司开始建造Brest-OD-300铅冷快堆装置，旨在突破闭式燃料循环技术；10月31日，俄罗斯国家原子能公司TVEL燃料公司首次对耐事故燃料进行测试，这一新型燃料对核电站的安全性和可靠性至关重要；12月19日，浮动式核电技术取得重大突破，世界首座浮动式核电站"Akademik Lomonosov"号开始在俄罗斯楚科奇地区试运行。

## 二、2019年中国核能发展分析

### （一）中国核能产业整体发展概况

#### 1. 运行核电站规模持续增长，核电占比稳步上升

据WNA最新数据显示，2019年中国共有台山2号和阳江6号两台核电机组并网投入商业运行。截至2019年12月，中国在运行核电机组47台，总装机量为45.7吉瓦，较2018年增加了0.2吉瓦，增幅为0.4%。目前，中国在运行核电机组数量和装机容量均位列全球第三，仅次于核电传统大国美国和法国。中国在运行核电机组主要集中在沿海一带，从东部沿海（辽宁）一直延伸到南部沿海（海南、广西），如表44所示。

中国核电机组的安全稳定运行，促进核电在全国发电量所占比重稳步上升。据中国核能行业协会（CNEA）最新数据显示，2019年1—9月，全国运行核电机组累计发电量为2535.31亿千瓦·时，比2018年同期增加22.8%，占全国累计发电量的4.8%。同时，与燃煤发电相比，2019年1—9月全国核能发电相当于减少燃烧标准煤7808.8万吨，减少二氧化碳排放20458.9万吨，减少二氧化硫排放66.4万吨，减少氮氧化物排放57.8万吨。

表44  2019年中国在运行核电机组情况

| 机组名称 | 省份 | 装机容量（兆瓦） | 型号 | 建造方 |
|---|---|---|---|---|
| 大亚湾1号、2号 | 广东 | 944 | 法国M310 | 中广核 |
| 秦山一期 | 浙江 | 350 | CNP-300 | 中核集团 |
| 秦山二期1号、2号 | 浙江 | 610 | CNP-600 | 中核集团 |
| 秦山二期3号、4号 | 浙江 | 619、610 | CNP-600 | 中核集团 |
| 秦山三期1号、2号 | 浙江 | 677 | Candu 6 PHWR | 中核集团 |
| 方家山1号、2号 | 浙江 | 1012 | CPR-1000（M310+） | 中核集团 |
| 岭澳一期、二期 | 广东 | 950 | 法国M310 | 中广核 |
| 岭东/岭澳二期1号、2号 | 广东 | 1007 | CPR-1000（M310） | 中广核 |
| 田湾1号、2号 | 江苏 | 990 | VVER-1000/V-428 | 中核集团 |
| 田湾3号、4号 | 江苏 | 1060 | VVER-1000/V-428M | 中核集团 |
| 宁德1号、2号 | 福建 | 1018 | CPR-1000 | 中广核、大唐 |
| 宁德3号、4号 | 福建 | 1018 | CPR-1000 | 中广核、大唐 |
| 红沿河1号、2号 | 辽宁 | 1061 | CPR-1000 | 中广核、国家电投 |
| 红沿河3号、4号 | 辽宁 | 1061 | CPR-1000 | 中广核、国家电投 |
| 阳江1号、2号 | 广东 | 1000 | CPR-1000 | 中广核 |
| 阳江3号、4号 | 广东 | 1000 | CPR-1000+ | 中广核 |
| 阳江5号、6号 | 广东 | 1000 | ACPR1000 | 中广核 |

续表

| 机组名称 | 省份 | 装机容量(兆瓦) | 型号 | 建造方 |
|---|---|---|---|---|
| 福清1号、2号 | 福建 | 1020 | CPR-1000（M310+） | 中核集团、华电集团 |
| 福清3号、4号 | 福建 | 1000 | CPR-1000（M310+） | 中核集团、华电集团 |
| 防城港1号、2号 | 广西 | 1000 | CPR-1000 | 中广核 |
| 长江1号、2号 | 海南 | 601 | CNP-600 | 中核集团、华能 |
| 台山1号、2号 | 广东 | 1660 | EPR | 中广核 |
| 三门1号、2号 | 浙江 | 1157 | AP1000 | 中核集团 |
| 海阳1号、2号 | 山东 | 1170 | AP1000 | 国家电力公司 |
| 大亚湾1号、2号 | 广东 | 944 | 法国M310 | 中广核 |
| 秦山一期 | 浙江 | 350 | CNP-300 | 中核集团 |
| 秦山二期1号、2号 | 浙江 | 610 | CNP-600 | 中核集团 |

**2. 工程管理自主化能力不断提升，在建核电规模全球领先**

自1991年秦山核电站正式建成投运，30余年的不断发展，使得中国核电工程管理自主能力和总承包能力不断提升。目前，中国核电建设企业自主掌握了多堆型、多容量的核电项目建造技术，并具备同时开工30台以上核电机组建设的能力。据WNA数据显示，2019年中国在建核电机组12台（表45），主要分布在福建（4台）、辽宁（3台）、广西（2台）、江苏（2台）、山东（1台），总装机量为11.2吉瓦，在建规模继续保持世界第一。

**表45　2019年中国在建核电机组情况**

| 机组名称 | 省份 | 装机容量（兆瓦） | 型号 | 建造方 | 开工时间 | 预计并网时间（年） |
|---|---|---|---|---|---|---|
| 石岛湾 | 山东 | 210 | HTR-PM | 华能 | 2019.12.12 | 2019 |
| 红沿河5号、6号 | 辽宁 | 2×1119 | ACPR1000 | 中广核、国家电投 | 2019.3.15、2019.7.15 | 2019、2020 |

续表

| 机组名称 | 省份 | 装机容量（兆瓦） | 型号 | 建造方 | 开工时间 | 预计并网时间（年） |
|---|---|---|---|---|---|---|
| 福清5号、6号 | 福建 | 2×1150 | 华龙1号 | 中核集团、华电集团 | 2019.5.15、2019.12.15 | 2019、2020 |
| 防城港3号、4号 | 广西 | 2×1180 | 华龙1号 | 中广核 | 2019.12.15、2019.12.16 | 2019、2020 |
| 田湾5号、6号 | 江苏 | 2×1118 | ACPR1000 | 中核集团 | 2019.12.15、2019.9.16 | 2020、2021 |
| 霞浦1号 | 福建 | 600 | CFR600 | 中核集团 | 2019.12.17 | 2023 |
| 漳州1号 | 福建 | 1150 | 华龙1号 | 国电 | 2019.10.19 | 2024 |
| 渤海造船厂FNPP | 辽宁 | 60 | ACPR50S | 中广核 | 2019.11.16 | 2020 |

数据来源：世界核能协会（WNA）。

### （二）中国核能产业发展政策

2019年，中国核能产业发展政策法规体系不断完善，主要涉及核电行业规划指导、核电行业安全监管、核安保和核应急等多方面。

核电行业规划指导方面，2019年2月1日，国家发改委发布《鼓励外商投资产业目录（征求意见稿）》，涉及火电、核电、风电、输配电等多个领域；3月6日，为推动绿色产业发展，国家发改委印发《绿色产业指导目录（2019年版）》，涉及核电装备制造领域等；5月1日，中国政府网正式公布《国务院2019年立法工作计划》，备受关注的《原子能法》在列；7月8日，广东印发《推进粤港澳大湾区建设三年行动计划（2018—2020年）》，指出应安全高效发展核电，并有序开展台山核电二期、岭澳核电三期等工程前期工作；9月3日，国务院颁布《中国的核安全》白皮书，旨在不断推动核安全与时俱进、创新发展；11月26日，财政部等六部门共同发布《关于调整重大技术装备进口税收政策有关目录的通知》，指出2020年起，免征火电、核电、水电、风电多项电力设备的关税和进口环节增值税。

核电行业安全监管方面，2019年1月25日，生态环境部发布《核动力厂、研究堆、核燃料循环设施安全许可程序规定（征求意见稿）》，旨在进一步规范核设施安全许可的管理，促进核与辐射安全监督管理工作规范化、制度化建设；4月18日，国家能源局印发《能源标准化管理办法》及实施细则，涉及核能等多个能源领域；6月11日，国家能源局印发《大型先进压水堆及高温气冷堆核电站科技重大专项实施管理办法》等四项制度，旨在进一步规范核电行业执行细则；7月11日，国家能源局组织制定《核电厂运行性能指标（试行）》，旨在落实《关于进一步加强核电运行安全管理的指导意见》的要求；11月25日，国家能源局发布《关于进一步规范核电厂消防设计和验收审批有关工作的通知》，旨在构建科学合理、规范高效的核电厂消防监督管理体系；11月29日，为进一步规范和加强对核动力厂、研究堆和核燃料循环设施营运单位核应急工作的安全监管，国家核安全局发布《核动力厂营运单位的应急准备和应急响应》等三个核安全导则。

核电行业资质认定方面，2019年2月1日，为落实《中华人民共和国核安全法》，指导和规范民用核安全设备焊工焊接操作工技能评定工作，生态环境部发布《民用核安全设备焊工焊接操作工技能评定要求（征求意见稿）》；2月3日，国家核安全局颁发2019年第一批民用核设施核反应堆操纵人员执照，涉及大亚湾核电、秦山核电、田湾核电等；5月7日，国家核安全局发布《关于批准中兴能源装备有限公司变更民用核安全设备制造许可活动范围的通知》，批准中兴能源装备有限公司《民用核安全设备制造许可证》；8月26日，生态环境部发布《核动力厂、研究堆、核燃料循环设施安全许可程序规定》，旨在规范民用核动力厂、研究堆、核燃料循环设施等核设施安全许可活动。

### （三）中国核能产业技术发展

在国家科技重大专项的支持和带动下，中国核电技术取得重大突破，主要集中在先进核电反应堆及系统的技术研发和示范工程建设两方面。其中，大型先进压水堆CAP400和高温气冷堆核电项目取得重大突破，华龙1号核电项目在国内外顺利推进，小型核反应堆技术取得实质性进展，第四代核能技术正逐步开展，以及聚变堆技术取得一定成果。

2019年，中国核电技术取得一系列实质性成果。核能共性技术研发方面，2019年8月6日，中核集团原子能院核物理所等7家单位宣布共建在束伽马终端阵列，标志着中国新一代大型伽马探测阵列建设的正式启动；12月13日，中核集团自主开发的NicSys2000非安全级核电DCS系统全面通过第三方测评，并具备工程应用条件；12月17日，国核自仪系统工程有限公司（简称"国核自仪"）的专利"基于FPGA的接口重映射方法"正式获得美国专利的授权，该技术用于核电保护系统平台，可有效提高系统可靠性、可读性和可调试性。

核能材料研制方面，2019年2月13日，中国广核集团有限公司（简称"中广核"）自主研发设计的S2FPI-A型事故容错燃料小棒顺利载入研究堆，正式开始辐照考验工作，标志中国新型核燃料研发再次取得实质性突破；3月20日，中国太原钢铁集团研制出世界直径最大、重量最大的无焊缝整体不锈钢环形锻件，将用于制作中国首个第四代核电机组——福建霞浦60万千瓦快中子反应堆示范堆核心部件的支撑环。

核技术人才培养和研发投入方面，2019年3月11日，中国核工业集团有限公司（简称"中核集团"）被列入首批职业技能等级认定试点机构，充分体现了国家对核能技术人才的重视；10月10日，中广核宣布将联合泰国企业共建电子加速器应用研究中心，有助于提升中泰两国核技术研究水平。

核技术数字化、智能化方面，2019年，中核集团在核能软件与数字化反应堆领域取得了丰硕的成果，主要包括自主化核电工程设计分析软件包（NESTOR）、核级管道设计核心技术程序系统（CNPIPE/CAPS）、智能化核动力仿真平台（RINSIM2.0）、核电厂生产管理信息系统（N1-EAM）、核燃料组件管理系统（N1-NMS）。2019年11月22日，中核集团自主开发的"中国核电经营监测平台"荣获2019年中国能源企业信息化卓越成就奖。

## 三、2020年中国核能发展展望

### （一）中国核能产业发展展望

**1. 核电规模将持续快速增长，核能利用朝多元化方向发展**

预计2020年中国核电规模仍将延续2019年快速发展态势，同时2020

年也将是中国核电发展的重要历史机遇期和关键期。因此，预计2020年中国将在核电发展上持续发力，实现既定发展目标。此外，市场的多元化需求也将推动中国核能技术多领域的应用，除核能发电外，预计2020年核能还将在太空探索、海洋开发、供热制冷、海水淡化等多领域的应用上有所突破。

**2. 依托"一带一路"倡议，持续推进中国核能"走出去"**

依托"一带一路"倡议，以"华龙1号"为代表的中国第三代核电技术正顺利推向国际市场，包括巴基斯坦、哈萨克斯坦等"一带一路"国家和英国、巴西等非"一带一路"国家。2020年，预计中国将抓住"一带一路"机遇，统筹利用好两个市场，以核电为龙头，全产业链"走出去"，带动国内核电装备制造业的发展。此外，预计2020年中国自主开发的小型压水堆、高温堆等技术"走出去"也将稳步推进，主要应用于核能供热、海水淡化等方面。

### （二）中国核能产业政策展望

**1. 核电"十四五"规划即将出台，中国核电规模有望进一步扩大**

随着经济总量持续扩大、人均能源消费量不断提高、继续工业化、新型城镇化、"一带一路"建设、京津冀协同发展等战略的持续推进，中国能源刚性需求将长期存在。清洁替代和电能替代是中国能源变革的必经之路，因此也对核电行业的安全高效发展提出了更高的要求。预计2020年核电"十四五"规划将出台，从而制定出更为积极的核电发展目标与具体规划，以安全高效发展核电，推动大型先进压水堆核电站的规模化建设。

**2. 为促进核电与地方经济融合发展，公众沟通与核科普相关法规有望出台**

截至2019年12月底，中国在运行核电机组47台和在建核电机组12台，主要集中分布在沿海一带，从东部沿海（辽宁）一直延伸到南部沿海（海南、广西）。核电机组所在地区，核电已成为地方经济的重要组成部分，为提升当地经济实力、推动经济高质量发展做出重要贡献。然而，核电产业和地方经济融合快速发展离不开有效的公众沟通和核科普宣传。因此，预计2020年有关公众沟通与核科普相关的政策法规有望出台，进而实现公众沟通工作水平的不断提高以及核电发展良好社会环境的建立。

### (三)中国核能产业技术展望

**1. 依托核科技创新,形成自主三代为主、先进核能系统匹配发展的技术格局**

自主创新,是中国核能产业未来发展的必经之路。为此,2019年中国将继续全面提升现有核能技术研发能力和水平,提高自主核技术品牌竞争力。在此基础上,2019年中国核能技术开发策略依旧分为两步:首先,不断完善中国现有的自主第三代核电技术,包括规模化发展华龙1号、CAP1000/1400;其次,推进第四代核电技术、小型模块化堆技术、聚变堆技术等先进核技术的稳步发展。

**2. 智能化、数字化、信息化技术的应用,促进核技术高效发展**

新一轮信息技术革命的爆发,推动全球进入智能化、数字化、信息化时代。因此,在核电系统设计、建造、运行控制与管理、核装备制造、核燃料加工等多领域,智能化、数字化、信息化技术的应用将大幅促进核技术进步,从而实现核电竞争力的大幅提升。2019年,美国普渡大学对其1号反应堆进行数字化改造,使之成为美国首个全数字化核反应堆,意味着数字化、信息化技术可有效提高现有核技术水平。预计,2020年中国也将在核技术智能化、数字化、信息化方面发力,力争中国核技术研发达到世界先进水平,为建设核电强国奠定基础。

# 地热能发展分析与展望

随着日益增长的能源需求，对于可再生能源的需求量也在不断增加。其中，地热能因为其本身不受天气条件影响的特点，而被开发成为一种可以提供短期与长期灵活性的辅助能源。在国际地热能发展中，从总量上看发展不大，但是在个体国家，如冰岛，则占了其主要能源使用量的90%以上。尽管中国的地热能开发技术进步较快，但仍存在地热资源勘察评价和科学研究不充分的问题，导致中国地热资源评价缺乏，评价结果精度较低。同时，受勘察精度与开发速度不协调的影响，中国地热能在开发利用选区、开采规模确定等方面存在着一定盲目性。

## 一、2019年国际地热能发展概况

### （一）国际地热能发电量

地热能是在地下产生的热量，经由水蒸气将地热能带到地球表面。地热能是蕴藏在地球内部的热能，是一种清洁低碳、分布广泛、资源丰富、安全优质的可再生能源，可以分为浅层地热能、水热型地热能和干热岩型地热能。地热能开发利用具有供能持续稳定、高效循环利用和可再生的特点，可以减少温室气体排放，改善生态环境，有望成为能源结构调整的新方向。根据其特性，地热能可用于加热和冷却，也可用于生产清洁电力。然而，对于电力而言，需要产生高温或中温资源，其通常位于构造活动区域附近。地热能的主要优点是它不受天气条件的影响，并且具有很高的容量系数。由于这些原因，在某些情况下，地热发电厂有能力提供基本负荷的电力，并提供短期和长期灵活性的辅助服务。

在国际地热能发展中，这种重要的可再生能源在冰岛、萨尔瓦多、新西兰、肯尼亚和菲律宾等国家的电力需求中占比颇高，最为突出的是满足了冰岛 90% 以上的供热需求。总体来看，地热发电在 1990 年至 2018 年之间并未出现显著增长，年平均增长率为 2.3%，从 28.6 太瓦·时增至 54.4 太瓦·时。美国是最大的生产国，2018 年占 OECD 国家总产量的 43%，产量为 19 太瓦·时，略高于 1990 年的 16 太瓦·时。第二大生产国是新西兰，2018 年为 7.9 太瓦·时，占 OECD 国家 21.4%。其他主要生产国是土耳其（2018 年占经合组织总量的 12.7%）、意大利（11.2%）和冰岛（11%）。

### （二）国际地热能发展政策

为了促进更广泛的地热能发展，IRENA 协调并促进了全球地热联盟（GGA）的工作，该平台是加强对话和知识共享的平台，以采取协调行动来增加全球已安装的地热发电和热能份额。

### （三）国际地热能技术发展

国际地热能有多种成熟度不同的地热技术。其中，直接使用的技术（例如区域供热、地热热泵、温室）以及用于其他应用的技术已得到广泛使用，可以认为是成熟的技术。自然高渗透性的热液储层发电技术也已成熟可靠，自 1913 年以来一直在运行使用。当今运行的许多发电厂为干蒸汽发电厂或闪蒸发电厂（单发、双发和三发），利用温度为高于 180℃。但是，由于二元循环技术的发展，中温场越来越多地用于发电或热电联产，在该技术中，地热流体通过热交换器用于闭环加热过程流体。此外，目前正在开发地热能新技术，例如处于演示阶段的增强型地热系统（EGS）。

## 二、2019 年中国地热能发展分析

### （一）中国地热能发电量

根据中国地质条件与开发利用情况，地热能开发利用原则可以简单归纳为：梯级开发、综合利用，从高温到低温，"吃干榨净"。即"热、电"并举，以热为主；深、浅结合，由浅及深；东、西兼顾，西电东热；干、湿有度，先湿后干。

根据国土资源部中国地质调查局调查结果，中国大陆 336 个主要城市浅层

地热能年可采资源量折合 7 亿吨标准煤，主要分布在东北地区南部、华北地区、江淮流域、四川盆地和西北地区东部；中国大陆水热型地热能年可采资源量折合 18.65 亿吨标准煤（回灌情景下）。其中，中低温水热型地热能资源占比达 95% 以上，主要分布在华北、松辽、苏北、江汉、鄂尔多斯、四川等平原（盆地）以及东南沿海、胶东半岛和辽东半岛等山地丘陵地区，高温水热型地热能资源主要分布在西藏南部、云南西部、四川西部和台湾地区；中国干热岩资源主要分布在西藏，其次为云南、广东、福建等地区。中国黄淮海平原和长江中下游平原地区适宜浅层地热能开发利用；而西南地区的高温水热型地热能年可开采资源量折合 1800 万吨标准煤，发电潜力 7120 兆瓦，可以满足四川西部、西藏南部少数民族地区约 50% 人口的用电和供暖需求（表 46）。

**表 46　地热能类型及其分布**

| 资源类型 | | | 分布地区 |
|---|---|---|---|
| 浅层地热资源 | | | 东北地区南部、华北地区、江淮流域、四川盆地和西北地区东部 |
| 水热型地热资源 | 中低温 | 沉积盆地型 | 东部中、新生代平原盆地，包括华北平原、河淮盆地、苏北平原、江汉平原、松辽盆地、四川盆地以及环鄂尔多斯盆地等地区 |
| | | 隆起山地型 | 藏南、川西和滇西、东南沿海、胶州半岛、辽东半岛、天山北麓等地区 |
| | 高温 | | 藏南、滇西、川西等地区 |
| 干热岩地热资源 | | | 主要分布在西藏，其次为云南、广东、福建等地区 |

### 1. 中国浅层地热能利用快速发展

2000 年中国利用浅层热能供暖（制冷）建筑面积仅为 10 万平方米，随着绿色奥运、节能减排等发展，浅层地热能利用进入快速发展阶段。截至 2017 年年底，中国地源热泵装机容量达 2 万兆瓦，位居世界第一，年利用浅层地热能折合 1900 万吨标准煤，实现供暖（制冷）建筑面积超过 5 亿平方米，其中京津冀开发利用规模最大。按往年发展速度测算，2018年浅层地热能供暖（制冷）建筑面积约为6亿平方米。

**2. 中国水热型地热能利用持续增长**

2008—2018年期间，中国水热型地热能直接利用以年均10%的速度增长，已连续多年居世界首位。中国地热能直接利用以供暖为主，其次为康养、种植养殖等。截至2017年年底，全国水热型地热能供暖建筑面积超过1.5亿平方米。2018年中国水热型地热能供暖建筑面积约为1.65亿平方米。

### （二）中国地热能发展政策

近年来，中国加强能源体系建设，优化能源消费结构，提高清洁能源的比重，地热能作为清洁可再生能源受到了国家的重视，国家出台一系列政策为行业发展指明了方向。其中《地热能开发利用"十三五"规划》明确提出，"十三五"时期各地区根据地热资源特点和当地用能需要，因地制宜开展浅层地热能、水热型地热能的开发利用，开展干热岩型地热能开发利用试验，在"十三五"时期，新增地热能供暖（制冷）面积11亿平方米，其中新增浅层地热能供暖（制冷）面积7亿平方米，新增水热型地热能供暖面积4亿平方米。新增地热发电装机容量500兆瓦。到2020年，地热供暖（制冷）面积累计达到16亿平方米，地热发电装机容量约530兆瓦。2019年3月，国家两会着重从地热利用的角度，讨论了探寻清洁能源供暖和利用的方式和路径。2019年4月，发改委发布《产业结构调整指导目录（2019年版）（征求意见稿）》，再次明确指出以地热能为代表的新能源为鼓励类的产业。

### （三）中国地热能技术发展

干热岩型地热能是未来地热能发展的重要领域。美国、德国、法国、日本等国经过20～40年不等的探索研究，在干热岩型地热能勘察评价、热储改造和发电试验等方面取得了重要进展，积累了一定经验。相比而言中国起步较晚，2012年科技部设立国家高新技术研究发展计划（863计划），开启了中国关于干热岩的专项研究。2013年以来，中国地质调查局与青海省联合推进青海重点地区干热岩型地热能勘察，截至2017年在青海共和盆地3705米深处钻获236℃的干热岩体，这标志着中国在沉积盆地区首次发现高温干热岩型地热能资源。通过深入试验研究，未来有望在干热岩型地热开发技术方面获得突破，进而推动中国地热能发电以及梯级高效利用产业集群较快发展。2019年1月，中华人民共和国能源行业标准 NB/T10099—2018《地热回灌技术要求》发布，该标准于2019年3月1日起正式实施。同时，《地热能术语》《地热能直接利用项目可行性研究报告编制要求》也于2019年3月1日实施，这标志着中国地热能行业发展、技术标准正日趋完善。2019年11月，中国煤炭地质总局水文地质局在河北工程大学新校区完成了U型对接井换热试验研究，中深层地热"取热不取水"技术成果取得重大突破，为破解地热能供暖抽取地下水难题提供了解决方案。

## 三、2020年中国地热能发展展望

### （一）中国地热能发电量展望

按照《国家能源"十三五"规划》，中国非化石能源占比从2015年的12%提高到2020年的15%，增长三个百分点。根据《中国"十三五"地热产业发展规划》征求意见稿，到2020年累计达到地热供暖与制冷总面积16亿平方米，加上发电、种植、养殖、洗浴等，共可实现替代标准煤7000万吨。按照2020年能源消费总量48亿吨标准煤测算，届时地热能占比将达到1.5%，比目前的0.5%提高一个百分点。从非化石能源发展规划中的3个百分点增幅中，不难看出，地热能增幅占比将达到三分之一。说明地热能在未来能源结构中的占比贡献巨大。预计到2020年，地热能行业将有望构建地热能全产业链，大力推进地热能开发利用，不仅可以加大清洁能源供应比例，同时也能促进康养、旅游、种植、养殖等行业的健康与高质量发展。

### （二）中国地热能政策展望

中国当前地热能产业发展正处在"十三五"大有可为的战略机遇期和关键期。在能源供需多极化格局越来越明显的当下，随着"推进绿色发展、循环发展、低碳发展"这一执政理念的落地，人们对美好生活需求的不断提高和追求，地热能在能源结构调整、应对气候变化、大气污染治理中将发挥更为积极的作用，地热能以及地源热泵技术和产品的市场发展空间也将更加广阔。

### （三）中国地热能技术展望

《地热能开发利用"十三五"规划》提出，积极推进水热型地热供暖，按照"集中式与分散式相结合"的方式推进水热型地热供暖，在"取热不取水"的指导原则下，进行传统供暖区域的清洁能源供暖替代；大力推广浅层地热能利用，加强中国南方供暖制冷需求强烈地区的浅层地热能开发利用。中国大陆埋深5500米以干热岩型地热能资源量折合约为106万吨标准煤，随着加强地热能开发利用关键技术的研发，开展干热岩资源发电试验项目的可行性论证，选择场址并进行必要的前期勘探工作，未来15～30年干热岩地热等将成为重点研究领域和主攻方向。中国将进一步发展"地热+"，即将地热能的开发利用与太阳能、风能、生物质能、海洋能结合，做到太阳能与地热能合一、风能与地热能结合，综合开发利用，多重互补，最终加速中国的新能源与可再生能源发展。

# 海洋能发展分析与展望

可再生能源中,海洋能作为后起之秀,受到近海国家的重视。海洋能技术仍然处在发展阶段,目前只有潮汐能适合商用,而其他几种开采技术仍处在实验室试验的不同阶段。据 IEA 统计,经合组织的每个区域中至少有一个国家利用海洋能。中国有绵延千里的海岸线,具备得天独厚的地理条件,然而中国海洋能利用仍处于起步阶段。随着海洋能规模利用技术的突破以及相关扶持政策的出台,中国未来海洋能产业的发展前景十分广阔。

## 一、2019年国际海洋能发展概况

### (一)国际海洋能发电量

随着世界经济发展,能源需求也呈现多元化的特征,其中海洋能越来越受到重视。当今海洋能技术可分为五类:潮汐能、潮流能、波浪能、温差能和盐差能技术。尽管国际海洋能利用仍然处于起步阶段。根据 IEA 数据显示,2018 年经合组织(OECD)每个区域中至少有一个国家利用潮汐、波浪和海洋运动发电。这些国家是法国(680 吉瓦·时)、韩国(485 吉瓦·时)、加拿大(20 吉瓦·时)和英国(8.3 吉瓦·时)。2019 年,欧洲继续引领世界海洋能的利用。根据欧洲海洋能源的统计,欧洲的潮汐能发电项目较 2018 年增长了近 50%,潮汐能发电量在 2019 年继续攀升,累计达到 27.7 兆瓦,几乎是世界其他地区的四倍。在波浪能领域,2019 年欧洲的装机容量增长了 25%,继续保持了该领域在过去十年的稳定增长。尽管在累积容量和技术方面,欧洲仍处于波浪能的最前沿,但其他国家与欧洲之间的差距正在缩小。2019 年,世界其他地区波浪能年发电量已超过欧洲。

### (二)国际海洋能发展政策

海洋能近年来尤其受到近海国家的重视,各国纷纷出台相应的发展计划、产业激励政策与产业发展标准。

英国作为欧洲海洋能资源最为丰富的国家,20世纪70年代就启动了大型海洋能推动计划。自此一直引领全球海洋能产业发展,2000年以后,随着海洋能技术的成熟,英国政府更是将海洋能作为一种有效的清洁替代能源大力发展,并确定了明确的海洋能发展目标和节能减排计划。2009年发布了《海洋可再生能源技术路线图2009》(MRETR),提出到2020年英国海洋能发电装机容量将达到 $100\times104 \sim 200\times104$ 千瓦,并建立有广泛供应链支持的、具有商业可行性的海洋能产业发展目标。2010年发布了《海洋能源行动计划2010》(MEAP),确立了英国海洋能2030年前的发展任务和实施路径,明确2015—2020年为海洋能大规模试用阶段,2025年前后实现海洋能发电装置工程化。2012年发布了《英国可再生能源发展路线图》(UKRER),确定到2020年英国的可再生能源将满足其15%的电力需求,其中海洋可再生能源将至少贡献5%的目标。

在激励政策方面,英国政府为从事可再生能源电力生产的企业颁发可再生能源义务证书(ROC),可再生能源发电企业可以向供电商及电力管理部门以高于传统电价一倍或几倍的水平出售获得的ROC,作为对可再生能源发电企业的一种资金补贴。在公共资金投入方面,英国实施海洋能财政支持计划时间最长、规模最大。2013年英国政府设立了海洋可再生能源商业化发展专项资金,每年投入1800万英镑用于支持波浪能和潮流能发电装置相关技术的开发,苏格兰政府为苏格兰当地的海洋能机构或企业申请该资金再提供500万英镑的附加支持。2015年,苏格兰设立了波浪能计划,先期投入1000万英镑发展波浪能新技术。

### (三)国际海洋能技术发展

海洋能技术可分为五类:潮汐能、潮流能、波浪能、温差能和盐差能技术。潮汐能技术是海洋能技术中最为成熟的技术,已经达到商业化运行阶段。相比之下,潮流能技术则处在全比例样机实海况测试阶段,波浪能技术处于工程样机实海况测试阶段，温差能技术处于比例样机实海况测试阶段，盐差能技术处于实验室技术验证阶段。

## 二、2019年中国海洋能发展分析

### （一）中国海洋能发电量

在科技创新驱动下，海洋新兴产业实现快速增长，海洋生物医药业、海洋电力业增速分别达到9.6%和12.8%。截至2018年年底，林东（LHD）1.7兆瓦模块化潮流能发电机组累计发电量突破120万千瓦·时。"甘露寡糖二酸（GV-971）"顺利完成Ⅲ期临床试验。根据海洋能专项资金支持开展的中国海洋能重点区域勘查计划，中国近海的潮汐能、潮流能、波浪能、温差能、盐差能的资源潜在量约为6.97亿千瓦，技术可开发量约为0.66亿千瓦（表47）。

表47 中国近海海洋能资源统计

| 类型 | 潜在量：理论装机容量/万千瓦 | 技术可开发量：装机容量/万千瓦 |
| --- | --- | --- |
| 潮汐能 | 19286 | 2283 |
| 潮流能 | 833 | 166 |
| 波浪能 | 1600 | 441 |
| 温差能 | 36713 | 2570 |
| 盐差能 | 11309 | 1131 |
| 合计 | 69741 | 6591 |

资料来源："十三五"海洋能开发利用战略研究。

中国近海海洋能资源总量较为丰富、种类齐全，但是各类型的海洋能资源储量相差较大。其中，温差能、盐差能、潮汐能资源储量占总量的96.5%，仅温差能资源储量占比就达52.6%；潮汐能和波浪能资源储量占比较低。同时，由于不同类型海洋能的资源特点、时空变化规律、开发利用技术成熟度各不相同,目前已经开展的海洋能资源调查还不能估算各类海洋能资源开发量,更不能满足海洋能工程实际开发和大规模利用的迫切需求,尤其是在评估各类海洋能资源技术可开发量和经济可开发量、预测大规模海洋能开发对海洋环境的影响等方面仍然存在较多不足。

从中国近海海洋能资源的空间分布来看,具有分布广而不均、总量大、种类多、品质不高等明显特点。海洋能资源在沿海均有分布,但是各海区分布不均,潮汐能、潮流能资源主要在浙江、福建的沿海地区,波浪能资源主要在广东、海南的沿海地区,温差能资源主要在南海海域。近海海洋能资源总量较为丰富,种类齐全,波浪能功率密度普遍不高,潮差大的海域不多。

### (二)中国海洋能发展政策

中国从顶层设计角度逐步出台多项海洋能相关规划。2006年颁布《可再生能源法》(2010年修正案施行),确定了国家对海洋能等可再生能源发电实行全额保障性收购制度,设立了可再生能源发展基金,有力促进了中国可再生能源产业的发展。《国家海洋事业发展规划纲要》《国家"十一五"海洋科学和技术发展规划纲要》和《全国科技兴海规划纲要(2008—2015年)》,均提出支持发展海洋能。"十二五"期间,国家和地方层面出台了数十项涉及海洋能的各级规划,如2013年国家海洋局印发的《海洋可再生能源发展纲要(2013—2016年)》,提出了2016年以前中国的海洋能开发利用工作的五项重点任务和区域布局,指导海洋能专项资金项目实施,推动中国海洋能技术和产业化发展。

在财政方面也加强了支持。"十二五"期间,国家高技术研究发展计划("863"计划)、国家科技攻关计划、国家自然科学基金等持续支持了海洋能科学问题研究和技术研发。2010年5月,在中国海洋局和财政部联合推动下,中央财政从可再生能源专项资金中安排部分资金,设立了海洋可再生能源开发利用专项资金,对海洋能独立电力系统示范、海洋能并网电力系统示范、海洋能产业化示范、海洋能技术研究与试验、海洋能标准及支撑服务体系5个方向进行支持。截至2015年9月,专项资金投入经费总额近10亿元,支持96个项目,极大地推进了中国海洋能开发利用技术的快速发展。充分发挥了中央财政资金在支持国家产业结构调整、培育战略性新兴产业、保障国家能源安全、探索能源结构调整等方面的引导作用,有力地支持了中国海洋能开发利用整体水平的显著提升。

启动了海洋能标准化与公共服务平台建设。为推动海洋能开发利用技术和产业化的有序、协调发展,"十二五"期间,编制了《海洋能源术语·调查和评价术语》《海洋可再生能源开发利用标准体系》《波浪能、潮流能和其他水流能转换装置术语》等多个标准,初步建立了中国海洋能开发利用技术标准体系。海洋能行业组织具备了一定规模,2011年,中国海洋标准化技术委员会海洋观测及海洋能源开发利用分技术委员会(TC283/SC2)成立;2013年,中国海洋工程咨询协会海洋可再生能源分会成立;2014年,中国海洋能转换设备标准化技术委员会(SAC/TC546)成立。海洋能专业实验室能力建设取得显著进步,哈尔滨工程大学、大连理工大学、浙江大学、中国海洋大学、上海交通大学、中国船舶重工集团公司710研究所、中科院广州能源研究所、国家海洋技术中心等研建了8个海洋能专业实验室和海洋能试验水槽;海洋能海水试验场完成了总体设计,启动国家浅海海上综合试验场建设。在项目投资方面,启动了新一轮的海洋可再生能源特别资助计划(SFPMRE)。2018年,共安排2个海洋可再生能源示范项目,即1兆瓦舟山潮流能源示范项目以及高度可靠的MRE系统的优化和应用。自2010年以来,专项资金计划已投资超过13亿元人民币,资助了115个MRE项目。在市场机制建设方面,2019年,发改委批准了潮流能源项目的临时上网电价;科学技术部发布了"可再生能源和氢能技术"国家重点研发计划。在行业标准制定方面,为促进海洋能产业发展,发改委于2019年2月发布了《绿色产业指导目录》(2019年版),目录中新增两种海洋能行业标准:海洋能设备制造、海洋能设施建设和运营。

### (三)中国海洋能技术发展

中国潮汐能电站大多采用灯泡贯流式机组,目前在运行的潮汐电站有浙江江厦潮汐试验电站和浙江海山潮汐电站。江厦潮汐试验电站采用新型双向卧轴灯泡贯流式机组。江厦潮汐试验电站采用单库双向工作方式,即一个储水库,涨潮落潮都可以发电。海山潮汐电站则是采用双库单向工作方式,即一个上水库和一个下水库，分别采用涨潮时或落潮时发电。中国开展的千万级潮汐能预可研的健跳港、乳山口、八尺门等潮汐电站均计划采用单库单向工作方式。潮汐能发电的机组型式主要采用贯流式水轮机，贯流式水轮机分为全贯流式和半贯流式。其中，半贯流式又分为灯泡式、轴伸式和竖井式。中国还开展了利用海湾内外潮波相位差发电研究，即利用海湾内外潮波相位差进行潮汐能发电，目前已完成福建三沙湾新型潮汐能利用方式可行性分析。动态潮汐能技术研究，目前则已经完成数模分析方法、适用模型机组水力学特性研究、福建东山岛等潜在开发利用站地址初选等工作。

中国潮流能开发利用技术主要分为垂直轴和水平轴两种形式，垂直轴装置研发起步较早，但装置较少，研发单位以哈尔滨工程大学和大连理工大学为代表；水平轴装置研发起步较晚，但是发展迅速，以浙江大学、哈尔滨工程大学和东北师范大学为代表的高校研制了多个装置；此外，还有部分装置对叶轮形状和形式进行了创新改造，如中国海洋大学开展的柔性叶片潮流能发电装置研发，上海交通大学开展的变几何水轮机发电装置的研制等。中国现有开发的潮流能装置29个，18个完成了海试。其中100千瓦以下装置19个，14个装置完成了海试；100千瓦以上装置10个，4个装置完成了海试。装置大部分处于比例样机海试阶段，但大多数海试效果不佳，海试过程中出现运行时间短、发电效率不高、装置易损坏等问题。

根据自然资源部国家海洋技术中心发布的《中国海洋能2019年度进展报告》指出，中国海洋能从业机构超过300家，初步形成了一定规模的海洋能理论研究、技术研发、装备制造、海上运输、安装、运行维护、电力并网的专业队伍。在核心装备方面，潮汐能机组、波浪能装置等装备取得了长足发展。在潮流能技术进展方面，共验收6个潮流能项目，新支持3个潮流能项目，总体技术接近国际先进水平，中国已成为世界上为数不多的掌握规模化潮流能开发利用技术的国家。在波浪能技术进展方面，共验收6个波浪能项目，新支持4个波浪能项目，基本接近国际先进水平，并研发了小功率发电装置，约30台装置完成了海试。在温差能技术进展方面，共验收两个温差能项目、1个盐差能项目。在海洋能国际合作与交流方面，中国于2011年加入国际能源署海洋能源系统技术合作计划。该计划是目前最具影响力的海洋能

低碳能源篇

国际组织。2013年，中国加入国际电工委员会海洋能转换设备技术委员会，并于2014年成立全国海洋能转换设备标准化技术委员会，成为该组织的对口机构，以促进国际海洋能标准转化工作的发展。

## 三、2020年中国海洋能发展展望

### （一）中国海洋能发电量展望

中国绝大多数海岛都面临着不同程度的电力短缺问题，生产及生活用电极为紧张。边远缺电海岛周边丰富的海洋能资源及其他可再生资源为电力供应提供了极佳选择，就地取材，就近消纳，可有效解决边远海岛开发对电力和能源等的需求。此外，深远海洋资源开发、海洋监测设备等对稳定、可持续供电的需求亦非常迫切。

### （二）中国海洋能政策展望

中国海洋能技术处于技术突破与示范应用的关键阶段，应当坚持国家财政投入为主、社会多元支持为辅的原则，继续支持并发展国家专项资金在推进技术进步、提升公共服务能力、加强示范应用等方面的带动作用，并且逐步实现由项目资助与补贴向装备制造奖励、电价补贴等多种方式的转变。同时，在中国海洋能产业发展初级阶段，针对投资周期长、风险大、回报率低等特点，实施财政税收优惠政策和引进风险投资机制政策，保证研发资金池充足，引导社会资金投入，形成社会多元投入支持海洋能发展的局面。

加强海洋能国际合作，积极寻求与发达国家的合作，引入国际先进的海洋能技术，鼓励引进消化吸收再创新，实现中国海洋能的跨越发展，并进一步贯彻落实"21世纪海上丝绸之路"战略，牢牢抓住国际海洋能市场需求，加强与"海上丝绸之路"沿线国家的技术与产业合作，为中国的海洋能技术与产业发展奠定坚实基础。

### （三）中国海洋能技术展望

中国的海洋能技术发展现阶段仍然处于萌芽期，为实现中国海洋能关键技术突破、装备制造及稳定示范等目标，为中国的海洋能产业快速发展奠定坚实基础，应从基础研究、关键技术、示范应用、平台建设等方面着力实现技术突破与基础研究基地的建设。

中国海洋能技术在海试中经常出现运行时间短、发电效率不高、装备易损坏等问题，重点突破关键技术，尤其是以"50千瓦/300千瓦潮流能机组整机设计与制造关键技术""10千瓦/100千瓦模块化波浪系统设计与制造关键技术""1兆瓦潮流能机组设计及测试"为代表的海洋能发电装备高效转换机理技术，以解决影响海洋能能量转换效率和恶劣环境下生存能力的关键问题，提高海洋能装置技术成熟度。

潮汐能技术作为最为成熟的海洋能技术，建设以潮汐能技术为支撑的重大示范工程将成为今后一个阶段内的必由之路。启动万千瓦级潮汐能电站建设，建设浙江舟山兆瓦级潮流能示范基地，建设广东万山百千级波浪能示范基地，开展典型海岛可再生能源独立微网示范。

南海是世界海洋温差能资源最好的海域之一，海洋能资源极其丰富，因此开展深远海洋应用，建设基于温差能和波浪能的海岛独立电力系统，研建100千瓦温差能发电系统；海洋仪器及深海网箱养殖等多用途海洋能供电系统研发，将为深海探测和海岛建设增加有效的辅助设施。

建设海上公共平台和标准体系，此举将有助于共享研发经验与分散项目风险，是检验海洋能技术应用性、提升海洋能技术成熟度、吸引企业进入海洋能技术研发与产品定型的有效手段。应加快建设国家浅海海上综合试验场、国家潮流能专业试验场、国家波浪能专业试验场、国家海洋能深海试验场等设施，加强海洋能标准化建设，形成海洋能工程设计、装备制造、海上施工以及运行维护等支撑能力。

在高等院校探索建立海洋能交叉学科，加快"产学研"一体化发展，推进海洋能技术创新体系建设，加快海洋能学科建设和人才培养，培育海洋能开发利用技术创新主体和建设海洋能技术研发转化基地。加大以企业为主体的自主创新力度，支持企业建立国家级海洋能工程技术中心和企业技术中心，加快海洋能产业化以及中试能力建设；利用科技兴海网络，构筑科研院所与企业的对接平台，早日建成海洋能技术成果转化基地。

# 氢能发展分析与展望

当前全球能源体系面临新的转型期,以煤炭和石油为主的传统化石能源比例下降,以氢能为首的新能源的产量在快速增长。世界各国积极响应新能源趋势,大力发展清洁能源,美国、日本、德国等发达的国家已经将氢能上升到了国家能源的战略高度,中国也逐渐开始重视氢能与燃料电池产业的发展,不断加大对氢能和燃料电池的研发以及产业化扶持力度。

## 一、2019年国际氢能发展概况

2019年全球氢能的需求约为7000万吨,几乎全部来自化石燃料。地质储存和储罐则是氢能贮存的常用选择。目前全球越来越多的国家制定了加氢站的标准,截至2018年,全球已有369座加氢站处于运营状态。就氢能的应用而言,燃料电池成了主要的终端应用形式,且全球燃料电池的销量也在逐年上升。在此基础上,政府更加重视扶持氢能的发展,2019年5月全国已有50多个政策支持氢能的发展。

### (一)氢能产业规模

#### 1. 制取

现如今,全球每年对纯净氢气的需求量大约7000万吨。这些氢气的生产几乎全部来自化石燃料,其中76%来自天然气,23%来自煤炭,其余部分来自石油和电力。氢气的年生产需要消耗大约2050亿立方米的天然气(占全球使用量的6%)和1.07亿吨煤(占全球使用量的2%)。

#### 2. 储运

一般来说,地质储存是大规模和长期储氢的最佳选择,而储罐更适合短期和小规模储氢。美国目前拥有最大的盐穴储氢系统,可以储存其附近蒸汽甲烷转化炉30天左右的氢气(1万~2万吨$H_2$)输出,以帮助管理精炼和化学产品的供需。英国有三个盐穴可以储存1千吨$H_2$，而德国正在准备一个盐穴中储存3.5千吨$H_2$的示范项目（计划2023年）。

全世界有近5000公里的氢气管道。这些现有的氢管道是由工业制氢商操作的，主要用于将氢输送到化工和炼油设施。美国的氢管道有2600公里，比利时有600公里，德国不到400公里。管道运营成本低，寿命在40到80年之间。荷兰最近的20项研究表明，现有的天然气网络可以通过小的改变来传输氢气。

**3. 加氢站**

目前全球已有十多个国家制定了加氢站标准。截至2019年年底，全球加氢站共432座。分地区来看：欧洲177座，亚洲178座，北美74座。在全部432座加氢站中，有330座对外开放，其余的站点则为公共汽车等封闭用户群提供服务。分国家来看：日本（114座）、德国（87座）和美国（74座）位居前三位。截至2019年12月31日，日本仍然是当前世界拥有在运行加氢站数量最多的国家，其次是德国和美国。如表48所示。

表48　世界主要国家加氢站数量

| 国家 | 加氢站数量（座） |
| --- | --- |
| 日本 | 114 |
| 德国 | 87 |
| 美国 | 74 |
| 中国 | 51 |
| 韩国 | 33 |
| 法国 | 26 |

数据来源：$H_2$ stations.org。

**（二）氢能的终端应用**

燃料电池是氢能最主要的终端应用形式。2014年至2018年世界各大洲燃料电池出货量如图22所示。

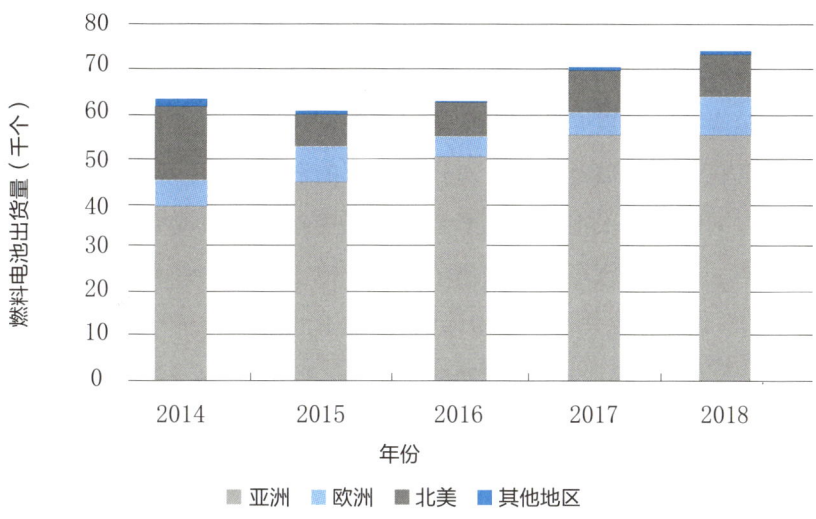

图 22 2014—2018 年世界燃料电池出货量

数据来源：The Fuel CellIndustry Review 2018。

在燃料电池车方面，家用轿车占道路运输中使用燃料电池动力的主要部分。2018 年，燃料电池电动车共售出约 4000 辆，总库存达到 11200 辆，同比增长 56%。美国约占已注册燃料电池车数量的一半，其次是日本（约 25%）、欧盟（11%，主要为德国和法国）和韩国（8%）。燃料电池轿车主要由丰田、本田和现代公司生产。

氢燃料电池电动叉车作为现有电池电动叉车的替代品已经具有商业可行性。全球约有 2.5 万辆叉车装有燃料电池。中国拥有最大的公交车部署量，截至 2018 年年底，登记的示范项目超过 400 个。2017 年，约有 50 辆燃料电池电动巴士在欧洲运行，25 辆在美国加州，大约 30 辆在美国其他州。其他示范项目已经在韩国和日本推出了燃料电池电动巴士。

2019 年世界新推出的氢燃料电池车主要有三种。波兰 Solaris 公司推出了 Solaris Urbino 12 Hydrogen，是一种氢燃料客车。该车以电池和燃料电池作为增程器的电力驱动，采用 Solaris 高功率电池和 2×125 千瓦电机驱动；法国 SAFRA 公司推出了 Businova Standard Hydrogen 商用客车。以电池和燃料电池为增程器的电力驱动，以锂离子电池（132 千瓦·时）和电动机为动力；韩国现代公司于 2019 年 10 月底在美国商用汽车展上推出了 HDC-6Neptuneclass8 货车。三种汽车均以 35 兆帕下的压缩氢（$CGH_2$）为燃料。

当前较高的氢气成本和综合使用成本是制约燃料电池汽车商业化的主要原因。氢气在制备和储运等阶段对技术处理的需求较高，导致了氢气燃料的价格高昂。同时燃料电池汽车生产过程由于受到技术和规模的限制，也需要较高的成本。以欧洲汽车市场为例，燃料电池汽车的燃料消耗成本约为纯电动汽车的 2.5 倍，综合使用成本为纯电动汽车的 2 倍（表 49）。

表 49 欧洲汽车使用成本对比（单位：欧元）

| 项目 | 燃料电池电动车 | 纯电动汽车 | 柴油汽车 |
| --- | --- | --- | --- |
| 购置成本 | 70000 | 35000 | 31000 |
| 燃料消耗 | 0.008 千克/千米 | 0.13 千瓦·时/千米 | 0.043 升/千米 |
| 燃料价格 | 9 欧元/千克 | 0.21 欧元/千瓦·时 | 1.2 欧元/升 |
| 燃料消耗成本（欧元/千米） | 0.072 | 0.027 | 0.052 |
| 维护成本（欧元/千米） | 0.023 | 0.018 | 0.023 |
| 车辆综合使用成本（欧元/千米） | 0.24 | 0.12 | 0.15 |

数据来源：《2018 年氢能源行业市场研究报告》。

### （三）政府补贴政策

目前，拥有直接支持氢技术投资政策的国家和他们支持的目标行业的数量都在不断上涨。截至 2019 年 5 月，全球直接支持氢燃料的目标、命令和政策激励的总数约为 50 个（图 23）。这些针对特定行业的目标涵盖了 6 个主要领域，其中运输是最大的领域。在 20 国集团（G20）和欧盟中，有 11 个国家制定了相关政策，9 个国家制定了氢能源的国家路线图。

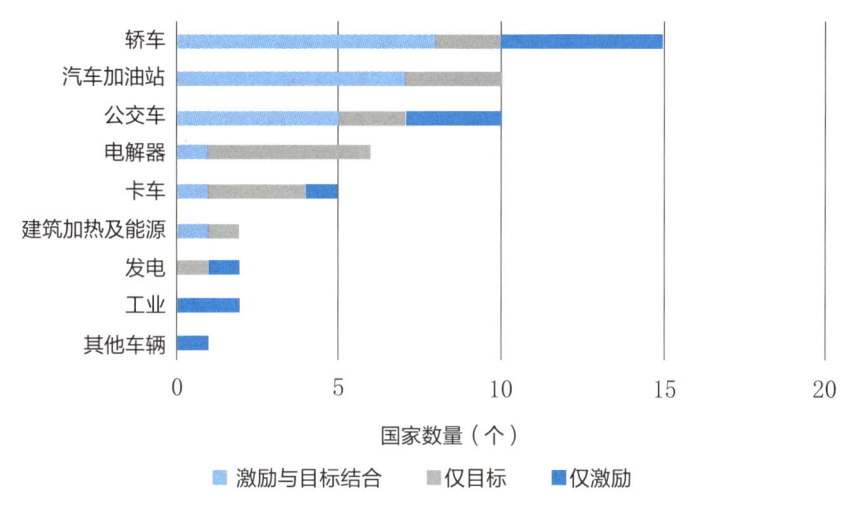

图 23 支持按目标应用部署氢气的政策

数据来源：IEA。

自 2018 年年初以来，许多国家政府都发布了与氢动力相关的公告（表 50）。在过去几年中，全球各国政府在氢能研究、开发和示范方面的支出也都有所增加。

表 50　2018—2019 年世界主要国家氢动力相关公告

| 国家 | 相关公告和发展 |
| --- | --- |
| 美国 | 强化 45Q 税收抵免，奖励地质储存地点的 $CO_2$ 储存；奖励 $CO_2$ 转化为其他产品，包括与氢结合 |
| 日本 | 更新了其战略路线图，以实施包括氢和燃料电池成本和部署的新目标，以及发电厂中燃烧氢气载体的基本氢战略；计划到 2021 年建造 80 个加氢站 |
| 欧盟 | 促使可再生能源生产的氢在保证来源的基础上计入 2030 年可再生能源目标；建立"氢能网络"作为欧盟成员国讨论氢的问题的平台；28 个欧洲国家与约 100 家企业、机构签署了《林茨宣言》"氢倡议"，以促进在可持续氢技术方面的合作 |
| 德国 | 批准国家氢和燃料电池技术创新方案，用 14 亿欧元资金，为包括公共可利用的氢燃料站、燃料电池汽车和微型热电联产提供补贴，并且将 20 亿欧元的私人投资作为补充；支持氢动力列车的首次商业运营，实现了加氢站的最大年度增长 |

| 国家 | 相关公告和发展 |
|---|---|
| 韩国 | 发布2022年和2040年公交车、FCEV和加油站的氢经济路线图；为加氢站提供财政支持，并放宽许可；宣布将制定氢经济的技术路线图 |

数据来源：IEA。

### （四）制氢技术

目前国内外主要的制氢技术有三种：化石能源重整制氢、工业副产气制氢和电解水制氢。而生物质制氢和太阳能光解水制氢等可再生能源制氢仍然处于开发阶段，未大量投入使用。

甲烷水蒸气重整（SMR）是天然气大规模生产氢气应用最广泛的技术，此外还有天然气自热重整（ATR）。低碳制氢的主导技术是碳捕获、利用与封存（CCUS），可应用于SMR和ATR氢气生产。如果同时应用于工艺和能量排放流，在SMR工厂使用CCUS可减少高达90%的碳排放。ATR制氢技术的$CO_2$回收率高于SMR。由于$CO_2$排放更加集中，ATR还可以以低于SMR的成本捕获排放的$CO_2$。

全球专用氢气生产中只有不到0.1%来自水电解，而通过这种方式生产的氢气主要用于需要高纯度氢气的市场（如电子和多晶硅）。除了通过水电解产生的氢气外，全球氢总量的2%左右是氯碱和烧碱生产中氯碱电解的副产品。目前存在三种主要的电解器技术（表51）：碱性电解、质子交换膜（PEM）电解和固体氧化物（SOEC）电解电池。碱性电解槽由于成本低，目前应用比较广泛。PEM电解槽虽然改进了碱性电解槽的一些操作缺陷，但由于总体成本高而未得到广泛应用。而SOEC尚未商业化。

表51 三种主要的电解器技术特点

|  | 碱性电解槽 | PEM电解槽 | SOEC电解槽 |
|---|---|---|---|
| 电效率（%，低热值） | 63~70 | 56~60 | 74~81 |
| 运行压力（巴） | 1~30 | 30~80 | 1 |

续表

|  | 碱性电解槽 | PEM 电解槽 | SOEC 电解槽 |
| --- | --- | --- | --- |
| 运行温度（℃） | 60~80 | 50~80 | 650~1000 |
| 堆栈寿命（运行小时数） | 60000~90000 | 30000~90000 | 10000~30000 |
| 负载范围(%,相对于标准负载) | 10~110 | 0~160 | 20~100 |

数据来源：IEA。

## 二、2019年中国氢能发展分析

2019年中国在氢能制取、储运、基础设施以及终端应用方面都取得了快速发展。2019年中国共有22座城市拥有加氢站，同年6月在上海落成了全球规模最大的加氢站。燃料电池车产量增长率超过100%。此外，燃料电池技术也取得了多项重大突破。

### （一）氢能产业规模

中国是世界氢能利用的主要国家之一，近十年来氢气产量一直保持世界第一。中国工业氢气的产量逐年上涨（图24），且供需平衡。氢能来源也比较广泛，有大量的工业副产氢气，又有大量的弃风弃光电等存量资源。目前中国95%以上的氢气用于炼化、煤制化学品以及合成氨等产业，用于燃料电池领域的氢气占比还比较低。

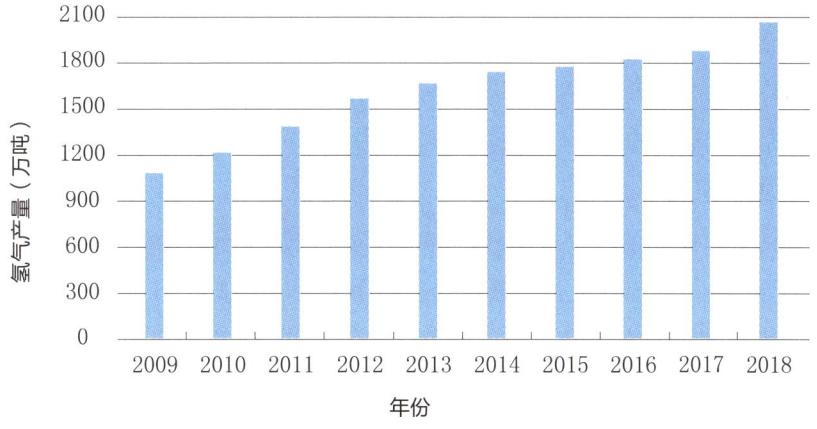

图24 中国工业氢气产量

数据来源：前瞻产业研究院。

### 1. 制取

中国国内现有工业制氢产能约为 2500 万吨/年，工业副产氢、天然气重整制氢等可以以较低的成本供应氢气。富集的煤炭资源配合二氧化碳捕获与封存技术（CCS）可提供大规模、低成本的稳定氢源供给。中国是全球第一大可再生能源发电国，远距离输电的困难使大量的水电、风电和光电成为弃电，每年可再生能源弃电约 1000 亿千瓦·时。氢能将是富余可再生能源消纳和转移的重要方式，未来随着燃料电池汽车大规模应用，废弃可再生能源电解水制氢将是最为环保的能源利用方式。中国是全球最大的焦炭生产国，2018 年国内焦炭产量达到 4.3 亿吨，每吨焦炭可产生焦炉煤气约 350～450 立方米，焦炉煤气中氢气含量约占 50%～60%，可副产氢气 700 万吨以上，占工业副产氢总量 90% 以上。中国也是烧碱产能最大的国家，占全球的 40%，现在依然保持着较高的增长趋势，年产量稳定在 3000 万至 3500 万吨之间，氯碱工业年副产氢气 75 万至 87.5 万吨。目前氯碱厂除了约 60% 的氢气被配套聚氯乙烯和盐酸利用，其余 30% 副产氢每年可为约 15 万辆的燃料电池车供能。

### 2. 储运

储运装备方面，中国现有各级压力容器制造企业三千余家，其中有制造移动式压力容器许可证的企业有三十几家，但能制造低温移动式压力容器的只有十几家。中国生产高压储氢容器的技术与工艺已经取得突破，能够生产 45 兆帕无缝氢气钢瓶，目前正在研制 87.5 兆帕的钢内胆碳纤维全缠绕氢气钢瓶。储氢材料方面，目前中国稀土系和钛铁系等储氢金属材料已经逐渐成熟并具备实用价值。全国有 10 多家储氢合金生产企业，年产能约 2.4 万吨以上。中国稀土储氢材料的产量已经超过日本，占全球产量的 60% 以上。

### 3. 加氢站

虽然中国加氢设施较美国和日本等发达国家相对落后，但近几年来呈现快速发展趋势，加氢站数量不断增长。截至 2019 年 12 月 31 日，中国大陆在建和已建成加氢站共 120 多座，已建成加氢站共 51 座，已运营的有 41 座，主要省市加氢站数量信息如表 52 所示。

表52 中国主要省市加氢站数量

| 城市 | 加氢站数量 |
| --- | --- |
| 广东 | 25 |
| 上海 | 13 |
| 江苏 | 10 |
| 湖北 | 8 |
| 河北 | 7 |
| 山东 | 6 |
| 浙江 | 5 |
| 辽宁 | 4 |
| 河南 | 3 |
| 吉林 | 3 |

数据来源：Trend Bank。

2019年6月5日，上海化工区氢燃料电池车加氢站正式落成，是目前全球规模最大、等级最高的氢燃料电池车加氢站。该站占地约8000平方米，氢气日供应能力约2吨，可利用附近化工区丰富的副产氢作为氢气来源，实现氢资源的循环利用。

（二）氢能的终端应用

2015年中国氢燃料电池汽车产量仅有10辆，之后便迅速发展。2016年产量为629辆，2017年为1272辆，2018年达到了1527辆。中国2019年上半年生产了燃料电池汽车1170辆，预计全年可实现2340辆左右的总产量（图25），连续多年增长率超过100%。随着氢能基础设施建设的推进，未来几年的产量也将积极增长。

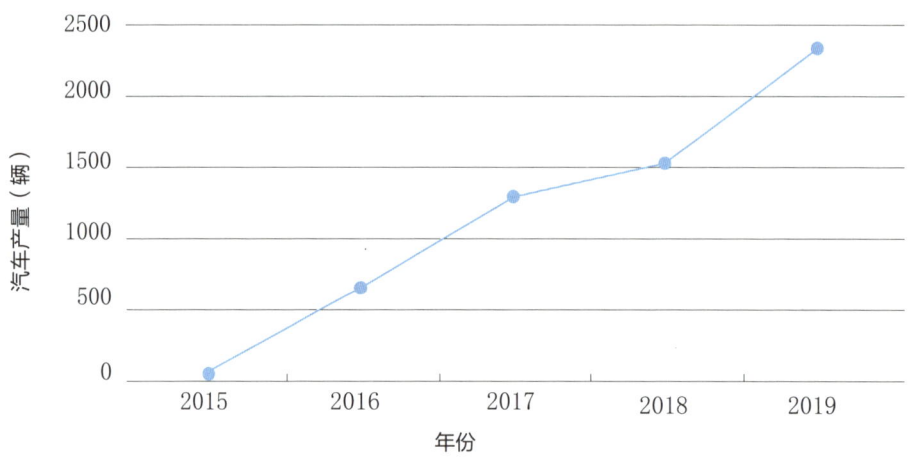

图 25 中国氢燃料电池汽车产量

中国在燃料电池电动卡车的全球部署中处于领先地位,并占据大部分示范项目。据 2018 年国家级统计数据显示,中国拥有 412 辆燃料电池电动卡车,外加 100 辆货车。仅如皋市就有 500 辆氢燃料电池运输车在运行,而在上海市内及周边地区,有超过 100 辆的氢燃料电池运输车在正常运行。

### (三)政府补贴政策

继《中国制造 2025》中明确提出继续支持燃料电池汽车的发展,并对燃料电池汽车的发展战略提出了三个发展阶段,中国开始大力发展氢能相关产业,并制定了一系列相关政策支持。

2018 年 2 月 12 日,财政部发布《关于调整完善新能源汽车推广应用财政补贴政策的通知》,完善和优化了新能源汽车补贴标准,并沿用至今。该政策详细提出了针对新能源乘用车、新能源客车、新能源货车和专用车以及燃料电池乘用车的具体补贴计算方法以及补贴限额。2019 年 1 月 4 日,生态环境部发布的《柴油货车污染治理攻坚战行动计划》提出要鼓励各地组织开展燃料电池货车示范运营,建设一批加氢示范站。2019 年 2 月 14 日,国家发改委下发《绿色产业指导目录(2019 年版)》,鼓励发展氢能利用设施建设和运营、站用加氢及储氢设施以及燃料电池装备制造。2019 年 3 月 5 日《政府工作报告》中继续强调"推进充电、加氢等设施建设"。氢能产业建设已成为当前国家能源发展的重要任务之一。

## （四）氢能和燃料电池技术

中国氢能与燃料电池技术标准体系构建比较完善，积极与国际接轨，对氢能产业发展的引领作用逐步显现。自 2016 年以来，中国氢能源专利数量迅速升高（图 26）。截至 2019 年 3 月，中国氢能源相关专利申请量共计 658 件，其中发明专利占比高达 59.72%。

图 26　中国氢能源专利数量

数据来源：SooPAT。

### 1. 制取

中国氢气资源十分丰富，制氢方法包括化石燃料制氢、工业副产气制氢和可再生能源制氢等。水电解制氢及变压吸附提纯氢等技术与装备也已经发展成熟。但目前仍然以煤炭制氢为主，占比为 62%，其次是天然气制氢，占 19%。从技术上来看，化石能源制氢占 67%，工业副产氢占 30%，可再生能源电解制氢占 3%，生物质制氢等其他技术还在研发和测试当中。

全球约有 130 家煤气化工厂在运行，其中 80% 以上在中国。煤炭是目前中国成本最低的氢气生产方式，成本为 0.6～0.7 元/立方米。由于中国缺少廉价的天然气源，目前煤炭与 CCUS 技术结合是中国生产更清洁的氢气成本最低的方法。甲烷蒸汽重整（SMR）是目前天然气大规模制氢最广泛的技术。SMR 是大规模制氢的主导技术，因为其经济效益更好，并且在世界范围内有大量的 SMR

装置在运行。

工业副产氢方面，焦炉煤气制氢的变压吸附（PSA）提纯技术可以用于制取纯度高、价格低的氢气。如果要长期稳定地生产出满足氢燃料电池用的氢气，重点要解决焦炉煤气制氢中杂质的净化和产品氢气中微量杂质的控制这两个关键问题。氯碱副产制氢相对焦炉煤气制氢来说具备提纯成本低、难度小、纯度高等优势。目前氯碱工业副产品的氢气用于供给燃料电池作为原料较为常见。

### 2. 储运

氢气储运产业是氢能产业的中间环节，联结着产业链前端的制氢和后端的氢能应用环节。氢气储运产业包括低温液态储运装备、高压气体储运装备、储氢新材料等几个主要子环节，各环节技术水平如图27所示。

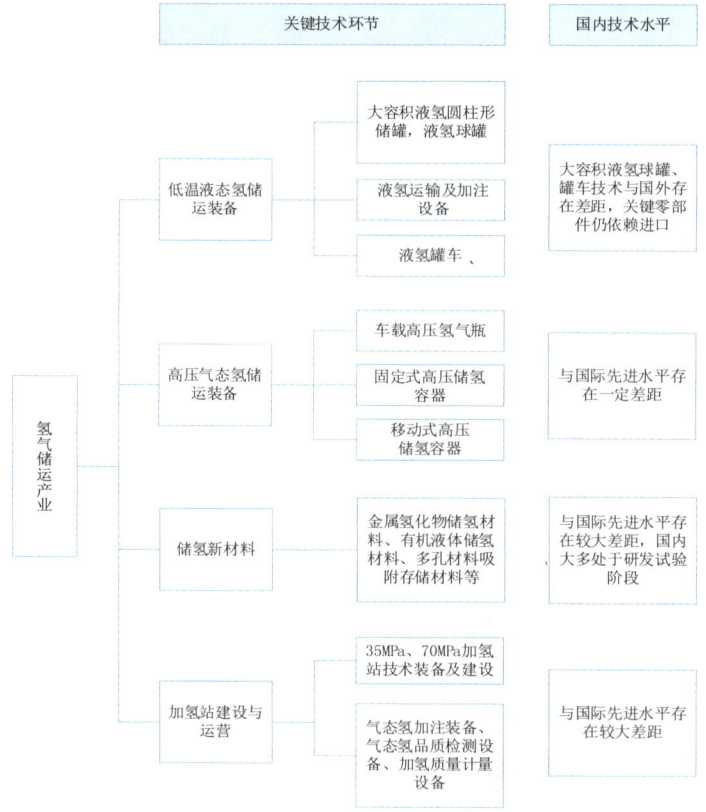

图27 氢气储运各环节技术水平

数据来源：中商产业研究院。

### 3. 燃料电池

氢燃料电池属于质子交换膜燃料电池，是氢能产业链的核心环节。目前中国氢燃料电池系统的效率和功率密度已基本与国外水平持平，而在可靠性和耐久性方面与国外有着很明显的差距。燃料电池堆主要由单电池以堆栈的方式构成。膜电极是燃料电池电化学反应最重要的基本单元，决定了电池的工作性能。中国膜电极（MEA）的催化剂、扩展层和质子交换膜相对于国外都比较落后。2019年，中国燃料电池核心材料技术继续积极推进，膜电极技术也取得了一定的进展（表53）。

表53　2019年中国质子交换膜燃料电池膜电极技术进展

| 时间 | 企业 | 技术进展 |
| --- | --- | --- |
| 2019年1月 | 星云股份 | 公司全资子公司星云智能装备推出的首条燃料电池膜电极处理生产线已确认产品销售收入 |
| 2019年1月 | 武汉理工氢电科技 | 公司已建成了自动化程度更高的膜电极生产线，膜电极产能达到2万平方米/年，最终设计产能将达到10万平方米/年 |
| 2019年2月 | 广东泰极动力科技 | 公司膜电极组件总成产品及配件生产基地项目签约广东佛山高明区，总投资2.9亿元，预计2020年6月开工 |
| 2019年2月 | 苏州擎动科技 | 公司举行了中国首套卷对卷直接涂布法膜电极生产线投产仪式 |
| | | 该法是指将催化剂电极材料分别直接涂布到质子交换膜卷料的两面形成阴阳极的技术。与传统制作工艺相比具有自动化程度高、效率高、制造成本低、产品性能和耐久性高等特点 |
| 2019年3月 | 鸿基创能 | 公司膜电极项目竣工暨HyKey1.0产品发布仪式在广东广州高新技术产业开发区举行 |

*续表*

| 时间 | 企业 | 技术进展 |
|---|---|---|
| 2019年4月 | 科恒股份 | 公司全资子公司深圳市浩能科技有限公司与苏州擎动动力科技有限公司签署《膜电极项目战略合作协议》，就双方在膜电极项目设备研发、业务开展等方面达成框架性协议 |
| 2019年5月 | 科力远 | 目前实验平台上已具备较完整的膜电极电性能测试评价能力；膜电极实验室能制备功率密度达到国内较先进水平的膜电极样品<br>针对国内膜电极工程化方面，完成了工程化的技术路线的论证，并已突破适于工程化设备的浆料配制课题 |

数据来源：《2019—2025年中国氢燃料电池行业市场专项调研及投资前景预测报告》。

## 三、2020年中国氢能发展展望

中国逐渐重视氢能的发展，逐步加紧加氢站的建设，预计在2030年建成1000座加氢站。中国同样也在政策上予以氢能大力支持，未来也要研发创新，探究适合中国社会发展特点的氢能利用新方式。

### （一）氢能产业规模预测

根据《中国氢能产业基础设施发展蓝皮书》规划，到2020年，中国氢能产业基础设施发展将取得重大突破。其中，以能源形式利用的氢气产能规模将达到720亿立方米；加氢站数量达到100座以上；燃料电池发电达到20万千瓦；燃料电池车辆达到10000辆；氢能轨道交通车辆达到50列；行业总产值达到3000亿元。

到2020年，中国将在七个省市建立加氢站100座，2025年达到300座（表54）。到2030年中国加氢站数量达到1000座，高压氢气长输管道建设里程达到3000公里。

## 表 54　部分省市加氢站建设规划

| 地区 | 2020 年加氢站数量 | 2025 年加氢站数量 |
| --- | --- | --- |
| 上海市 | 5~10 座 | 50 座 |
| 苏州市 | 近 10 座 | 近 40 座 |
| 宁波市 | 10~15 座（2022 年） | 20~25 座 |
| 武汉市 | 5~20 座 | 30~100 座 |
| 佛山市 | 28 座 | 43 座 |
| 山东省 | 20 座 | 200 座 |
| 山西省 | 3 座 | 10 座（新增） |
| 7 省市累计 | 81~106 座 | 393~468 座 |
| 全国规划 | 100 座 | 300 座 |

数据来源：《节能与新能源汽车技术路线图》。

在今年浦江创新论坛上，《长三角氢走廊建设发展规划》发布，长三角地区于 2021 年前规划 5000 辆氢燃料电池车和 40 座加氢站。上海化工区加氢站作为母站，为上海加氢站供氢，并进一步推动长三角地区氢产业的布局和建设。

### （二）氢能产业格局发展方向

中国氢能产业已初步形成"东西南北中"五大发展区域（表 55），包含了从制氢到终端应用整条产业链的配套建设。中国各地政府的政策和产业链配套设施也都比较完善。根据制氢原料的资源禀赋，短期内长江三角洲地区具有优势，长期来看四川和河北地区会逐渐发展起来，该地区的企业更具潜力。

表 55　中国氢能产业集群分布

|  | 代表性企业（个） | 燃料电池车（辆） | 在营加氢站（座） |
| --- | --- | --- | --- |
| 东部区域 | 68 | 563 | 8 |
| 西部区域 | 15 | 40 | 1 |
| 南部区域 | 32 | 95 | 7 |
| 北部区域 | 73 | 219 | 3 |
| 中部区域 | 27 | 43 | 4 |

数据来源：中国氢能联盟。

从氢能产业集群来看，目前中国已形成京津冀、华东、华南以及华中四个区域性产业集群。四大氢能产业集群覆盖了氢能的制氢、储运及应用等大部分领域。其中，氢燃料电池以及氢燃料电池车是重要的发展方向，并以此形成各自的产业配套、商业应用模式等（表56）。

表 56　四大氢能产业集群代表企业

| 燃料电池车 | 在营加氢企业 |
| --- | --- |
| 京津冀产业集群 | 香河华瑞气体有限公司 |
|  | 神华新能源有限责任公司 |
|  | 中国华能集团公司 |
| 华东产业集群 | 浙江巨化股份有限公司 |
|  | 厦门钨业股份有限公司 |
|  | 聚力氢能科技有限公司 |
| 华中产业集群 | 武汉氢阳能源有限公司 |
|  | 武汉雄众氢能有限公司 |
|  | 荆门盈德气体有限公司 |
| 华南产业集群 | 佛山市飞驰汽车制造有限公司 |
|  | 广东鸿运氢能源科技有限公司 |
|  | 广东亚氢科技有限公司 |

## （三）政策体系保障

中国氢能联盟在产业发展报告中提出，未来要加强体制机制创新，发挥战略联盟的创新主体作用，近期着重部署实施：研究开发适用于中国资源和经济社会发展特点的氢能制取、储输、加注供应链等经济性分析工具。

氢能的制取方面，将继续推动氢气市场体系建设，适当地给予电解水制氢电价政策优惠。储运方面，积极研究液氢民用，鼓励开展天然气掺氢输运示范。加氢站是上游制氢运氢与下游燃料电池汽车的重要枢纽，其建设是燃料电池车扩大规模和氢能产业发展的基础。政府将先通过补贴和发展商用车，带动加氢站等配套基础设施的完善，进而逐步完善和便捷加氢站设施，以支撑更多燃料电池车的用量，最后再向乘用车推广，扩展到私家车等领域。

## （四）氢能产业技术路线展望

### 1. 制取

制氢方面，未来中国煤炭制氢领域将重点发展二氧化碳捕获与封存（CCS）技术。氢能开发的初衷是降低碳排放，可中国目前以煤炭为主的制氢方法却造成了大量的二氧化碳排放。CCS 技术能够在很大程度上降低碳排放，实现低碳制氢。该方法也可以用于将低碳氢的使用扩展到其他领域以解决排放问题。

工业副产氢中，轻烃裂解副产氢气包括丙烷脱氢（PDH）和乙烷裂解，也可作为燃料电池供氢的潜在来源。轻烃的原料组分使其氢气杂质含量远低于煤炭和焦炉气制氢，氢气纯度较高，提纯简单，具有很大的潜力。

目前电解水制氢中使用火电占比较大，同样面临碳排放问题。中国大量弃风、弃水、弃光导致的弃电成为发展电解水制氢的有利条件。可再生能源推广产生的大量低成本弃电，利用其进行水电解制氢并储存供以后使用，也是利用弃电的方法之一。据中国氢能联盟数据，局部区域弃风、弃光、弃水及弃核制氢可提供的制氢量约 263 万吨 / 年。但弃电由于受到电压不稳和不可持续性等缺点的限制，未来可能不是解决电解水制氢成本问题的最佳选择。光伏和风电等可再生能源平价上网将有效支持电网电力制氢。

### 2. 储运

储运方面首先要继续发展 70 兆帕气瓶技术。未来中国将根据国际标准化组织发布的 ISO/CD 19881《车用压缩氢气瓶》中 70 兆帕压力标准,逐渐替代国内 35 兆帕Ⅲ型瓶的标准。浙江大学现已突破关键技术并成功研制了质量储氢密度达 5.78 重量百分率的 70 兆帕储氢气瓶,并编制 70 兆帕储氢气瓶国标初稿。沈阳斯达林公司、北京科泰克和北京天海也陆续研制并进行 70 兆帕气瓶的型式试验,有望在近期投入市场。

低温液态储氢的质量和储氢密度相比高压气态储氢都有大幅度提高,是比较理想的储氢技术,也是未来重要的发展方向。其运输能力是高压气态氢气运输的十倍以上,可配合大规模风电、水电、光电电解水制氢储运。中国液氢目前仅应用在航天领域以及少数的电子行业,未来还将继续向其他行业扩展。中国相关部门正在研究制定液氢民用标准,液氢将应用在商用车以及加氢站中。此外,复合体系储氢也将是未来发展重点。

### 3. 氢安全

未来将加强车载高压气态储氢安全防护措施,包括过温报警、起火防护、过压保护、过流保护和氢气泄漏监控等。固定式高压气态储氢按照储氢装置不同有着不同的安全防护措施。其中,大直径储氢长管需要从气瓶质量、爆破片装置、压力表、温度计和安全联锁装置等方面做好防护。

### 4. 相关设施

氢能利用设施方面,中国将发展 70 兆帕加氢站。燃料电池发电站领域,中国政策支持固体氧化物(SOFC)燃料电池和分布式发电站,但目前还没有商业应用。

低碳能源篇

# 生物质能发展分析与展望

近年来,生物燃料在全部可再生能源中占比逐年提升。生物质能具有很大的潜力,能够为全球提供大量电力生产。生物质能虽然目前产业化发展比较缓慢,但各国都在积极推进生物质能产业链的发展,未来在世界各地有望取得大规模进展和突破。根据预测,生物质能供应潜力最大的是亚洲及欧亚大陆地区。2030年,全球的生物质能供应预计达到每年97~147艾焦,能源作物将是未来全球生物质提供的最主要来源,约占全球生物质供应的27%~34%。

## 一、2019年国际生物质能发展概况

当前全球生物质资源储量丰富,生物燃料占据全球可再生能源供应的大量比重,其中以固体燃料为主,其次是液体和生物气。世界主要生物质处理技术有生物质燃烧、生物热解以及碳化。

### (一)生物质资源

根据IEA在2019年做出的统计,截至2017年,生物燃料和垃圾在全球一次能源中占9.2%,在全球可再生能源供应量中占到67.9%。其中,固体生物燃料是最主要的可再生能源来源,占全球可再生能源供应的60.7%;液体生物燃料占4.6%;生物气占1.7%;可再生城市垃圾占0.9%。世界固体生物燃料的产量主要由非洲国家和非经合组织(OECD)国家提供(图28)。截至2018年,83.4%的固体生物燃料产自非经合组织国家,主要是亚洲和非洲的发展中国家。非洲占世界固体生物燃料供应的32.0%。非OECD国家占据了固体生物燃料生产的很大部分,且至今这些国家在固体生物燃料领域一直保持重要地位。非OECD国家的生物质资源年平均增长率为0.9%,略低于

OECD 国家的 1.3%。

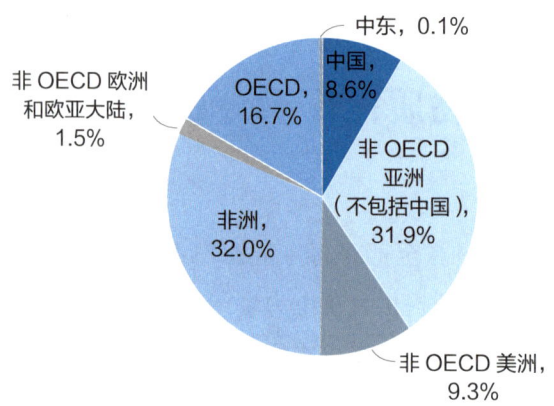

图 28  2018 年世界固态生物质燃料供应区域结构

数据来源：IEA。

国际可再生能源署（International Renewable Energy Agency，IRENA）预计在 2030 年全球的生物质能供应可以达到每年 97～147 艾焦，能源作物将是未来全球生物质能的最主要来源，可以占到全球生物质能供应的 27%～34%（图 29）。IRENA 同时对提供生物质能的六个主要区域供应能力进行预测，其中：供应潜力最大的是亚洲及欧亚大陆（包括俄罗斯），每年能够提供 43～77 艾焦的生物质能，该地区超过三分之一的供应潜力来自原产于俄罗斯的燃木；北美洲和拉丁美洲合计将每年提供 45～55 艾焦的生物质能。

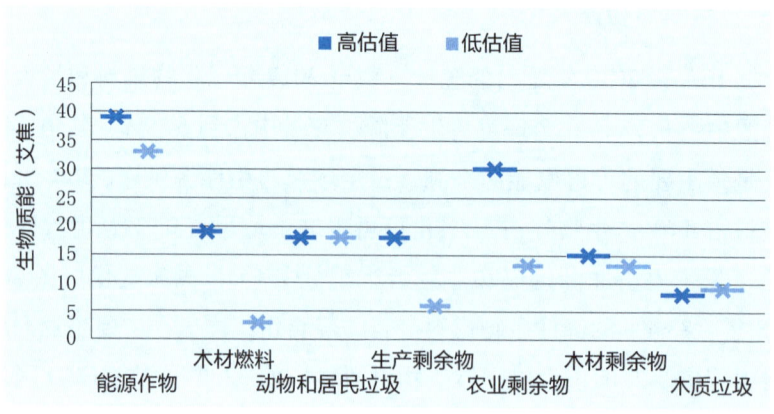

图 29  IRENA 对 2030 年全球生物质能的供应潜力预测

## （二）生物质能产业化程度

全球生物质能产业化进程不断推进。2005 年至 2018 年，全球每年都会有针对生物质能的新增投资，投资在经历了 2006—2007 年的高增长后进入了平台期，2017 年出现了 -43.3% 的超低增速，在 2018 年投资回暖，实现了 38.2% 的正增长，但是仍然低于 2006—2007 年的水平（图 30）。

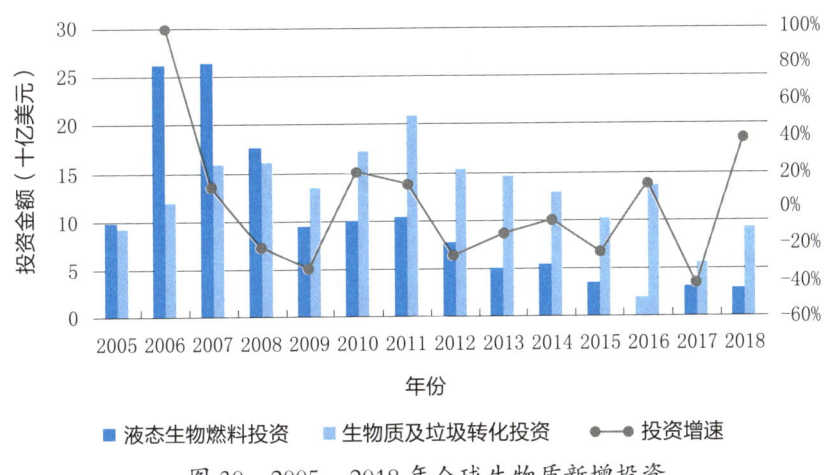

图 30　2005—2018 年全球生物质新增投资

数据来源：International Renewable Energy Agency。

全球的生物质发电装机容量在新增投资的基础上得到了稳定发展。2018 年全球总生物质装机容量达到 117829 兆瓦，其中固体生物燃料装机能力占 71.2%，生物燃气装机能力占 15.4%，可再生城市垃圾占 10.7%，液体生物燃料装机占 2.7%（图 31）。

图 31　2010—2018 年全球生物质发电装机容量

2018年世界固态生物燃料总产能为96464兆瓦,产能最高的国家是巴西,在2018年拥有14499兆瓦产能,其次是中国、印度和美国。欧洲是全球生物质成型燃料产业发展最快的地方,目前成型燃料已经成为许多欧洲家庭的常用燃料,且已在超市中作为普通商品进行销售。欧盟各国都制定了相应的生物质成型燃料行业、技术以及产品标准和规则,产业发展进入了成熟商业化的快速发展阶段。2018年世界生物气(沼气)世界总产能为18126千瓦,其中德国产能6583千瓦,远超其他国家(图32)。

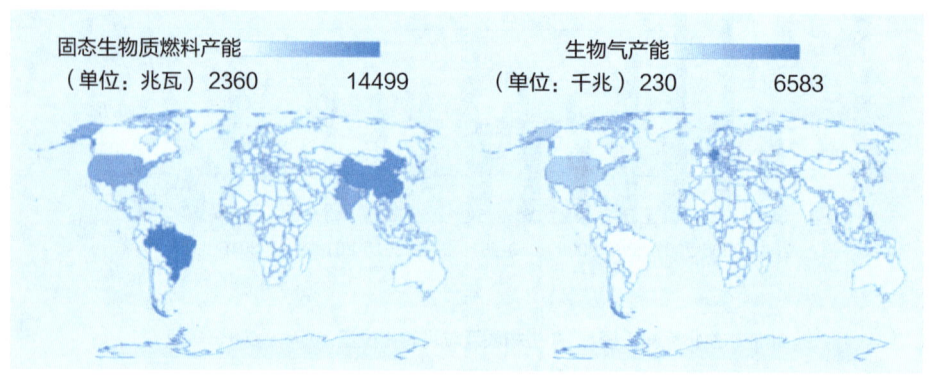

图32 2018年世界主要固态生物燃料和生物气产能国家

数据来源:International Renewable Energy Agency。

2018年全球生物燃料产量9537.1万吨油当量,其中OECD国家占58.4%,非OECD国家占41.6%。美国的生物燃料产量占到了全球产量的39.9%,其次是巴西占22.4%,这两国占了全球产量的60%以上。从增速上看,在经历了近十年的平稳发展后,2017年生产增速有所提高,在2018年达到了9.7%,超过了2007—2017年9%的平均增速(图33)。从液体生物燃料生产中,根据IRENA的数据,全球2018年生产1532亿升液体燃料,乙醇占73%,生物柴油(FAME)占22.4%,生物汽油(HVO)占4.6%。美国、巴西和中国是液体生物燃料生产的三个大国,分别占2018年液体生物燃料产量的45.7%、25.1%和3.3%。

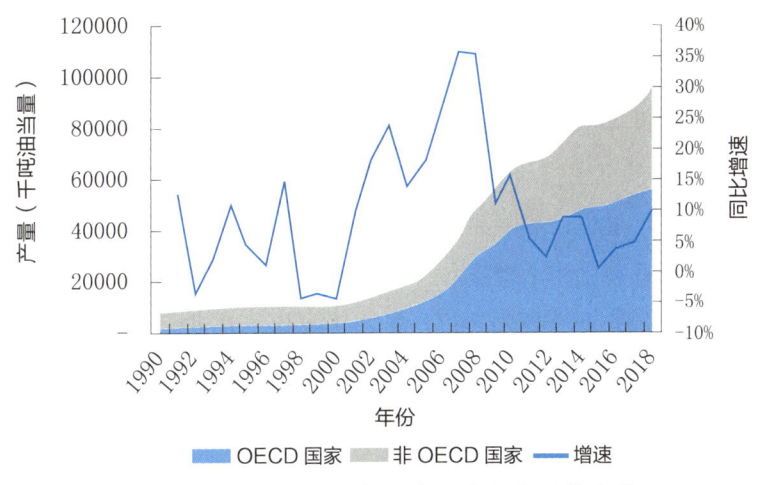

图 33　1990—2018 年世界主要生物燃料产量

数据来源：BP 统计年鉴 2019。

生物质发电量相对平稳，2017 年全球生物质发电 495434 兆瓦·时（图 34），占全球发电总量的 2% 左右。其中固体可燃物、生物燃气、可再生城市垃圾和液体生物燃料占比分别为 69.4%、17.1%、11.5% 和 1.3%。从区域分布看，欧洲和亚洲是生物质发电最多的地区，占比达到 38% 和 39%，北美洲和南美洲分别占比 15.8% 和 13.1%，剩余地区一共占 3.1%。

图 34　2010—2017 年全球生物质发电量

数据来源：International Renewable Energy Agency。

## （三）生物质能的利用和技术条件

为了高效利用各地不同类型的生物质资源，当前世界正在应用几种主要的生物质处理技术。生物质燃烧是最常见的生物质转化技术。目前现代生物质燃烧技术如全自动的颗粒锅炉、联合燃烧，以及为各种生物质资源设计的高效热电联产正在全世界迅速发展。快速热解技术可以将难以处理的不同性质的生物质转化为热解油。生物质技术集团（BTG，Biomass Technology Group）发展了稳健的快速热解过程，热解油的比例较大，可用于热、动力、运输燃料和化工生产。此外还有碳化和干燥技术。以木材为原料生产木炭是最常见的碳化技术，但棉花秸秆等农业残留物也逐渐被用于碳化，并进一步升级为家用燃料。干燥是在200～400℃的温度下进行的部分碳化过程，使得生物质酥脆。所制备的生物质适宜于燃煤电厂的共燃。与碳化生物质相比，生物质的初始能量含量有更高的百分比停留在产品中。主要的技术流程如图35所示。

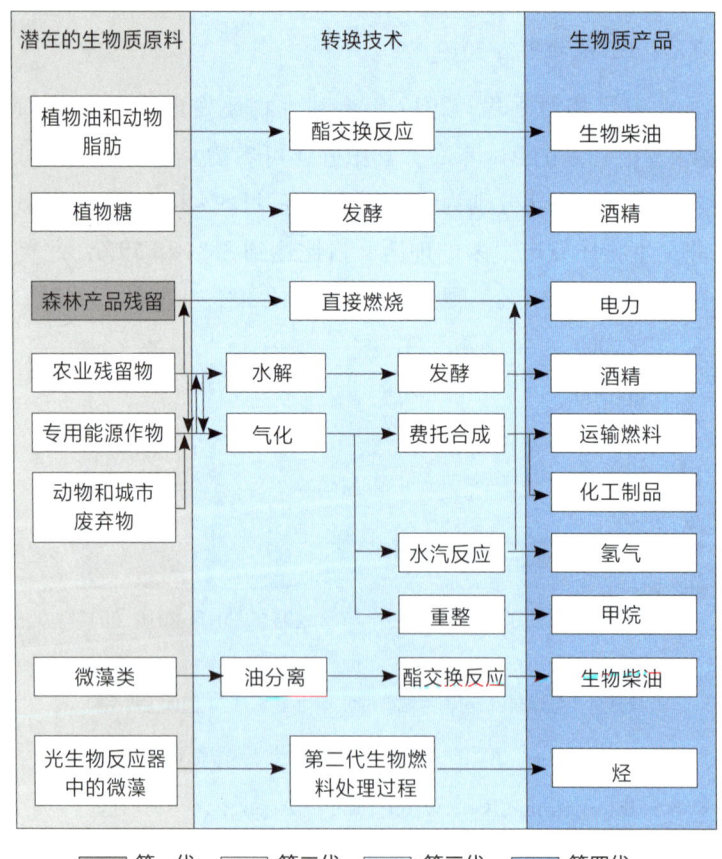

图35 生物质转换利用的主要路径

低碳能源篇

2018年世界上主要生物质的利用情况如下：

**1. 固体生物燃料**

2018年，OECD固态生物燃料发电总量为184.2太瓦·时。作为仅次于水电、风能和太阳能光伏的第四大可再生能源，固体生物燃料占2018年可再生能源发电量的6.4%。在OECD内部，美国（45.6太瓦·时）占固体生物燃料发电量的24.8%，占该国可再生电力产量的6.1%。第二大固态生物燃料的发电国是英国（24.9太瓦·时），占该国可再生电力的22.4%。2018年，OECD中使用生物燃料发电的其他大规模生产国还有日本、芬兰和德国，发电量分别为18.9太瓦·时、11.6太瓦·时和10.7太瓦·时。固体生物燃料发电份额最大的国家分别是芬兰（16.6%）、丹麦（14.4%）、立陶宛（11.9%）、卢森堡（10.2%）和爱沙尼亚（9.9%）。

**2. 沼气**

2018年OECD的沼气发电量为81.4太瓦·时。促使沼气发电量快速增长的主要因素是欧洲经合组织，其2018年发电量占OECD发电量的79.5%。2018年德国沼气发电量达到33.9太瓦·时，占OECD总发电量的41.7%，成为OECD中发电量最大的国家。沼气发电量第二大的是美国，其发电量为13.1太瓦·时，占OECD沼气发电量的16.1%。然而，尽管美国在经合组织发电量中所占份额很大，但美国的年增长率比许多使用沼气的欧洲联盟国家要低得多。经合组织第三和第四大发电国分别为意大利（发电量8.2太瓦·时，占经合组织总发电量的10%）和英国（发电量为7.2太瓦·时，占8.8%）。

**3. 可再生城市垃圾**

在OECD国家中，可再生城市垃圾发电量占可再生能源发电量的1.2%，是可再生能源发电中占比最小的部分之一。2018年，OECD使用可再生垃圾的发电总量为34.3太瓦·时。可再生能源发电量中，荷兰占12.0%，其次是卢森堡，占7.0%，比利时占5.5%。

**4. 液体生物燃料**

用于发电的液体生物燃料现在仍是一项比较新的技术。2001年德国第一个公布了此类发电方式，当时发电量仅有15吉瓦·时。此后，越来越多的国家利用液体生物燃料进行发电。2018年，共有14个国家上报了使用液体生物燃料发电，总发电量为6298千瓦·时。其中意大利发电量最多，共4299吉瓦·时。

## 二、2019年中国生物质能发展分析

2019年中国生物质能总量约10亿吨标准煤，主要为农林废弃物。2019年上半年，生物质发电新增装机214万千瓦。2019年中国生物质发电项目共有23个，生活垃圾发电无害处理项目共65个，热电联产项目共20个。生物质能源利用的主要方式是生物质成型燃料和沼气。

### （一）生物质资源

中国的生物质资源十分丰富，可开采量巨大。目前，中国拥有的生物质能源总量约等于10亿吨标准煤，主要包括农业废弃物（如农作物秸秆、农产品加工剩余物等）、林业废弃物、畜禽养殖剩余物、城市生活垃圾、有机废水和废渣等。其中每年可作为能源利用的约4.6亿吨标准煤，包含4亿吨农业废弃物（折合2亿吨标准煤）、3.5亿吨林业废弃物（折合2亿吨标准煤）和其他有机废弃物约6000万吨标准煤。

中国沼气可利用资源约1500亿立方米/年，其大部分来自畜禽粪便和农作物秸秆，剩余小部分来自有机垃圾和农产品加工残余物（图36）。

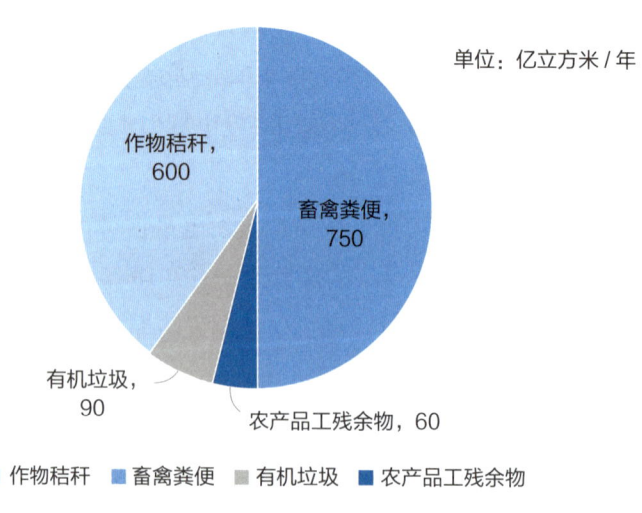

图36 中国沼气可利用资源

数据来源：农业部农业生态与资源保护总站。

## （二）生物质能产业化程度

截至 2018 年年底，中国农林生物质热电联产项目共计 137 个，约占项目总数量的 42.7%，热电联产总装机容量 346 万千瓦，约占总装机容量的 42.8%。2019 年上半年，生物质发电新增装机 214 万千瓦，累计装机达到 1995 万千瓦，同比增长 22.1%。2019 年中国生物质发电项目共有 23 个，生活垃圾发电无害处理项目共 65 个，热电联产项目共 20 个。

生物质发电主要包括农林生物质发电、垃圾焚烧发电和沼气发电。截至 2018 年年底，全国已投产生物质发电项目 902 个，遍布全国 30 个省市地区。其中，农林生物质发电项目 321 个，生活垃圾焚烧发电项目 401 个，沼气发电项目 180 个，各项发电应用规模持续增长。生物质发电累计并网装机容量 1784.3 万千瓦。生物质年发电量 906.8 亿千瓦·时，年上网电量 772 亿千瓦·时（图 37）。

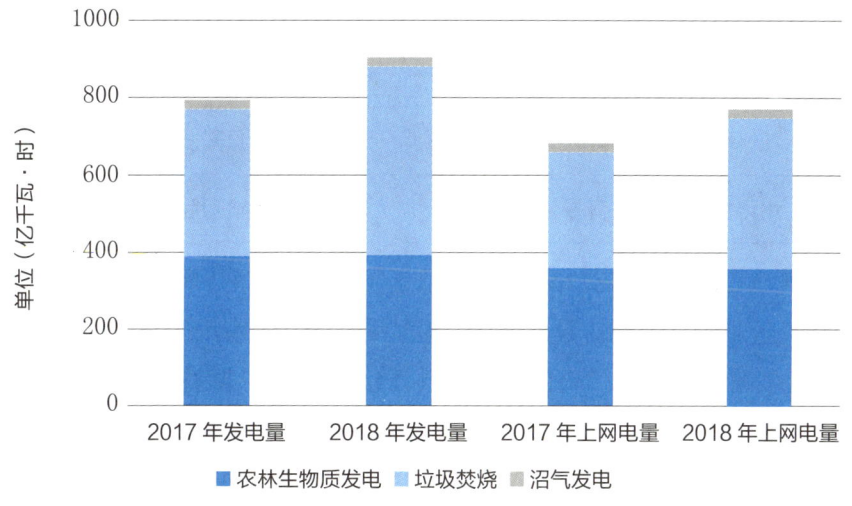

图 37　2017—2018 年生物质年发电量和上网电量

数据来源：全联新能源。

2019 年 11 月 6 日，由中国产业发展促进会、国际能源署（IEA）联合主办的"2019 全球生物质能创新发展高峰论坛"在北京召开。大会评选出了"垃圾焚烧发电十强企业"和"农林生物质发电十强企业"（表 57）。当前这些中国领军的生物质企业在发电侧和科技装备创新上均取得了有效进展，为推动生物质产业发展做出了巨大的贡献。

表 57　2019 年发电十强企业

| 2019 垃圾焚烧发电十强企业 | 2019 农林生物质发电十强企业 |
|---|---|
| 中国光大国际有限公司 | 国能生物发电集团有限公司 |
| 中国锦江环境控股有限公司 | 凯迪生态环境科技股份有限公司 |
| 重庆三峰环境集团股份有限公司 | 中国光大绿色环保有限公司 |
| 中国环境保护集团有限公司 | 山东琦泉能源集团 |
| 上海环境集团股份有限公司 | 理昂生态能源股份有限公司 |
| 粤丰环保电力有限公司 | 广东长青（集团）股份有限公司 |
| 绿色动力环保集团股份有限公司 | 中国环境保护集团有限公司 |
| 瀚蓝环境股份有限公司 | 水发公用事业集团有限公司 |
| 浙江伟明环保股份有限公司 | 江苏省新能源开发股份有限公司 |
| 广州环保投资集团有限公司 | 广东韶能集团股份有限公司 |

目前，中国生物质成型燃料产业处于发展初期，落后于发达国家。中国成型燃料产业相对于国外起步较晚，同时受到一些主观因素制约其产业的发展。例如，生物质成型燃料能量密度低且分布分散，却常被套用传统能源的发展模式，因此发展受到了很大的阻碍。此外，国内发展林业生物质会破坏林业资源的观点仍然普遍存在。事实上，将森林抚育的剩余物产业化利用与林业生物质能的利用结合才能达到供应的效果。

### （三）生物质能的利用和技术条件

中国各类生物质能资源的利用方式如表 58 所示，农林业生物质最丰富，能源化利用方式也最为广泛。畜禽粪便主要用来制气。

## 低碳能源篇

表 58 生物质资源的能源化利用方式

| 生物质资源分类 | 能源化利用方式 |
| --- | --- |
| 农林生物质 | 发电、供热、生物天然气、生物液体燃料、热解气 |
| 生活垃圾 | 发电、供热、热解气 |
| 畜禽粪便 | 沼气、生物天然气、发电 |
| 餐厨垃圾 | 生物柴油 |
| 生物柴油 | 沼气、生物天然气 |

数据来源：生物质能发展"十四五"规划预期分析。

生物质能利用的最终产品有固态、气态和液态三种状态。固态生物质能产品的代表是生物质成型燃料，主要由农林生物质原料加工而来。与其他生物质能相比较，这种燃料具有生产过程简单、运输及燃烧方便等推广优势。成型技术主要有两种，第一种是颗粒燃料成型机，主流机型为不同规格的环模机，第二种是棒状或块状成型机。生物质成型燃料现从原料收集到销售等一系列环节已全部实现生产线生产，自动化和商业化程度很高，单机生产规模在每小时 2 吨以上。中国生物质成型燃料虽已实现产业化，但仍面临以下几方面问题。首先，中国生产成型燃料以农作物秸秆为主要原料，秸秆成型和燃烧特性方面都和林业废弃物有很大差异，需要进一步研发出适合其特点的技术。其次，中国生物质成型机虽然在生物质冲压、挤压式压块以及烘烤炭等技术及装置上有了一定进步，但还存在着能耗量过高、磨损严重和生命周期短等问题，还需要加强技术研发改进，使能源利用效率进一步提升。此外，中国还没有技术和规模相对成熟的锅炉产品制造厂家，锅炉的运行维护比较困难，锅炉对秸秆成型燃料的适应性也有待提高。

生物质气态产品最主要的是沼气。2019 年中国拥有沼气池约 400 万个，沼气集中供应站 1580 个。沼气工程处理的有机废弃物包括生活有机垃圾、残粮、畜禽粪便、餐厨垃圾、动物屠宰以及农副产品加工的废弃物等，或由其中几种混合构成。中国目前正在加强沼气工程建设项目的实施，以解决畜牧养殖发展过快而导致的畜禽粪便环境超载问题和重点区域畜禽养殖场对周围环境的污染问题。沼气工程不仅用于生产能源，还起到了废弃物综合利用以及环境保护等多方面作用，是中国发展的重点工程。虽然现在中国大中型沼气工程已经成熟，也是主要生产方式，但技术与国外相比仍存在较大差距，设备和制造技术水平不高。如中国CSTR工艺的产气率仅为国外的1/3，发电效率仅为35%。当前中国已建的大中型畜禽粪污沼气工程设计时也没有考虑资源的充分利用，很少采用热电联供，能源净输出率比较低。

此外，中国的小规模生物质气化在发电和生物燃气等方面的利用技术已经达到了国际水平，但是气化设备与燃料的匹配性较差，易受原料水分等指标变化的影响。气化发电还存在效率偏低和不稳定等问题，自动化控制水平有待提高。

## 三、2020年中国生物质能发展展望

2020年中国可能源化利用的生物质能将达到4.2亿吨标准煤，有机废弃物资源将继续增长。生物质能的利用总量将达到1.1亿吨标准煤，各方面的利用也将持续增长。2020年中国将重点发展生物燃气和生物液体燃料领域，并在高分布式生物质能产业方面促进传统燃煤燃气替代等。

### （一）生物质资源的开发利用

据国际能源理事会（WEC）预测，到2020年生物质能在全球可再生能源中的比重仍接近60%。中国由于人口数量大和人均耕地面积少，生物质能的资源主要来自社会生产活动产生的废弃物，未来生物质能产业发展仍将坚持以满足人民食用为先。

2020年，中国可能源化利用的生物质能资源总量约折合4.2亿吨标准煤，其中农林剩余物类资源将保持现有的水平，有机废弃物类资源将会增长（畜禽粪便所占比例仍然最高，生活垃圾和工业有机污水快速增长）。能源作物类资源（如纤维质能源作物、糖类能源作物和油脂类能源作物）将成为未来资源增量的主要来源。

此外，生物质能的利用总量将达到1.1亿吨标准煤，其中生物质发电装

机容量2890万千瓦，发电1520亿千瓦·时，生物质供热950拍焦，沼气230亿立方米，生物质燃气100亿立方米，生物乙醇400万吨，生物柴油和生物质航空煤油200吨。

到2020年，秸秆综合利用率将达到85%，养殖废弃物综合利用率达到75%，农膜回收率达到80%。

### （二）宏观政策的跟进

目前中国生物质能产业虽然已经具有一定规模，但市场化机制和激励政策体系尚不完备。未来生物质能产业发展的总体模式将是"政府引导、市场运作"。中国发展生物质能产业的同时致力于提高能源环境和社会经济效益，将在以下几个方面和领域进行宏观政策的跟进。

2019年中国农林生物质发电只获得了国家可再生能源基金6%左右的支持，占比很小，如果国家补贴比例不能提高，将限制生物能源产业的贡献与发展空间。农村地区由于经济基础薄弱、秸秆焚烧治理任务繁重以及劳动力机会成本不断增高，国家未来将实行有效的上网电价补贴。

针对生活垃圾焚烧处理方面不仅要做好前期调研，也应统筹规划统一处理。同时，加快推进垃圾分类，提高垃圾热值，并完善有关部门管理；积极推进城乡环卫一体化工作，解决偏远乡镇垃圾收运不足、不及时的情况，并避免项目垃圾实际收集量与预算量不符；关注劳动力输出城市中常住人口与户籍人口的差距，尽量避免垃圾实际产生量与立项前第三方测算数据有较大的差异。

中国目前对生物质固体颗粒的经济效益等认识不足，政策滞后于产业的发展，对这一新兴产业起到了制约作用。应及时调整当前的一些过分追求集中供热率等限制产业发展和造成环境污染的政策。同时，还应对产业链上的龙头企业进行扶持，以保证市场和企业发展的原动力。对于许多能源类大型企业来说，生物质成型燃料产业的微薄利润无法与高昂的交易成本相匹配，没有能力参与生物质成型燃料产业的产业链整合。在这方面中国也可以借鉴一些发达国家如德国和瑞典的经验。从原料的培育种植到产品销售等一系列环节均由企业运作并筹资建设，政府在政策和税收上给予支持和补贴，使生物质能的开发利用建立在以市场机制为主的基础之上，保证其持续发展。

### （三）生物质能技术的突破

中国未来将重点关注各类生物质能技术的均衡发展，提高总体发展水平。未来生物质能产业将形成多元化的技术体系，产品类型将全面涉及电力、热力、燃气和液体燃料等。据估计，到2020年，生物质混燃发电、生物质热电联产、生物质热解气以及工业沼气等技术的生产成本均可等于或低于同时期同类化石能源的生产成本。

生物质燃气是中国2020年优先发展重点产业之一。由于生物质燃气主要是利用废弃物，在原料和市场方面不存在与其他技术竞争的问题，具备很大的发展优势。生物天然气技术的商业化是中国未来为满足减排需要的主要方向。中国未来将建立控制系统并加强相关制剂的研究以突破高负荷温度厌氧消化技术。中国还将继续开展沼气集中供热和热电联供等重要技术的开发，突破沼气生物甲烷化原位脱碳、保氮保水等有机肥制备技术、模块化移动式堆肥装备研发技术等一系列相关技术瓶颈，以落实规模化生物天然气和大型沼气池建设工程。此外，虽然中国的小规模生物质气化在发电和生物燃气等方面的利用技术已经达到了国际水平，但是气化设备与燃料的匹配性较差，易受原料水分等指标变化的影响。气化发电还存在效率偏低和不稳定等问题，自动化控制水平有待提高。生物质燃气和常规燃烧设备和技术匹配程度仍然不足，生物质燃气燃烧效率有待提高。未来生物质气化技术发展的主要方向是继续新型技术的研发，并致力于提高燃气利用率。

在生物液体燃料领域，当前世界发达国家在传统航空燃油、费托合成油、油脂生物航油等领域存在技术壁垒，因此中国未来将重点推进生物质液体燃料技术产业化，加快相关标准和规范的制定，以提升中国生物航空燃油产业的地位。同时，中国将注重改造当前的生物柴油项目，加快推进其在交通运输等其他新型领域的产业化应用。今后液体燃料的研究重点还包括提高生物油品质，降低运行成本，实现产物的综合利用等。

发电方面，未来的大方向仍是用生物质替代煤在小型和大型电厂里使用。不仅可以充分利用原来电厂的基础设施，也是减少二氧化碳排放的有效手段。此外，生物质混燃发电也是未来关注的重点。当前生物质混燃发电在短期内仍是生物质能利用经济效益最优的技术，且未来有一定的成本下降空间。

中国生物质能的分布式利用仍处于发展初期，而技术创新是提高分布式生物质能产业经济性和可靠性的重点，未来主要有三个发展方向。首先是传统燃煤燃气替代，开发生物质替代工业燃料的关键技术。这一方向中国的大部分核心技术已经成熟，未来更侧重经济规模的扩大和产业化的推进。其次，城镇和农村清洁生活能源供应方面的利用技术将完成工程示范并启动实施。其核心技术问题包括生物质成型燃料家用采暖模块化技术和生物质家用燃气模块化技术等。最后是农村生态环境保护方面，在解决了固废利用技术的产业化问题后，将对分散规模的垃圾和污水处理系统、户用沼气升级以及秸秆沼气制备等关键技术进行重点研发。未来分布式生物质能将带动产业发展，并成为新型城市保障以及农村环境保护的有效途径。

# 低碳专题篇

## 能源低碳转型的文献计量分析

面对全球气候变暖和碳减排压力，全球范围内在发展低碳经济方面已基本达成共识，而能源低碳转型在发展低碳经济过程中发挥了非常重要的作用。本文采用文献计量方法，基于 Web of Science 网络数据库平台，对 1991—2018 年全球能源低碳转型研究的科学文献进行数据统计与分析，揭示了现阶段全球能源低碳转型领域的总体科研状况，并基于关键词共现分析对该领域未来的研究热点进行了预估。主要研究结果表明：①能源低碳转型的科研产出量不断增加，以欧美为代表的发达国家在该领域长期处于领先地位，中国在该领域的起步相对较晚，但近五年来发展迅速，2018 年发文量跃居全球第一；②该领域最高产作者是土耳其学者 Ozturk，其次是中国学者林伯强。全球发文数量前 15 的机构中隶属英国的科研机构最多，有 6 个，隶属中国的科研机构有 3 个，表明近年来中国学者对能源低碳转型这一话题较为关注；③通过对关键词词频和共现分析可以看出，可再生能源和天然气、碳捕获与封存 (Carbon Capture and Storage，CCS) 等技术、系统的能源低碳转型建模方法、热点研究国家、能源低碳转型相关的社会经济问题以及政策不确定对能源低碳转型的影响等六方面是该领域的研究热点，也会是未来全球的主要研究方向。

## 一、引言

面对全球气候变暖和碳减排压力，全球范围内在发展低碳经济方面已基本达成共识，而能源低碳转型在发展低碳经济过程中发挥了非常重要的作用。随着能源转型研究的深入，相关学术成果也迅速增加。但迄今为止，仍然缺乏对能源转型相关文献特征的系统总结。系统梳理能源转型相关文献的特征有助于了解该领域当前的研究现状和未来研究热点。为此，本文基于文献计量分析方法，对1991—2018年全球能源低碳转型研究的科学文献进行数据统计与分析，从中窥探该领域发展现状与趋势，并对该领域的研究热点和方法论进行分析，以期为该领域学者的未来研究提供参考依据。

## 二、研究方法与数据来源

### （一）研究方法

文献计量方法是一种多层次分析的科学计量方法，它采用统计学和数学方法来研究信息的分布结构、数学规律和变化规律，并进行量化管理，进而调查潜在的科学与技术的结构、特征与模式等。

在本文中，选择影响因子（IF）和H指数来评估期刊的影响力。IF是指某期刊前两年发表的论文在Journal Citation Reports（JCR）中被引用总次数与该期刊在这两年内发表的论文总数之比。H指数是衡量国家、机构和作者在某领域影响力的重要指标。该指标是由Hirsch JE于2005年提出，当一个学者所发表的N篇论文中有h篇论文分别被引用了至少h次，而其余的N–h篇论文的引用次数全都不超过h次，那么该学者的H指数就是h。社会网络分析（SNA）是评估社会参与者之间关系的量化方法，本文用于研究最高产的作者。此外，共词分析技术能够有效分析关键词的共现，从而映射出文献中关键词关联的强度，识别主题与新兴研究趋势之间的关系和相互作用。因此，本文基于Bibexcel软件和Pajek可视化软件探索当前MAC领域的研究热点。

### （二）数据来源

本文数据主要来自Web of Science（WOS）平台下的两个网络数据库，即：

Science Citation Index Expanded (SCI-E) 和 Social Science Citation Index (SSCI) 网络版数据库。根据研究的实际需要，本文设定检索词为 TS= [("carbon" or "$CO_2$" or "greenhouse" or "ghg" or "climate change" or "low carbon" or "low-carbon" or "green" or "clean" or "decarboniz*" or "mitigat*") and ("natural gas" or "nuclear" or "renewable" or "wind" or "solar" or "hydropower" or "geothermal" or "biomass" or "bioenergy" or "biofuel") and ("transition" or "causal*")]，设定检索年限为 1991—2018 年，检索时间为 2019 年 1 月 16 日。最终检索出文献 8117 篇，通过人工整理，最终筛选得到关于能源低碳转型的文献 1245 篇。值得强调的是，中国仅统计了中国大陆地区，香港、澳门和台湾地区未纳入统计，而英国（United Kingdom，UK）主要包含了四个地区，即英格兰（England）、北爱尔兰（Northern Ireland）、苏格兰（Scotland）和威尔士（Wales）。

## 三、结果分析与讨论

### （一）时间和空间分布

从世界角度来看，研究能源低碳转型的文献总体呈快速增长的态势（图38），且根据文献量发展速度的快慢，大体上可分为三个阶段：第一阶段，起步阶段（1991—2000 年），这一时期的文献数量增长缓慢，世界年发文量均维持在个位数水平；第二阶段，缓慢增长阶段（2001—2010 年），到 2010 年发文量仅为 43 篇；第三阶段，快速增长阶段（2011—2018 年），在这一阶段，发文量年均增长率高达为 27.8%，2018 年文献数量达到 305 篇。2009 年哥本哈根世界气候会议的召开，吸引了大量学者对能源低碳转型这一问题展开研究，进而促使能源低碳转型的相关文献数量迅速增加。

全球能源低碳转型发文量最高的前 20 个国家如表 59 所示。由表可知，美国在该领域的起步相对较早，2000 年以前的文献有 50% 来自美国，无论发文量（246）还是 H 指数（42）均远远超过其他国家，可见美国率先开始进行能源低碳转型的研究，并奠定了在此领域的主导地位。其次是英国，发文量（200）和 H 指数（30）均位于第 2 位。此外，中国在该领域的发文量（167）

和 H 指数（27）均居于第三位。如图 38 所示，中国在该领域的起步相对较晚，但近五年来发展迅速，尤其最近一年，发文量跃居第一。发文量前 20 的国家中，发展中国家仅有中国、土耳其、巴基斯坦和印度，表明发达国家在该领域的研究明显强于发展中国家；此外，H 指数分布显示，发达国家（尤其是欧美国家）在该领域研究的影响力也明显高于发展中国家。

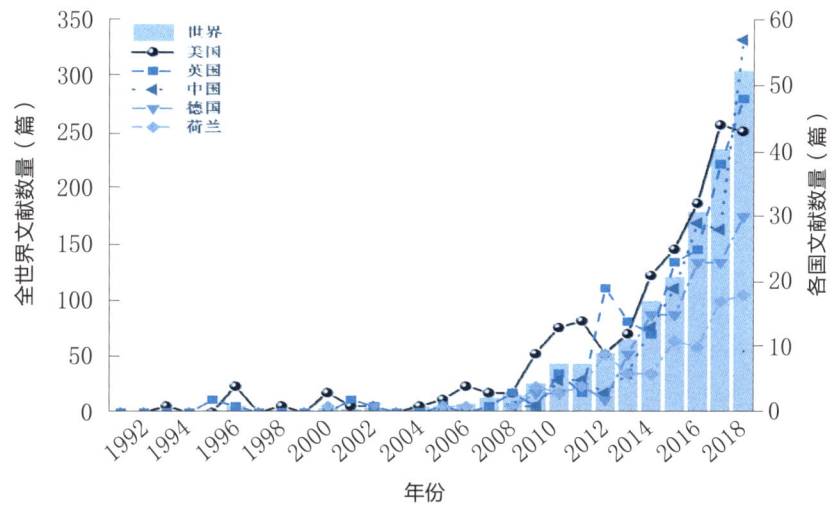

图 38　1991—2018 年能源低碳转型文献的时间分布

表 59　全球能源低碳转型发文量最高的前 20 国家情况

| 序号 | 国家 | 文献数 | 占比（%） | H 指数（排名） |
| --- | --- | --- | --- | --- |
| 1 | 美国 | 246 | 19.76 | 42（1） |
| 2 | 英国 | 200 | 16.06 | 30（2） |
| 3 | 中国 | 167 | 13.41 | 27（3） |
| 4 | 德国 | 129 | 10.36 | 26（4） |
| 5 | 荷兰 | 92 | 7.39 | 21（5） |
| 6 | 澳大利亚 | 65 | 5.22 | 18（6） |
| 7 | 瑞典 | 55 | 4.42 | 16（8） |

续表

| 序号 | 国家 | 文献数 | 占比（%） | H指数（排名） |
| --- | --- | --- | --- | --- |
| 8 | 加拿大 | 52 | 4.18 | 15（11） |
| 9 | 意大利 | 52 | 4.18 | 14（12） |
| 10 | 法国 | 49 | 3.94 | 11（15） |
| 11 | 土耳其 | 46 | 3.70 | 18（6） |
| 12 | 西班牙 | 44 | 3.53 | 13（13） |
| 13 | 瑞士 | 38 | 3.05 | 16（8） |
| 14 | 奥地利 | 37 | 2.97 | 16（8） |
| 15 | 日本 | 34 | 2.73 | 10（17） |
| 16 | 马来西亚 | 32 | 2.57 | 13（13） |
| 17 | 丹麦 | 29 | 2.33 | 11（15） |
| 18 | 韩国 | 27 | 2.17 | 9（18） |
| 19 | 芬兰 | 26 | 2.09 | 9（18） |
| 20 | 印度 | 26 | 2.09 | 9（18） |

### （二）学科与期刊分布

从学科分布角度，本文所检索能源低碳转型研究所涉及学科类别的分布情况如表60所示。其中，能源低碳转型相关研究所涉及的学科主要集中于能源燃料（47.31%）、环境科学（37.35%）、环境研究（27.47%）、绿色可持续科学技术（24.9%）和经济学（21.29%）这五类。此外，环境工程、化工、热力学等学科也占有一定的比例。总体而言，能源低碳转型研究是一个多学科交叉的研究领域。

表60 能源低碳转型文献的学科分布

| 序号 | 学科类别 | 文献数 | 占比（%） |
| --- | --- | --- | --- |
| 1 | Energy Fuels | 589 | 47.31 |
| 2 | Environmental Sciences | 465 | 37.35 |

续表

| 序号 | 学科类别 | 文献数 | 占比（%） |
|---|---|---|---|
| 3 | Environmental Studies | 342 | 27.47 |
| 4 | Green Sustainable Science technology | 310 | 24.90 |
| 5 | Economics | 265 | 21.29 |
| 6 | Engineering Environmental | 109 | 8.76 |
| 7 | Engineering Chemical | 86 | 6.91 |
| 8 | Thermodynamics | 69 | 5.54 |
| 9 | Meteorology Atmospheric Sciences | 48 | 3.86 |
| 10 | Ecology | 39 | 2.49 |

从期刊分布角度，1991—2018 年期间发表了有关能源低碳转型相关论文的出版物共有 322 种，发文量前 10 的期刊如表 61 所示。这 10 本期刊总共发文 635 篇，占所检索文献（1245 篇）的 51.0%。这 10 本期刊多来自环境、能源和经济领域，同时也是这些领域的核心期刊，影响因子均比较高（均大于 2）。此外，这 10 本期刊主要分布于英国（4 本）、荷兰（2 本）和美国（2 本）等欧美国家。具体而言，能源低碳转型领域内发表数最多的三种期刊分别是 Energy Policy（178 篇）、Renewable and Sustainable Energy Reviews（121 篇）和 Journal of Cleaner Production（77 篇），H 指数最高的三种期刊分别是 Energy Policy（41）、Renewable and Sustainable Energy Reviews（30）和 Applied Energy（19），篇均被引频次最高的前三个期刊则依次为 Energy Economics（36.85）、Energy Policy（31.21）和 Applied Energy（23.25）。

表 61 能源低碳转型研究前 10 的高产期刊情况

| 序号 | 期刊 | 文献数 | 占比（%） | 影响因子 | H 指数 | 总引用（平均引用） | 国家 |
|---|---|---|---|---|---|---|---|
| 1 | Energy Policy | 178 | 14.30 | 4.039 | 41 | 5556（31.21） | 英国 |

续表

| 序号 | 期刊 | 文献数 | 占比（%） | 影响因子 | H指数 | 总引用（平均引用） | 国家 |
|---|---|---|---|---|---|---|---|
| 2 | Renewable and Sustainable Energy Reviews | 121 | 9.72 | 9.184 | 30 | 2715（22.44） | 美国 |
| 3 | Journal of Cleaner Production | 77 | 6.19 | 5.651 | 18 | 1176（15.27） | 美国 |
| 4 | Applied Energy | 61 | 4.90 | 7.900 | 19 | 1418（23.25） | 英国 |
| 5 | Energy | 50 | 4.02 | 4.968 | 16 | 885（17.70） | 英国 |
| 6. | Energy Research & Social Science | 37 | 2.97 | 3.815 | 6 | 167（4.51） | 荷兰 |
| 7. | Environmental Science and Pollution Research | 30 | 2.41 | 2.800 | 5 | 93（3.10） | 德国 |
| 8. | Sustainability | 29 | 2.33 | 2.075 | 8 | 161（5.55） | 瑞士 |
| 9 | Energy Economics | 26 | 2.09 | 3.910 | 14 | 958（36.85） | 荷兰 |
| 10 | Renewable Energy | 26 | 2.09 | 4.900 | 10 | 387（14.88） | 英国 |

注：占比表示该期刊发文量占全部检索文献（1245篇）的比例；影响因子采用2017年度最新影响因子。

### （三）高产作者

本文所检索到的1245篇文献中，不包含重复计数的情况下，共包括3412位作者。其中，发文量仅为1篇的作者有3001位，占总检索文献的88.0%；发文量为2篇的作者有265位，占比为7.8%；而发文量为3、4、5篇的作者分别有101、23和7位；此外，有15位作者发文量不少于6篇，即为高产作者。这15位高产作者的发文情况如表62所示，其中，无论是发文量、总被引频次、篇均被引频次还是 H 指数，来自土耳其的 Ozturk 学者均高居首位，说明了他在这个领域的影响力。值得注意的是，发文量排名第二的是来自中国的林伯强学者，说明中国在能源低碳转型这一领域的研究渐成规模。

表62 能源低碳转型领域高产作者情况

| 序号 | 作者 | 国家 | 文献数（排名） | 占比（%） | 被引次数（排名） | 篇均被引次数（排名） | H 指数 |
|---|---|---|---|---|---|---|---|
| 1 | Ozturk I | 土耳其 | 14（1） | 1.12 | 779（1） | 55.64（1） | 11 |
| 2 | Lin B.Q. | 中国 | 11（2） | 0.88 | 280（4） | 25.45（7） | 7 |
| 3 | Shahbaz M | 法国 | 9（3） | 0.72 | 180（8） | 20.00（10） | 7 |
| 4 | Apergis N | 希腊 | 8（4） | 0.64 | 291（3） | 36.38（3） | 5 |
| 5 | Ben Jebli M | 突尼斯 | 8（4） | 0.64 | 121（11） | 15.13（13） | 4 |
| 6 | Hammond GP | 英国 | 8（4） | 0.64 | 101（14） | 13.63（14） | 6 |
| 7 | Kammen DM | 美国 | 8（4） | 0.64 | 198（6） | 24.75（8） | 4 |
| 8 | Urban F | 英国 | 8（4） | 0.64 | 49（15） | 6.13（15） | 3 |
| 9 | Al-Mulali U | 马来西亚 | 7（9） | 0.56 | 186（7） | 26.57（6） | 6 |
| 10 | Ben Youssef S | 突尼斯 | 7（9） | 0.56 | 118（12） | 16.86（12） | 4 |
| 11 | Van Vuuren, DP | 荷兰 | 7（9） | 0.56 | 226（5） | 32.29（4） | 7 |
| 12 | Dogan E | 土耳其 | 6（12） | 0.48 | 179（9） | 29.83（5） | 6 |
| 13 | Payne JE | 美国 | 6（12） | 0.48 | 305（2） | 50.83（2） | 5 |
| 14 | Solarin SA | 马来西亚 | 6（12） | 0.48 | 103（13） | 17.17（11） | 5 |
| 15 | Wesseh PK | 中国 | 6（12） | 0.48 | 131（10） | 21.83（9） | 5 |

注：将作者最近发表论文的第一单位所在国作为该作者的归属国；且仅基于检索的 1245 篇论文计算作者的 H 指数，并未考虑该作者的所有论文。

通过分析高产作者之间的合作关系，可以帮助我们快速地熟悉能源低碳转型领域的核心团队，并有助于准确理解这一领域的研究动态。因此，本文基于 Bibexcel 软件和 Paject&VOS viewer 软件绘制了能源低碳转型领域作者合作关系网络，如图 39 所示。网络中的节点代表作者的发文量，节点越大，该作者的影响力越大；此外，两个作者论文的合作数量由对应节点之间的连接线表示，连接线越粗，表明两人合作发表论文的数量越多。从下图可知，合作最为紧密的是以 Ozturk 学者为中心形成的合作网络，该团队合作发文量高、合作范围广，且国际合作交流较为频繁。

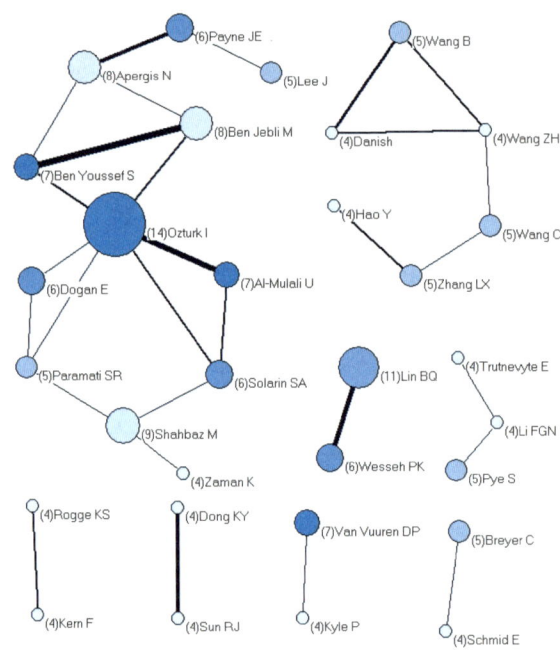

图 39　高产作者间合作情况

### （四）高产机构

本文所检索的 1245 篇文献主要是由 688 个不同的研究机构产出的，1991—2018 年间发文量前 15 个高产机构的情况如表 63 所示。其中，在该领域发文量遥遥领先的是英国的伦敦大学，发文量为 41 篇，占世界发文量总数的 3.3%；此外，该机构在该领域研究的影响力也位居前列（H 指数为 11，并列第 2）。进一步观察这 15 个机构的 H 指数可知，影响力最大的是美国加州大学系统，其发文量为36篇，位居第二。整体来看，排名前15的机构中，英国的机构最多，共有6个。值得注意的是，排名前15的高产机构中，有三所来自中国的机构，分别是北京理工大学、华北电力大学和清华大学，再次说明近年来随着对碳减排问题的关注，中国大量学者参与能源低碳转型这一领域的研究。

表63 能源低碳转型领域高产机构情况

| 序号 | 机构（国家） | 文献数 | 占世界比例（%） | 占本国比例（%） | 被引次数 | H指数 |
|---|---|---|---|---|---|---|
| 1 | University of London（英国） | 41 | 3.29 | 20.50 | 367 | 11 |
| 2 | University of California（美国） | 36 | 2.89 | 14.63 | 730 | 14 |
| 3 | United States Department of Energy（美国） | 26 | 2.09 | 10.57 | 881 | 14 |
| 4 | University College London（英国） | 25 | 2.01 | 12.50 | 284 | 10 |
| 5 | Karlsruhe Institute of Technology（德国） | 25 | 2.01 | 19.38 | 361 | 10 |
| 6 | Utrecht University（荷兰） | 23 | 1.85 | 25.00 | 661 | 11 |
| 7 | University of Oxford（英国） | 19 | 1.53 | 9.50 | 436 | 9 |
| 8 | Potsdam Institute for Climate Impact Research（德国） | 18 | 1.45 | 13.95 | 570 | 14 |
| 9 | Imperial College London（英国） | 17 | 1.37 | 8.50 | 338 | 9 |
| 10 | Beijing Institute of Technology（中国） | 16 | 1.29 | 9.58 | 126 | 6 |
| 11 | International Institute for Applied Systems Analysis（奥地利） | 16 | 1.29 | 43.24 | 244 | 9 |
| 12 | North China Electric Power University（中国） | 16 | 1.29 | 9.58 | 321 | 10 |

续表

| 序号 | 机构（国家） | 文献数 | 占世界比例（%） | 占本国比例（%） | 被引次数 | H指数 |
|---|---|---|---|---|---|---|
| 13 | Tsinghua University（中国） | 16 | 1.29 | 9.58 | 307 | 8 |
| 14 | University of Sussex（英国） | 16 | 1.29 | 8.00 | 332 | 6 |
| 15 | University of LEEDS（英国） | 15 | 1.21 | 7.50 | 318 | 9 |

排名前5的高产机构发文量的时间趋势如图40所示，其中子图a描述了前5位高产机构发文量的总体发展趋势，其余5个子图分别描述了这5个机构的各自发展态势。其中，英国和美国高产机构各有2个，德国有1个。这5大高产机构几乎都是从21世纪开始进入能源低碳转型领域研究，发文量呈现出波动式增长态势，而近几年来英国伦敦大学的发展尤为迅速。

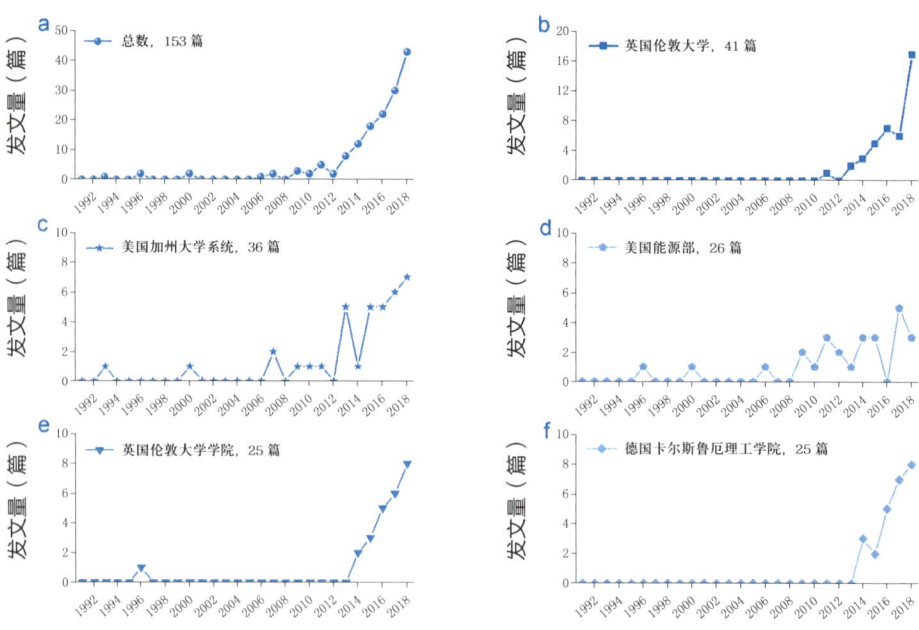

图40 1991—2018年全球前5高产机构发文量情况

**（五）被引情况**

引文分析（Citation analysis）是对文献或文章引用次数、模式和图表进行评估，主要包括两种表现形式，即：Backward citation analysis（BC 分析）和 Forward citation analysis（FC 分析）。其中，BC 分析主要用于分析哪些文献在能源低碳转型学术成果中引用频率最高，这些引用最高的文献可能会或不会直接涉及能源低碳转型，主要涉及本文检索出的 1245 篇文献；相反，FC 分析主要用于追踪最常被引用的能源低碳转型文献，不单单包括本文检索出的 1245 篇文献。通过引文分析可以快速地帮助研究人员掌握最权威的能源低碳转型研究及其发展趋势。因此，本文主要运用以上两个方法对引文进行分析。

首先，我们利用 Bibexcel 软件和 Pajeck&VOS viewer 软件得到了 1245 篇文献的 BC 分析结果（频率≥36），如图 41 所示。从图中可知，Engle 于 1987 年发表的这篇文献被引次数最高，他提出了变量之间协整关系的检验和估计方法，为后续研究人员提供了方法论。下一个权威性研究仍是关于变量因果关系检验的方法论，是由 Pesaran 等人于 2001 年提出的。此外，有关能源低碳转型的实证研究中，被引次数最高的两篇文章分别出自 Geels 的研究及 Menyah 和 Wolde-Rufael 的研究，前者主要讨论了技术转型的重要性并被后续研究人员用于能源低碳转型的研究中，而后者主要采用计量方法分析了美国核能和可再生能源消费对二氧化碳排放的影响，进而探索了能源低碳转型的可行路径。

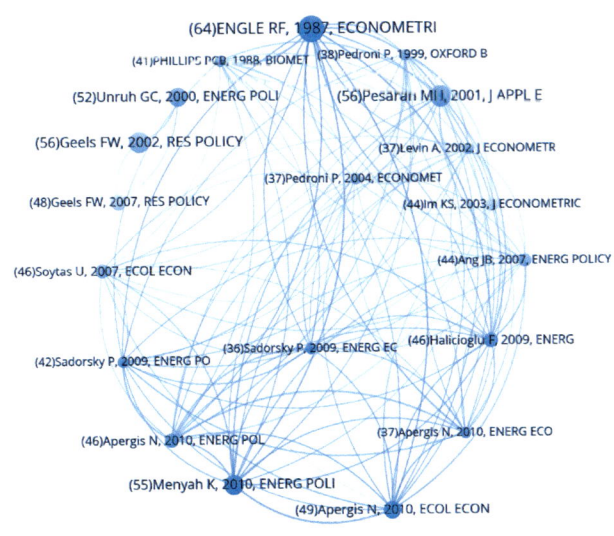

图 41 基于 BC 分析的能源低碳转型领域高被引文章关联图

其次，基于 FC 分析方法，进一步分析甄别 1245 篇文献中被引次数最高的文章，结果如表 64 所示。在排名前 10 位的高被引文献中，美国和英国各 3 篇，奥地利、西班牙、新加坡和丹麦各 1 篇。其中，总被引数量上，Lynd 于 1996 年发表在 *Annual Review of Energy and the Environment* 杂志上的文章排名第一，总被引频次高达 473 次。在这篇论文中，Lynd 主要从技术、经济、环境和政策方面探讨了生物质燃料替代化石能源的可行性，启发后续学者开展能源低碳转型的相关研究。相反，年均被引数量上，Geels 于 2014 年发表在 *Theory, Culture&Society* 杂志上的文章排名第一，其年均被引频次高达 60.8。在这篇论文中，Geels 从政治经济学的视角出发，以英国电力系统低碳转型为例，深入探讨了能源低碳转型的政治层面上的阻力，进而丰富了能源低碳转型相关研究的视角。

表 64　基于 FC 分析的能源低碳转型领域高被引论文情况

| 序号 | 作者 | 国家 | 期刊 | 年份 | 被引次数 | 年均被引次数 |
|---|---|---|---|---|---|---|
| 1 | Lynd | 美国 | Annual Review of Energy and the Environment | 1996 | 473 | 21.5 |
| 2 | Jacobsson | 奥地利 | Energy Policy | 2006 | 414 | 34.5 |
| 3 | Muradov 和 Veziroğlu | 美国 | International Journal of Hydrogen Energy | 2008 | 366 | 36.6 |
| 4 | Marbán 和 Valdés-Solís | 西班牙 | International Journal of Hydrogen Energy | 2006 | 358 | 29.8 |
| 5 | Muradov 和 Veziroğlu | 美国 | International Journal of Hydrogen Energy | 2005 | 340 | 26.2 |
| 6 | Xiao 等 | 新加坡 | Progress in Polymer Science | 2008 | 278 | 27.8 |
| 7 | Mathiesen 等 | 丹麦 | Applied Energy | 2010 | 267 | 33.4 |

续表

| 序号 | 作者 | 国家 | 期刊 | 年份 | 被引次数 | 年均被引次数 |
|---|---|---|---|---|---|---|
| 8 | Geels | 英国 | Theory, Culture & Society | 2014 | 243 | 60.8 |
| 9 | Bridge 等 | 英国 | Energy Policy | 2010 | 233 | 29.1 |
| 10 | Menyah 和 Wolde-Rufael | 英国 | Energy Policy | 2010 | 204 | 25.5 |

注：国家为该作者最近发表论文的第一单位所在国家；统计引用量时间范围 1991—2018 年。

## 四、能源低碳转型研究热点

作者最想表达给读者的信息能够在文章关键词中体现，因此，为了探寻学科领域的研究热点和发展趋势，分析关键词的词频至关重要。本文所检索的 1245 篇文献共包含 5758 个关键词，经过初步整理（如将类似表达进行简单合并等），甄选出所有文献包含的高频关键词。此后，基于 Bibexcel 软件和 Pajeck&VOS viewer 软件绘制能源低碳转型领域的高频关键词（频率≥12）共现网络，结果如图 42 所示。

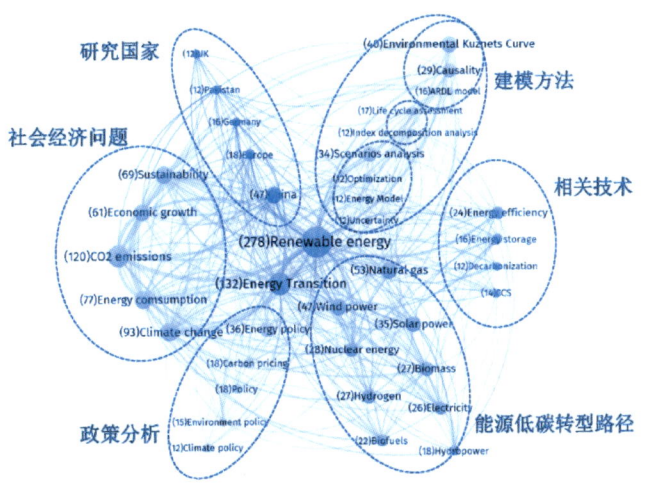

图 42 能源低碳转型领域高频关键词共现聚类图

能源低碳转型领域的高频关键词可聚类为六个类别，分别是能源低碳转型路径、相关技术、建模方法、研究国家、社会经济问题和政策分析。基于上述六个类别，也衍生出能源低碳转型领域的六个研究热点。

### （一）可再生能源和天然气成为备受关注的能源低碳转型路径

从关键词的出现频率来看，可再生能源是研究者最为关注的能源低碳转型路径，且不同形式可再生能源的关注度都很高。除此之外，天然气也是备受关注的能源低碳转型路径之一，尽管天然气相较于可再生能源仍存在碳排放，但相较于煤炭和石油等高碳能源来说，天然气是较为清洁的低碳能源。因此能够对现有以高碳能源为主的能源系统进行有效替代，进而实现能源系统的低碳转型。

### （二）CCS等技术备受关注

能源低碳转型过程中备受关注的相关技术大体可分为两类：一类是能源效率和储能相关技术，一类是CCS等碳减排技术。前者旨在提高能源使用效率减少能源消耗从而进行碳减排，而后者主要从二氧化碳排放本身出发，通过捕获、封存以及脱碳等手段进行碳减排。近年来，CCS技术备受关注，而在中国属于刚起步阶段，但随着其进一步发展，将会被更多中国学者所关注并展开相关研究。

### （三）能源低碳转型建模方法尚未完全系统化

从建模方法这类群组的关键词出现频率来看，分析能源低碳转型的方法众多，大致可分为三类：第一类为计量分析方法，如因果关系检验等，旨在定性分析二氧化碳排放与低碳能源关联性，进而探索能源低碳转型路径的可行性；第二类主要是以生命周期评价（Life cycle assessment，LCA）和指数分解分析（Index decomposition analysis，IDA）为主的定性分析方法，旨在定量分析能源转型路径的碳减排效应；第三类主要是与不确定性相关的优化模型，旨在进行系统优化甄选出最佳的能源低碳转型路径。然而，这三类方法较为独立，未能很好地促成多视角和多方法的融合研究。因此，相关方法的系统融合应是未来能源低碳转型研究的重点之一。

### （四）中国和欧洲各国是能源低碳转型研究的热点国家

从关键词的出现频率来看，关注度最高的是中国，其次是德国等西方发达国家。作为世界上最大的能源消费国和碳排放国，中国面临巨大的节能减排压力，并积极制定碳减排措施和开展碳减排活动。在此背景下，国内外众多学者展开对中国能源低碳转型相关研究。

### （五）能源低碳转型相关的社会经济问题仍需进一步关注

能源系统是一个涉及多部门的体系，其低碳转型过程必将牵涉到一些宏观的社会经济问题。从社会经济问题这类群组的关键词出现频率来看，能源转型过程备受关注的社会经济问题主要有二氧化碳排放、气候变化、能源消费、可持续发展和经济增长等。因此，为全面有效分析能源低碳转型，其相关的社会经济问题不容忽视。

### （六）政策不确定对能源低碳转型的影响巨大

从政策分析这类群组的关键词出现频率来看，能源系统的低碳转型离不开相关政策的支持，如能源政策、碳定价政策、环境政策和气候政策等。因此，在制定并优化能源低碳转型路径的过程中，顶层设计相应促进策略必不可少。

## 五、结论

本文基于WOS平台下的SCI-E和SSCI网络版数据库，检索了1991—2018年间能源低碳转型研究领域的英文文献，并通过文献计量分析，得出以下结论：

第一，研究能源低碳转型的文献总体呈快速增长的态势，大体上可分为三个阶段：起步阶段（1991—2000年）、缓慢增长阶段（2001—2010年）和快速增长阶段（2011—2018年）。发达国家在该领域的研究实力明显强于发展中国家，欧美占据主导地位，尤以美国为最。同时，中国在该领域的起步相对较晚，但近五年来发展迅速，尤其2018年，发文量跃居第一。

第二，能源低碳转型研究领域是一个多学科交叉的领域，涉及社会科学和自然科学的诸多学科，其主要集中于能源燃料、环境科学、环境研究、绿色可持续科学技术和经济学这五类学科。这些文献主要刊载在能源环境、能源经济和气候变化领域的专业期刊，载文量最多的前三种期刊依次是 Energy Policy、Renewable and Sustainable Energy Reviews 和 Journal of Cleaner Production。

第三，能源低碳转型研究领域最高产作者是土耳其学者 Ozturk，其次是中国学者林伯强。全球发文数量最多的机构是英国伦敦大学，其次是美国加州大学系统；全球发文数量前 15 的机构中隶属英国的科研机构最多有 6 个，而隶属中国的科研机构有 3 个，分别是北京理工大学、华北电力大学和清华大学，再次说明近年来随着对碳减排问题的关注，中国大量学者参与能源低碳转型这一领域的研究。

第四，通过对关键词词频和共现分析，发现能源低碳转型研究领域六大研究热点：可再生能源和天然气成为备受关注的能源低碳转型路径、CCS 等技术备受关注、能源低碳转型建模方法尚未完全系统化、中国和欧洲各国是能源低碳转型研究的热点国家、能源低碳转型相关的社会经济问题仍需进一步关注以及政策不确定对能源低碳转型的影响巨大。

# 生态文明时代的假日经济高质量发展,须警惕异化消费,改变集中调休

很多人经历过假日旅游——人流瞬间的爆发导致公路长达数小时的拥堵；好不容易等到长假,去景区却发现人满为患,导致大人看脑袋、小孩看屁股,苦不堪言。与此同时,为了应对假日的超高人流量,出现了大量额外建设,包括增修道路、铁路、增加航线等各种应对措施,也给生态环境资源带来了不小的压力。假日经济,是人们在连日集中的节假日,集中地进行度假、购物、消费等行为,旨在拉动供给,带动市场,以促进经济发展的一种系统经济模式。尽管人们有通过假日旅游和消费来增长知识、调整心情、休闲游憩等诸多正面的因素和需求,然而,为了达成规模化的经济表现、资本推动的 GDP 的数字"成绩"而集中安排连日大片的节假日模式,以全国统一调休的方式来促进假日经济的峰值成绩单,恐怕需要认真评估其生态影响和资源环境代价。本文是对目前中国现行统一集中调休政策的反思,以及在生态文明时代如何推动假日经济的高质量发展的思考。本文作者认为,在生态文明对于高质量发展的要求下,假日经济要考虑从调休制度的规定上入手。而不能继续走由政府加大对现有基础设施投入的老路。

## 一、假日经济的缘起及效益

自 1999 年国务院修订的《全国年节及纪念日放假办法》出台以来,中秋节、端午节、清明节等传统节日被纳入法定节假日中,继而通过统一的调休,形成更长的节假日。这种集调休与法定假日于一体的休假模式,大大地延长了休假时间,每年形成几个固定的集中假日经济段,如五一长假、十一长假等,其初衷是希望以消费为主要拉动力,来推动经济发展。2013 年,中国修订了《全国年节及纪念日放假办法》,统一了全国年节及纪念日的假期。为了促进

假日经济，每年中国会提前制定发布关于当年部分节假日安排的通知，通过调休的方式来增长假期。以2020年《国务院办公厅关于2020年部分节假日安排的通知》为例，最长假期为8天（10月1日至8日放假调休，包括国庆节、中秋节）。

在早期，通过统一调休起到经济带动作用是较为显著的。1999年国庆假期从1天延长到3天，加上前后"借来"两个双休日，从而首次形成7天长假，获得了漂亮的"成绩"：全国共有4000万人次出游，旅游总花费达140亿元人民币，7天的旅游消费相当于1998年全年旅游总收入的5.9%。但这种建立在集中调休的假日经济对于经济拉动的作用越来越有限、不明显。有研究基于1999—2013年的数据，建立包括政府支出的消费模型，从实证角度考察假日经济对消费的影响。研究发现：1999—2005年假日经济和政府支出均对消费起到积极作用，2006—2013年间政府支出和假日经济均未对消费产生显著影响。

实际上，集中休假有利于经济发展或许是个伪命题。实际上"有效消费量"没有增加，只是将公民对于休假的需求统一调配到了一年中某几个集中的时间段。而且，这种集中调休可能带来巨大风险。以新型冠状病毒感染的肺炎疫情为例，因2020年1月的春运高峰而导致疫情迅速蔓延扩散。本来是3天的春节假期，因集中调休改为7天统一休假。在汹涌疫情下，全国工厂不开工，口罩等必要抗疫医护物资大量短缺，包括养殖业在内的全国各行各业因疫情暴发导致几乎停滞，无法可持续运营，带来了巨大的经济损失。

过去我们国家在假日上的集中调休，通过调休形成长假，实际上是"拉谷增峰"——把本来人少的时间拉得更少；使得原来人多的时候更拥挤，凸显了峰期的成就和繁华。谷峰就要求交通、酒店和所有相关设施的支撑和额外的负载，以及为"超级峰值"所预备的负载进行的建设。这都是建立在生态环境的巨大的代价上的。由于大规模的集中调休而产生的一系列的生态环境问题越发突出。大家都期待着美好假日的到来，假日出游、交友，也因此承载着人们对美好生态环境和人文环境的向往与期待。然而现在，集中调休所带来的排队、拥堵、服务质量下降、大量垃圾乱丢、哄抬物价、安全隐患等一系列问题，让假日出游不再是一种美好的放松——全国性大规模的集中调休，让人流在特定的时间和空间高度集中，这种不均衡已超出自然环境所能承受的负荷，也让出行的人们备受其苦。另外，假日经济带来的过于集中的人流量可能导致的公共健康风险也不容忽视。

当前，生物多样性减少与气候变化已成为人类无节制向自然索取所导致的两大危机。国际上2012年提出了一个"地球生态超载日"（Earth Overshoot Day）的概念，是指地球当天进入了本年度生态赤字状态，已用完了地球这一年可再生的自然资源总量。随着人类对于自然资源的榨取速度越来越快，每年的这个日子到来得也越来越早。2019年的生态超载日提前到了前所未有的7月29日，也就是说这一天人类耗尽了地球2019年全年的"资源预算"，接下来就处在透支状态，"欠费"了。

自然环境有其特定的承受能力和承受范围，尊重自然，是人与自然和谐相处的前提。生态文明的建设，涉及社会生活的各个领域，包括生态旅游。生态旅游，要求生态优先，在确保公民休闲放松的同时，必须有效保护自然生态环境，并有助于可持续地提高当地人民生活水平。享有休假，是每个公民的权力，但高度集中的调休及其所引爆的假日消费，并未将自然生态环境的承载能力与人们当前所期待的休假需求放在首要考虑，而是以通过休假调动人们的消费能力从而促进经济发展为目的——这仍是工业文明时代的发展模式，是以生态环境换取经济发展的一种做法，已与目前中国大力推进的生态文明建设相违背。

## 二、异化消费的典型特征

资本驱动的假日经济在全球都有这样的趋势：调休日越来越长。例如，2020年1月8日，巴西里约热内卢市市长马塞洛·克里维拉宣布，决定将2020年狂欢节的官方活动期限延长至50天。为了利用跨年晚会活动的剩余热度，吸引游客们在里约热内卢市停留更长时间，并希望将游客数量由新年时的170万增加到190万。像这类假日经济，本质上是消费异化。

以阿格尔为代表的西方生态学马克思主义者提出了"消费异化论"，指出异化消费是造成全球性生态危机的最现实具体的根源。随着电子商务、快递、外卖等行业的蓬勃发展,"消费异化"随着诸如"双十一""六一八"等购物节的造势,越来越使人把消费当作"目的"而非手段。

异化消费常常具有以下几大特点。

第一,异化消费建立在未充分考虑生态环境承担能力的基础上,往往导致过度消费。当今社会生活中的典型异化消费案例是一次性餐具。近年来中国外卖行业的蓬勃发展带来了一次性餐具的大量消耗。在2017年8月环保组织发起"筷走筷走"和对几大外卖巨头的环境公益诉讼之前,所有外卖平台默认会给每单都配备一次性餐具,有的甚至是一份餐配好几套。虽然看起来不要钱、可以随便给的一次性筷子方便了人们的使用,也推动了GDP,但是带来的是栖息地生物多样性丧失、气候危机等不可逆的问题。而事实上很多在办公室或在家点外卖的消费者有常备餐具,并不需要一次性餐具,却无法拒绝被硬塞。根据当时大数据显示,美团外卖的日完成订单量超过1300万单,以每单1.5双一次性筷子的保守用量计算,每天仅仅在美团外卖这一平台上筷子使用量就高达约20000000双,相当于每天毁灭森林的6700棵大树。仅这一个电商平台的一次性筷子用量,相当于一年砍伐多达2500000棵大树。在反复与几大外卖平台提建议(要求增设选项以尊重消费者的绿色消费权)无效后,我们指导社会组织于2017年8月下旬对其提起了环境公益诉讼,在法院受理后的几天内,各大外卖平台的APP纷纷新增了允许消费者选择"我不要一次性餐具"的选项。这几个诉讼有效地减少了一次性餐具的消费,更重要的是提升了公众意识,推动了政策层面的讨论和改变,如上海、北京等地相继出台了要求餐饮服务提供者和餐饮配送服务提供者不得主动向消费者提供一次餐具的政策。

异化消费在假日经济上的影响是非常明显的。集中调休形成的假日经济模式,使得淡旺季明显失衡,导致峰谷差距拉大。如此一来,资源在忙时远不够用,在平时却被大量浪费。假日到来时,往往造成旅游景区人满为患,游客出游常常面临长时间的排队,费时费力;且随着自驾游的增多,由此造成的道路严重拥堵,汽车尾气大量排放等,都给生态环境带来巨大压力。数量的增加造成的质量下降,与之相应的是出游人群的幸福感和获得感大打折扣。非假日时,人迹罕至,大量道路、酒店闲置,与之配套的服务行业由于缺乏游客而难以实现自身的良性维持。另外，高度集中的假日出游，带来集中式、爆发性的消费，造成了大量的、不必要的消费行为，而这种过度消费必将产生大量垃圾，不仅破坏自然环境，这些垃圾的后续处理也需要付出一系列的生态成本和代价。

第二，异化消费常表现为低价、批量、捆绑消费，结果造成大量浪费。这是由工业文明的资本的力量推动的，是市场的逻辑（如批量越大价格越低）带来的。低价、批量、捆绑消费等工业文明的逻辑，导致了消费异化。例如笔者近日出差时，腰疼的老毛病又犯了，买药时被推荐了一种名叫"麝香追风膏"的膏药，每包里面有10贴。我们真正能用上的，可能连一盒中2～3贴都不到。事实上，这种打包式的批量购买，导致了消费者买的很多东西并没有真正用上，在家里作为储备囤积着。过期后，又沦为垃圾桶中之物，进一步导致了垃圾处理公共财政耗费的增加。如果能按需消费，这样的情况是可以减轻很多的。

服装消费的"快时尚"现象也是一个异化消费的典型例子，每年电子商务造就的购物节狂欢导致人们不断地购入，衣服更新速度越来越快。但是中国的服装回收和再利用却远未跟上这个步伐，直接丢弃则带来大量污染。调研数据显示2016年以来中国每年在生产和消费环节产生约2600万吨左右废旧纺织品，但再利用率不到14%。另外，保健品行业也存在大量类似情况，众多消费者其实本来并没有购买的需求，但是在大量广告的狂轰滥炸和"剁手节"的怂恿下，想象着它可能有益健康，便大量购入。

第三，以异化消费为典型特征的假日经济，对人类栖息地和宝贵自然遗产带来显著的不良影响。这一点尤其要警惕。近年来越来越多游客去攀登珠穆朗玛峰，但是人类活动给珠峰带来了不可忽视的环境影响，特别是日益火热的珠峰旅游带来的垃圾问题。为了尽量减少对珠峰生态环境的破坏，2019年年初，西藏自治区日喀则市定日县珠峰管理局发布公告，禁止任何单位和个人进入珠穆朗玛峰国家级自然保护区绒布寺以上核心区域旅游。对整个地球而言，珠峰是很关键的一极，减少人类对它的影响，使珠峰能够更健康、更持久地存在下去，发挥它对全球生态的作用，在生态文明时代是我们的责任。

中国不少热点旅游景区在旅游旺季往往人满为患。如被誉为"天空之境"

的青海乌兰县茶卡盐湖，2018年的资料显示，在旅游旺季该景区最高峰时期一天要接待4万人左右。这个原本美丽、纯净的茶卡盐湖，充斥着游客带来的塑料等垃圾。

再以贵州梵净山为例：2018年7月2日，位于中国贵州省的梵净山被世界遗产大会正式列入"世界自然遗产名录"。接着，媒体报道显示，从2018年7月28日至7月31日，连续4天，梵净山景区都在上午9时前就迎来超过5000名游客，逼近承载量70%。其中7月29日由于暑期旅游和周末游叠加，上午8时30分，景区内游客量已近7200人，已达到景区日承载量的90%。该地旅游业呈"井喷式"增长。据初步测算，铜仁市2018年度实现旅游总收入773亿元，同比增长36.3%，接待旅游总人数8350万人次，同比增长33.87%，实现旅游井喷式发展。铜仁市有关部门发布的数据显示，新建和改扩建乡村旅游公路1200余公里，新增旅游步道14千米，新建停车场4000平方米。

实际上，由于旅游人数超载，导致中国的不少世界遗产曾经面临"黄牌警告"的问题，包括丽江古城、故宫、颐和园在内的6处世界遗产被亮过"黄牌"；云南三江并流保护区，也因试图开建一连串的梯级电站，引起国际关切，连续几年被世界遗产大会"警告"，列入了重点监测保护项目。

而为了迎合爆发式旅游而不断增加的基础设施建设，不仅导致"闲时"的资源浪费，增加钢筋水泥的消耗，同时还导致自然栖息地破碎化。由于人类活动的剧增，大自然以各种方式被分割成一个个"孤岛"。而这种连通性的缺失，正是生物多样性保护中面临的重大挑战。"国宝"大熊猫就面临这种栖息地破碎化及种群隔离的风险。虽然大熊猫在IUCN红色名录上"降级"了，但是这一古老物种存续的风险却令人担忧。比如，栖息破碎化导致的小种群中近亲交配，久而久之就会导致基因多样性的丧失；而基因多样性减少，对于一个物种在未来存续的风险就会增大。减少过分异化消费，就可以少一些栖息地的破坏。

## 三、生态文明对休假模式提出了新的要求

从工业文明迈向生态文明，需要克服消费异化。习近平总书记强调，加

快建立绿色生产和消费的法律制度和政策导向，建立健全绿色低碳循环发展的经济体系。要推进资源全面节约和循环利用，实施国家节水行动，降低能耗、物耗，实现生产系统和生活系统循环链接。倡导简约适度、绿色低碳的生活方式，反对奢侈浪费和不合理消费，开展创建节约型机关、绿色家庭、绿色学校、绿色社区和绿色出行等行动。

在生态文明时代推动假日经济的健康发展，首先要克服消费异化。生态文明时代的消费，应该是基于人们需求的、规模适当的、令人愉快的；是符合人们日益增长的美好生活需要的、能满足人民群众多元化多样化的需求的、但同时又是节约适度和不浪费的。简而言之，生态文明时代的假日经济，须确保可持续发展。

## 四、新常态下的假日经济的高质量发展建议

2014年，中国首次明确了"经济发展新常态"的九大趋势性变化，其中，"资源环境约束"是一个重要的新常态，要求推动形成绿色低碳循环发展新方式。在这种新常态下，要使假日旅游真正地实现高质量发展，达到调整产业结构的目的，就要考虑从调休制度的规定上入手，而不是政府继续加大对于现有基础设施的投入。要推动假日经济的可持续发展，笔者认为，不要搞消费主义，不要搞消费经济，不应该支持资本推动下的过度的、异化的消费。相反，要走"去中心化"、分散化的路子；要满足人民群众健康的、正确的需求。生态文明时代的发展模式是可持续发展，应确保人类社会和子孙后代的生存、平衡经济发展与栖息地保护。具体来说，建议从以下方面入手：

第一，不要全国统一规定调休，要倡导错峰休假。新时代新文明，需要新的休假模式，这就要求我们转变传统思维模式，在保障公民调休权的同时，采取更加契合公众需求的调休方式，让人们可以自主选择调休时间，自己决定是否要和法定假日一起调休、什么时间调休更合适。"削峰填谷"很简单，就是要给大家更多的自主权。充分放开了自主权，能带来人民群众出行的舒适度、满意度大幅提升。这种分散的调休方式虽在一段时间内可能造成假日经济增长量下降，但对于实现其质量提升与可持续发展，实现人与自然的和

谐生态旅游,是非常必要的。

第二,确保公民调休权。个人有自主决定调休的申请权,并建立法律保障。从公众需求角度来看,随着人们生活水平的不断提高,大家对休假质量的需求也在不断增加,人们亦需要更加健康、有序、轻松,更加安全、绿色、环保的休假方式作为保障。只有这样,才能让假日出游真正实现乐山乐水,成为身体与思想的享受与放松。

第三,要赋予用人单位批准权。把调休和批准调休的权利下放,交给公民、用人单位和市场。

第四,针对旅游部门的绩效考核,不再以峰值为重要考核指标。为什么过去热衷于"拉峰加谷"?相当程度上,旅游部门的荣誉和绩效考核是驱动力——旅游部门希望卷面上有个高高的"峰值"来展现的漂亮成绩单。但是"削峰填谷",全年下来的数字不会差。错峰之后,其实并不会降低生产、服务、旅游、消费的表现情况,相反提高了质量、效率和支撑的架构的负载能力。一个旅游景点,如果大家都集中在一年的几个高峰期过来,当然就需要多盖宾馆、加宽马路了。因此,改变考核指标体系,更全面的考核假日消费在全年对经济推动的贡献,将有效地为推动"削峰填谷"提供长效机制,确保按需消费,增进人民群众的幸福感以及假日经济的可持续发展。

第五,大力开拓生态文明时代新的休闲和旅游模式。如观鸟就是一种很好的时尚休闲旅游活动,蕴藏着千亿元级别的巨大产业价值。美国鱼类及野生动植物管理局官网的一份《美国观鸟的人口与经济分析》报告显示,2016年,美国约有4510万观鸟者,其中86%(约3870万人)在家附近观察野鸟,而36%(约1630万人)离家外出进行观鸟之旅。所谓"观鸟",是指在自然环境中,利用望远镜等观测记录设备,在不影响野生鸟类正常生活的前提下对鸟类进行观察的一种具有科学性、探索性的户外活动。我们认为,"观鸟"作为新兴的文旅模式,不仅助力深入贯彻落实习近平总书记关于预防青少年近视的重要指示精神、促进中国国民素质整体提升,而且观鸟作为一种新型生态文明消费方式,还具有增强体质、促进身体健康、理解"山水林田湖草是一个生命共同体"、开拓心胸和陶冶情操、促进心理健康并降低抑郁症发病率等多重意义。

## 五、结语

相比西方国家,中国所具有的制度优势更有利于生态文明建设。近日发表在《求是》的一篇文章指出:罗马俱乐部最新权威报告《2052:未来四十年的中国与世界》的重要论断延续了其一贯的悲观主义判断,唯独对中国的发展道路和前景抱以乐观期待。正如乔根·兰德斯所说,"资本主义的短视,已经无法做出保障长期利益的明智决策,而中国多年来实行的五年规划以及绿色转型能够以系统性的方式,将中国建设成为符合其长期目标的国家"。该文指出,这是国际生态研究学术界基于新中国70年持续不断的积极生态实践做出的判断,也是人类受困于西方生态治理模式而做出的反思和期待。

因此,在生态文明时代,传统的以全国性集中调休为基础拉动假日经济增长的方式已不能有效适应新时代发展要求。给予公众可自主选择的调休模式,有助于缓解因数量集中爆发所产生的旅游质量下降、消费异化等一系列问题,在保障民众休假舒适的同时,实现生态环境保护与假日经济的协调统一与可持续发展。

# 第25次联合国气候变化大会COP25评述

2019年12月2日,命运多舛、三次变更举办地点的第25次联合国气候变化大会(COP25)在西班牙马德里开幕,经过两周密集会谈,创造历史纪录超时40小时闭幕。本次大会达成的成果乏善可陈,令全球各界关切气候变化问题的人们大失所望。但是,如果将气候变化议题放到2019年国际政治经济文化风云变幻的大背景中观察,这样的结果并不意外,恰恰让我们认识到应对气候变化问题的复杂性、艰巨性和紧迫性。解决这一问题需要人类共同体高度智慧、集体努力才有希望。前途是光明的,道路是曲折的。

## 一、命运多舛,艰难开幕

最近几年全球各国都不同程度陷入经济衰退的恐慌,社会矛盾随之加剧。2018年年底法国爆发的"黄背心"游行,起因是马克龙政府为了兑现"气候法案"的承诺,上调燃油税引发群众不满。2019年年底,伊朗因为汽油涨价引发多地大规模骚乱。虽然有亚马孙、澳大利亚等地的森林山火频发,东南亚、威尼斯水患横行,疲于应付的各国政府即便意识到气候危机近在咫尺,但在众多经济社会矛盾面前,把应对气候变化当作第一要务也多少有些心有余而力不足了。

2019年9月23日,由联合国秘书长古特雷斯倡导的,旨在"提升雄心"的气候行动峰会在纽约举行。在这次峰会上有65个国家及欧盟、10个地区、102个城市、93个公司和12个投资者做出到2050年实现碳中和的承诺。但是古特雷斯在峰会闭幕致辞中说:"要实现到21世纪末温升不超过1.5℃和2050年碳中和的目标还需要做得更多。"中国并没有在此次大会上宣布完成《巴黎协定》的承诺,印度也没有表示减少煤炭使用,美国没在本次大会上发言

低碳专题篇

都备受指责。

COP25的主席国智利首都圣地亚哥，因2019年10月初地铁票价小幅上涨引发骚乱，总统皮涅拉宣布全国进入紧急状态并答应重组内阁后，骚乱规模非但没有降低，反而在10月25日有超过120万人上街游行，抗议社会不公。10月30日皮涅拉宣布取消该国将于12月举办的COP25。经过紧急斡旋，联合国气候变化框架公约（UNFCCC）秘书处在11月1日宣布，COP25移师马德里举行。

## 二、危机当前，行动几何

距离达成历史性的《巴黎协定》已过去四年，《巴黎协定》约定了2020年后全球气候治理的框架，但是关于其实施细则还未完全敲定，2020年前全球应对气候变化的努力程度的盘点也还没有定论。2019年11月4日美国国务卿蓬佩奥发表声明，宣布美国正式启动退出《巴黎协定》的程序。美国总统特朗普倡导的"退群"行动对全球应对气候变化问题的严峻态势无异于雪上加霜。

但全球升温的态势却愈加明显。2019年11月26日，联合国环境署发布《2019全球排放差距报告》，指出在过去十年里全球温室气体排放以每年1.5%的增速提升，仅2018年全球温室气体排放就达到553亿吨二氧化碳当量。该报告警告：除非未来十年全球温室气体排放量每年下降7.6%，否则在21世纪末将升温控制在1.5℃之内的目标将无法实现。如果不采取有力措施扭转全球的碳排放趋势，那么随之而来的将是更多致命性和灾难性的极端天气事件的发生，比如热浪、风暴、山火、洪灾等。

科学证据言之凿凿，"气候危机"成了COP25的热门词语，"行动时刻"成了本届COP的主题，然而谈判场内的进展却差强人意。

### （一）市场机制实施细则留到2020年确定

在COP25谈判上拥有最高优先级别的是关于市场机制（Article6）的谈判。Article6是在2015年COP21上通过的《巴黎协定》中被冠以Article6标题的9段文字的简称，中文通常用"市场机制"表述。标志着各缔约方同意设立一个新的全球碳市场机制以更低的成本实现脱碳。这部分内容也是上届卡托维兹COP24关于《巴黎协定》实施细则的谈判中唯一没有达成一致的议题，因此在COP25上备受关注。

然而，本届COP的氛围却更为不利，因为在COP24期间，由于各国都不愿承担"破坏《巴黎协定》实施细则达成"的恶名而做出不少让步，但是重启谈判时，因为这部分的谈判进程已经被耽误，持不同立场的各缔约方又强硬起来。

在《巴黎协定》的文本中，对市场机制主要约定了三种形式：A6.2是关于双边或多边自主交易；A6.4是关于减排量信用额度的交易机制，A6.8是关于非市场机制的，因为有部分缔约方不相信市场机制的作用，坚持要求列出非市场机制的选项。不仅这三种形式的具体实施细则各自有需要磋商的地方，还要考虑机制间的协调问题。

关于A6.2"双边或者多边自主交易"的难点在于如何设定对减排目标或者减排量进行相应调整的规则，以避免这些数字在交易国间被双重计算，除此之外还包括、治理机制、能力建设、政策的额外性、信息共享等诸多方面。

关于A6.4是建立一个联合国中央机制，以交易通过特定项目减排量获得的信用额度。其主要难点之一在于新的交易机制如何处理之前在《京都议定书》框架下开展的清洁发展机制（CDM）发放的碳信用额问题。因为在CDM机制下，只有发达国家有减排目标，发展中国家没有减排目标。因此只要买方出钱，卖方开展减排项目产生减排量，双方进行交易就可以了。但是在《巴黎协定》框架下，所有缔约方都有减排目标，新旧机制如何衔接成为争论焦点。巴西在COP24的谈判中希望本国在CDM下获得的信用额在新机制下可以继续交易。澳大利亚希望可以购买这些信用额来完成自己的减排承诺。而反对的缔约方则认为，这些信用额对促进减排是没有额外性的，也不利于提升减排雄心，不应继续得到承认。

最终本届COP上各缔约方没能对市场机制实施细则达成一致，留待2020年COP26再解决。不过在谈判的最后时刻，有30多个缔约方签署了《圣何塞原则》，这一原则目的是确保市场机制实施细则应该有助于市场机制的合规性，防止可能出现的碳泄漏，并避免重复计算。

### （二）损失与损害国际机制恐被削弱

另外一个备受瞩目的议题是关于跟气候危机造成的损失直接相连的"损失与损害"（loss&damage，简称 L&D）的治理机制。简而言之，人类排放温室气体导致升温，带来如海平面上升、极端天气现象频发等问题，这些都会带来各种"损失和损害"。但各个国家受这些问题影响程度不一，应对的能力也不一样。

从 1992 年 UNFCCC 成立之初，各国对因气候变化造成的"损失和损害"该如何处理一直没能达成一致。小岛国和亚非拉等地的欠发达国家认为温室气体排放大国——主要是发达国家应该承担责任，并对受影响的国家及人民进行补偿；而发达国家却一直把解决机制限定在保险范围，未就直接资金补偿做出过承诺。

2013 年 COP19 上达成的"损失与损害华沙国际机制"（WIS）是双方意见妥协的产物。该机制承认因气候变化带来的损失和损害，尤其是其中大部分负面影响通过气候适应可以避免。该机制下约定三项主要任务：增加知识和理解；加强利益相关方之间的对话、协调、一致和协同；加强行动和支持，包括资金、技术和能力建设等方面。随后 WIS 的执行委员会成立，制订并执行了五年工作计划。这一机制在《巴黎协定》中得到了确认和加强。2019 年是 WIS 第一个五年工作计划结束的时间点，在气候危机逐渐明显的大背景下，各缔约方对 WIS 实施的总结和评估以及下一步的安排寄予很高期望。

本届 COP 上，即将退出《巴黎协定》的美国为了使本国利益最大化，力主将 WIS 机制置于《巴黎协定》缔约国会议框架下，这样在其退出后就不用承担任何关于"损失和损害"的责任了；反对者则坚持 WIS 一定要在联合国气候变化框架公约下。双方僵持不下，这一部分的内容也留待 COP26 再做定论。

无怪乎在大会最后发言时刻，图瓦卢的会议谈判代表 IanFry 不点名的痛斥美国："某些国家强烈要求把'华沙损失与损害国际机制'的管理机制置于《巴黎协定》之下，而它在 12 个月之后就将退出《巴黎协定》。如果这个主意得逞，就意味着它将金盆洗手，这无疑将是一场悲剧——因为数以百万计的人们饱受气候变化带来的痛苦——否认这一事实可以被解释为人道主义犯罪。"

此外，关于资金问题，在大会通过的文本里只是"敦促"扩大对气候脆弱性的发展中国家的资金、技术和能力建设等方面的支持。针对此条款77国集团和中国、图瓦卢、伯利兹等缔约方一针见血地指出这段文字删除了关于资金提供方，即发达国家缔约方的字样，反倒比以前的文本更软弱了。

总体来讲，本届COP上就WIS的评估，没有加强该机制的后续工作力度，只是要求执行委员会到2020年年底成立专家组，就相关工作起草计划。从某种程度上说，号称"行动时刻"的COP25，再次延缓了气候行动的进程。

### （三）提升气候雄心尚存一丝希望

本届COP上为数不多的好消息来自欧盟。2019年12月12日，欧盟委员会主席冯德莱恩发布了堪比"人类登月"的《欧洲绿色新政》，这一雄心勃勃的新政旨在使欧洲大陆在2050年成为第一个实现碳中和的大洲。如欧盟委员会首席副主席弗兰斯·蒂默曼斯补充说明的："《欧洲绿色新政》是通过改变经济模式来提高人民的健康和提高社会福祉的机会。该计划阐明了如何减少排放，恢复自然环境的健康，保护野生动植物，创造新的经济机会以及改善公民的生活质量。"这份宏伟的政治意愿决心书已经超越了解决气候危机范畴，如能按计划执行，则可帮助欧盟的经济实现可持续发展。

欧盟委员会在发布新政的同时还表示，为了让"使欧洲到2050年成为世界上第一个气候中立的大洲"这一政治意愿转化为法律，欧洲委员会将在100天内出台《欧洲气候法》。为了实现在气候和环境方面的宏图，委员会还将提出《生物多样性2030年战略》、新的《工业战略和循环经济行动计划》、实现食物可持续化的《从农场到餐桌战略》以及对零污染欧洲的相关建议。提升2030年欧洲排放目标以及为实现2050年的目标制定合理路径的工作将马上开始着手。

《欧洲绿色新政》目标的达成需要大量投资。要实现当前的2030年气候和能源目标,估计每年需要追加2600亿欧元的资金,约占2018年GDP的1.5%。这项投资需要动员公共和私有部门。欧洲委员会将在2020年年初提出一项《可持续欧洲投资计划》，以满足这些投资需求。欧盟长期预算的至少25%应该用于气候行动，欧洲投资银行，即"欧洲的气候银行"将提供进一步的支持。

为了使私营部门为绿色过渡的融资做出贡献，委员会将在2020年提出《绿色融资战略》。

虽然此项计划发布不久就有媒体报道说，波兰表示本国无意在2050年实现碳中和，要按照"自己的节奏"告别化石能源。但是，欧盟委员会在COP25期间发布这一新政，给应对气候危机行动迟迟不见真动作的COP会场内外带来一丝希望。

## 三、中国领导力，备受瞩目

国际社会在本次COP会上对中国的期望甚高，会后甚至有西方媒体将本次COP成果不尽如人意归因于"中美两国的低调"。其实不然，如中国代表团团长、生态环境部副部长赵英民所言："本次大会期间中国代表团始终发挥了积极的建设性作用，虽然大会在核心议题《巴黎协定》第六条的相关谈判中未能取得一致意见，但中国仍将继续推动相关各方争取早日达成共识。中国将坚定不移实施应对气候变化国家战略，百分之百兑现承诺，与各方一道应对全球气候变化、共谋全球生态文明建设、构建人类命运共同体。"

中国说到做到。根据绿色创新发展中心独立研究结果显示，中国已经提前完成了国家自主贡献（NDC）承诺的诸多目标：2015年中国NDC明确提出的15个量化指标中，绝大多数指标的进展顺利，2018年的完成情况甚至超出2020年预期目标。6个指标已经提前完成了2020年规划目标。5个指标完成情况符合规划预期，2个指标从2017年、2018年的数据情况看与2020年规划目标还有一段距离。

在COP25期间，中国政府代表团在中国角举办了十余场活动，民间组织在联合国边会角上的表现也非常活跃。在"基于自然的解决方案""气候变化适应"等议题上充分展现了领导力。比如，UNFCCC执行秘书埃斯皮诺萨女士在出席12月11日中国角举办的"适应气候变化的愿景与对策高端论坛"上就对中国在适应气候变化方面所做出的努力高度赞赏。12月12日，在UNFCCC举办的"全球气候行动高级别会议"上，中国企业家王石代表企业界，在大会上讲述了个人亲历气候变化以及中国企业气候行动的故事。

面对国际社会的殷切期盼，中国将在2020年提交的第二次国家自主贡献中调整的目标和内容，值得期待。基于对国际国内发展新局势、温室气体长期排放趋势分析，更重要的是，根据过去五年间新出台的战略规划和政策措施，绿色创新发展中心提出建议：在愿景层面，提出温室气体减排长期战略；在目标层面，增设碳总量控制目标，强化非温室气体控制目标；在行动层面，根据最新部门战略措施更新强化具体减排行动。

21世纪的第三个十年已经开启，继往开来的COP25已载入史册。如接过下届气候大会接力棒的英国代表在COP25闭幕大会上所言："我们承认科学界对气候变化问题分析的正确性，也充分意识到气候变化问题的紧迫性，需要快速行动起来。我们把各缔约方在本次COP上提出的建议和关切都记下来了，将和联合主办国意大利以及各缔约方一起为了更有雄心的2020格拉斯哥COP26而努力。"应对气候变化，前途是光明的，道路是曲折的。我们这代人要做的是尽己所能，留给未来子孙一个美好的生存环境。

# 浅析气候变化危机下的低碳经济与生态文明

气候紧急情况每天都在恶化，无论是极端高温、空气污染、野火、加剧的洪水，还是干旱，都在给世界各地民众的生活造成影响。如何有效应对气候变化是当前时代的决定性问题，而现在我们正处于一个采取行动的决定性时刻。虽然我们仍有时间应对气候变化，但这需要社会各界的空前努力。自 2008 年国际金融危机爆发以来，人类文明与经济社会的发展从此进入绿色、低碳发展时代。低碳经济作为绿色发展的重要方面，对于应对气候变化、降低温室气体排放具有积极意义，也是生态文明建设的重要内容。正确认识气候变化的紧迫性、低碳经济的复杂性、生态文明的指引性，发挥公众力量，对于实现人类可持续具有重要意义。

## 一、引言

2019 年至 2020 年，持续燃烧四个多月的、跨年度的澳大利亚森林大火，截至 2020 年 1 月 17 日，已经造成至少 26 人死亡，数千所房屋被烧毁，澳大利亚的经济增长可能因此减少 0.4%，澳大利亚总理莫里森在应对火灾上的不力，引发了当地民众的批评。

欧洲哥白尼大气监测服务 2020 年 1 月中旬发布信息称，澳大利亚大火已向大气排放约 4 亿吨二氧化碳。据外媒分析，这一数字已超过全球 116 个二氧化碳排放量最低国家的年排放量之和。

一方面，森林火灾导致二氧化碳排放增多，对气候变暖起到加速作用，另一方面，全球变暖和大的森林火灾发生频率有明显的联系。历史纪录表明，美国西部森林火灾程度和频率的增加与 3—8 月更高的温度有关。20 世纪 80 年代以来，全球气候变暖导致的林火火灾有上升趋势。以美国为例，1987 年至 2003 年发生的特大火灾比前 17 年增加了约 4 倍，林火烧毁的森林增加了 7 倍以上。科学家经过系统分析，发现林火发生的季节提前开始，推迟结束，火灾持续的时间也更长了。而澳大利亚森林大火再次对这一结论给予了印证——此次火灾发生的时间比当地每年的野火季节要早几个月。

让人喜忧参半的是：据媒体报道，2020 年 1 月 18 日，雨水浇灭了澳大利亚东部大部分地区长期燃烧的森林大火，但这也给一些地区带来了洪水的新威胁。这也是气候变化所带来的另一方面影响。

## 二、气候变化已成为人类可持续发展的重大危机

北极海冰是全球气候系统的重要组成部分，其变化不仅对北极圈地区直接造成影响，更可以通过各种复杂的物理过程，对更大范围的天气、气候产生重要影响。2019 年，NASA 用动画展示了 35 年来北极海冰的消融情况，其中多块海冰相比 1984 年已经消融了 95% 以上。更有专家预测，到 2050 年，北极海冰将完全消失，这将给地球气候带来巨大影响。

对北极圈地区而言，北极海冰面积减少的最大影响，是更多的降雪和更强的风暴。强风将导致海浪对沿岸的侵蚀，而气温回暖所引发的永冻土解冻，会使原有的树木、植被、一级建筑物甚至村庄塌陷。

海冰的消失对北极地区的动物包括海豹、海象、鲸、北极熊的影响极为明显，世界自然基金会的报告表明，全球变暖已经导致这些生物的生存环境发生剧烈变化，随着气温的升高，北极地区所特有的物种将有可能大规模消失，而更多的温带物种也将受气候变化影响向高纬度迁移。

北极海冰的消融影响的不单单是海洋生态和海洋生物，对于地球气候以及在地球上赖以生存的人类也有着重要的影响。随着北极冰雪大面积的消融，全球变暖的速度不断加快，随之而来的，可能是越来越多的森林火灾和无法预测的风暴。

北极海冰面积的减少还与近年来北半球高纬地区冬季气候灾害直接相关。中国科学家最新研究发现，近 20 年来，秋季北极海冰异常偏少导致了欧亚大陆冬季冷冬的频繁出现，也是中国冬春季天气气候频繁发生的主要原因之一。

2008年年初中国南方出现历史上罕见的低温雨雪冰冻灾害，2010年秋冬季中国华北大部、黄淮及江淮北部出现大范围干旱，2012年1月至2月中国北方严寒，都与前一年北极海冰范围极端偏低密切相关。

从更大的时空尺度上看，北极海冰的快速融化，大量密度较低的淡水进入北大西洋，这将破坏原先气候系统中南北热量的输送模式。从地质历史记录上看，这个循环过程被打破，有可能导致全球进入冰期。

气候变化威胁人类生存的另一个重要体现在农业方面。研究表明，全球气候变化对农业生产的影响主要表现在两个方面：一是产量。由中国国家气象和农业部门联手进行的科学估算表明，到2030年，中国种植业产量因全球变暖总体上可能会减少5%～10%，其中小麦、水稻和玉米三大作物均以减产为主，从而影响农业的生产结构和产业布局。二是农作物的品种多样性。联合国（FAO，2004）报道，20世纪100年间农业生产系统多样性消失了75%，因多样性衰竭而造成的病虫害灾难和农药危害等一系列生态危机正越演越烈，对人类可持续发展和健康食品供给造成巨大的挑战。

造成农作物生物多样性快速消失的原因，一方面是人们在农业现代化过程中，更多追求高产高效，而忽视了对农作物品种多样性的保护；另一方面，气候变化导致了全球环境的变化，使许多对气候环境状况敏感的农作物失去了继续生存和繁衍所必须的条件。

据北卡罗来纳州立大学《气候变化对农业的影响》（*Effects of climate change on agriculture*）研究表明：虽然二氧化碳浓度的递增可能会因促进光合作用而增加农作物产量。但极端天气如热浪、飓风、暴雨等，将破坏土壤的结构和营养，从而降低农业生态系统的多样性。如果仍不采取适当减排措施（RCP8.5），到2080年，气候变化将会使全球农作物减产约三成，非洲一些贫困地区的农产品价格可能由此上涨70%。要知道，这种影响绝不仅仅是非洲，而是全球性的。

人类发展经历了原始文明、农耕文明、工业文明，现在进入生态文明。工业文明主要围绕碳经济所取得的一系列发展，带来了丰富的物质产品，提高了人民的生活水平，但同时也因过度索取和过量排放，为人类社会后续发展带来一系列危机。

1896年，瑞典化学家阿尔赫尼斯首次发现了温室气体的影响，并对燃煤可能改变地球气候做出了预测。他指出，二氧化碳可以让太阳辐射畅通无阻地到达地球表面，使得地面温度升高，同时又阻止了部分地球热能向外辐射，这使得地球表面平均温度维持在人类可以生存的水平。阿尔赫尼斯认为，经过100年的工业革命，人类生活和生产活动中燃烧的煤炭和石油所释放的大量二氧化碳最终可能会影响地球气候。而当大气中二氧化碳浓度加倍时，全球平均气温将增加5℃～6℃。这个重要发现使阿尔赫尼斯被称为"温室气体之父"。

但在阿尔赫尼斯温室效应推论之后的几十年内，人类对这个话题的关注程度并不高，直到最近十年，由于气候变化带来了不同的灾难，人们才重新检视阿尔赫尼斯的学说，关注碳排放，同时实践减碳和低碳的活动。

20世纪70年代，科学界开始普遍关注大气中二氧化碳浓度的持续上升问题，并将人类活动、大气二氧化碳浓度升高和以全球变暖为主要特征的全球气候变化联系起来。

## 三、低碳经济概念起源及其复杂性

2003年，英国政府发布了题为《我们能源的未来：创建低碳经济》的能源白皮书，首次提出了"低碳经济"的概念，引起了国际社会的广泛关注。低碳经济是以低能耗、低污染、低排放为基础的经济模式，其实质是高能源利用效率、清洁能源结构、追求绿色GDP的问题。

低碳，意指较低（更低）的温室气体（二氧化碳为主）排放，旨在倡导一种以低能耗、低污染、低排放为基础的经济模式，减少有害气体排放。随着世界工业经济的发展、人口的剧增、人类欲望的无限上升和生产生活方式的无节制，世界气候面临越来越严重的问题，二氧化碳排放量越来越大，地球臭氧层正遭受前所未有的危机，全球灾难性气候变化屡屡出现，已经严重危害到人类的生存环境和健康安全，即使人类曾经引以为豪的高速增长或膨胀的GDP也因为环境污染、气候变化而大打折扣。

自工业革命以来，由于人类活动，特别是开采、燃烧煤炭等化石能源，大气中的二氧化碳气体含量急剧增加，导致以气候变暖为主要特征的全球气候变化。除二氧化碳外，其他温室气体还包括甲烷、氧化亚氮、氢氟碳化物、全氟碳化物、六氟化硫等。而二氧化碳则是全球排放量大、增温效应高、生命周期长，是对气候变化影响最大的温室气体。美国橡树岭实验室研究报告显示，自1750年以来，全球累计排放了1万多亿吨二氧化碳，其中发达国家排放约占80%。

低碳经济主要是围绕能源的使用，降低化石能源消耗，减少温室气体排放，是实现绿色发展的重要方面。但长期以来，"经济增长"与"生态环保"在实践中普遍被认为是矛盾的，其结果是政策的制定在国内和国际上经常陷入争议和混乱，从而阻碍了绿色发展的实现。在2012年联合国可持续发展大会上，尽管"绿色经济"最终被纳入可持续发展和消除贫困的框架之下，但各国在具体立场上仍分为两大阵营。发达国家主张为绿色经济发展设定时间表、目标和措施，力图在绿色发展方向上抢占先机，总体处于主导地位；而发展中国家担心过度强调绿色环保会给国内减贫努力带来影响，坚持强调"共同但有区别的责任"原则，强调绿色发展的公平性，要求发达国家率先改变其不可持续的生产和消费方式，总体处于应对地位。

中国政府对绿色发展的选择由被动走向主动，始于《联合国气候变化框架公约》的谈判和签订，其标志性事件是2009年哥本哈根会议后全国人大常委会通过了《关于积极应对气候变化的决议》。2012年党的十八大报告，胡锦涛在报告中明确指出，要"坚持节约资源和保护环境的基本国策，坚持节约优先、保护优先、自然恢复为主的方针，着力推进绿色发展、循环发展、低碳发展，形成节约资源和保护环境的空间格局"，使绿色发展正式成为中国的执政理念。

同时，中国政府作为《联合国气候变化框架公约》的缔约国，采取了强有力的举措践行低碳减排任务。2007年6月，中国发布了《应对气候变化国家方案》，明确到2010年应对气候变化的具体目标、基本原则、重点领域和政策措施。中国成为第一个制定应对气候变化国家方案的发展中国家，还成立了国家应对气候变化及节能减排工作领导小组，部署全国范围应对气候变化工作。2009年8月，全国人大常委会通过了《关于积极应对气候变化的决议》。2009年11月，国务院常务会议提出2020年单位GDP的$CO_2$排放比2005年下降40%~45%，并作为约束性指标纳入国民经济和社会发展中长期规划。

在《国民经济和社会发展"十一五"规划》中,为了减少温室气体的排放,首次提出了单位国内生产总值(GDP)能耗降低20%、主要污染物排放总量减少10%左右的约束性指标。

但低碳经济是起因于应对气候变化、兴起于金融危机爆发之际、寄希望于引领后危机时代经济发展模式和生产方式转型的全球性问题,其具有很强的复杂性,它既涉及经济全球化背景之下的资源短缺、能源转换、环境污染、生态系统失衡以及人类生存环境面临的全球气候系统恶化的问题,又涉及世界市场一体化框架中的金融危机、经济危机、制度危机、信用危机以及后危机时代的经济运行方式和发展方式的重构问题。对其复杂性的研究,既要表现在对气候变化之人为因素的研究上,又要表现在对工业化及其高碳效应之根源资本主义生产方式的研究上。前者事关研究低碳经济的经济学假设是否科学,而后者事关如何认识低碳经济本质以及如何选择发展低碳经济的机制。所有这些研究表明生产方式的全球性转变正在进行中,并将关系到能源技术创新、制度创新和人类生存发展观念的根本性转变。

《联合国气候变化框架公约》第25次缔约方(UNFCCC COP25)大会未就亟须的碳市场的准则达成共识也再次证明了上述观点。碳市场是提高气候雄心的重要工具之一,可以利用私营部门的潜力,并为适应气候变化提供资金。发达国家尚未充分回应发展中国家在资金、技术和能力建设方面加强支持的呼声,没有这些,发展中国家就无法实现经济的绿色发展,也无法增强应对气候变化的能力。高排放国家并没有发出足够明确的信号,表明它们准备改善自己的气候战略,并通过明年提交的"国家自主贡献"(INDC)来提高减排目标。

气候变化作为全球性危机,需要世界各国通力合作,但目前,各国对气候变化应对及减排上的"各持己见",以及一些大国拒绝承担减排责任,让很多人深感失望。世界资源研究所所长安德鲁遗憾地说:"国家经济发展领域的野心与全球日益迫切的气候需求,形成了鲜明对比。"

## 四、低碳经济是生态文明建设的必然要求

2020年1月15日,世界经济论坛(WEF)在伦敦发布了《2020年全球

风险报告》，列出了未来十年的全球亟须重视的五个最大的长期风险。而这五大风险，首次全部与环境相关。它们分别是：极端天气事件、减缓和适应气候变化措施的失败、重大自然灾害、生物多样性受损和生态系统崩塌、人为环境破坏。可以说每一个都与气候变化息息相关。

气候变化归根结底就是人类发展问题。气候变暖作为环境问题，与其说是工业化问题，不如说是发达国家经济活动的历史发展效应和发展中国家现行发展模式的问题。低碳经济研究是有重大意义的事情，是工业文明向生态文明转变的核心。农业文明是以农业为主，工业文明核心是碳经济，生态文明则要求人类面对碳经济带来不可抗的危害，做出积极改变。这也是人类社会发展的必然。

在每个大文明发展到一定阶段，也将随着人类社会的发展，被更新的、更顺应形势的新文明所取代。以工业文明时代为例，1781年，瓦特发明了蒸汽机，机械的轰鸣声，如同号角般开启了工业革命，将工业文明时代带入了快车道。在这个时代，劳动分工更加明确，机械化日益成为人们生活的常态，科技真正成为生产力，社会价值观也逐步向资本靠拢。但在工业文明进一步的发展过程中，不仅地域冲突和资源掠夺进一步加剧，生态环境破坏也已严重威胁到了人类生存，野生动物快速灭绝，资源过度消耗、塑料垃圾无处不在……截至目前，工业文明时代所产生的超高碳排放，已经成为影响人类可持续发展的重大危机，也是生态文明时代所迫切需要解决的问题。

新时期中国生态文明建设理念为突破低碳经济思维和方法上的瓶颈提供了新的机遇和选择。

生态文明首次作为中国执政党的理念是在十七大报告中。2007年，十七大报告指出，"建设生态文明，基本形成节约能源资源和保护生态环境的产业结构、增长方式、消费模式"，使"生态文明观念在全社会牢固树立"。从十二大到十五大，执政党一直强调建设社会主义物质文明、精神文明，十六大在此基础上提出了社会主义政治文明，十七大报告首次提出生态文明。这是执政党发展理念的一次升华。2018年，《宪法》序言第七段中的"推动物质文明、政治文明和精神文明协调发展，把我国建设成为富强、民主、文明的社会主义国家"被修改为"推动物质文明、政治文明、精神文明、社会文明、生态文明协调发展，把我国建设成为富强民主文明和谐美丽的社会主义现代化强国，实现中华民族伟大复兴"。生态文明成为全国人民的奋斗目标，并得到根本法的确认。

为了推进生态文明建设，积极承担应对全球气候变化义务，中国积极发展低碳经济。国务院于2007年6月印发的《节能减排综合性工作方案》，将节能减排与应对气候变化联系在一起，"温室气体排放引起全球气候变暖，备受国际社会广泛关注；进一步加强节能减排工作，也是应对全球气候变化的迫切需要""对于气候变化这样的问题，没有任何一个国家可以置之度外"。从此，低碳发展成为中国绿色发展、践行生态文明的重要内容之一。

2019年11月27日，中国发布《中国应对气候变化的政策与行动2019年度报告》，这也是中国针对气候变化工作发布的第十一份年度报告。报告显示，经初步核算2018年中国单位国内生产总值(GDP)二氧化碳排放(简称碳强度)下降4.0%，比2005年累计下降45.8%，相当于减排52.6亿吨二氧化碳。

2013年4月25日，习近平总书记在中央政治局常委会会议上指出，我们不能把加强生态文明建设、加强生态环境保护、提倡绿色低碳生活方式等仅仅作为经济问题。这里面有很大的政治。同年，习近平总书记在十八届三中全会中指出，建设生态文明必须建立系统完整的生态文明制度体系。2019年，十九届四中全会审议通过了《中共中央关于坚持和完善中国特色社会主义制度、推进国家治理体系和治理能力现代化若干重大问题的决定》，进一步为生态文明建设提供了制度和体系保障。

作为继工业文明之后的新文明形态，生态文明思想进一步发展了马列思想中关于人与自然的思考与认知，是对马克思主义哲学的根本贡献，也为中国低碳发展提供了强有力支撑。

## 五、应对气候变化与"基于人本的解决方案"

联合国《政府间气候变化专门委员会1.5℃特别报告》指出，如果我们采取足够快的行动，那么从科学、技术和经济角度来看，将气温升幅控制在1.5℃或以下是可行的。在未来十年，我们可采取兼顾人类利益和允许经济转型的发展模式，从而跨越障碍，并及时把握低碳、福利经济带来的机遇。

2019年9月23日，全球首份《地球紧急行动方案：为了人类、自然和气候的新政》（以下简称《方案》）在联合国气候行动峰会（UN Climate Action Summit）期间正式出炉。该方案由罗马俱乐部（The Club of Rome）和波茨坦气候影响研究所（the Potsdam Institute for Climate Impact Research）联合编撰，分为"地球紧急方案十年行动"、为了我们全球公域的十项承诺、十项紧急变革行动、采取紧急行动的依据四部分内容，系统阐述了气候及生物多样性危机，以及人们为了获得可持续发展未来可做出的努力和改变。作为罗马俱乐部执委，中国生物多样性保护与绿色发展基金会秘书长周晋峰博士是该《方案》的撰稿人之一。在《方案》的十项紧急变革行动中，前六项与低碳直接、紧密相关，它们分别是：到2020年，停止所有化石燃料的推广、投资和补贴，将投资和收益转入低碳能源的使用、研究、开发和创新；在2025年之前，坚持每四年能够使风能和太阳能的容量翻倍，使高排放行业每年投入可再生能源及能源效率、低碳科技的资金翻三倍；为发达国家立刻设定一个全球碳最低价格（>30美元/吨$CO_2$），最先进的转型经济体也应在2025年前设定该全球碳最低价格，该价格应能内化所有产品和服务中的高碳能源外部性；同意在2020年使发达国家和新兴经济体的消费和服务足迹减半，到2030年消除低效价值链闭合回路；到2025年，通过目标消费税收和管理，并基于消费的核算方式，内化不可持续和高碳生产及消费的外部性；到2030年，推动所有国家向可再生土地使用和循环经济转型，研发国家和跨国家的路线图，包括将基础材料的全球碳排放量减少为零。

除了国际合作、国家层面等应对气候变化所采取的各项举措，对于每个公民而言，也可以为应对气候变化采取积极行动。对此，周晋峰博士提出了"基于人本的解决方案"（HbS）。HbS有两层意思，一方面它强调包括气候变化、生物多样性等在内的生态环境问题，主要是人类造成的，只有人类自身开始改变，才能帮助问题得到解决。一个人自身的改变，还能影响其他人、企业、机构、政府等更多的社会单元做出改变。另一方面，HbS同样也为解决生态环境问题提出了思路，强调人类的参与是解决生态环境问题的根本方案。

在2018年夏天的高温里，16岁的瑞典女孩格雷塔·桑伯格（Greta Thunberg）

没有选择去学校上课,她一个人坐到了瑞典议会大楼前,呼吁政府对气候变化做出回应,并就此引起了一串全球性的连锁效应:Thunberg独自一人的"游行"很快被拍下来传遍了网络。从第二天开始,陆续有人加入了她的抗议,她受到的全球性关注也在累积。她的标语逐渐被翻成各国语言流行于全球,激励了同样对气候议题有想法的学生。2018年12月,在全球270多个城市,有超过2万名学生参与了气候大游行。2019年的2月和3月,欧洲又有万名学生走上街头呼吁政府积极应对气候变化。

就在最近,瑞士信贷银行(Credit Suisse)因其品牌大使罗杰·费德勒和格雷塔·桑伯格在气候变化问题上的争议而成为新闻焦点。费德勒多年来一直受到瑞士银行的赞助,但他的角色却遭到了桑伯格的抨击。起因是,桑伯格转发了一则帖子,声称瑞士信贷已向寻找新化石燃料资源的公司提供570亿美元,并提出"罗杰·费德勒,你赞同吗?"的问题,这让瑞士信贷银行的业务,一下子成为人们关注的焦点。

关注即将举办的澳大利亚网球公开赛的体育粉丝们都知道,罗杰·费德勒是热点明星。显然,桑伯格对瑞士信贷的化石燃料投资感到不满,她呼吁费德勒采取行动。

2020年1月7日,瑞士这群环保活动家(Climate activists)被瑞士信贷银行起诉上了法庭。

后洛桑最高法院对瑞士信贷银行因桑伯格组织抗议者在其银行大厅打网球,而起诉"非法侵犯私人领地"案,给予判决:桑伯格及其抗议活动成员因活动的正义性无罪。

此事的结果是:瑞士信贷银行(Credit Suisse)发布了一份情况说明书,文中列出了几点,试图证明自己正在采取对环境负责的措施。而球星费德勒则在发表的声明中写道:"我非常认真地对待气候变化的影响和威胁,特别是自从我和我的家人在丛林大火造成的破坏中抵达澳大利亚以来。""作为四个孩子的父亲和全民教育的热情倡导者,我对青年气候运动非常尊重和钦佩。我感谢年轻的气候活动家迫使我们所有人重新审视自己的行为,寻找创新的解决方案。"最后他还说道,"我们有责任倾听他们和我们自己"。格雷塔·桑伯格与罗杰·费德勒及其身后的金融巨头的这番较量,再次体现了"人本解决方案"

(Human-based Solutions）自下而上发挥的重要作用。

  人本解决方案，是基于"人"的解决方案，因为人类是所有问题的来源，所以解决的唯一方案就是人类自己。而从结果上来看，由于"我"的改变，可以有效推动企业及相关方采取举措应对气候危机。面对生态危机，应该让全民参与、行动起来，生态问题不是一个个孤立的小问题，而是与全人类的命运休戚与共，亦即人类命运共同体。

# 减塑捡塑促进低碳经济的发展

随着经济全球化的发展，人类活动所造成的环境污染问题日益得到各界的关注，如何降低能源消耗、减少环境污染、加强物质的循环利用是目前发展经济不可忽视的问题。减塑捡塑是一种低碳生活方式，具有保护生物多样性、促进绿色和低碳经济的发展、低碳减排、保护环境等作用。本文阐述了中国生物多样性保护与绿色发展基金会（以下简称绿发会）参与的如何减塑捡塑，分析了减塑捡塑的现状，分享了中国绿发会减塑捡塑的经验，坚持做好减塑捡塑行动的参与者，肩负起环保重任，共建绿色家园。

## 一、低碳经济和减塑捡塑的概述

### （一）低碳经济的内涵

随着世界工业经济的发展、人口的剧增、人类欲望的无限上升和生产生活方式的无节制，世界气候面临越来越严重的问题，二氧化碳排放量越来越大，地球臭氧层正遭受前所未有的危机，全球灾难性气候变化屡屡出现，已经严重危害到人类的生存环境和健康安全，减少二氧化碳的排放是当务之急。低碳经济是指在可持续发展理念指导下，通过技术创新、制度创新、产业转型、新能源开发等多种手段，尽可能地减少煤炭、石油等高碳能源消耗，减少温室气体排放，达到经济社会发展与生态环境保护双赢的一种经济发展形态。

### （二）低碳的生活方式

低碳生活代表着更健康、更自然、更安全的生活，同时也是一种低成本、低代价的生活方式，是中国提倡的生活方式之一。而减塑捡塑是低碳生活的方式之一。塑料在60年前开始大规模生产，截至目前人类已经制造了90亿吨塑料，且大部分是一次性产品。然而，这些塑料只有不到10%被回收，绝大部分最终成为垃圾被填埋或被倒入大海，对鸟类、海洋动物造成严重危害。减塑捡塑是指在生活中减少和限制不必要的塑料使用，并捡拾污染环境的塑料。通过这样的低碳生活方式减少所消耗的能量，特别是二氧化碳的排放量，从而减少对大气的污染，减缓生态恶化，保护生物多样性。

## 二、减塑捡塑是低碳经济驱动下的低碳经济模式发展

减塑捡塑是低碳生活的方式之一，低碳生活是低碳经济发展的具体要求之一。而减塑捡塑集生物多样性保护、促进绿色和低碳经济发展、环境保护等作用于一身。

### （一）减塑捡塑可以保护生物多样性

目前，越来越多的动物因误食环境中被丢弃的塑料而死亡。在英国海岸发现鲸鱼因误食大量塑料袋而死亡，也有海龟因吞食塑料，体内生成气体导致自身浮力发生改变而无法正常下潜。除此之外，微塑料，也就是"海洋中的PM2.5"，指直径小于5毫米的塑料碎片和颗粒，也是海洋污染急待解决的难题之一。2019年国际卫生组织发表了相关数据，目前在全球超过800种生物体内发现了微塑料，对生物产生了非常深远的影响。中国绿发会每年组织全国志愿者利用休息时间在江河湖泊等流域捡拾塑料垃圾，甚至，中国绿发会还前往肯尼亚，与当地环保组织一起组织当地学生捡拾塑料垃圾，减轻环境负担，减少动物因食用塑料而死亡的情况，保护生物多样性。

除此之外，每年因塑料死亡的海鸟数量目前为100万只，2019年5月，中国绿发会宣传世界候鸟日主题"保护鸟类：解决塑料污染"，呼吁采取减塑捡塑的紧急行动，减轻因塑料污染对候鸟造成不必要的伤害和死亡。中国绿发会还曾接到志愿者反映秦皇岛市抚宁区南戴河仙螺岛游乐中心向海里投放大量塑料水母的举报，经现场勘查情况属实。因此，中国绿发会立即向相关部门致信，要求其立即停止投放塑料水母行为，打捞已投放的塑料水母，并保证不再有类似行为发生，同时设立禁止投放塑料装饰品、垃圾分类回收利用等指示牌。

### （二）减塑捡塑可以促进绿色发展

1997年，从事环保工作已有20多年的肯尼亚人朱莉·丘奇发现肯尼亚儿童在海滩用海边的废旧拖鞋制作玩具。因此她突发灵感，鼓励当地妈妈们回收废旧拖鞋，把它们洗干净、打磨并加工成玩具。可以看出，用"捡塑"的方式可以促进资源循环利用。2019年中国绿发会曾接待来自国际竹藤组织的友人Trinh Thang Long先生和傅金和博士，探讨聚苯乙烯塑料的替代品及其停止使用的可行性。另外，中国绿发会于2019年发布团体标准T/CGDF 00001—2019《中国绿发会指数》（GMI），该标准是衡量会议、展览等活动的可持续程度参照体系，从吃、住、行、废弃物、无纸化、生物多样性、能耗等方面进行会议绿色评价，用容易操作的方式进行评估，将十九大的绿色发展精神通过具体指标体现出来。此外，中国绿发会曾联名12家环保机构共同发布《关于建议星巴克履行企业环境保护责任的公开信》，推动有关企业单位重视其环境方面的责任履行，还推动有关部门印发《关于在中小学落实习近平生态文明思想、增强生态环境意识的通知》，根据国家"限塑"要求，努力实现"无塑开学季"，推动学校不强制学生使用塑料书皮。这些都对中国的环境保护与生态文明建设具有不可忽视的影响。

## 三、减塑捡塑存在的问题

### （一）法律条文待细化完善

法律是国家强制力的体现，是社会发展的准绳，有关塑料的法律法规众多。2020年1月19日，国家发改委、生态环境部公布《关于进一步加强塑料污染治理的意见》，指出到2020年年底，中国将率先在部分地区、部分领域禁止、限制部分塑料制品的生产、销售和使用，到2022年年底，一次性塑料制品的消费量明显减少，替代产品得到推广。该意见虽有大方向的指示，但是由于探索道路阻且长，细致的规划还需完善。2019年"两会"上，全国政协委员李霭君结合中国绿发会提交的建议材料，提交建议升级"限塑令"的提案，提议提高"限塑令"法律位阶，改为《塑料袋管理条例》，加强法律强制性约束。

### （二）公众意识淡薄

虽然国家陆续出台若干关于塑料污染治理的意见，使减塑捡塑成为社会主流话题，但公众了解国家倡导的低碳生活理念仍然是缺乏的。2019年7月1日，上海成为中国第一个开始实行《上海市生活垃圾管理条例》垃圾分类的城市，但是其实行之初，公众发出各种不理解的声音，另外，其他城市的垃圾分类施行还处于修改和征集意见的阶段，减塑捡塑更是如此。

虽然减塑捡塑目前还是一种声音、一种号召、一种倡议，是一种唤起公众意识的力量。但中国绿发会作为一家全国一级学会的公益组织，致力于生物多样性保护与绿色发展，希望充分发挥组织效能，带动人人争当"减塑捡塑"先锋，行为虽小，但功在当代，利在千秋。十九大报告明确提出，要加快生态文明体制改革，建设美丽中国，构建政府为主导、企业为主体、社会组织和公众共同参与的环境治理体系，积极参与全球环境治理。中国绿发会要勇当环保理念的传播者，也期待公众与我们一起成为减塑捡塑行动的参与者，肩负起环保重任，共建绿色家园。

# 旧衣回收：打破漏斗型产业链，还差最后一公里

旧衣回收循环产业是支持低碳、可持续发展的一大重要举措，也是当下亟须真正破题的一大产业领域。在国内，旧衣回收循环产业已摸索近十年，但其漏斗状产业模式依然未有根本改观。国家"十四五"规划即将出台，在下一个五年规划内，旧衣回收循环产业能否携"互联网＋公益＋垃圾分类潮"，撞开产业梗阻，形成产业闭环，值得期待。

## 一、旧衣垃圾：不堪承受的环境之重

中国曾在20世纪50—60年代经历过物资短缺之痛，至今在很多人的记忆里，还有"粮票""布票"的记忆。普通人家里一件衣服，通常老大穿了给老二，老二再给老三。但在短短不到一代人的时间跨度后，"衣食住行"四大基本要件之一的"衣"，已出现严重过剩，乃至已成为一大严重的环境负担，一个不得不亟须正视并急待解决方案的社会难题。

对普通人而言，衣物过剩带来的困扰，在于一再感觉衣橱太小，挤不下太多过剩的衣服，扔垃圾桶可惜，勉强留着又占空间，十分鸡肋。相关行业的统计数字明确揭示出：近50年，中国人均衣物的消费量至少翻了五倍（图43）。2006年，中国人均纤维消费量首次超过世界同期平均水平，近年持续在高位保持缓慢增长。可以说，今天的中国，已是穿衣大国。

2017年，中国工程院牵头成立"废旧化纤纺织品再生循环技术发展战略研究"项目，对纺织品过剩问题进行研究。一年后，该项目组发布研究成果称：中国"十二五"期间累计产生的废旧化纤纺织品达1.4亿吨，预计"十三五"末这一数值将上升至近2亿吨。这还只是指化纤类废旧纺织品，不包括占纺织品总量30%左右的棉类产品以及占纺织品总量约5%左右的

其他类废旧纺织品。

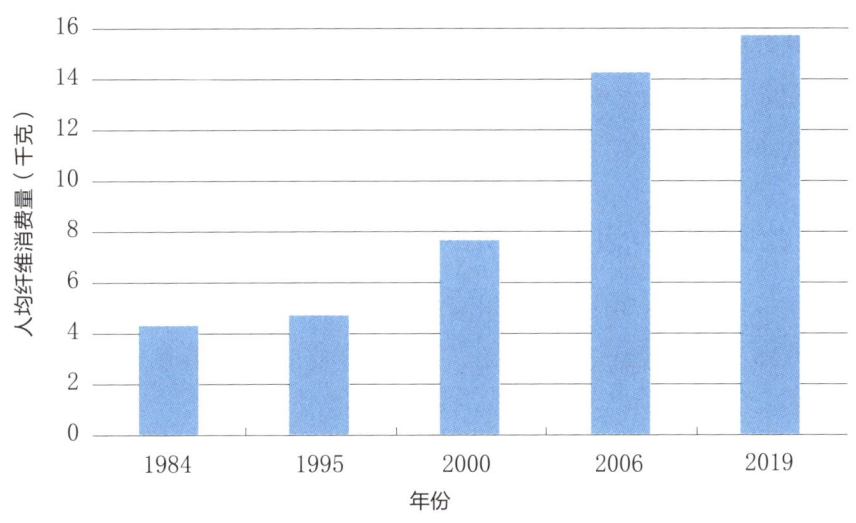

图 43　中国人均纤维消费趋势

2020年即中国"十三五"规划的最后一年，中国废旧纺织品总量可视为近2亿吨。按年份折算，中国每年产生的废旧纺织品总量达到2600~2800万吨（表65）。这是一个非常巨大的数字，如果以实物论，每年国民扔掉的废旧纺织品能堆出一座高山。让很多人想不到的是，这些废旧纺织品目前在中国的处理方式，主要还是粗放地焚烧和填埋，被回收利用的仅占10%左右。

表65　中国累计产生废旧纺织品总量及年均新增量

|  | "十二五" | "十三五" | 平均年新增 |
| --- | --- | --- | --- |
| 废旧纺织品产量（万吨） | 14000 | 20000 | 2600~2800 |

因此不难想象，在当前中国已是全球第二大固体废弃物产生国家的基础上，每年源源不断新增如此巨量废旧纺织品（其中绝大部分是废旧衣物），已给环境带来了怎样巨大的负荷。废旧纺织品中60%~70%左右是化纤产品，30%是棉类产品及少量其他材料产品，作垃圾填埋需要占用大量的耕地，且长期难以降解；作焚烧处理，则又带来二噁英排放等问题。

同时，中国纺织品行业保持增长，原材料消耗居高不下。2018年，中国纺织品原材料消耗5850万吨，占全球纺织品原料消耗量的55%，原材料进口量占全球进口量的65%以上。一边是大量消耗并进口纺织品原材料，一边是大量堆积如山的废旧纺织品，在产业两端夹击下，废旧衣物循环再生成为一种必然选择。

## 二、回收循环：10年没走出的漏斗型产业怪圈

据国际回收局（BIR）2008年测算，每回收使用1公斤废旧纺织物，可以降低0.36公斤的二氧化碳排放量，同时减少使用0.3公斤肥料、0.2公斤的农药。

这样一来，如果中国每年新增的2600～2800万吨废旧纺织品能全部回收，将直接减少碳排放936～1008万吨，同时减少大量纺织品原材料进口，节省大量的耕地、化肥、农药等资源，以及极大减轻环境污染压力。

因此，2012年中国《纺织工业十二五发展纲要》提出，要在"十二五"期间重点完成50项节能环保关键技术的攻关，其中就包括废旧纺织品回收利用技术，并呼吁支持旧衣再生行业。在此前后，国内旧衣回收循环产业一度被广泛视为蓝海和富矿，吸引了不少人投身其中。然而遗憾的是，如今近十年过去，这个行业仍未建立起完整回收循环、再利用的产业链条，整个行业呈现出明显的漏斗状怪相。

从理论上讲，旧衣循环回收的完整产业链，应该是从回收、分拣、分类、到原料分解回收、再利用，是一个环环相扣的闭环，然而在现实中，旧衣循环回收却是需求端迅猛膨胀，回收与再利用端出口极窄，呈显著漏斗状。人人都希望扔掉不要的旧衣物，但负责回收的企业却很难为旧衣物找到好出口，通常情形下，回收企业对旧衣物多采取三个出处，一是将七八成新的衣物捐赠，二是作为二手服装出口，三是重新作为原料回收利用。在江浙地区长期从事旧衣回收的行内人士Joson透露，如果按旧衣物去向的流量来排序，出口占70%以上，捐赠占20%～30%，重新回收利用的不到10%（图44）。

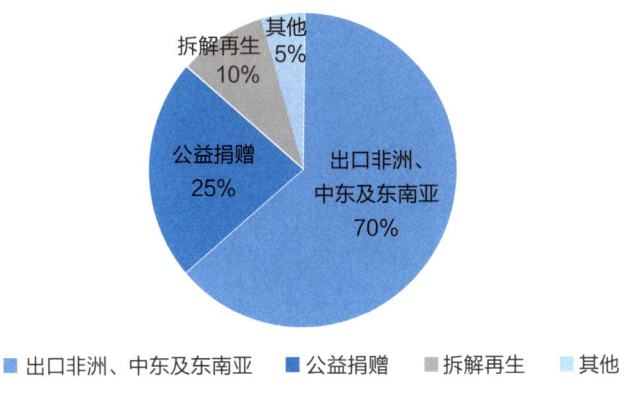

图 44　回收旧衣的出路

2016 年，随着互联网行业的迅猛发展，旧衣回收循环产业挤进了新的互联网公司。2005 年成立的 58 同城，在二手交易中涉水旧衣回收；2016 年，在一篇"断舍离"的 10 万+网文后，飞蚂蚁顺势成立；其后白鲸鱼、闲鱼、转转、京东拍拍等 20 多家互联网企业先后入局。对接城市居民处理废旧衣物的巨大需求，首先为这些网络公司带来巨大网络流量，然而在旧衣回收后出口端，依然是出口、捐赠与再利用三条主要路径，且 70% 的出口目的国家为非洲的肯尼亚、安哥拉、刚果、尼日利亚和坦桑尼亚等地，质量稍差些的统货（回收后未分拣衣物）则流入中东、巴基斯坦及部分东南亚国家。

然而，近几年从互联网旧衣回收循环企业公开披露的累计处理旧衣物数量来看，其总量仍不足每年中国新增废旧纺织品的 0.1%（表 66）。新型互联网旧衣回收循环企业的加入，并未根本改变整个行业的布局，大多旧衣回收循环企业仍处于"小散乱污"状态。

表 66　2019 年国内主要互联网公司旧衣回收机构回收量

| 互联网公司 | 累计回收衣物数量（吨） | 业务开展时间 | 回收省份（城市） |
| --- | --- | --- | --- |
| 闲鱼 | 8438 | 2018.3 | 10 个省市 |
| 飞蚂蚁 | 1000.032 | 2016 | 300 个城市 |
| 白鲸鱼 | 14280 | 2017.8 | 25 个省 |
| 58 同城 | 不详 | 2005 | 500 个城市 |
| 总计 | 23718.032 | — | — |

## 三、产业突围：亟待打通五道关口

2019年下半年，一直在国内持续推动生物多样性保护与绿色循环经济发展的中国生物多样性保护与绿色发展基金会（简称中国绿发会）在审慎调研全国废旧纺织品回收现状的基础上，正式在全国范围内开展旧衣回收循环项目。这在全国性公募基金会中非常罕见。

"旧衣回收循环，本质上是环保需求，而不是捐赠需求"，尽管中国绿发会是一家公募基金会，但相关负责人认为在2019年进入这一领域，其最根本出发点是出自环保需求的驱动。

该项目运行半年多来，真正广为人知是在2019年冬天。项目组在辽宁、湖北、青海、四川大凉山等地，陆续将精心挑选且消毒整理过的数十万件冬衣棉被，直接发放到了对口贫困群众手中。项目负责人承认，在让这些旧衣得到重新利用前，只有8成新以上的衣物才可以被挑选出来，进入后边的清洗、消毒、熨烫、整理、折叠打包、运输等环节，而这些环节的成本正是此前大部分公益机构不愿承担或无法承担的。用于公益捐赠之外的可持续运行模式，目前该项目亦处于探索之中。

"旧衣回收行业目前整体仍徘徊在发展初期，未能突破瓶颈，国内单纯的捐赠需求减弱，而人工、储存、水电、税收等成本上涨，同时国外出口也同样面临着政策收缩或压缩风险"，一位在旧衣回收行业干了近20年的资深从业者介绍，不仅国内统货利润空间变窄，国内旧衣出口目的国为保护本国纺织业发展，近年来一直在考虑提高二手服装贸易壁垒（表67）。其中2018年，尼日利亚央行就宣布纺织品进口结汇禁令，禁止所有纺织品和其他服装材料进口商申请结算外汇；坦桑尼亚、卢旺达和乌干达三国则宣布从2017年至2019年逐步停止进口二手服装，并实施新的税收政策扶持本国纺织业。这些变化，让旧衣回收循环产业处境艰难。

低碳专题篇

表67 2019年12月旧衣网公布的中国主要城市夏装统货出口价格

| 品名 | 地区 | 价格（元/吨） |
| --- | --- | --- |
| 旧衣服夏装（统货） | 北京/天津 | 4000~5000 |
| | 山东青岛 | 3900~5000 |
| | 苏浙沪 | 4900~6300 |
| | 湖北 | 4300~5200 |
| | 福建 | 4400~5200 |
| | 广东 | 4900~6300 |
| | 四川 | 4500~5800 |

2019年4月，针对废旧纺织品行业回收现状，中国工程院《废旧化纤纺织品资源再生循环技术发展战略研究报告》曾给出三条建议：一是构建废旧纺织品现代化回收物流体系，以现代化回收物流信息平台建设为依托，循序推进智能回收箱、专业物流车、集散管理站建设，建成200公里回收经济圈；二是建设废旧化纤纺织品循环再生产业示范园区；三是设立废旧纺织品循环再生国家重点实验室，加强科研研究及成果转化。

这三条建议分别从回收物流体系建设、产业示范建设和科研攻关三个层面，给出了行业突围路径。从另一层面，也可将之视为旧衣回收循环产业面临的现实三道坎。三条建议中，建设线上线下回收物流体系相对容易，而以科研为依托的产业示范园区二项，则难度甚高。因为在中国废旧纺织品中，绝大多数为混纺类产品，目前对其少量的回收利用，多是碎料后重新用于生成蔬菜大棚保温材料、道路修复材料或汽车衬垫、防腐保温材料等，能真正将这些回收旧衣物分解至纤维层面，比如将涤纶纤维和棉纤维分离后再重新利用，目前的物理手段根本做不到，化学分离技术不少都还停留在实验室阶段，离市场应用有着不短的距离。

此外，旧衣回收循环产业还面临着政策关和标准关两道门槛。虽然中国早在"十二五"规划期间就明确提出了加快旧衣回收循环，但实际并无实质性扶持政策出台，如无出口退税政策、无环保补贴优惠政策、无税收优惠政策等，相反却受制于全面禁止洋垃圾进口令的限制（也包括了二手服装进口），而欧美等国在促进包括二手服装在内的物资回收循环时,会相应配套其促进政策。标准关,则在于废旧衣物的回收,相较于二手家电、手机等,缺乏统一、易操作识别的回收产品标准,这样容易让回收后的统货质量参差不齐,直接增加后端企业处理成本。

然而,在全球可持续发展浪潮下,越来越多国家和机构认可二手服装市场将成为下一个新兴产业。如美国网上商城thredup和零售分析公司Global Data分布的数据显示:2018年美国二手服装市场规模为240亿美元,快时尚市场规模是350亿美元,而10年后前者将飙升至640亿美元,后者上升至440亿美元,二手服装市场规模的增长速度是后者4倍多。

同样,中国旧衣回收循环产业虽然面临整体规模小、产业链断裂、配套政策和标准缺失等问题,但近年来其企业数量却依旧保持快速增长,相较于2016年,已接近翻二番(图45)。这让人有理由相信,在解决好当前行业发展瓶颈后,中国旧衣回收循环产业仍将迎来强劲发展。

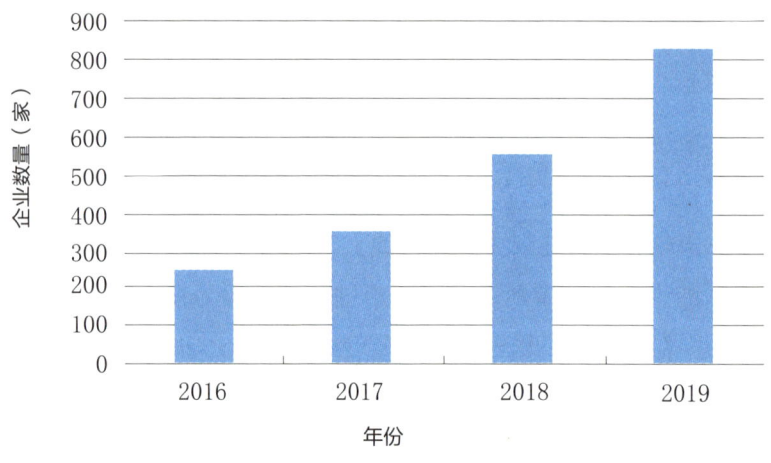

图45 旧衣回收企业数量

# 食物的减排和健康的协同效应

民以食为天。食物系统是人类获取营养的关键因素，关系着人类的生存。食物系统的排放（尤其是农业生产）占全球温室气体排放总量约三分之一；食物系统的减排是应对气候变化的重要途径之一。与之相应，气候变化对农业生产和食物系统的影响也超过了其他任何产业，直接影响食物的产量、种类和安全。人类对食物的需求导致了温室气体的排放和环境的污染，反过来又作用于食物的生产、消费和环境效应，进而影响人类自身生存和健康。因此，可以说气候变化、食物系统和人类的发展相互依赖，休戚相关。有效的农业生产和食物系统有助于更好地应对气候变化，反之则会是一个恶性循环。

目前，随着经济和社会的发展以及人口的持续增多，人类生产和消费食物的方式变得越来越不可持续。人类对食物，特别是动物性食品日益提升的需求给环境带来了破坏性的影响，包括森林的大规模砍伐、土地的退化、生物多样性的丧失和温室气体排放的增多等方面。以肉类、脂肪、盐、糖摄入量较高为特点的现代饮食模式导致了全球非传染性疾病的增加，尤其是二型糖尿病、心血管疾病和某些癌症的增多，给人类健康和经济、社会系统都带来严重威胁。急剧加速的气候和环境变化及其对粮食系统、营养和健康的影响迫使我们重新思考应该如何生产和消费食物，该如何向可持续的饮食方式转变来实现健康和减排的协同效应，打破恶性循环，实现人类健康和地球健康的"共赢"局面。

## 一、食物系统与气候变化的相互影响

全球食物系统包括农产品的种植、畜牧养殖以及食品的生产加工、运输、零售、消费、损失和浪费等方面。食物系统的温室气体排放主要来自农业和土地用途的改变，化肥、农药和粪肥的使用，畜牧养殖动物的排放，食物的包装、分销、运输、加工、烹饪和废弃物处理等环节。食物的消费环节驱动生产，同时生产及其相关活动亦通过价格等机制影响食物的消费，两个环节紧密联系、互相影响（图46）。

从食物系统的生产角度而言，其温室气体排放包括农业生产的直接排放和为了农业目的而改变土地用途所产生的间接排放。其中三大直接排放源包括：使用化石燃料排放的二氧化碳，例如：农业机械、化肥生产、农药生产和农场设备生产（如塑料大棚）；牛羊等反刍动物的消化道发酵、动物粪便、水稻田以及有机质的分解（如废物填埋）所产生的甲烷；土壤细菌、豆科植物的生产、动物排泄物以及氮肥产生的一氧化二氮。

来自土地用途改变所产生的间接排放主要包括毁林和将污水和泥炭地转为农业用地导致大量的 $CO_2$ 和氧化亚氮排放。据估计，目前世界上80%的土地用途改变和毁林都是农业需求导致的。

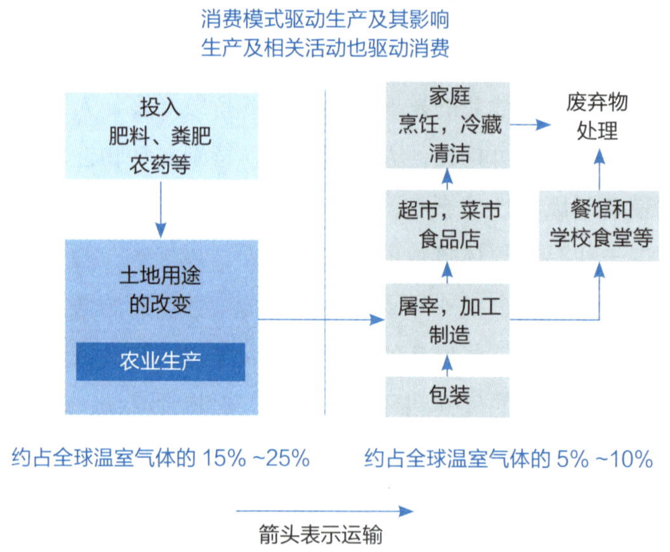

图46　食物体系中的温室气体排放源和占全球温室气体排放的比例
数据来源：牛津大学食品气候研究网络。

农业的直接排放和间接排放约占人为温室气体排放总量的15%～25%。其他与食物相关的生产和消费环节如加工制造、运输、包装、保存和废弃物处理等产生的温室气体排放相对较少，约占全球温室气体排放的 5%～10%。总体而言，全球食物系统的温室气体排放在测量和计算上还存在很大的不确定性。比如说，不同的农业生产方式的温室气体排放量相差较大：大规模工业化的单一种植会破坏土壤，进而增加土壤的碳排放；而某些有机农业种植对土壤的破坏就会小很多，甚至有可能吸收空气中的二氧化碳，将其转化成滋养土壤的有机碳，从而大大减少温室气体排放（图47）。综合各家权威机构和学者的研究，目前比较统一的估算认为食物系统的排放大约占全球温室气体排放的30%。

根据 IPCC 的测算，如果要实现《巴黎协定》的 2℃ 目标，到 2050 年需要在 2010 年的排放基础上减少 40%～70% 的排放；如果要实现 1.5℃ 目标，则需要在 2010 年的基础上减少 70%～95% 的排放。这意味着，即便食物系统的现有排放量能维持到 2050 年，为了实现《巴黎协定》的气候目标其他所有领域的排放必须极大压缩，甚至降到负排放。更何况，随着人口的增长食物系统的排放必然会大幅增加。

值得一提的是，据粮农组织测算，农业生产中畜牧养殖业每年排放的温室气体总量已经达到 7.1 亿吨二氧化碳当量，占到全球排放量的 14.5%，与全球交通运输业尾气排放量相当。此外，畜牧养殖业跟传统种植业抢土地资源，全球粮食产量的 1/3 用作动物饲料，加大了环境资源消耗和陆地生物多样性的流失。同时动物的排泄物污染土壤、地表和地下水等渠道，对整个生态环境、食物安全和人体健康产生严重负面影响。研究表明，2050 年全球以现有的动物源性食品比例的饮食结构可能导致与食物相关的温室气体排放量增加到 2010 年总排放的 80%，即在现有的基础上再增加约两倍的排放量。联合国系统营养问题常设委员会的报告则指出，食品、动物饲料等生产占用了全球 33% 的土地资源，农业用水占了全球淡水消耗量的 70%，其中动物性食物是造成这些结果的主要原因。

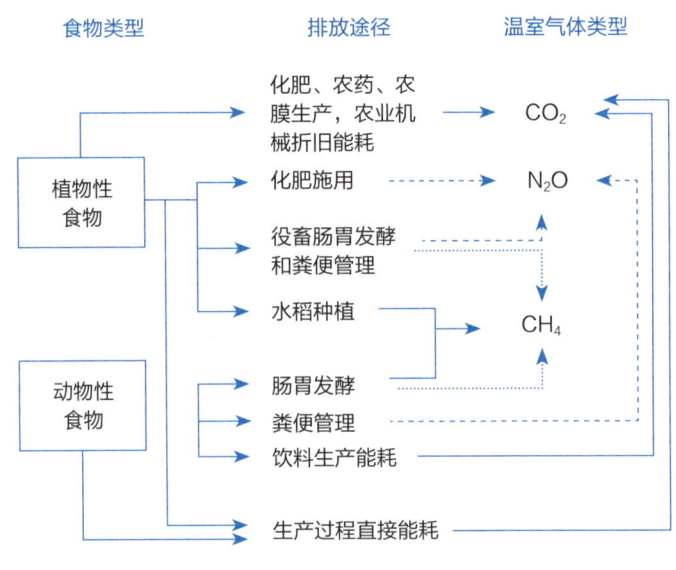

图47 农业温室气体排放途径

数据来源：《中国饮食结构变化对农业温室气体排放的影响》。

世界资源研究所比较了主要食品所消耗的资源，发现绝大部分的动物性食物，包括养殖鱼、蛋、猪肉、禽类、乳制品和牛肉，在土地使用、水资源消耗和温室气体排放上远远高于植物性食物；其中牛肉对资源的占用远远高于其他食物。另有学者研究表明，就美国而言，如果将居民饮食中的牛肉用植物性食品来代替，以3.2亿人口总数来计算，则可以减少27%的耕地面积和每年4%的温室气体排放。

在食物系统加剧气候变化的同时，气候变化也对人类的食物系统以及饮食结构产生影响。土地退化不仅降低土地的生产力，同时也限制了种植品种，还有可能会威胁到包括小麦、水稻等主要食物在内的禾本科植物的生存，某些物种和当地种群有可能会因为无法适应气候环境的变化而濒临灭绝，对当地人口的食品安全产生毁灭性的打击。气候变化及随之而来的越来越频繁的极端灾害天气可能会使得食物的产量下降、价格上涨、供应链中断，危害粮食安全。英国曼彻斯特大学的一项研究表明，若温度上升超过4℃，全球大米的产量会下降30%，粮价的上涨会带动肉类和其他食品的价格上涨，全球性的食物短缺和饥荒在所难免。此外，气候变化还可能降低某些食物的营养价值。

如果不能采取行动减少全球排放量，到 2050 年气候变化预计会使世界粮食供应量减少约三分之一，导致人均粮食占有量减少 3.2%，水果蔬菜占有量减少 4.0%，红肉消费占有量减少 0.7%。作为全球的平均值，这些比率看起来不是很高，然而这些变化在全球各个区域并不平衡，发展中国家和地区所遭受的影响比发达国家要严重得多。因此，联合国可持续发展目标中有多项目标与可持续饮食和健康有关，如采取紧急行动应对气候变化及其影响（SDG13），采用可持续的消费和生产模式（SDG12），消除饥饿，实现粮食安全，改善营养和促进可持续农业（SDG2），让不同年龄段的人都过上健康的生活，促进他们的安康（SDG3）。

由此可见，为了地球的健康和人类的健康，亟须在改善农业生产方式、减少畜牧养殖业、减少食物的损失和浪费、优化饮食结构，尤其是减少动物性食品的消费等方面有所行动；减少温室气体排放，减轻环境的恶化，维护粮食安全和质量，实现可持续发展目标。

## 二、转变饮食结构，实现健康和减排的协同效应

随着经济的发展和技术的进步，全球的饮食模式正在发生剧烈的转变。在世界各地的饮食结构中动物性食品和加工性食品的比重在上升，并引起一系列相关的健康问题。虽然以热量计算的全球食物生产总量满足了人口增长的需求，全球仍有超过 8.2 亿人得不到足够的食物，有更多的人口得不到高质量和多样化的食物。由于食物中必要的营养元素不足，导致发展中国家和发达国家很大一部分人处于营养不良的状态（从营养学的角度上看，肥胖也是一种营养不良的表现）。虽然随着经济社会发展和卫生服务水平的不断提高，人均预期寿命逐年增长，但是不健康的生活方式，特别是不健康的饮食结构正对人们的健康造成威胁。全球发病率最高的 15 种疾病，其中有 9 种可以归结为饮食问题，例如冠心病、二型糖尿病、结直肠癌和中风，这四种疾病的死亡率占据了全球死亡率的 40%。越来越多的研究表明，全球气候变化和不健康的饮食结构正在破坏过去 50 年来人类在公共健康领域所做出的努力。由瑞典的斯德哥尔摩粮食论坛（EAT）发起，组织 16 个国家的 37 位专家组成研究委员会，经过数年的研究发布《人类世的食物：EAT-柳叶刀可持续食物

体系及健康饮食委员会特别报告》（以下简称《柳叶刀报告》）。该报告表明不健康饮食在造成疾病、死亡等方面的风险概率高过不安全性行为、酗酒、吸烟和滥用药物的总和，并首次尝试提出健康饮食的科学指标，即基于人类健康和地球资源的适当边界之内的理想饮食结构，并称之为"星球健康"饮食模式。"星球健康"饮食模式包括蔬菜、水果、全谷物、豆类、坚果和不饱和油脂，以及少量到适量的海鲜和家禽；只有少量甚至可以没有红肉、加工肉、添加糖、精制谷物或者淀粉类的根茎植物。《柳叶刀报告》进一步表明通过饮食结构的改变，更多地摄入谷物、豆类、水果蔬菜、坚果和种子类等植物性食物，能够在显著改善人类健康的同时有效减缓气候变化。

当然，理想的饮食结构还需要根据当地的饮食文化、气候环境和食物的产出进行因地制宜的调整。因此，"星球健康"饮食并不开列精确的食单，而是简明列出基于实证的食物类别和摄入量范围，各地有必要对普适性的"星球健康"饮食进行当地化诠释和适应，使之反映所在地的文化、地理、人口结构和个人特质，而不是全球人口都吃着千篇一律的食物。

继《柳叶刀报告》之后，越来越多的研究证实在饮食结构中增加植物性食物的比例能改善环境的持续性，实现人类健康和环境健康的协同效应。《美国国家科学院院刊》（PNAS）上的最新研究考察了食物对健康的影响与其对环境的总体影响之间的联系，发现对健康有益的食物，如全谷类食物、水果、蔬菜、豆类和橄榄油，对环境的影响最低，而使疾病风险增长最大的食品，主要是未加工和加工的红肉，如猪肉、牛肉、羊肉等，对环境的负面影响也大。

当然这些研究并不是简单地说人类就不应该吃肉了。第一，人类食用的各种肉类的生产效率和对环境的影响差异颇大。第二，虽然相当一部分牲畜所消耗的谷物和其他植物蛋白也可以被人类食用，但仍有一大部分牲畜食用的是草料。生产这些草料的草场大多无法变成可耕种的农田，或无法在不造成重大环境影响条件下变成农田。第三，有些猪和家禽是用人类食物的废弃物喂养的，能减少食物的浪费。第四，在一些发展中国家，肉类是某些维生素和矿物质的最集中的膳食来源，这对幼儿的发育极为重要；对于一些低收入的人群，更多的动物性食品有助于改善食物多样化不足的状况。第五，牲畜也可用于耕地、运输和制造肥料，也是某些人群重要的收入来源。只是需要将肉类的摄取控制在对人类有益和对环境有益的范围内。

## 三、中国的可持续饮食结构转变和政策建议

中国传统的饮食习惯是以粮、豆、蔬、果、谷类等植物性食料为主，主食是五谷，辅以蔬菜和水果，外加少量的肉食，恰如《黄帝内经》中记载："五谷为养，五果为助，五畜为益，五菜为充。"新中国成立之后，特别是改革开放以来，中国城镇化水平和城乡居民消费水平快速增加，中国居民的饮食结构和选择也发生了深刻的变化。统计数据表明，2016年中国居民人均水产品类、蛋类、肉禽及制品消费分别为1978年的3.2、4.9和4.6倍。传统的以植物性饮食为主的饮食模式正在向以动物性食物为主的饮食模式转变。

但与此同时，《中国食物与营养发展纲要2014—2020》表明中国居民同样有着营养不足与过剩并存的情况。中国国家统计局和卫计委的数据显示，从1992年到2015年，中国人口的超重率从13%上升到30%，肥胖率从3%上升到12%。《健康中国行动（2019—2030年）》显示，目前以冠心病、二型糖尿病、结直肠癌和中风等为代表的慢性非传染性疾病导致的死亡人数占总死亡人数的88%，导致的疾病负担占总疾病负担的70%以上。

为了改善居民营养健康状况和基本需求，国家卫计委持续更新中国居民的膳食指导建议。2016版《中国居民膳食指南》（以下简称《膳食指南》）提出了五大建设性的指导：食物多样，谷类为主；吃动平衡，健康体重；多吃蔬果、奶类、大豆；适量吃鱼、禽、蛋和瘦肉；少盐少油，控糖限酒。同《柳叶刀报告》推荐的"星球健康"理想饮食结构相比较，两者基本一致，中国居民膳食指南在动物性蛋白源的推荐量上比《柳叶刀报告》略高，对鱼、蛋、禽肉等推荐少量的摄入，但不是为零，这符合中国的经济发展阶段和传统的饮食文化，少量的肉类食品有利于营养和菜肴的平衡（表68）。

在实际生活中，据《中国居民营养与慢性病状况报告（2015年）》显示，2012年城市和农村居民饮食结构中谷类食物的供给比分别为47%、58.8%，低于《膳食指南》推荐量的下限60%。来自脂肪的供能比例却持续地增高，全国平均比例已经超过《膳食指南》推荐量30%。豆类和奶类消费量依然偏低，蔬菜、水果摄入量和《膳食指南》相比还有比较大的差距。

表68 食物种类和营养素摄入量

| 食物种类 | 营养素摄入量（克/天） | |
|---|---|---|
| | 《柳叶刀报告》"星球健康"饮食结构 | 《2016中国居民膳食指南》 |
| 全谷物（水稻、小麦、玉米及其他） | 232 | 50~150 |
| 块茎及淀粉类蔬菜（马铃薯和木薯） | 50（0~100） | 50~100 |
| 蔬菜 | 300（200~600） | 300~500 |
| 水果 | 200（100~300） | 200~350 |
| 奶制品 | 250（0~500） | 300（相当于液体奶） |
| 蛋白源 牛、羊、猪肉 | 14（0~28） | 40~75 |
| 蛋白源 鸡及其他禽肉 | 29（0~58） | 40~75 |
| 蛋白源 蛋 | 13（0~25） | 40~50 |
| 蛋白源 鱼 | 28（0~100） | 40~75 |
| 蛋白源 豆 | 75（0~100） | 25以上 |
| 蛋白源 坚果 | 50（0~75） | 适量 |
| 添加脂肪 不饱和脂肪 | 40（20~80） | 烹调油25~30 |
| 添加脂肪 饱和脂肪 | 11.8（0~11.8） | 烹调油25~30 |
| 添加糖 | 31（0~31） | 不超过50，最好少于35 |
| 盐 | | 少于6 |
| 水 | | 成年人7~8杯（1500~1700毫升） |
| 酒（酒精量） | | 男性不超过25，女性不超过15 |

大规模的行为的改变，需要转变人们的认知，因此，需要进一步增进信息的传播和知识的建设，提升人们对饮食结构、营养、健康、气候变化和环境保护等相互影响关系的理解。中国作为一个人口大国，食物的生产

低碳专题篇

和消费在世界范围的影响巨大,中国食品的进出口量直接影响世界上该食品的价格,中国的饮食结构亦会深刻影响全球的饮食结构。中国以植物性食物为主体的饮食文化源远流长、博大精深,有许多可供借鉴的智慧和技法。因此,在保证营养和健康的前提下,中国政府要充分发挥领导力,深入和更广泛推动饮食和健康政策的实施,推动全球的合作和承诺,转变不良的饮食结构,改革食物生产模式并减少食物损失和浪费,实现食物系统的减排和健康的协同效应,实现《巴黎协定》和联合国可持续发展目标,为提高全世界人民的福祉作贡献。

# 中国天然气分布式能源发展对策研究

天然气分布式能源在提升能源效率、清洁环保、安全性以及削峰填谷等方面具有多重优势，是促进中国能源结构转型的重要选择方向。为了更好地促进其在"十三五"期间快速发展，本文首先对比了国内外天然气分布式能源发展现状，进而对中国天然气分布式能源发展问题进行分析，最后为推动中国天然气分布式能源发展，提出了四点建议：加大理论宣传力度，引导产业快速发展；加强国家宏观调控，出台相关支持政策；适当放开监控程度，打破垄断现状；提升关键核心技术，降低生产运维成本。

## 一、引言

在"十三五"期间，预计全国气电新增投产5000万千瓦，2020年达到1.1亿千瓦以上，其中热电冷多联供1500万千瓦。

天然气分布式能源系统，即天然气冷热电三联供系统（CCHP），是一种使用天然气作为驱动燃料的分布式能源，在传统的热电联产基础上进行了改进，其原理如图48所示。到2015年年底，中国天然气分布式能源项目已达到288个，其中，建成以及在建项目196个，筹建项目92个。从当前各区域的反馈情况来看，中国天然气分布式能源尚处于初期发展阶段，示范项目的投入运行和筹备工作尚未达到预期，用户表现出相当的理智与谨慎。本文在对比国内外天然气分布式能源发展现状的基础上，对中国天然气分布式能源发展问题进行分析，从四个方面提出促进中国天然气分布式能源发展的对策建议。

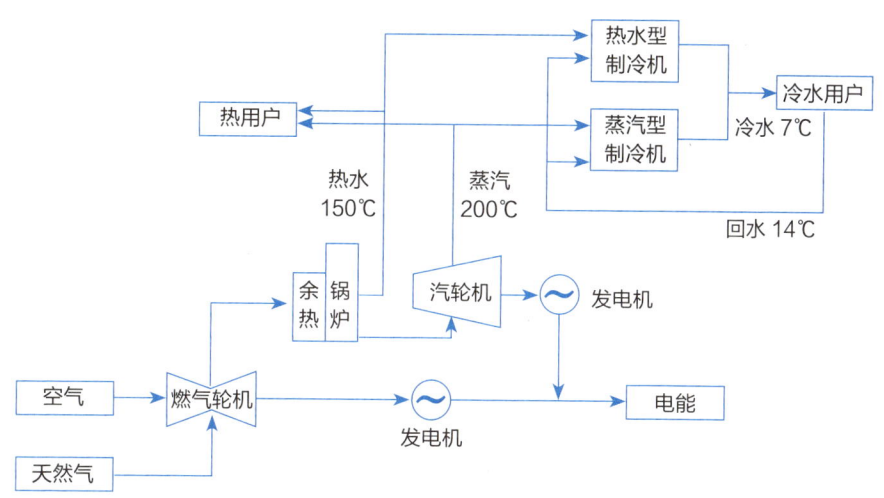

图48 天然气分布式能源冷热电联产系统原理图

## 二、国内外天然气分布式能源发展现状

### （一）国外现状

**1. 发展历程**

关于分布式能源的研究最早起源于20世纪70年代初。在加拿大、英国、美国等发生大规模停电事故后，分布式能源系统以安全、可靠、高效等特点在国外得到迅速发展，并发展成为大型能源系统的补充。发达国家已将发展分布式能源作为实现能源安全、节能和能源经济发展的重要战略，以天然气资源为主的分布式能源成为发展重点。

美国是最早开始实行分布式能源系统的国家。美国于1938年在哈希杜市建成首个冷热电联供系统。截至2010年，美国总装机的分布式能源站已有6000多座，在全国发电量中占比14%，达9200万千瓦，其中天然气分布式能源的装机容量占比高达73%，如表69所示。此外，欧盟和日本也相继开始了对于分布式发电的相关研究，其中德国、丹麦、芬兰和荷兰等国家的分布式能源发展突出，位于世界领先水平。

表 69　美国分布式能源装机容量

| 年份 | 1986 | 2000 | 2003 | 2010 | 2020 |
|---|---|---|---|---|---|
| 装机容量（万千瓦） | 2000 | 5000 | 5600 | 9200 | 18700 |

**2. 发展政策**

从国外发展天然气分布式能源的经验来看，除分布式能源技术外，天然气分布式能源发展迅速的重要原因在于政府政策的大力支持。以欧美等国为代表，对天然气分布式能源的发展给予了大量的财政、资金、价格等支持，已形成了一套完善的政策体系。已实施的政策可概括如下：财政政策、公共事业公司配额义务政策、制定地方基础设施和供热规划、清洁发展机制和入网政策等，如表 70 所示。

表 70　各国天然气分布式能源支持政策汇总表

| 政策类型 | 核心内容 | 作用 | 应用国家 |
|---|---|---|---|
| 财政政策 | 电网回购 投资补贴 财税支持 | 采用财政政策中的不同措施来推动项目发展 | 波兰、西班牙、德国、荷兰、丹麦、捷克、匈牙利、印度 |
| 配额政策 | 电力供应商必须提供热电联产电力 | 分配电力交易证书，便于市场交易 | 比利时、波兰、意大利 |
| 能源规划 | 通过规划支持分布式能源发展 | 促进楼宇式项目发展 | 丹麦、芬兰、德国、意大利、俄罗斯、瑞典、中国、英国、德国 |
| 清洁发展机制 | 参加碳交易 | 明确项目环境效益 | 欧洲联盟国家和美国 |
| 入网政策 | 指定入网标准 确定优先介入 | 可向电网售电和回购电能 | 美国、英国、荷兰和德国 |

从各国的实践来看，美国、日本、欧洲等国已将发展天然气分布式能源系统当成是基本国策在推行。下面将对美国、日本以及丹麦的天然气分布式能源支持政策进行详细论述。

(1) 美国天然气分布式能源政策

近年来，美国制定了一套促进天然气分布式能源发展的法律法规。1978年出台《公共事业管理法案》，要求公共事业公司购买分布式能源项目所发电力；1999年实施《分布式能源2020年纲领》，鼓励采用分布式热电联产；2001年颁布《美国能源政策》，对于热电联产的项目实施10%～20%的税收优惠；2003年制定分布式能源并网标准，对天然气分布式能源并网机组容量放宽限制；2005年出台《联邦能源政策法案》，对分布式能源的电力计量给出说明；奥巴马政府大力推行分布式能源管理。除此之外，美国各州也出台一系列的鼓励政策，如俄勒冈州的税费抵扣政策、华盛顿州税收激励政策、纽约州的免税政策等。

(2) 日本天然气分布式能源政策

早在1990年年初，日本就开始重视对天然气分布式能源的发展，从立法、补贴到示范工程建立等方面来支持天然气分布式能源的发展。1986年出台《并网技术要求指导方针》，实现分布式能源的合法并网；1995年修改《电力法》，实现分布式能源发电的上网；日本政府为天然气分布式能源提供补贴，包括对安装成本和设施投资的补贴；2008年修改《新能源法》，要求对天然气分布式能源项目实施补助制度；2011年，日本将能源发展重心转移到天然气分布式能源。

(3) 丹麦天然气分布式能源政策

在欧洲，丹麦天然气分布式能源的发电量约占到全国总发电量的50%。而且，丹麦制定了多项针对热电联产的优惠政策。天然气分布式能源发电已变成丹麦新增电力的主要来源。从1990年以来，丹麦先后制定了一系列天然气分布式能源相关的法律法规，以明确对天然气分布式能源发展的支持，并要求电网公司和消费者应当将热电联产电能作为购电首选。此外，政府还针对天然气分布式能源项目制定退税政策、补贴政策以及贷款政策，以促进其发展。

从国外天然气分布式能源发展的政策实施来看，各国都将发展天然气分布式能源摆在重要位置。由政府主导并制定和颁布多项扶持政策是天然气分布式能源发展的关键和保障。

### （二）国内现状

#### 1. 发展历程

中国天然气分布式能源才刚刚起步，处于探索阶段。依据发展过程将中国天然气分布式能源发展历程划分为以下4个阶段，如图49所示。第一阶段为国外引入阶段（1990—2000年）。这一阶段主要以引入、了解和关注分布式能源为主，尝试将这种技术与中国实际相结合。第二阶段为起步阶段（2001—2010年）。天然气分布式能源作为高效、环保的能源系统成为解决资源与环境之间矛盾的重要手段。该阶段的发展总体来说较为缓慢，以示范项目为主，项目经济效应普遍较差，规模较小，未能实现大范围的推广。第三阶段为推进阶段（2011年至今）。得益于政府部门的大力支持，开始在全国推广以天然气分布式能源为主的综合功能体系，产业发展呈现快速增长趋势。第四阶段为推广应用阶段（未来）。随着市场逐步走向成熟，中国天然气分布式能源将在全国覆盖，实现经济、环保、安全的三重效益。

自"十二五"以来，国家加大了对天然气分布式能源的支持力度，尤其是2015年，无论是天然气分布式能源项目数量还是项目规模，都表现出明显的发展拐点和加速趋势，因此，2015年又被称为天然气分布式能源发展的"元年"。截至2015年年底，中国天然气分布式能源项目已达到288个，其中，建成以及在建项目196个，筹建项目92个，总装机超过1112万千瓦，如表71所示。

表71 中国天然气分布式能源项目（已建成）增长趋势

| 年份 | 2002 | 2003 | 2004 | 2005 | 2006 | 2007 | 2008 |
|---|---|---|---|---|---|---|---|
| 数量 | 2 | 3 | 2 | 2 | 3 | 6 | 5 |
| 年份 | 2009 | 2010 | 2011 | 2012 | 2013 | 2014 | 2015 |
| 数量 | 8 | 7 | 9 | 13 | 15 | 25 | 21 |

图 49　中国天然气分布式能源发展历程

## 2. 发展政策

为促进天然气分布式能源的积极发展，2000 年以后，政府陆续从发展规划、气源保障、并网管理等方面出台一系列支持政策。如表 72 所示，2011 年以后，国家推出扶持天然气分布式能源发展的法律法规增速加快。同时，地方政府出台了更为具体的、可操作的补贴政策，从而推动天然气分布式能源更好更快发展。

表 72　中国天然气分布式能源支持政策归总表

| 年份 | 文件名 | 主要内容 |
| --- | --- | --- |
| 2000 | 《关于发展热电联产的规定》 | 鼓励推广小型热电联产系统 |
| 2004 | 《节能专项规划》 | 发展热电联产、热电冷联产 |

续表

| 年份 | 文件名 | 主要内容 |
|---|---|---|
| 2006 | 《燃气冷热电联供工程技术规程》 | 规定燃气热、冷、电连供系统建设 |
| 2007 | 《天然气利用政策》 | 提出天然气利用为优先类,包括分布式热电联产、冷热电联产用户 |
| 2008 | 《节约能源法》 | 指出在工业、建筑、交通等领域企业应该采取的节能措施,鼓励发展分布式能源 |
| 2009 | 《新能源规划》 | 对分布式能源的部署规划 |
| 2010 | 《分布式能源接入电网技术规定》 | 规定分布式电源接入电网运行的技术要求 |
| 2011 | 《关于发展天然气分布式能源的指导意见》 | 拟建设1000个左右天然气分布式能源项目。到2020年,装机规模达到5000万千瓦,初步实现分布式能源装备产业化 |
| 2012 | 《全国城镇燃气发展"十二五"规划》 | 到"十二五"末,分布式能源项目用气量将达120亿立方米 |
| 2012 | 《天然气利用政策》 | 天然气分布式能源项目列为优先类供气 |
| 2012 | 《关于下达首批国家天然气分布式能源示范项目的通知》 | 首批4个示范项目,并给予适当财政支持 |
| 2013 | 《能源发展"十二五"》规划 | 大力发展分布式能源,实现分布式能源与集中供能协调发展 |
| 2013 | 《分布式发电暂行管理办法》 | 解决分布式能源的发电与并网问题,电网企业优先收购分布式发电多余电量 |

续表

| 年份 | 文件名 | 主要内容 |
|---|---|---|
| 2014 | 《天然气分布式能源示范项目实施细则》 | 明确分布式能源项目同电力企业的关系及财政补贴政策 |
| | 《国家发展改革委关于规范天然气发电上网电价管理有关问题的通知》 | 实行差别化的上网电价机制 |
| 2015 | 《中共中央国务院关于进一步深化电力体制改革的若干意见》 | 全面放开用户侧分布式电源市场,积极开展分布式电源项目的各类试点和示范要求 |
| 2016 | 《关于进一步深化电力体制改革的若干意见》 | 明确提出分布式电源采用"自发自用、余量上网、电网调节"的运营模式 |
| 2017 | 《加快推进天然气利用的意见》 | 对于分布式能源项目,需要完善财政支持;鼓励地方政府因地制宜配套财政支持 |

尽管中国已逐步实施了相关的支持政策,但多数停留在方向上,政策体系不完善。中国天然气分布式能源的发展受到政策落实不到位的制约,诸多优势难以充分体现。

## 三、中国天然气分布式能源发展问题分析

中国天然气分布式能源发展已有十年之久,尽管已取得不少成果,但仍存在着观念、政策、体制、技术等方面的障碍和瓶颈。

### (一)发展观念有误区

正确认识天然气分布式能源是保障其有序发展的基础。然而,在中国,无论是决策者还是公众用户都缺乏对天然气分布式能源的基本了解,社会整体认知度低。当顶层的认识出现问题,必将影响到整个天然气分布式能源产

业的健康发展。首先，就政府部门而言，虽已明确天然气分布式能源的概念、作用以及中国发展分布式能源的重要意义，但仍缺乏对该产业的正确认识和准确定位。主要体现在：未能从战略层面上综合考虑它所带来的效益，尤其是其带来的环保效益和能源安全效益；未能正确认识其在能源系统的地位，停留在能源系统中的辅助地位认识，受制于传统燃煤为主的思维；未能准确定位其对于中国低碳地实现工业化和城市化的作用；中国天然气分布式能源发展存在地域差异，但政府部门的战略规划、法律政策却缺乏针对性和时效性。就投资者而言，虽致力于天然气分布式能源发展，但为获取眼前经济利益，急于求成，仍未跳出传统能源供给方式。企业中相关的设计人员、施工人员、运行人员更是未能跳出传统火电建设思维束缚。

### （二）政策体系不完善

政策支持是天然气分布式能源得到快速发展的保障。尽管国家出台了多项鼓励政策，但多数停留在方向上，政策体系不完善，不利于引导产业规范发展。从政策实施来看，缺乏与财税、金融、价格等配套的实施细则。以2014年的《天然气分布式能源示范项目实施细则》为例，提出给予天然气分布式能源项目一定的投资奖励或贴息，但并未明确奖励和贴息的实施细则，导致实际过程中相关项目并未享受到政策的优惠。从政策内容来看，缺乏有关项目准入、核准、技术标准以及后评价管理等方面的内容。由于目前天然气分布式能源项目较少，与之相关的设计、施工、运行维护等技术标准和规范均未出台，尤其是当前并网的相关标准不适用于天然气分布式能源发电系统，导致其并网问题突出。从政策范围来看，缺乏针对性的地方政策。天然气分布式能源在中国的发展各地不一，但出台的政策却很笼统，一概而论。除北京、上海、广州、长沙、青岛和浙江外，绝大部分省市还没有专门出台财税、金融和价格等方面的优惠政策。基于上述因素造成的影响，天然气分布式能源暂时还无法实现经济稳定的发展。

### （三）垄断体制束缚

垄断体制是束缚天然气分布式能源发展的最根本的问题。天然气分布式能源横跨多个领域，包括电力、油气、市政、科技等，涉及多部门的利益。

各利益相关方相互之间开展激励竞争，争夺主导权。所谓的垄断体制指的是与天然气分布式能源相关的两大能源市场具有垄断特征，即天然气市场垄断和电力市场垄断。在天然气市场上，气价遵循行政为主、市场为辅的原则，由国家发改委按成本加成的方法制定，留给生产商的获利空间小，限制天然气产业链各阶段企业的积极性。再加上管网垄断提高原料气管网输配费用，使得天然气作为分布式能源的燃料成本价高，天然气分布式能源项目难以获利。以2013年和2014年国家发改委连续提高非居民用气价格为例，直接导致10个规划或在建的大型CCHP项目终止，降低天然气分布式项目开工率。在电力市场上，电网公司为垄断市场利润，对天然气分布式能源的发展设置障碍。按照《电力法》规定，并网须由国家电网公司批准，且发电上网电价和用电价格也由行政来审批。这种垄断体制一定程度上限制了天然气分布式能源的发展。

### （四）关键技术待突破

天然气分布式能源系统对技术要求的涵盖涉及较广。由于起步晚，中国天然气分布式能源技术水平落后于欧美发达国家。从发电设备来看，核心设备主要依赖于进口，且占到项目总造价的50%以上。如若不能突破关键设备生产技术的国产化，高昂的设备成本会使天然气分布式建设成本增加。从设备运行维护来看，也依赖国外公司，从而面临较高的运行维护成本。从技术规范来看，当前中国天然气分布式能源相关的技术标准接近空白，技术标准体系和建设平台还有待完善。

## 四、中国天然气分布式能源发展对策建议

无论是从企业效益最大化角度，还是从环保角度，发展天然气分布式能源都是一项需要长期坚持不懈、努力抓好的工作。基于此，本文从4个方面提出了促进天然气分布式能源发展的对策建议。

### （一）加大理论宣传力度，引导产业快速发展

天然气分布式能源已成为中国能源转型的重要举措，必须站在国家战略

层面的高度来看天然气分布式能源所带来的巨大环境效益以及减排效益。首先，按照"政府主导、企业主体、规划先行、市场导向、试点先行"的原则，在清晰的工作思路基础上，制定合理的发展战略，逐步将分布式能源纳入国家以及地方规划，不断完善相关政策，推动其快速发展。其次，相关部门一方面做好规划、引导，另一方面必须加强对分布式能源优势及必要性的宣传，政府、企业、社会三方面达成共识，共同促进该产业的健康发展。最后，应进一步细化地方发展规划，将分布式能源规划与当地总体设计、能源规划有机结合。

### （二）加强国家宏观调控，出台相关支持政策

天然气分布式能源具有显著的环境效益，同时也不可避免地增加了一部分发电成本。因此，国家应出台价格分摊和价格补贴政策，缓解价格矛盾。首先，政府对企业应加大电价补贴和项目建设资金补贴，设立天然气分布式能源发展基金，以支持示范项目建设。其次，天然气供应方在天然气气价方面进一步提供优惠，应低于一般的工商业用气批发价。一方面给予天然气分布式能源气价折让，另一方面实行峰谷分时气价。再次，电网企业要准许分布式能源企业上网和直供分别计价，并进一步将环境效益纳入电价。最后，社会应以冷热收益分摊部分企业运营成本，建立"气电联动"机制，及时疏导上游价格上涨的矛盾。

### （三）适当放开监控程度，打破垄断现状

天然气分布式能源涉及多个领域，包括电力、油气、市政、科技等，各利益相关方相互之间开展激烈竞争，争夺主导权。为改变这种状态，首先，在电力市场上，准许分布式能源站在区内进行电力直供，给予一定程度的市场化空间，打破当前单一的购销体系。正确处理分布式能源同电力企业、电网企业的关系，双方本着互惠互利的原则，实现双赢。其次，在气源获取方面，应建立相关机制，允许用户自主选择气源和供气路径，减少供气中间环节，降低用气成本。此外，对于纳入规划的天然气分布式能源项目，应准许项目公司同上游燃气供应商直接签订直供气合同。

### （四）提升关键核心技术，降低生产运维成本

首先，中国的天然气分布式能源技术才刚刚起步，众多关键技术尚需依赖国外先进技术，严重阻碍了中国天然气分布式能源的发展。为进一步推广天然气分布式能源，中国必须加强分布式能源关键技术研究，解决核心技术难题，提高核心设备的国产率以及自主化水平，逐步形成具有自主知识产权的产业体系。其次，国内大型制造企业应加强与国外公司合作，走引进、消化吸收、再创新的可持续发展之路，为分布式能源项目提供优质价廉的设备，以提升行业整体的装备水平；同时，要引进国内外尖端研究人才，建立"产学研用"相结合的技术创新体系，加快中国天然气分布式能源技术进步。

# 参考文献

[1] Climate Action Tracker. https：//climateactiontracker.org/about/.

[2] Energy Use in Sweden. https：//sweden.se/nature/energy-use-in-sweden/.

[3] International Energy Agency.World Energy Outlook 2019.https：//www.iea.org/reports/world-energy-outlook-2019.

[4] Germany's greenhouse gas emissions and climate targets. Journalism for the energy transition. https：//www.cleanenergywire.org/factsheets/germanys-greenhouse-gas-emissions-and-climate-targets.

[5] 瑞典发布《国家能源与气候综合计划》：明确其能源研究创新政策. http：//www.ganfuju.com/news/show-241901.html.

[6] The Swedish Energy Agency takes steps towards international climate cooperation. https：//www.energimyndigheten.se/en/news/2019/the-swedish-energy-agency-takes-steps-towards-international-climate-cooperation/.

[7] Government response to the Committee on Climate Change - progress on preparing for climate change. https：//www.thenbs.com/PublicationIndex/Documents/Details?Pub=DECC&DocId=312844.

[8] 国务院. 关于印发"十三五"节能减排综合工作方案的通知. http：//www.gov.cn/zhengce/content/2017-01/05/content_5156789.htm.

[9] 国家发展改革委. 关于创新和完善促进绿色发展价格机制的意见. http：//www.gov.cn/xinwen/2018-07/02/content_5302737.htm.

[10] 日本环境省. 氢能经济社会发展构图 2014. https：//www.env.go.jp/seisaku/list/ondanka_saisei/lowcarbon-h2-sc/PDF/suisoshakai_pamphlet_eng_0625.pdf.

[11] 日本经济产业省. 氢能与燃料电池战略路线图 2019. http：//www.china-nengyuan.com/news/147327.html.

[12] 李克强：高水平编制好"十四五"规划 推动开创经济社会发展新局面. http：//cpc.

people.com.cn/n1/2019/1127/c64094-31476063.html.

[13] 生态环境保护部.中国应对气候变化的政策与行动2019年度报告.(2019-11).http：//www.gov.cn/xinwen/2019-11/27/content_5456146.htm.

[14] 陈新平.低碳经济发展模式下的财税政策——发达国家的经验及启示[J].宏观经济管理，2010(04)：41-43.

[15] 安文，刘萌.发达国家低碳财税政策及其借鉴[J].企业经济，2012(01)：178-180.

[16] 于艳芳，马涛.国外低碳经济发展财税政策及其启示[J].当代经济管理，2011(10)：82-84.

[17] 林永居.英国、美国、德国低碳转型的财政政策及启示[J].财政研究，2014(5)：58-61.

[18] 万莎.发达国家发展低碳经济的财政政策及其经验借鉴[J].新金融，2010(05)：45-48.

[19] 黄颖，罗敏.促进低碳技术创新的财税政策与专利政策对接的建议[J].经济研究参考，2014(36)：15.

[20] 苏杭，孙健.财政政策在日本低碳经济发展中的作用[J].东北财经大学学报，2010(06)：63-67.

[21] 潘先果.促进低碳经济发展的财税政策探讨[J].经贸实践，2018，242(24)：73.

[22] 李敏.促进中国低碳经济发展的财税政策思考[J].吉林工商学院学报，2011(03)：27-30.

[23] 袁虎，周德群，周鹏.低碳财税政策之国际比较及其对我国的启示[J].能源技术与管理，2011(05)：53-55.

[24] 段炼.低碳经济视角下的财税政策研究[J].中国软科学，2010(S1)：34-40.

[25] 王顺敖.对我国低碳经济背景下财税政策的思考[J].前沿，2010(16)：67-70.

[26] 侯小坤.基于财税视角的中国低碳经济发展路径分析[J].统计与决策，2015(13)：173-176.

[27] 王韬钦.美国、巴西农业生物质能产业发展实践与经验借鉴[J].世界农业，2014(11).

[28] 李国志.日本发展低碳经济的财政政策及借鉴[J].当代经济管理，2014，36(1)：94-97.

[29] 苏明,傅志华,许文,王志刚,李欣,梁强.碳税的国际经验与借鉴[J].环境经济,2009(09):28-32.

[30] 胡勇军.我国低碳经济发展的财税政策研究[J].改革与战略,2015(11):64-67.

[31] 万媛.印度的低碳经济发展现状与趋势[J].全球科技经济瞭望,2014,29(3):16-21.

[32] 陈莹莹.运用财税政策促进我国低碳经济发展的观点综述[J].经济研究参考,2016(54).

[33] 邹耀平,江飞涛.中国低碳发展产业政策的探讨与建议[J].中国经贸导刊,2017(34):66-67.

[34] 石峰.我国低碳经济的发展及政策研究[J].宏观经济管理,2016(2):70-73.

[35] 李金辉,刘军.低碳产业与低碳经济发展路径研究[J].经济问题,2011(3):37-40.

[36] 卢晓彤.中国低碳产业发展路径研究[D].武汉:华中科技大学,2011.

[37] 李晓华.低碳发展的产业结构政策研究[J].中外能源,2015(1):3-7.

[38] 徐继鹏,周庆源,韩莹.我国社会组织与政府关系走向研究[J].现代商贸工业,2010(21):98-99.

[39] 曾刚,万志宏.国际碳金融市场:现状、问题与前景[J].国际金融研究,2009(10):19-25.

[40] 骆华,赵永刚,费方域.国际碳排放权交易机制比较研究与启示[J].经济体制改革,2012(02):153-157.

[41] 李建文.构建低碳金融发展新模式[J].中国金融,2013(21):86-87.

[42] 潘晓滨.日本碳排放交易制度实践综述[J].资源节约与环保,2017(09):110-112.

[43] 杨晓华,张宏艳.印度碳市场构建对我国谋求碳交易定价权的启示[J].特区经济,2011(11):122-123.

[44] 李平.商业银行碳金融中间业务创新研究[J].科技管理研究,2013,33(17):215-219.

[45] 王雪磊.后危机时代碳金融市场发展困境与中国策略[J].国际金融研究,2012(02):77-84.

[46] 单良艳,何海燕.全球碳博弈格局的演进与我国碳教育的推进[J].天府新论,2018(03):122-129.

[47] 张健华．我国碳交易市场发展的制约因素及路径选择 [J]．金融论坛，2011，16(05)：3-7.

[48] 董捷．我国绿色金融发展的现状、问题和对策 [J]．工业技术经济，2013，32(03)：156-160.

[49] 李小娟．我国碳金融的发展现状及对策研究 [J]．时代金融，2016(21)：42-43.

[50] Tang L，Qu J，Mi Z，et al. Substantial emission reductions from Chinese power plants after the introduction of ultra-low emissions standards [J]．Nature Energy，2019(11)：929-938.

[51] 国家发展改革委和国家能源局．关于深入推进供给侧结构性改革 进一步淘汰煤电落后产能促进煤电行业优化升级的意见．https：//www.nengapp.com/news/detail/2701611.

[52] 国资委．中央企业煤电资源区域整合试点方案．http：//zsccy.cn/yyxw/475551.html．

[53] 国家发展改革委．碳排放权交易管理暂行办法．http：//www.cnki.com.cn/Article/CJFDTotal-GWYB201505009.htm．

[54] 国家发展改革委．全国碳排放权交易市场建设方案（发电行业）．http：//www.tanpaifang.com/tanguwen/2017/1220/61132.html．

[55] 国家发展改革委．国家发展改革委办公厅关于开展碳排放权交易试点工作的通知．http：//www.cqvip.com/read/read.aspx?id=41018914．

[56] 国务院．关于进一步深化电力体制改革的若干意见．https：//news.ncepu.edu.cn/xxyd/llxx/52826.htm．

[57] 国家发展改革委和国家能源局．关于建立健全可再生能源电力消纳保障机制的通知．http：//www.nea.gov.cn/2019-05/15/c_138060649.htm．

[58] 全球能源署．全球电动汽车展望 2018. http：//www.china-nengyuan.com/news/132985.html．

[59] 全球能源署．全球电动汽车展望 2019. http：//mp.ofweek.com/nev/a645683428116．

[60] 前瞻经济学人．2018 年全球新能源汽车行业发展现状及竞争格局分析．https：//www.sohu.com/a/339699723_100020006．

[61] 2019 年全球新能源汽车产业发展趋势报告．https：//www.sohu.com/a/288777806_119960.

[62] 中国汽车品牌及新能源汽车发展趋势蓝皮书．https：//www.sohu.com/a/339365064_526255.

[63] 中国新能源汽车市场年度综合分析 2019. https：//www.useit.com.cn/thread-25046-1-1.html．

[64] 林洛.国外新能源汽车发展现状[J].商业观察，2019(05)：35-36.

[65] 张静.韩国汽车"智"在何方？[J].汽车观察，2019(06)：80-81.

[66] 陈柳钦.美日欧新能源汽车产业发展的政策支持[J].汽车工程师，2010(10)：22-25+48.

[67] 徐可.全球视角下的新能源汽车产业发展趋势[J].市场研究，2018(05)：18-20.

[68] 韦金.全球视角下的新能源汽车产业发展趋势探讨[J].中国市场，2019(18)：54-55.

[69] 黑川阳弘，安藤慧佑，山田英助，松冈亨卓，彭惠民.日本新能源汽车市场情况与技术发展趋势[J].汽车与新动力，2019，2(04)：14-22.

[70] 刘洪序.中国新能源汽车出口研究[D].天津商业大学，2019.

[71] 李柏桐，郭汉丁，伍红民.基于演化博弈的既有建筑节能服务产业发展支持路径研究[J].生态经济，2020，36(01)：74-78+91.

[72] 刘金，康海霞，张安琪.城市高质量发展之既有建筑节能改造——基于德国经验借鉴[J].城市，2019(12)：67-73.

[73] 王卉，张津奕，顾放，张乾，宋晗.天津市居住建筑节能设计创新发展研究[J].城市，2019(12)：74-79.

[74] 徐莎莎.基于绿色可持续发展的装配式建筑节能减排分析[J].住宅与房地产，2019(34)：41.

[75] 黄梓畅.现代绿色建筑节能设计的发展与应用[J].住宅与房地产，2019(33)：77.

[76] 杨林平，刘昊，李静.浅谈我国城市建筑节能与绿色发展理念[J].建材与装饰，2019(31)：78-79.

[77] 李莹.浅析建筑节能发展中的问题及解决办法[J].建材与装饰，2019(30)：56.

[78] 国务院"十三五"节能减排综合工作方案.http：//www.gov.cn/zhengce/content/2017-01/05/content_5156789.htm.

[79] 中华人民共和国工业和信息化部.工业绿色发展规划（2016—2020年）.http：//www.miit.gov.cn/n1146285/n1146352/n3054355/n3057267/n3057272/c5118197/content.html.

[80] 谢艳丽，王北星.国际先进节能管理经验的启示与借鉴[J].石油石化绿色低碳，2017，2(05)：1-3+13.

[81] 韩国应对气候变化2.0提前登场钢铁界呼唤氢还原炼铁技术商业化.http：//www.

tanjiaoyi.com/article-29506-1.html.

[82] 史丹，李鹏. 中国工业 70 年发展质量演进及其现状评价 [J]. 中国工业经济，2019(09)：5-23.

[83] 2019 年版中国工业节能服务行业深度调研及发展趋势分析报告. https：//wenku.baidu.com/view/8b2c1370c9d376eeaeaad1f34693daef5ef713f6.html.

[84] 生态环境部. 中国应对气候变化的政策与行动 2019 年度报告. http：//www.ce.cn/cysc/stwm/gd/201911/28/t20191128_33720555.shtml.

[85] 赛迪智库. 2019 下半年中国工业节能减排走势分析与判断. http：//m.ccidnet.com/pcarticle/10482945.

[86] 苏明，傅志华，许文，王志刚，李欣，梁强. 碳税的国际经验与借鉴 [J]. 环境经济，2009(09)：28-32.

[87] 工信部节能与综合利用司《绿色制造工程实施指南 (2016—2020 年 )》. http：//www.miit.gov.cn/n1146285/n1146352/n3054355/n3057542/n5920352/c5253469/content.html.

[88] 生态环境部. 关于推进实施钢铁行业超低排放的意见. https：//baijiahao.baidu.com/s?id=1632682823059367079&wfr=spider&for=pc.

[89] 中华人民共和国工业和信息化部. 产业技术创新能力发展规划（2016—2020 年）. http：//www.miit.gov.cn/n1146295/n1652858/n1652930/n4509650/c5331368/content.html.

[90] 发改委、环境部、能源局. 煤电节能减排升级与改造行动计划（2014—2020 年）. http：//www.gov.cn/gongbao/content/2015/content_2818468.htm.

[91] 陈旭升，李云峰. 制造业技术创新动态能力与高质量发展——基于创新引领视角 [J]. 科技进步与对策，2020，37(06)：92-101.

[92] 浙江省钢铁行业超低排放改造实施计划. https：//www.sohu.com/a/335733733_642295.

[93] 中华人民共和国工业和信息化部. 2019 京津冀及周边地区工业固废综合利用高层论坛. http：//www.xinhuanet.com/energy/2019-05/14/c_1124491468.htm.

[94] 河南省"十三五"节能减排综合工作方案. http：//www.henan.gov.cn/2017/08-15/249044.html.

[95] 云南省"十三五"节能减排综合工作方案. http：//www.zt.gov.cn/lanmu/zt/contents/1341/37555.html.

[96] 黑龙江省"十三五"节能减排综合工作方案.http：//www.hlj.gov.cn/wjfg/system/2017/10/27/010852308.shtml.

[97] 辽宁省"十三五"节能减排综合工作方案.http：//www.gov.cn/xinwen/2017-05/05/content_5191024.htm.

[98] 吉林省"十三五"节能减排综合工作方案.https：//www.sohu.com/a/140721294_131990.

[99] 国务院.长江三角洲区域一体化发展规划纲要.https：//baijiahao.baidu.com/s?id=1651711812712597979&wfr=spider&for=pc.

[100] 生态环境部、国家发展和改革委员会、工业和信息化部等.长三角地区2019——2020年秋冬季大气污染综合治理攻坚行动方案.https：//baijiahao.baidu.com/s?id=1650005637539514656&wfr=spider&for=pc.

[101] 赛迪智库.2017——2018全球工业节能减排状况.http：//www.96192.com/product/detail/522099.

[102] 联合国工发组织.World Manufacturing Production Statistics for Quarter III. http：//www.shujugo.cn/thread-25863-1-1.html.

[103] 联合国环境署.2019年碳排放差距报告.http：//www.tanpaifang.com/tanguwen/2019/1127/66506.html.

[104] BP世界能源统计年鉴2019. http：//www.ce.cn/xwzx/gnsz/gdxw/201907/30/t20190730_32765663.shtml.

[105] 农光师.有色金属节能减排技术探讨[J].世界有色金属，2019(07)：19-20.

[106] 郭雯.资源再生产业发展中的政府扶持政策研究[D].陕西师范大学，2016.

[107] 美国再生资源回收发展情况及启示[J].中国资源综合利用，2012, 30(08)：12-13.

[108] 梁浩文，刘美婷，章红，刘开凯，杨懿坤，陈育兵，唐维睿，张魏巍，余建国.再生资源"互联网+"分类回收平台的设计与开发研究[J].再生资源与循环经济，2018, 11(12)：12-14.

[109] 胡彪，陈龙.我国废弃资源回收利用的标准需求研究[J].再生资源与循环经济，2017, 10(09)：28-33.

[110] 付允，林翎，陈亮，侯姗.国内外资源循环利用标准化进展[J].标准科学,2013(04)：6-9.

[111] 张越，冯慧娟，鲁明中.中国再生资源产业管理政策体系分析[J].再生资源与循

环经济，2012，5(11)：9-15.

[112] 杜欢政，张菲菲，刘飞仁. 战略性新兴产业视角下我国资源循环利用产业发展 [J]. 再生资源与循环经济，2019，12(12)：8-12.

[113] 杜欢政，张芳. 中国资源循环利用产业发展模式研究 [J]. 生态经济，2013(07)：33-37+84.

[114] 龚苗苗. 基于循环经济的我国绿色物流发展对策研究 [J]. 再生资源与循环经济，2018，11(07)：15-18.

[115] 彭飞，苏莉鹏. 探索再生资源智能回收"天津模式"引领循环经济风向推向全国中国500强企业落户天津打造再生资源示范基地 [J]. 资源再生，2019(12)：37-38.

[116] 王潆萱. 北京城市垃圾分类政策的实践及路径探究——以北京"两网融合"收运模式为例 [J]. 中国集体经济，2019(36)：14-15.

[117] 陆峰. 上海市生活垃圾两网融合后再生资源回收利用路径思考 [J]. 环境与可持续发展，2019，44(03)：82-85.

[118] 王磊，陈敏. 京津冀协同视角下再生资源产业链构建研究 [J]. 再生资源与循环经济，2019，12(11)：8-14.

[119] 何利，沈镭，陶建格，张肃，张悦. 再生资源回收利用的理论研究与实践进展综述 [J]. 资源与产业，2019，21(04)：60-67.

[120] 林碧峰. "小、散、乱"状态普遍存在 我国再生资源行业亟待转型升级 [J]. 资源再生，2019(05)：68-70.

[121] 郄永勤，张大涛. 再生资源"互联网＋回收"模式的构建 [J]. 科技管理研究，2018，38(23)：260-267.

[122] 国家发展和改革委员会创新和高技术发展司，工业和信息化部原材料工业司，中国材料研究学会. 中国新材料产业发展报告：2018 [M]. 北京：化学工业出版社，2019.

[123] 罗宏. 节能环保产业发展重大行动计划研究 [M]. 北京：科学出版社，2019.

[124] 罗宏. 节能环保产业培育与发展研究 [M]. 北京：科学出版社，2018.

[125] 2019年绝热节能材料行业经济运行分析 [N]. 中国建材报，2020–01.

[126] 胡剑波，胡潇，任亚运. 碳税征收的国际经验及对我国的启示 [J]. 改革与战略，2015，31(08)：191-195.

[127] 周海赟. 碳税征收的国际经验、效果分析及其对中国的启示 [J]. 理论导刊，

2018(10): 96-102.

[128] 侯伟丽, 吴亚芸, 郑肖南. 碳税的三重效应分析——碳税政策实施效应的比较 [J]. 中国环境管理, 2016, 8(03): 84-89.

[129] 吕志华, 郝睿, 葛玉萍. 开征环境税对经济增长影响的实证研究——基于十二个发达国家二氧化碳税开征经验的面板数据分析 [J]. 浙江社会科学, 2012(04): 13-21+155.

[130] Porter M E. America's green strategy [J]. Scientific American, 1991, 264(4): 168-168.

[131] Porter M E, Linde C. Toward a new conception of the environment-competitiveness relationship [J]. Journal of Economic Perspectives, 1995, 9(4): 97-118.

[132] Porter M E, Linde C. Green and competitive: breaking the stalemate [J]. Harvard Business Review, 1995(73): 120-134.

[133] Pearce D W. The role of carbon taxes in adjusting to global warming [J]. The Economic Journal, 1991, 101(407): 938-948.

[134] 王志强, 周隽, 吴祺豪. 国际碳税实践及对中国的启示 [J]. 价值工程, 2013, 32(33): 7-8.

[135] 尤超英. 国际碳税实践及其对我国碳税设计的启示 [J]. 兰州教育学院学报, 2017, 33(03): 58-60.

[136] 张立艳. 国际碳税实践及对我国碳税开征的思考 [J]. 行政事业资产与财务, 2019(03): 34-35.

[137] 孟国碧. 碳泄漏: 发达国家与发展中国家的规则博弈与战略思考 [J]. 当代法学, 2017, 31(04): 38-49.

[138] 崔景华. 碳税制度效应研究评述 [J]. 当代经济研究, 2011(03): 73-78.

[139] Tiezzi s. The welfare effects and the distributive impact of carbon taxation on Italian households [J]. Energy Policy, 2005(33): 1597-1612.

[140] Callan T, Lyons S, Scott S, et al. The distributional implications of a carbon tax in Ireland [J]. Energy Policy, 2009(37): 407-412.

[141] 李叶华. 国外碳税机制研究及案例分析 [J]. 管理观察, 2018(34): 72-74.

[142] 张皓月, 张静文, 何彦雨. 征收碳税对山西省煤炭开采行业的影响及应对措施 [J]. 煤炭经济研究, 2019, 39(06): 47-54.

[143] 黄志刚. 中美贸易摩擦下的中国经济形势 [J]. 企业经济，2019, 38(10)：5-17.

[144] 李美琴. 日本碳税实践经验及启示 [J]. 财务与金融，2014, (03)：59-63.

[145] 林明彻，杨富强. 中国为什么研究和开征碳税 [J]. 科学世界，2012, (02):13.

[146] 谢和平，刘虹，吴刚. 经济对煤炭的依赖与煤炭对经济的贡献分析 [J]. 中国矿业大学学报 ( 社会科学版 )，2012, 14 (3) ：1-6.

[147] 国家统计局. 中华人民共和国 2019 年国民经济和社会发展统计公报 [EB/OL]. http：//www.stats.gov.cn/tjsj/zxfb/202002/t20200228_1728913.html.

[148] 苏明，傅志华，许文等. 我国开征碳税问题研究 [J]. 经济研究参考，2019(72)：2-16.

[149] 2020 年单位 GDP 二氧化碳排放比 05 年降 40%~45%. http：//www.chinanews.com/cj/cj-hbht/news/2009/11-26/1986490.shtml.

[150] 李翀. 战略抉择：中国经济发展方式的现状与转型 [J]. 学术月刊，2012, 44(01)：70-78.

[151] 林鑫. 中英环境税制度的比较与思考 [J]. 商业会计，2019(13)：122-124.

[152] 徐旻. 中国环境税制的探究 [J]. 中外企业家，2018(34)：18-20.

[153] 王吉春，宋婧. 能源企业产业发展视域下我国碳税立法框架建议 [J]. 经济研究参考，2019(07)：99-109.

[154] 张国兴，高秀林，汪应洛等. 中国节能减排政策的测量、协同与演变——基于 1978—2013 年政策数据的研究 [J]. 中国人口、资源与环境，2014, 24(12)：62-73.

[155] 杨荣，陆贵翔，邵颖 节能减排目标下的中国碳税问题研究 [J]. 时代金融，2018(33)：187-188+199.

[156] 陆益平. 税负转嫁视角下流转税对居民消费影响的实证分析 [D]. 浙江省：浙江财经大学，2015：1-51.

[157] 张立艳. 国际碳税实践及对我国碳税开征的思考 [J]. 行政事业资产与财务，2019(03)：34-35.

[158] 碳排放交易网. http：//www.tanpaifang.com/.

[159] International Carbon Action Partnership：2019. Emissions Trading Worldwide Status Report，2019.

[160] 王科,刘永艳. "十四五"碳市场配额超 30 亿吨 石化或纳入其中！哪个地区碳最贵？http：//www.tanpaifang.com/tanjiaoyi/2020/0205/68029_7.html.

[161] 中碳能投. 全国碳市场回顾与展望. http://www.tanjiaoyi.com/article-30146-1.html.

[162] 吕玉坤，豆中州，赵锴. 整体煤气化联合循环(IGCC)发电技术发展与前景[J]. 应用能源技术，2010(10)：36-39.

[163] 严辉. 整体煤气化联合循环发电系统技术研究综述[J]. 化学工程与装备，2015，2：155-157.

[164] 李现勇，孙永斌，李惠民. 国外IGCC项目发展现状概述[J]. 电力勘测设计，2009(3)：28-33.

[165] 王智强. 国外IGCC发展对我国的启示[J]. 能源技术，2007，28(3)：178-179.

[166] 陈昌和，王淑娟，襟玉群等. 煤的清洁利用技术的现状与发展[J]. 物理，2010，39(05).

[167] 胡红伟. 打造绿色能源，发展清洁煤电[J]. 中国科技博览，2011(7)：29-30.

[168] 徐金锋. 热电联产区域能源系统在美国的应用发展综述[J]. 区域供热，2019(3)：9.

[169] 汪家铭. 华能集团建成整体煤气化联合循环发电示范电站[J]. 大氮肥，2013，36(3)：157-157.

[170] 张彦，孙永奎. 煤气化发电与甲醇联产工程项目建设和运行总结[J]. 煤化工，2007，35(5)：9-12.

[171] 温明发，刘艳梅. 浅谈壳牌煤气化发电联产甲醇[J]. 纯碱工业，2016：28-30.

[172] 陈贵锋. 洁净煤技术产业发展机遇与挑战[J]. 中国能源，2010，32(4)：5-8.

[173] 谢克昌. 煤炭的低碳化转化和利用[J]. 山西能源与节能，2009(1)：1-3.

[174] 谢克昌. 高碳能源要低碳化利用[J]. 山西能源与节能，2010(4)：1-4.

[175] 程靖，汪寿建，孙国恩等. 煤基多联产在工程实践中的应用和发展[J]. 广州化工，2010，38(3)：39-42+61.

[176] 郝艳红. 煤基多联产系统的经济分析与优化方法研究[D]. 太原理工大学，2015.

[177] 李刚，韩梅. 兖矿集团煤基多联产系统规划简介[J]. 山东煤炭科技，2008(3)：182-182.

[178] 朱志劼，顾华年，范雪飞等. 并联型IGCC甲醇多联产系统集成与性能指标研究[J]. 动力工程学报，2013，33(1)：61-65.

[179] 靳景，刘松霖. 绿色创新的驱动力研究——以煤基多联产技术创新系统为例[J]. 科技和产业，2016，16(4)：104-110.

[180] 杨小丽，于戈文.能量梯级利用理论下煤基液体燃料 – 动力多联产系统的集成与优化[J].化工设计通讯，2018，44(2)：12-13.

[181] 吕玉坤，豆中州，赵锴.整体煤气化联合循环(IGCC)发电技术发展与前景[J].应用能源技术，2010(10)：36-39.

[182] 张勇，闫媛媛.整体煤气化联合循环 IGCC 技术发展综述[J].节能与环保，2013 (5)：59-61.

[183] 丁建军，杨伟泉.适用于整体煤气化联合循环发电的国产煤气化技术概述[J].山西电力，2014(5)：55-58.

[184] 吴妍.国家发展改革委发布国家应对气候变化规划(2014–2020 年)[J].福建轻纺，2014，11：3-3.

[185] 黄宏纯.巴黎气候大会开启气候治理新时代[J].生态经济（中文版），2016，32(2)：2-5.

[186] Ampomah W，Balch R S，Cathar M，et al. Performance of $CO_2$-EOR and storage processes under uncertainty; proceedings of the Spe Europec Featured at Eage Conference and Exhibition，2016.

[187] 吕广忠，李振泉，李向良等.燃煤电厂 $CO_2$ 捕集驱油封存技术及应用[J].科技导报，2014，32(1)：40-45.

[188] Dahowski R，Li X，Davidson C，et al. Regional Opportunities for Carbon Dioxide Capture and Storage in China：A comprehensive $CO_2$ storage cost curve and analysis of the potential for large scale carbon dioxide capture and storage in the People's Republic of China [J].Biological Journal of the Linnean Society，2009，57(4)：385–410

[189] Chandel M，Pratson L，Williams E. Potential economies of scale in $CO_2$ transport through use of a trunk pipeline [J].Energy Conversion & Management，2010，51(12)：2825-2834.

[190] Piessens K，Welkenhuysen K，Laenen B，et al. Policy support system for carbon capture and storage and collaboration between Belgium and Netherlands- "PSS-CCS". Final Report [R].2012，6.

[191] 王萍，王炳才.我国碳捕集与封存技术发展概况[J].天津商业大学学报，2016，36(4)：57-63.

[192] 彭斯震.国内外碳捕集,利用与封存(CCUS)项目开展及相关政策发展[J].低碳世界，

2013(1): 18-21.

[193] 陈秋燕. 国内外大型碳捕集与封存 (CCS) 项目建设综述 [J]. 技术与市场, 2013 (7): 222-224.

[194] 郭天宁. 石化产业的 CCUS 技术应用的效益分析 [J]. 化工管理, 2020(13): 82-83.

[195] Sweatman R, Crookshank S, Edman S. Outlook and technologies for offshore $CO_2$ EOR/CCS projects: Offshore Technology Conference, 2011.

[196] Qin J, Han H, Liu X. Application and enlightenment of carbon dioxide flooding in the United States of America [J]. Petroleum Exploration and Development, 2015, 42(2): 232-240.

[197] 毕凤琴, 李芳, 梁辉. $CO_2$-EOR 技术的国内外研究及应用现状 [J]. 价值工程, 2011, 30(11): 206-207.

[198] 沈平平. 温室气体提高石油采收率的资源化利用及地下埋存: 全球华人石油化工科技研讨会, 2010.

[199] 中国 21 世纪议程管理中心. 中国二氧化碳利用技术评估报告 [M]. 北京: 科学出版社, 2014.

[200] Reeves S. The Alison Unit $CO_2$—ECBM Pilot – A reservoir and economic analysis [R]. U.S. Department of Energy, 2002.

[201] Pagnier H, Bergen F, Krzystolik P, et al. Field experiment of ECBM— $CO_2$ in the Upper Silesian Basin of Poland: RECOPOL [J]. Greenhouse Gas Control Technologies, 2005:1391-1397.

[202] Fujioka M, Yamaguchi S, Nako M. $CO_2$ —ECBM field tests in the Ishikari Coal Basin of Japan [J]. International Journal of Coal Geology, 2010, 82(3–4): 287-298.

[203] Wong S, Law D, Deng X, et al. Enhanced coalbed methane and $CO_2$ storage in anthracitic coals-Micro-pilot test at South Qinshui, Shanxi, China [J]. International Journal of Greenhouse Gas Control, 2007, 1(2): 215-222.

[204] Fulton P, Parente C, Rogers B, et al. A Laboratory investigation of enhanced recovery of methane from coal by carbon dioxide injection:proceedings of the SPE Unconventional Gas Recovery Symposium, 1980.

[205] Weniger P, Kalkreuth W, Busch A, et al. High-pressure methane and carbon dioxide

sorption on coal and shale samples from the Paraná Basin, Brazil [J]. International Journal of Coal Geology, 2010, 84(3-4): 190-205.

[206] Ranathunga A, Perera M, Ranjith P, et al. An experimental investigation of applicability of $CO_2$ enhanced coal bed methane recovery to low rank coal [J]. Fuel, 2017, 189: 391-399.

[207] Li X, Wei N, Liu Y, et al. $CO_2$ point emission and geological storage capacity in China; IOP Conference Series: Earth and Environmental Science, 2009.

[208] 申建, 秦勇, 张春杰等. 沁水盆地深煤层注入 $CO_2$ 提高煤层气采收率可行性分析 [J]. 煤炭学报, 2016, 41(1): 156-161.

[209] 王烽, 汤达祯, 刘洪林等. 利用 $CO_2$-ECBM 技术在沁水盆地开采煤层气和埋藏 $CO_2$ 的潜力 [J]. 天然气工业, 2009, 29(4): 117-120.

[210] 肖钢, 马丽. 还碳于地球 [J]. 中国石化, 2012 (5): 48-49.

[211] 邬高翔, 田瑞. 二氧化碳捕集技术研究进展 [J]. 云南化工, 2020, 47(04): 22-23.

[212] IEA.Global patent applications for climate change mitigation technologies, 1990-2015 [D]. IEA, Paris.

[213] IEA.Energy Technology RD&D Budgets 2019 [D]. Paris: IEA, 2019.

[214] 朱维群. 低碳排放的新型能源、材料工业路线 [N]. 世界金属导报, 2020-03-03(B14).

[215] 段景辉. 汽车发动机油耗问题与节能技术研究 [J]. 内燃机与配件, 2019(19): 30-31.

[216] 孙晓飞. 我国节能技术在建筑中的应用 [J]. 应用能源技术, 2019(08): 41-45.

[217] 王岩. 化工节能技术现状及发展趋势 [J]. 石油石化节能, 2019, 9(06): 30-32+9.

[218] 张裕泰, 雷斯玲, 黄成彬, 罗荣书. 纺织印染企业"十三五"节能技术探讨 [J]. 节能, 2017, 36(10): 4-7+2.

[219] 刘东强. 纺织企业多种工艺改造措施促进节能降耗 [J]. 科技风, 2019(05): 176-177.

[220] 杨青武. 浅析水泥生产工艺的节能技术 [J]. 建材与装饰, 2018(19): 189.

[221] 照明产业转型升级及LED行业发展趋势预测 [J]. 电器工业, 2019, (03): 9-13.

[222] 尤晟, 姚国进, 徐晨.LED照明行业的市场分析 [J]. 智库时代, 2019, (01): 34-

34+36.

[223] 吕峥，方升，陶天一. 基于循环经济视角下半导体照明产业可持续发展策略研究[J]. 交通企业管理，2019，34(02)：50-53.

[224] 北极星风力发电网. http：//fd.bjx.com.cn.

[225] 国家能源局. 关于加快推进分散式接入风电项目建设有关要求的通知. http：//zfxxgk.nea.gov.cn/auto87/201706/t20170606_2801.htm.

[226] 国家能源局. 关于印发《分散式风电项目开发建设暂行管理办法》的通知. http：//zfxxgk.nea.gov.cn/auto87/201804/t20180416_3150.htm.

[227] 河南省发展和改革委员会. 关于调整河南省"十三五"分散式风电开发方案的通知. http：//fgw.henan.gov.cn/2019/09-12/951916.html.

[228] 国家能源局. 关于进一步促进发电权交易有关工作的通知. http：//zfxxgk.nea.gov.cn/auto92/201805/t20180511_3171.htm.

[229] 国家能源局. 电力中长期交易基本规则（征求意见稿）. http：//www.nea.gov.cn/2020-01/22/c_138726060.htm.

[230] 迟永宁. 海上风电并网关键技术与风电并网标准. http：//news.bjx.com.cn/html/20190510/979656.shtml.

[231] 中国 2050 年光伏发展展望（2019）. http：//www.tanpaifang.com/tanguwen/2019/1218/67049.html.

[232] 2018—2019 年中国光伏产业年度报告. http：//www.solarpwr.cn/bencandy.php?fid=52&id=43668.

[233] 中国光伏产业发展路线图（2018 年版）. https：//baijiahao.baidu.com/s?id=1622884568148766857&wfr=spider&for=pc.

[234] 2020 年海外光伏市场展望. http：//guangfu.bjx.com.cn/news/20191216/1028873.shtml.

[235] 白桦. 2019 年第三季度国际天然气市场述评[J]. 天然气技术与经济，2019，13(05)：84.

[236] 白桦，李春霞. 国际天然气市场月评[J]. 中国远洋海运，2019(11)：94.

[237] 斯伦贝谢 2019 年第三季度季报. https：//www.slb.com.

[238] 2019 年 IEA 天然气市场报告. https：//www.iea.org/reports/market-report-series-gas-2019.

[239] 美国能源信息署. https：//www.eia.gov/.

[240] 2019 世界核能产业现状报告. https：//www.worldnuclearreport.org/The-World-Nuclear-Industry-Status-Report-2019-HTML.html.

[241] 世界核能协会. https：//www.world-nuclear.org/information-library/facts-and-figures/reactor-database.aspx.

[242] 中国核能发展报告（2019）. http：//www.china-nea.cn/site/term/143.html.

[243] 国际原子能总署（IAEA）. https：//pris.iaea.org/pris/.

[244] 中国核能行业协会（CNEA）. 2019年1—9月全国核电运行情况. http：//www.china-nea.cn/site/content/36595.html.

[245] 2019—2024年新兴能源行业投资前景（下）[J]. 电器工业，2019(11)：21-25.

[246] 2019—2024年新兴能源行业投资前景（上）[J]. 电器工业，2019(10)：28-33.

[247] 夏登文. "十三五"海洋能开发利用战略研究[M]. 海洋出版社，2017.

[248] 前瞻产业研究院. 2018年氢能源行业市场研究报告. https：//bg.qianzhan.com/report/detail/1904081515181216.html#read.

[249] 国家财政部. 关于调整完善新能源汽车推广应用财政补贴政策的通知. http：//jjs.mof.gov.cn/zhengwuxinxi/zhengcefagui/201802/t20180213_2815574.html.

[250] 国家发展改革委. 关于印发《绿色产业指导目录（2019年版）》的通知. http：//hzs.ndrc.gov.cn/newzwxx/201903/t20190305_930020.html.

[251] 国务院. 政府工作报告. www.gov.cn/zhuanti/2019qglh/2019lhzfgzbg/index.htm.

[252] 生态环境部、国家发展和改革委员会、工业和信息化部等. 关于印发《柴油货车污染治理攻坚战行动计划》的通知. www.mee.gov.cn/xxgk2018/xxgk/xxgk03/201901/t20190104_688587.html.

[253] The Fuel Cell Industry Review 2018. http：//www.fuelcellindustryreview.com/.

[254] The Future of Hydrogen. https：//www.iea.org/reports/the-future-of-hydrogen.

[255] Hongxiang Z. New Energy Auto Industry at Rugao. https：//www.iea.org/media/workshops/2018/cem/Plenary_5_Rugao.pdf.

[256] Global Bioenergy Supply and Demand Projections for the Year 2030. https：//www.irena.org/-/media/Files/IRENA/Agency/Publication/2014/IRENA_REmap_2030_Biomass_paper_2014.pdf 2014.

[257] Seay J, You F. Biomass supply, demand, and markets Biomass Supply Chains for

Bioenergy and Biorefining,2016:85-100.

[258] Renewables information:Overview 2019. https://www.iea.org/reports/renewables-information-2019.

[259] Renewable energy statistics 2019. https://www.irena.org/publications/2019/Jul/Renewable-energy-statistics-2019.

[260] 欧阳雨祁,倪达辰.中国沼气能发展现状与应用中的问题及对策[J].能源与节能,2019(06):68-70.

[261] 马隆龙,唐志华,汪丛伟,孙永明,吕雪峰,陈勇.生物质能研究现状及未来发展策略[J].中国科学院院刊,2019,34(04):434-442.

[262] 国家发展和改革委员会能源研究所,国家可再生能源中心,中国可再生能源学会.中国可再生能源发展路线图2050.(2014-12-25).http://www.cnrec.org.cn/cbw/zh/2014-12-25-456.html.

[263] Narin F. Evaluative bibliometrics:The use of publication and citation analysis in the evaluation of scientific activity[M].NT:Computer Horizons Cherry Hill,1976.

[264] Du H,Li B,Brown M,et al. Expanding and shifting trends in carbon market research:a quantitative bibliometric study[J].Journal of Cleaner Production,2015,103:104-111.

[265] Kaltenborn KF,Kuhn K. The journal impact factor as a parameter for the evaluation of researchers and research[J].Medizinische Klinik,2003,98(3):153-169.

[266] Hirsch J. An index to quantify an individual's scientific research output[J].Proceedings of the National Academy of Sciences of the United States of America,2005,102(46):16569-16572.

[267] Sato Y,Matsuda K. Frontiers of social network analysis[J].Sociological Theory and Methods,2003,18(1):13-14.

[268] Zhang K,Wang Q,Liang Q-M,Chen H. A bibliometric analysis of research on carbon tax from 1989 to 2014[J].Renewable and Sustainable Energy Reviews,2016,58:297-310.

[269] 2018 Journal Citation Reports. https://clarivate.com/blog/science-research-connect/the-2018-jcr-release-is-here/.

[270] Buzydlowski J W, White H D, Lin X. Term co-occurrence analysis as an interface for digital libraries[M]//Visual interfaces to digital libraries. Springer, 2002: 133-144.

[271] Deng H M, Liang Q M, Liu L J, et al. Co-benefits of greenhouse gas mitigation: a review and classification by type, mitigation sector, and geography [J]. Environmental Research Letters, 2017, 12(12): 123001.

[272] Engle R F, Granger C W J. Co-integration and error correction: representation, estimation, and testing [J]. Econometrica: journal of the Econometric Society, 1987: 251-276.

[273] Pesaran M H, Shin Y, Smith R J. Bounds testing approaches to the analysis of level relationships[J]. Journal of applied econometrics, 2001, 16(3): 289-326.

[274] Geels F W. Technological transitions as evolutionary reconfiguration processes: a multi-level perspective and a case-study [J]. Research policy, 2002, 31(8-9): 1257-1274.

[275] Menyah K, Wolde-Rufael Y. $CO_2$ emissions, nuclear energy, renewable energy and economic growth in the US [J]. Energy Policy, 2010, 38(6): 2911-2915.

[276] Lynd L R. Overview and evaluation of fuel ethanol from cellulosic biomass: technology, economics, the environment, and policy [J]. Annual review of energy and the environment, 1996, 21(1): 403-465.

[277] Geels F W. Regime resistance against low-carbon transitions: introducing politics and power into the multi-level perspective [J]. Theory, Culture & Society, 2014, 31(5): 21-40.

[278] Jacobsson S, Lauber V. The politics and policy of energy system transformation—explaining the German diffusion of renewable energy technology [J]. Energy policy, 2006, 34(3): 256-276.

[279] Muradov N Z, Veziroğlu T N. Green path from fossil-based to hydrogen economy: an overview of carbon-neutral technologies [J]. International journal of hydrogen energy, 2008, 33(23): 6804-6839.

[280] Marbán G, Valdés-Solís T. Towards the hydrogen economy? [J]. International Journal of Hydrogen Energy, 2007, 32(12): 1625-1637.

[281] Muradov N Z, Veziroğlu T N. From hydrocarbon to hydrogen–carbon to hydrogen

economy [J]. International Journal of Hydrogen Energy, 2005, 30(3): 225-237.

[282] Xiao Y, Low B T, Hosseini S S, et al. The strategies of molecular architecture and modification of polyimide-based membranes for $CO_2$ removal from natural gas—A review [J]. Progress in Polymer Science, 2009, 34(6): 561-580.

[283] Mathiesen B V, Lund H, Karlsson K. 100% Renewable energy systems, climate mitigation and economic growth [J]. Applied energy, 2011, 88(2): 488-501.

[284] Bridge G, Bouzarovski S, Bradshaw M, et al. Geographies of energy transition: Space, place and the low-carbon economy [J]. Energy policy, 2013, 53: 331-340.

[285] Menyah K, Wolde-Rufael Y. Energy consumption, pollutant emissions and economic growth in South Africa [J]. Energy Economics, 2010, 32(6): 1374-1382.

[286] Chen Z A, Li Q, Liu L C, et al. A large national survey of public perceptions of CCS technology in China [J]. Applied Energy, 2015, 158: 366-377.

[287] Dapeng L, Weiwei W. Barriers and incentives of CCS deployment in China: results from semi-structured interviews [J]. Energy Policy, 2009, 37(6): 2421-2432.

[288] Ming Z, Shaojie O, Yingjie Z, et al. CCS technology development in China: Status, problems and countermeasures-Based on SWOT analysis [J]. Renewable and Sustainable Energy Reviews, 2014, 39: 604-616.

[289] In the face of worsening climate crisis.UN Summit to deliver new pathways and practical actions to shift global response into higher gear.[2019-9-23]. https://www.un.org/en/climatechange/assets/pdf/CAS_main_release.pdf.

[290] 联合国环境规划署. Emissions Gap Report 2019. https://wedocs.unep.org/bitstream/handle/20.500.11822/30797/EGR2019.pdf?sequence=1&isAllowed=y.

[291] 欧盟委员会. The European Green Deal sets out how to make Europe the first climate-neutral continent by 2050, boosting the economy, improving people's health and quality of life, caring for nature, and leaving no one behind. https://ec.europa.eu/commission/presscorner/detail/en/IP_19_6691.

[292] 张家伟, 任珂. 联合国气候变化马德里大会闭幕. http://www.xinhuanet.com/world/2019-12/16/c_1125351069.htm.

[293] 陈美安, 杨鹂, 胡敏. 中国NDC进程及展望：迈向全球碳中性的未来. http://

www.igdp.cn/wp-content/uploads/2019/12/2019-12-06-IGDP-Report-CN-What-to-Expect-in-Chinas-Second-NDC.pdf.

[294] 新浪财经.澳洲大火烟雾飘散全球：气候治理的"公地悲剧". https：//mp.weixin.qq.com/s/QSzVMijxRUdtOFXoF6Bb6A.

[295] 澳大利亚水火两重天 外媒：山火还没灭，洪灾又来袭. https://baijiahao.baidu.com/s?id=1656232838893450804&wfr=spider&for=pc.

[296] 叶谦.地球气候演化小史[M].北京：中国科学技术出版社，2019.

[297] 气候变暖对中国农业的影响. https：//wenku.baidu.com/view/d0ec66ec6f1aff00bfd51e30.html.

[298] 杨志.认识发展低碳经济的复杂性[J].低碳世界，2011(1).

[299] 中国绿发会.UNFCCC 针对 CoP25 成果发布最新声明. https：//baijiahao.baidu.com/s?id=1653690406886461022&wfr=spider&for=pc.

[300] 世界经济论坛发布《2020年全球风险报告》：全球五大风险全和环境相关. http：//swj.weihai.gov.cn/art/2020/1/16/art_40686_2255899.html.

[301] 中国绿发会.周晋峰参与编撰的全球首份《地球紧急行动方案》正式出炉. https：//baijiahao.baidu.com/s?id=1645552495691577527&wfr=spider&for=pc.

[302] 中国绿发会.格雷塔无罪｜质疑并谴责代言人罗杰·费德勒｜瑞士信贷化石燃料. https：//mp.weixin.qq.com/s/asB4_7sjkRdIMqwVPt5fRw.

[303] 中国绿发会.绿会为什么要"减塑捡塑"？http：//www.cbcgdf.org/NewsShow/4854/5044.html.

[304] 和讯新闻.环境塑料、微塑料污染防控刻不容缓. http：//news.hexun.com/2020-01-20/200034689.html.

[305] 中国绿发会.大风起兮塑料飞扬，减塑捡塑兮护家园. http：//www.sohu.com/a/311697819_100001695.

[306] 中国绿发会."减塑捡塑"工作组2019年度工作总结. https：//www.thepaper.cn/newsDetail_forward_5409466.

[307] 陈洁，南昂.废旧塑料在低碳经济驱动下的发展研究[J].塑料工业，2017，45(06)：7-10+49.

[308] 工人日报.旧衣回收量增加，再生资源产业仍在成长期. http：//suzhou.eeju.com/

shichang/2019/1211/575.html.

[309] 中国新通信.新形势下的旧衣回收循环利用.http：//www.cnki.com.cn/Article/CJFDTotal-TXWL201916196.htm.

[310] 中国工程院.废旧化纤纺织品资源再生循环技术发展战略研究报告[R].(2019-4).http：//m.sjfzxm.com/body/18_006/524761.

[311] 工业和信息化部.纺织业"十二五"发展纲要.http：//www.ce.cn/cysc/newmain/jdpd/fz/201303/06/t20130306_21439203_2.shtml.

[312] 科创板日报.你的旧衣服去了哪里,一件T恤暗藏千亿产业链调查.http：//fashion.sina.com.cn/s/in/2019-12-03/1644/doc-iihnzhfz3373642.shtml.

[313] 中国绿发会.1.7万件爱心衣物春节前再次进入大凉山.https：//www.thepaper.cn/newsDetail_forward_5517553.

[314] 国务院办公厅.中国食物与营养发展纲要（2014-2020）.http：//www.gov.cn/zhengce/content/2014-02/10/content_8638.htm.

[315] 中共中央,国务院."健康中国2030"规划纲要.2016.https：//www.sohu.com/a/298067101_120037349.

[316] 国家卫生计生委.中国居民营养与慢性病状况报告（2015年）.http：//www.nhc.gov.cn/jkj/s5879/201506/4505528e65f3460fb88685081ff158a2.shtmlhttp：//www.gov.cn/xinwen/2015-06/30/content_2887030.htm.

[317] 粮农组织亚洲及太平洋区域会议第三十四届会议."农业气候行动：加强农业部门参与实施《2030年议程》亚太区域气候变化行动".2018.https：//max.book118.com/html/2018/0427/163474045.shtm.

[318] Willett W Rockström J Loken B, et al.Food in the Anthropocene：the EAT-Lancet Commission on healthy diets from sustainable food systems [J].Lancet, 2019, 393：447-492.

[319] Kim, B. F., Santo, R. E., Scatterday, et al. Country-specific dietary shifts to mitigate climate and water crises [J]. Global environmental change, 2019：101926.

[320] Michael A Clark, Marco Springmann, Jason Hill, David Tilman. Multiple health and environmental impacts of foods. Proceedings of the National Academy of Sciences, 2019.

[321] FAO and the Food Climate Research Network (FCRN) (2016) Plates, pyramids and planets. www.fao.org/3/a-i5640e.pdf.

[322] IFPRI. Global Nutrition Report 2016：From Promise to impact：Ending Malnutrition by 2030. IFPRI：Washington DC.

[323] Springmann M，Godfray HCJ，Rayner M，Scarborough P (2016). Analysis and valuation of the health and climate change co-benefits of dietary change，Proceedings of the National Academy of Sciences of the United States (PNAS)，113 (15)，4146-4151.

[324] 王灵恩,侯鹏,刘晓洁,成升魁. 中国食物可持续消费内涵及其实现路径[J]. 资源科学,2018,40(8)：1550-1559.

[325] 刘立涛等. 全球气候变化下的中国粮食安全问题研究[J]. 自然资源学报,2018,33(6)：927-939.

[326] 王晓,齐晔. 我国饮食结构变化对农业温室气体排放的影响[J]. 中国环境科学,2013,33(10)：1876-1883.

[327] 中华人民共和国国务院令[第644号]：国务院关于修改《全国年节及纪念日放假办法》的决定 (2013-12-11)http：//www.gov.cn/zwgk/2013-12/11/content_2546227.htm.

[328] 国务院办公厅关于2020年部分节假日安排的通知（国办发明电[2019] 16号）. http：//www.gov.cn/zhengce/content/2019-11/21/content_5454164.htm.

[329] 吴立平. 对"假日经济"的理论思考[J]. 江苏大学学报（社会科学版）,2004(06)：89-92.

[330] 高磊,庞守林. 假日经济、政府支出与中国居民消费关系研究[J]. 兰州财经大学学报,2015,31(06)：68 75.

[331] 周晋峰. 行动起来,保护生物多样性[J]. 可持续发展经济导刊,2019.

[332] 中国新闻网. 为吸引游客 巴西里约将2020年狂欢节延长至50天. 2020-1-10. https：//life.chinanews.com/gj/2020/01-10/9056427.shtml.

[333] 中国生物多样性保护与绿色发展基金会.《筷走筷走》倡议书. (2017-8). http：//www.cbcgdf.org/ProjectShow/5031/660.html.

[334] 王豁,周晋峰. 推动消费者的绿色消费权[J]. 中国民商,2018. 3.

[335] 新京报. 珠峰永久关闭不实 游客区下撤2公里. (2019-02-15). http：//news.sina.com.cn/c/2019-02-15/doc-ihqfskcp5299690.shtml.

[336] 北京青年报. 游客乱丢鞋套 青海茶卡盐湖遭垃圾困扰. (2018-07-31). http：//finance.people.com.cn/n1/2018/0731/c1004-30179999.html.

[337] 多彩贵州网. 爆满！梵净山景区连续四日上午9点前发布旅游预警：人太多. (2018-07-31).

[338] 多彩贵州网. 铜仁：实现旅游总收入773亿元，同比增长36.3%. (2019-1-15). http：//www.gzfjs.gov.cn/2019/0115/xiangcun12614.html.

[339] 华声在线. 世界遗产名录申报成功不是终点. (2017-07-10). http：//opinion.voc.com.cn/article/201707/201707101023353628.html.

[340] 周晋峰. 增强栖息地的连通性 [N]. 人民日报海外版，2019-10-15.

[341] 王豁. 无塑开学好风尚 [N]. 人民日报海外版. 2020-01-14.

[342] Birding in the United States：a demographic and economic analysis addendum to the 2011 national survey of fishing, hunting, and wildlife-associated recreation，https：//digitalmedia.fws.gov/digital/collection/document/id/1874.

[343] 王豁，周晋峰. 观鸟是最好的眼保健操，建议纳入基础教育体系 [J]. 中国生态文明，31(02)：82-83.

[344] 巨力. 生态文明的中国道路 [J]. 求是，(2019/2).

[345] 王圣，王锋涛，杨硕. 我国重点地区天然气分布式能源项目形势及发展分析 [J]. 环境保护，2018，46(02)：68-70.

[346] 吴波. 分布式能源冷热电多联产系统能效分析与可比性方法研究 [D]. 北京：北京科技大学，2015.

[347] 江泽民. 对中国能源问题的思考 [J]. 上海交通大学学报，2008，42(3)：345-359.

[348] 舟丹. 美国、欧盟生分布式能源发电发展趋势 [J]. 中外能源，2015(7)：39-39.

[349] 丁瑞敏，段保乾，崔伟春. 分布式能源发展政策研究综述 [J]. 可持续发展，2016，6(2)：91-96.

[350] 王涛. 国内外天然气分布式能源发展的相关政策及分析 [J]. 上海节能，2016(09)：477-481.

[351] 杜偲偲. 国外分布式能源发展对我国的启示 [J]. 中国工程科学，2015(03)：84-87，112.

[352] 何润民，周娟，王良锦等. 促进我国天然气分布式能源发展的政策思考 [J]. 天然气技术与经济，2013，7(6)：3-6.

[353] 冉娜. 国内外分布式能源系统发展现状研究 [J]. 经济论坛，2013(10)：174-176.

[354] 蒋惠琴.美国分布式能源发展及政策分析[J].科技管理研究,2014(12):19-22.

[355] 杨映,丁小川,马洪涛等.对日本分布式能源发展的分析与思考[J].发电与空调,2012(06):11-14.

[356] 刑志君,林睿.天然气分布式能源发展制约因素及对策[J].化工管理,2016(35):172.

[357] 侯健敏,周德群.我国分布式能源的政策演变与三阶段、四模式发展[J].经济问题探索,2015(2):126-132.